		事	朝鮮半島の王朝	中国大陸の王朝
200〜		『魏書』の 人条に日本関係の記述		三国時代
300〜		「記紀」に神功皇后新羅遠征の記述	三国時代（高句麗・新羅・百済）	280 晋
		（376　百済に仏教伝来）		
391		「好太王碑」に日本軍が朝鮮半島に出兵との記録		306 （分立時代）
430		このころ天皇のもとに書記官が置かれる		
552		仏教伝来と「書紀」に記述		
562		新羅により、任那日本府滅亡		
581		蝦夷の反乱		
587	飛鳥時代	蘇我氏が物部氏を滅ぼす		
602		百済より天文学、暦などの技術が伝来		589 隋
603		冠位十二階の官位等級を実施		
604		聖徳太子、十七条憲法の発布		
607		聖徳太子、小野妹子を隋に派遣		
623		法隆寺金堂の釈迦三尊像		618 唐
637		蝦夷の反乱		
645		蘇我氏滅亡。大化の改新		
658		阿倍臣比羅夫、蝦夷を討つ		
663		白村江で日本軍大敗、以後、朝鮮半島から撤退		
667		天智天皇、近江に遷都		
670		全国的に戸籍（庚午年籍）をつくる		
672		壬申の乱起こる		
701		大宝律令	676 新羅	
709		巨勢麻呂ら、蝦夷を討つ		
710	奈良時代	元明天皇、平城京遷都		
712		太安万侶による『古事記』編纂		
720		舎人親王による『日本書紀』編纂		
729		藤原氏の子女が皇后となる（光明皇后）		
752		東大寺大仏の開眼供養		
759		この頃、『万葉集』の編纂		
794	平安時代	桓武天皇、平安京遷都		
801		坂上田村麻呂、蝦夷を平定		
866		藤原良房、摂政となる。藤原摂関政治の開始		
894		遣唐使の派遣を中止		
905		『古今和歌集』の編纂		
			936 高麗	907 五代

原勝郎博士の「日本通史」

An Introduction to the History of Japan

原　勝郎【著】
中山　理【訳】
渡部昇一【監修】

祥伝社

原勝郎博士の「日本通史」

装幀　中原達治

監修者によるまえがき

原勝郎《はらかつろう》という名を初めて知ったのは、私が大学四年の夏休みに郷里に帰り、そこの阿部久という古本屋で『日本中世史』（創元社「日本文化名著選」昭和十五年）を見つけたときである。安かったので買って帰って、それから披《ひら》いてみると驚いた。文語文なのである。京都帝大の先生の学問の本が文語体の美文調で書かれているとは。

その頃の私は音読をよくやった。英語の勉強では音読が必要だし、大学では英語の暗誦などやっていたので、日本の文学も――特に漱石《そうせき》のものを――音読していたのである。それで原勝郎の『日本中世史』も、最初の二章ぐらいは音読した。

この体験は、私に原勝郎という名前を刻みつけた。その最初に読んだ本が本だから、日本史の学者だと思ったら、西洋史の教授であったので驚いた。そしてその後は彼の『西洋中世史概説・宗教改革史』『世界大戦史』などを、神田《かんだ》の古本街で見つけることになる。

どうして西洋史の専門家の最初の著作が日本の中世史なのか、という疑問が後にまで残りた。そして解《わか》ってきたのは、彼が入学した頃の帝国大学のやり方に不満を持っていたことである。当時の日本史の教授たちは、第一史料に基づいて細かいことを論ずることが多かったようである。たとえば児島高徳《こじまたかのり》が『太平記』以外の文献に出てこないから架空の人物だとしたり、『太平記』そのものをも学界から一掃するといった学風であった。

その風潮に不満を抱いた青年学者・原勝郎は、日本の歴史も古代・中世・近世というように概観する視点の必要を感じたのである。そして、それまであまり研究される対象ではなかった日本の中世史を書いたのである。ただ書いただけでなく、なぜ平安朝から武家時代に移らねばならなかったかという、時代の転換を明快に、かつ説得的に、しかも美文で書いたのである。

彼の史眼のすぐれているところを示す一例に、『建礼門院右京大夫集《けんれいもんいんうきようのだいぶ》』という歌集の、それぞれの和歌の前におかれた詞書《ことばがき》の重要性を世に知らしめたことがある。建礼門院右京大夫は平清盛《たいらのきよもり》の娘で高倉《たかくら》天皇の中宮となり、安徳《あんとく》天皇を産んだ建礼門院に仕えた女性であり、平重盛《しげもり》の次男資盛《すけもり》とも関係があったが、資盛が壇ノ浦《だんのうら》で亡くなった後は法性寺《ほつしようじ》に入った。彼女の歌の詞書は、かつての平家の公達《きんだち》との憶い出《おもいで》を詳しく記したモノローグであるが、これこそ平家の栄華を体験した人が、実感をこめて書き残した記録である。これは平家の盛衰を、その中にあって体験した人が自ら書いた無類の史料になる。原勝郎の、時代の変遷を説く美文の背後には、こうした史料に対する彼の眼力を示す発見があったのである。

さてその頃、日本は日露戦争に勝ち、世界を驚かせたが、ヨーロッパ諸国ではまだ極東の事件としか見ていなかった。ところが第一次大戦後、日本は英・米・仏・伊と並んで世界の五大列強（Powers）の一つ、世界三大海軍国の一つとして、世界史の中央に出てくることになったのである。そしてヨーロッパの人々も日本を意識し、それを怖《おそ》れる風潮も生じてきた。というのは日本の歴史はヨーロッパ人にほとんど知られておらず、ただただ気味の悪い有色人種の強国が現われたと感じたからである。

　これを当時の日本の有識者の中に心配する人たちがいた。その中でも大和会《ヤマト・ソリイエティ》の学者・政治家・財界人の中の団琢磨《だんたくま》、井上準之助《いのうえじゅんのすけ》、岩崎久弥《いわさきひさや》、牧野伸顕《まきののぶあき》、中島久万吉《なかじまくまきち》、鎌田栄吉《かまたえいきち》、高《たか》田早苗《ださなえ》、坪内雄蔵《つぼうちゆうぞう》（逍遥《しょうよう》）、上田萬年《うえだかずとし》、山川健次郎《やまかわけんじろう》などの諸名士が、英文による「ヨーロッパ人にも理解してもらえる日本史」が必要だと思い、資金を醵出《きょしゅつ》し、その著作者を探した。

　もちろん問題なく「それは原勝郎博士以外にはない」という結論となった。原勝郎は日本史にもヨーロッパ史の如く、古代・中世・近世という段階があることを初めて指摘し、自らそれまで類のなかった『日本中世史』という名著を書いた人であり、その専門はヨーロッパ史である。こんな人は他にいないということで、原勝郎に依頼することが決まった。

　原勝郎は京都帝大教授であり、同じく京都帝大のエドワード・クラーク（ケンブリッジ大学出身）がその英語を見てくれることになった。特に古代史の部分についてはオックスフォード大学教授のA・H・セイスが目を通して手を加えた。セイスに古代史の原稿を見てもらったのは、日本人の起源の問題があるので、西洋人にも納得できるような日本史にするためであったと思われる。

こうして出来上がった本は、ニューヨークとロンドンにあるG・P・バーナム社のニッカー・ボッカー・プレスから一九二〇年（大正九年）に出版された。［18＋411］ページの堂々たる大冊である。

偶然にも私は、原勝郎が同僚の東洋学者・羽田亨《はねだとおる》に署名入りで贈呈した本を入手した（読んだ形跡はない）。私も日本通史を書くようにとの提案を出版社からいただいていたところだったので、精読した。さすがに原勝郎からは教えられるところが多かった。天皇を中心とする勢力がどこから来たのかについても、日本人以外の人にも説得的に書いてあるし、日本語の起源についても、一つの説得力のある仮説を示している。そして要所要所でヨーロッパと比較しているが、いずれも肯綮《こうけい》に中《あた》っていると思われる。

今から九十数年前に出た日本史が、その価値を失っていないのは驚くべきことである。その理由の第一は、ヨーロッパ人で――アメリカ人もアジア人もどこの人も――日本の通史を知っている人は、九十数年前と同様、ほとんどいないという状況は変わっていない。むしろ誤解の度がひどくなっているのではないか。日本の歴史は珍しくもヨーロッパ史の如く、古代・中世・近世とはっきりその時代時代の進捗《しんちょく》がわかるものなのだ。このことは世界に発信しつづける必要がある。

第二にその後、原勝郎の如く、日本史にもヨーロッパ史にも通じた学者はいないということである。さらには歴史でも専門の分化が進行するにつれて、通史そのものを書ける学者がいなくなってしまったように見えることである。通史の仕事はワンマン・プレイでないといけない。その点、原勝郎のような学者は、天が日本史を書くために日本に特に下《くだ》し給うたような学者であった。いろいろ異論は立てることはできても、この本に代わるようなものはなかなか出現しないであろう。


このような所感を、ある時祥伝社の角田勉氏に話したところ、翻訳の企画が生まれた。問題は誰に翻訳を依頼するかである。

その問題の解決案を角田氏が持っていた。中山理《なかやまおさむ》氏である。この人はミルトンの研究者で、その学術論文をイギリスでも出版した英文学者であるとともに、関心と知識が博《ひろ》く、先にレジナルド・F・ジョンストンの『完訳 紫禁城の黄昏』（祥伝社刊）に見事な注釈を加えて訳したという実績がある。このたびも麗澤《れいたく》大学学長という激職にありながら、この訳業の意味を認められ、進んでその翻訳をお引き受けくださったのである。さらにはそれに、現代の歴史研究の成果との比較検討もまじえて、詳細な注釈をつけてくださった。これ自体が大きな学問的仕事であると思う。

このように角田・中山コンビで原勝郎の忘れられていた名著が、九十数年ぶりで復活したのである。日本の文運のため、このお二人に心から感謝したい。

平成二十六年二月

渡部《わたなべ》　昇一《しょういち》

本書刊行時の著者による序文

大和《やまと》会の要請により、同会の一連の出版プロジェクトの処女作として書かれた本書の主要目的は、日本史の要約を提供するというよりは、日本史の一般的な概要を述べることである。本書の読者層である一般の人々は、昨今のわが国に溢《あふ》れている歴史の専門家でも研究者でもない。彼らは過剰なまでに詳細な資料や、矛盾する臆説あるいは仮説を、すでに途方に暮れるほど抱え込み、頭がいっぱいになっている。

厳密にいえば、本書は、日本の未来を洞察するだけでなく、日本の過去をも調べたいと思っているヨーロッパ人やアメリカ人のための著作である。その日本とは、そのまま保存して見世物にする価値しかない、風変わりで奇妙で華やかなパラドックスをかかえる国ではなく、自己を改善し、いかに慎《つつ》ましくとも、世界文明の共通の進歩に貢献しようと必死に努力する国民が暮らす国である。

一方でそのような目標を掲げながらも、他方では、わが国民の長所を大げさに褒《ほ》め称《たた》えたり、下劣で無益な盲目的愛国主義に陥ったりしないよう大いに警告を発することが、筆者にとって緊急の必要事項となる。結局、見栄《みえ》を張るのは、誠実さと公平さに欠けている証拠であり、名声を受けるに値する歴史家なら避けるべき不徳行為そのものに他ならない。

しかし、そのようなばかげた誤りを犯さず、私が自らに掲げた目標をできるかぎり達成するためには、本書を書くときの観点を外国人の視点にできるだけ近づけ、わが国民の偏見から解き放つと同時に、心からわが国に共感を持てるようなものにすることが、もっとも賢明であると考えた。もちろん、国籍はいわずもがな、考え方も異なる他者の立場に自分自身を的確に置くのは、口先で言うのは簡単でも、いざ実行するとなると困難極まりないことは論をまたない。その仕事に私がふさわしいなどとは思っていない。それでも私がどの方向に向かって懸命に努力しているかを読者の方々に前もって知っていただければ、多少なりともお役に立つかもしれない。

良心的な日本人学者なら、わが国の歴史を古今の全時代にわたって書くのは、特にその歴史を三〇〇から四〇〇ページほどの薄い本で描くとなると、時期尚早であると言うのにも一理ある。日本史にはあまりにも多くの疑問がいまだに未解決のまま存在するというのが、一般に言われている理由である。しかし、全世界を見渡して歴史的問題すべてが、はっきりと解決されている国があるかどうかは、大いに疑問である。したがってシナの格言に「河清《かせい》を俟《ま》つ」とあるように、黄河《こうが》が澄むまで待つのは愚かであろう。

わが国が開国してから、私たち日本人のことや、その淵源《えんげん》や歴史を調べる外国人は数多くいたけれども、多くの場合、誤解をしていたし、解釈も間違っていた。私たちを過大評価し、お世辞を言って褒め、愛情を示し、おだてる人もいれば、私たちを過小評価し、軽蔑し、非難する人もいる。時々、この地上のどの国民でさえ今まで受けるに値しなかったような高い地位に祭り上げられることもあれば、私たちが大切にしてきた長い歴史を、それ以前に遡《さかのぼ》らなければならないような時代、すなわち歴史が失われる神話時代の揺籃《ようらん》期にまで遡り、無慈悲にも私たちが野蛮人の段階へと格下げされることもある。

日本国民と、その歴史の長所と短所の評価に関し、このように驚くほど意見が揺れ動くのは、到底耐えられない。確かにある時期に過小評価されるのは、別の時期に過大評価されることが原因であり、またその逆の場合もある。

このような評価の揺れ動きに終止符を打ち、私たちのことを正しく理解してもらわなければならない。誤った解釈を避けるため、私たちはできるだけ公正に私たち自身を表現しなければならないのである。だが、有能で、偏見がなく、わが国に深い興味を抱く外国人作家が現われるまで、私たちは指をくわえて待つわけにはいかない。

かなりの数の外国人評論家は、日本文明は、その理解に長い年月を要するほど十分に発達していないと考えているようだ。だからこそ、二、三週間で日本全国を足早に旅行し、千変万化、多種多様な日本の風物に遭遇しても、十把一からげの意見を述べる横柄な観光作家が大勢いるわけである。

また、そうした人たちよりも、日本国民と歴史をずっと高く評価したいと思いつつも、そう簡単には理解できないことを知っている別のクラスの作家がいる。しかし不運なことに、そのような事柄を理解できるとしても、解説の役割を担う能力があるのは自分たちだけであり、日本人ではないというのが彼らの一般的意見である。彼らは、このような視点に立ち、日本人の提供する資料はどのような種類のものであれ喜んで受け入れるのに、日本人学者の考え出した学説や議論にはまったく耳を傾けず、日本人学者が到達した結論も、ほとんどすべて判で押したように拒絶するのである。このようなタイプの作家たちは、日本人の国民としての知能が、論理的な議論を展開できるほど高まっていないと思い込んでいる。

上述したこれら二種類の外国人作家たちは、ときどき率直に私たちを褒めることがあるのも事実である。しかし、彼らは、称賛の気持ちを込めつつ礼儀正しい判断を下し、私たちが迷惑を蒙《こうむ》っている誤報や誤解を一掃するために戦ってくれる闘士の類ではない。

さらに日本の歴史家にとって、外国人読者のために自国の歴史を書こうとする試みが今ほど急を要しているときはない。

大戦のために、いわゆるヨーロッパの協調、すなわちヨーロッパ数カ国による有力者会議は、世界の協調に取って代わられるであろう。交戦国と中立国の戦後再建と復興は、世界の諸国が今まで請け負ったことのないような大仕事となろう。おそらく長期にわたって平和が続くであろうが、世界諸国間の感情は当然のこと敏感であり、激烈でもあり続け、簡単には静まらないだろう。そのような極めて不安定な危機的時代にあって、日本の立場はすこぶる難しいものとなろう。日本が起こすどの動きも、日本が立てるどの偉業も、特に近年では、ことごとく国際的な疑惑の対象となってきている。

しかし日本は、これから将来、他国に歓迎されようがされまいが、進歩せずにはいられないのである。というのも進歩がまったくなければ、停滞するしかないからだ。そこでこの重大時にあたって絶対に必要となるのが、日本人が自国史を語ることを通して自ら説明を試みることであり、そうすることにより、今の現実の日本人としてだけでなく、過去の習慣を受けつぐ日本人として、自分自身、その国民性、その特質を完全に理解することができる。それこそ私が本書で追求した唯一の目的である。

本書を準備するにあたり、京都帝国大学の同僚にはほんとうにお世話になった。われわれの古都に滞在中、初期日本史を扱った私の原稿をご親切に校閲してくださったオックスフォードのA・H・セイス教授には心から感謝を表したい。また本書全体を通し、非常に骨を折って私のぎこちない英語を訂正してくれた本学の英語英文学教授、エドワード・クラーク文学士（ケンブリッジ大学）にも感謝を申し上げたい。

京都帝国大学文学部　原　勝郎

一九一八年十月

大和会創設の辞

大和会の目的

過去二〇年間にわたり、日本が成し遂げた多大な軍事的功績によって、世界は日本国民に本来備わっている価値を認識し、高く評価するようになっている[1]。

しかし、他国民が、私たちの卓越した軍事力以外に称賛すべきものを数多く見いだしているかどうかとなると、すこぶる疑わしい。私たちの軍事的な成功がもたらす確かな結果については、もっと深い原因を十分に調べもしないで、深刻な懸念を抱いている者もいる。日本がもっとも親密な関係にあるアメリカ合衆国の諸州、大英帝国、そしてロシアの属領で反日運動が繰り返し起こっているのは、おもに日本の実情、和平策、科学、文学、芸術、法律、経済の進歩

1　原勝郎が本書を書き上げたのは、一九一八年（大正七年）であるから、ここでは日清、日露戦争から第一次世界大戦（一九一四～一八年）までを指す。

に対する知識が不足しているからである。

日本には、まさに誇るべき輝かしい文明がある。芸術では、絵画、彫刻、建築、漆器、彫金、陶器など、どれをとっても高品質で際立っている。文学では、詩、小説、戯曲は真剣に研究する価値がある。音楽や舞台も、私たちの卓越した国民性が発展する方向に沿って進歩してきており、けっしてヨーロッパに遅れをとっているわけではない。

しかし、ヨーロッパ人とアメリカ人は、いまだに日本の文明の本質的価値を評価していない。もちろん、日本の美術を激賞し、日本を芸術の国だと賞賛する外国人がいるのも事実である。しかし、彼らが評価する作品は、必ずしも日本の特徴を本質的に示すものではないし、日本美術の代表的作品でもない。日本で影響力のある文学の存在に気づいている外国人の数は極端に限られている。

しかし、そのような残念なかぎりの認識不足は、誰のせいでもなく、責められるべきは私たち自身である。というのも、他国民によって私たちの文明を評価してもらえるような努力を、私たちはほとんどしてこなかったからである。もし日本が、ヨーロッパ文明の最良の側面を学ぶのに熱心なあまり、海外の諸国民に日本独自の文明を知らしめる必要性を無視しつづけるなら、世界の誤った日本認識は永遠になくならないだろう。

実に、日本の文学や芸術が武士道と同じくらい深遠な基盤をもっているという事実を世界に示すのは私たちの責務である。その一方で、私たちは自らの欠点を認め、是正する心の広さを持たねばならない。そうすれば、日本文明を世界が称賛せざるをえない文明にすることができる。私たちがある程度は受け入れなければならないヨーロッパ文明が、わが国民の全体的発展にとってほんとうに良いものかどうかは疑問であり、これから熟考してゆくことになろう。

　世界の未来の限りない可能性を享受するには、物事を国家的な視点からだけではなく、世界的な視点から眺め、現在の極東の排他性を捨て、軍事的功績ではなく平和的方法により、諸国の仲間内での私たちの地位を改善しなくてはならない。これこそ、名実ともに日本を一等国にするもっとも確実な方法である。

　上記の目的を達成するのは、並大抵のことではなく、多くの時間と労力を必要とする。しかし私たちは、困難だからといって躊躇《ちゅうちょ》すべきないとの確信のもとに、この理想の実現に向けて支援を行なうために本会を組織したのである。

大和会会則

第一条　本会は、日本国の基本的性格を世界に知らしめるため、日本文化の意味と範囲とを明確にすることを目的とする。同時に東西思想の共通理解を促すため、諸外国の最高の文学や芸術を日本に紹介する。

第二条　前述の目的を達成するために、本会は次のような事業を行なう。

1、日本史の諸部門に関係する著作の諸外国語による出版
2、日本文学作品の翻訳
3、日本文学や日本美術の作品の諸外国語による出版
4、日本文学や日本美術に関する定期刊行物の諸外国語による出版
5、諸外国の最高の文学や美術を日本に紹介するために必要な一連の段階的活動
6、日本と諸外国の間で計画する美術品の交換展示
7、日本美術の保全と改善に必要な方法の調査と適用
8、本会の諸目的に関する、あるいは諸目的から生ずる重要事項の研究と調査のため、適格な人材の諸外国への派遣
9、日本国民一般の慣習と理想の改善に必要な方法の調査と適用

第三条　常務委員会は会員によって選出する。

第四条　常務委員会は幹事と事務員の任命権、罷免権を持つ。

第五条　本会会員の候補者は本会が推薦する。

第六条　本会諸経費は会員や本会の活動に興味を持つ人からの寄付金、出版物販売、その他の様々な財源より得た収入から賄われる。

第七条　本会の会合は必要に応じて開催される。

第八条　常務委員会は毎年一度、本会の収入と支出、業績、現状の年次報告書を会員に提出する。

大和会会員

團　琢磨
古河　虎之助　男爵
平山　成信　貴族院議員
今村　繁三
井上　準之助
鎌田　栄吉
岩崎　久弥　男爵　三菱合資会社　東京
岩崎　小弥太　男爵　三菱合資会社　東京
小池　張造　久原本店理事　東京
久原　房之助　久原鉱業所社長　東京
牧野　伸顕　男爵　貴族院議員
三好　重道　三菱合資会社社員　東京
中島　久万吉　男爵
西脇　済三郎
高峰　譲吉　高峰研究所所長　ニューヨーク
高田　早苗　貴族院議員

瀧　精一　東京帝国大学教授　東京
徳川　頼倫　侯爵　貴族院議員
坪内　雄蔵　前早稲田大学教授　東京
上田　萬年　東京帝国大学文科大学学長　東京
山川　健次郎　男爵　東京帝国大学学長　東京

常務委員

平山　成信
小池　張造
三好　重道
高田　早苗
瀧　精一
上田　萬年

目次

第13章　明治維新

第14章　結び——世界の中の日本　437

凡例

・本書は、*An Introduction to the History of Japan*（Yamato Society Production, G.P. Putnam's Sons, New York and London.: The Knickerbocker Press; 1920）の全訳である。

・一〇〇年近く前に刊行された本であることに鑑み、読者の理解を助けるため、必要に応じて訳者が適宜、注記を補った。その際、本文の該当箇所に番号をふり、原則としてその見開きページ（場合によっては次の見開きページ）の左端に掲載した。

・章タイトルは、原書の章タイトルをもとに、適宜、編集部で付け替えた。本文中の小見出しは、便宜上、編集部で新たにつけたものである。

・本書のChinaやChineseの訳語は、「シナ」を用いた。第二次大戦の前は「中国」という統一された政体がなく、誤解を招く恐れがあることから、地理的概念を示す「シナ」を当てるものである。

第1章　日本史の特質

西洋人から見た日本史の特質

日本史の知識を得ることは、外国人にとっても、とりわけ以下の二点において有益であると思われる。第一に、日本史は、世界に数多《あまた》ある国々の中で特別な位置を占める一国の歴史として、大いに興味を引くことだろう。第二に、日本史は、この小国の歴史の中に世界史の縮図が表われていると見なすことができるので、一般の歴史研究にとっても有益であろう。前者の点は、目新しさによって外国人を惹《ひ》きつけてやまないであろうし、後者は、理解力もあり、思慮深くもある歴史家にとって示唆に富むものとなろう。この点を、もう少し説明しよう。

日本は、現在のヨーロッパの広域を占める人々とは、人種的特徴を著しく異《こと》にする国民が居住する国である。日本は、長い間、外国人に対して門戸を閉ざしたままであった。そのため日本の歴史は、他国の歴史と比べると、驚くべきユニークな特徴を見せている。古い風俗習慣には、現在の日本人でさえ理解できないような先史時代に起源を持つものがたくさんあるけれども、今日まで、ほとんどそのままの状態で伝えられている。

その一方で、日本の歴史は、見当違いの臆測をよぶ情報源となるかもしれないが、とても魅惑的な奇習で満ちていると同時に、ある種の複雑さ――科学的な歴史家にとって興味と調査の対象にはなくてはならない複雑さ――には事欠かないので、研究対象として、歴史家の心を惹きつけてやまないはずである。

そうした点で、日本史と歴史学者との関係は、数多くの土着の希少植物や動物と、それを研究する外国の生物学者との関係に似ている。しかし、生物学者は、どのような動植物を研究するにせよ、一定の視点を持ち続けることに留意すべきだが、歴史家は、どの国家、どの時代にも、それ自体の尺度があることを常に覚えておくべきである。日本の歴史の研究においても同様である。

しかし、外国の日本研究者の多くが、日本の視点をこぞって無視し、わが国に関する研究で遭遇する日本の風物に、西洋的基準を当てはめようとするのは非常に残念なことである。彼らはたびたび、十分に対象を理解しないまま、拙速な批判に走ってしまう。彼らは日本の学者が一度も到達できなかった真実に手を伸ばすこともなきにしもあらずだが、西洋の風物であれば必然的に多面的な考察をするところを、日本の風物となるとそれを忘れ、過去にたまたま運よくものにした一つの見識だけに執着する傾向がある。さらに彼らは、日本の歴史の伝説的な部分をときどき情け容赦なく攻撃することがある。

私たちには祖先の大切な記憶を手放したくないという国民感情があり、そのような伝説の部分を掲載する学校の教科書もあれば、その部分を完全に削除していない学問的な書物もある。それを採って、彼らは、日本ほど熱狂的な愛国主義の国は世界になく、それも日本だけがそうだと言わんばかりに私たちを非難する。しかし、そのように日本史を扱えば、私たちが大きな迷惑を蒙《こうむ》るのはもちろんのこと、彼らにとっても何の得にもならないだろう。

とはいえ、ここではこのトピックをこれ以上論じることをやめ、ただちに第二の点に移ることにしよう。

日本史は世界史の縮図

日本史を世界史の縮図と考えるのは、どちらかと言えば新しい主張なので、そのためには、疑問の余地のない正当な理由が必要である。

現在、どの国家も、個人と同じように進化を続け、成長の頂点に達すれば退廃を始めると一般には考えられている。あるいは、それを当然のことだと決めてかかっている。だから多くの近代の歴史家たちは、異なった国や異なった時代で起こった同じような歴史上の出来事から、帰納法によって一定の原理を何とか引き出そうと試み、私たちが自然現象を語るときに科学という言葉を使うような意味合いで、歴史研究を科学の地位まで高めようとしてきたのである。

しかし、まことに遺憾ながら、どのような歴史上の出来事も非常に短時間で完結する性質があり、それが起こったときとまったく同じようには、決して繰り返されることがない。出来事が過ぎ去れば、永久に過ぎ去ったまま戻らないのであり、出来事が経過している最中に、調査者の意思でその進行を遅らせることはできない。しばしば完全に意識して、ある出来事を発生させる一因を作ることができるし、出来事の進路を変えることもできる。だが、その出来事自体を元通りにすることは決してできないし、何も起こらなかったように物事を水に流すこともできない。

さらに歴史的事実は、いかに孤立しているように見えても、その環境から切り離すことが非常に難しいため、研究室での実験対象には適さないのである。生徒たちが学校の教室で代数の二項式を教わるときは、xとyが交互にゼロに等しいと考えて解くように言われる。もしある一つの原因の結果だけを一定期間追跡し、それ以外の同時発生している原因は観察している瞬間に静止していると見なしたり、思う存分に時間をかけて仮説を立て、そのような原因はなかったものと考えたりして、それらの諸原因を無視できるならば、歴史家の仕事はどんなに軽減されることだろう。

厳密にいえば、歴史調査の場合、このようなやり方は論外なのである。だが、そのようなことを別にしても、歴史研究にはさらに困難な別の問題が残っている。生徒なら誰でも、物理学には基本的法則があり、物体が何らかの動力によって運動を始めれば、他に新たな力が加わって影響を受けない限り、その物体は一方向に同じ速力で動き続けることを知っている。しかし実際には、自然現象でさえ、そのようなケースは大変希《まれ》である。まして歴史の分野でそれを求めるのは、まったくばかげたことである。というのも、複数の原因が結合して個人、家族、そして国民に影響を及ぼし、これらの原因の影響がなくなる前に、別の新しい原因が全般的に影響するようになるので、後者の影響が前者の原因と絡み合い、あるいは複数の原因群の影響と絡み合うため、それらを識別することがとても難しいからである。

　これまでのところをまとめれば、一国あるいは一国民が、外部からの影響を受けないものと考えて、すなわち、その国自体に内在する成長力だけで何ができるかを見ようとして、国とその周囲の諸環境とを完全に切り離すことはできないということである。さりとて、次々に起こる影響の流入を排除し、問題の諸力が影響を及ぼしうる十分な余地と時間を作り、外部からの諸力が一国に及ぼす影響を科学的に観察することも難しい。しかし、人工的にはできないことでも自然発生的に生じる場合がしばしばある。ならば厳密な意味で歴史のデータを見ながらの実験はできないけれども、あえてそのような実験を試みようとするならば、一国あるいは一時代の歴史を、実験の一事例や一段階と捉えることはできる。

シナ大陸からの文明の流入

　ここでシナ文明伝来以前の、わが国の歴史について多くを語る必要はないだろう。七世紀初頭に日本とシナ大陸の間で定期的な交流が始まって以来、長期にわたってこの国から多くの公的使節や学者たちが、かの地の諸制度、芸術、学問、そして日常生活の多くの慣習までもたらし、全般に若干の修正があったものの、この地日本で、それらが忠実に模倣され続けた。当時、日本の近辺では、シナより文明の進んでいる国がなかったので、その影響力が、唯一の外来物として、単独で最大限の効果を及ぼすことが許されたのである。

　このことを除けば、シナ文明それ自体が際限なく流入するように奨励されたわけではない。

シナで唐《とう》朝が衰退し、その後に無政府状態が始まり、唐朝時代に獲得された高度に洗練された文化、おそらくこの国がこれまでに見た中でもっとも完璧だと思われる文化が堕落をはじめると、大陸と日本の公式な交流も中断されることになった。もちろん、それと同時に、個人的で断続的な通商も停止されたと言うつもりはない。わが国のシナに対する地理的位置からして、日本がこの国から完全に孤立することは許されないからである。

しかし、定期的な交流そのものを一時的に停止しただけでも、唐朝以降の数々の王朝の有為《うい》転変《てんぺん》に日本が巻き込まれずに済んだわけであり、私たちの祖先は、すでにありあまるほど取り入れたものを最大限に利用でき、また思うように消化できたのである。その後、取り入れたものを静かに反芻《はんすう》する過程が数世紀にわたって続くことになった。

当時の日本史を振り返れば、高度な文明が、国民としてまだ十分に組織されていない素朴な住民に及ぼす影響をかなり科学的に確かめることができる。そこでは古い唐の文化の特徴も数多く観察できるが、現在ではシナ本国ですらその足跡を辿《たど》ることが難しいものも少なくない。これがシナ文明に関する私たちの最初の経験である。

唐朝滅亡後の王朝の中で、もっとも長く統治したのは宋《そう》であり、宋と日本の間では、時々定期的な商船の往来があった。日本の僧侶の中には、前任者の先例に倣《なら》い、仏教を学ぶために宋に渡った者もいた[1]。

モンゴル人が創設した元《げん》朝の時代、元は多くの仏教の伝道者を逐次日本へと派遣したが、日本でも宗教の革新が進行中であった[2]。

これがシナ文明に関する私たちの第二の経験である。もちろん最初の経験でも、宗教的要素は排除されていなかった。

しかし唐朝文化の本質的な特徴は、政治・芸術的であり、その文化が伝来した結果、日本は広く啓蒙《けいもう》されることになった。換言すれば、最初の経験は芸術的なものだったと言えるかもしれない。これに対して二番目の影響は、宗教的なものだと言えそうであり、この二つの経験を融和させることで、私たちはかなり芸術的でかつ宗教的な国民となったのである。

それでも国家の統一と社会の団結の点では、まだまだ不十分だった。そして、まさにその要求を満たしたのが宋朝の文化であった。その基本的性格は政治的・倫理的である。そのような文化を導入することで、儒学者の学説が、日本の社会体制や政治体制を統制する手段となり、広く深く教化され、シナ本土よりもずっと厳密に実行されるよう強いられたのである[3]。これがシナ文明に関する第三の経験である。

この経験がほとんど終わりかけたとき、私たちは横溢《おういつ》する西洋文明に直面した。ついにこれによって、私たちはシナ文化の反芻過程を続けることができなくなり、世界史の大渦巻《うずまき》の中へまっさかさまに飛び込むことを余儀なくされたのである。

日本国民としての誇りがかなり傷つくのは、私たちがかくも深くシナ文明の恩恵を受けていると断言しなければならないことである。しかし、事実は否定できないし、真実を曲げることもできない。さらに、非常に多くのものがシナから伝来したのに引き換え、私たちがシナ人にほとんど何も与えていないことを、恥じる必要もない。文明化された国民生活を始めるのが非常に遅れた私たちは、シナ文明から独立した新しい文明を創始できるはずがなかったからである。

当時の日本人にとって、すなわち、まだ進化の過程の出発点にあった日本人にとって、シナ文明はあまりにも進歩していたし、またあまりにも圧倒的であった。それにもかかわらず、私

1　平家の一門や荘園領主は、宋船に託して砂金、硫黄《いおう》、真珠、水銀、刀剣、螺鈿《らでん》、扇、良木を運び、宋からは香料、絹、書籍、仏典、地図、陶磁器、絵画、仏像、銅銭（荘園家財に影響を及ぼす）などがもたらされた。日本から宋に渡った僧では奝然《ちょうねん》や成尋《じょうじん》に代表されるように、天台山《てんだいさん》や五台山《ごだいさん》などの聖地巡礼を目的とした宗教的情熱が際立っており、栄西《えいさい》や道元《どうげん》ら禅僧の往来も活発だった。

2　鎌倉時代の執権北条時宗《ほうじょうときむね》は、禅宗の高僧を招くため、徳詮《とくせん》、宗英《そうえい》を元に派遣し、一二七九年（弘安《こうあん》二年）元からは無学祖元《むがくそげん》が鏡堂覚円《きょうどうかくえん》や梵光一鏡《ぼんこういっきょう》を伴って来朝した。さらには元の成宗《せいそう》が、補陀落山《ふだらくさん》の僧、一山《いちざん》一寧《いちねい》を日本に派遣している。今日明らかなだけでも入元僧は百数十名、来日した元僧は十余名を数えている。

3　鎌倉・南北朝時代を通して禅僧が宋学の講義を公家や武家に行なうことが多くなり、両者の間に浸透していった。公家学者の一条兼良《いちじょうかねよし》が啓蒙的な『四書童子訓《ししょどうじくん》』を著わし、宋学の普及に貢献したのは、このような状態においてであった。

たちはそのような高度な文明を利用して自己を改善しただけでなく、同時にその文明に抵抗もしたのである。高度な文明と接触をするようになった結果、多くの未開人種は衰退していったけれども、日本人はそのような場合でも決して衰退しなかったという事実を、公平に評価すべきである。

公平な歴史家なら、日本人には借り物でなく生来の能力があることを決して見落とさないだろう。その力によって日本人は小規模ながらまとまりのよい国民として自らを強化することができたし、シナとはまったく異なる顕著な特質も備えることとなったのである。私たちがシナ文化を自家薬籠中の物にすればするほど、日本とシナ両国間の相違が広がっていることは、日本人の名誉として特筆すべきことである。

このように異文明を紹介するのは、独創性のない盲目的模倣だと指摘されるだろうか。私は、日本史にどのような正当な長所があろうとも、日本史のあらゆる側面を飾りたてようとしているのでは決してない。現実の真の姿の日本史が理解されることで、目下の日本に対する理不尽な誹謗《ひぼう》が少しでも是正されれば、私は満足なのである。ほんとうの日本史を理解するのはそう容易ではないけれども、何人かの外国の歴史家が考えるほど無益なことでもない。

古代ギリシア史との類似点

次に注目してもらいたいのは、わが国の歴史は、歴史のデータ自体がいかに特殊なものであろうとも、ある種の歴史データの単調な反復ではないということだ。いや、日本の歴史は、データの性格が多様性に溢《あふ》れている。ギリシアの歴史は、そこで起こった歴史現象の豊かな多様性ゆえに世界史の縮図であると、ときどき言われることがある。もちろん、非常に縮小された規模ではあるが、歴史で扱われる重要テーマの大半はギリシア内だけで十分に見つけることができる。この点でも、日本の歴史は古代ギリシアの歴史に酷似している。

わが国は長期にわたって分裂し、それぞれの地域ごとで、ギリシア史の僭主《せんしゅ》のように半独立した地方豪族が準政治集団を支配するのを認めてきた。しかしこれらの地域の有力者たちは、歴代の天皇の政治的、精神的統治権を認めないほど傲慢ではなかった。それだけではない。彼らはまた、事実上名目だけの存在でしかなかった天皇に対し、しぶしぶではあっても、幕府の指導権を奉還すらしたのである。

この視点からすれば、わが国は統一国家であり続けたと言えるかもしれない。しかし統一の絆《きずな》も時々は非常に緩《ゆる》まるものであり、まさに統一そのものの存在自体がしばしば疑われる時代もあった。したがって私たちの歴史の進歩の行く手には、特に国全体の緊密な統一状態を保っていくためには、それを阻む数多くの障害物との抗争があったのだ。

しかし同時に、国の分割そのものがもたらした結果と考えられる利点も軽視すべきではない。日本には、いくつかの時期に多くの小さな中心地があった。しかし、これらの中心地が存在するようになったのは、ある程度、同じような環境に置かれていたからである。このような理由から、それぞれの中心地で育まれた文化の気風については、すべてに共通するものが数多く見出されていたのである。これは当然のことである。

しかし、これらの中心地の間で、当然のこと、進歩を促進しようとして大いに切磋琢磨《せっさたくま》が起こり、日本文明の全体的標準がかなり高い位置まで高められるようになった。さらに国際関係のようなものが、これら一団の間で育ち始め、それぞれの集団内の文化の完成に大きく寄与したのである。これは、ギリシアの歴史だけでなく、神聖ローマ帝国の歴史でも、いやヨーロッパ自体の歴史でも同じような流れを辿ることができる興味深い現象である。違いは、ヨーロッパでは同じ現象が大きな規模で発展したのに対し、日本ではすこぶる小さな範囲で起こったというにすぎない。

前述したような性格の国家的経験を経た結果、日本の歴史はデータが多様性に富むようになったのであり、有能な歴史家に注目される価値があることに何の不思議もないわけである。

「封建制」とは何か

というわけで、ここで日本史の二、三の重要事項を急いで吟味してみよう。西洋の諸々《もろもろ》の歴史にも類例があるので、ヨーロッパの読者にとっても、少なからず興味を引くことだろう。

最初に述べるべきもっとも重要な事項は、封建制である。当代の有名なフランス人の歴史家が、封建制はフランク族に始まる特別の歴史的現象で、ヨーロッパ以外には認められないはずである、とかつて私に語ったことがある。

　では、「封建制」という言葉は、どのように正しく定義できるのか。西ヨーロッパで広がった同様の制度でも、フランク族の統治下でないものには、それを拡大して用いることがないのだろうか[4]。シュワーベン人やサクソン人やマルコマンニ族の地でも封建制があったと言えるのなら、それを少しばかり広げて、非ヨーロッパ諸国、例えばシナや特に日本で起こった同様の現象に用いても不合理ではないだろう。ヨーロッパでは数世紀にわたり「封建制とは何か」という問いに、歴史家たちが答えを出そうと試みられ、数多くの仮説が提示されてきた。

　歴史家の中には、激烈な論争で敵を前にして自分の主張を一歩も譲らない者もいたが、その主張もすぐに機知にとんだ新説にとって代わられるのだった。したがって、封建制の問題の幕引きとなるような最終的な解答はまだ出ていない。その原因は、主に次のような誤った考え方にある。

　すなわち、封建制とは一種の組織的な法律制度であり、その制度の淵源《えんげん》は、いくつかの規則をまとめて大成した賢明な支配者にあるとか、あるいはそれを昔に考案した知能の高い種族に

4　中世社会の主従の双務契約と恩貸地制に基づく基本的な支配形態で、その起源はローマのパトロキニウムと呼ばれる保護制度、ゲルマンの従士制度に辿ることもできるが、それが恩貸地制と明白に結びつくのは、フランク時代のメロヴィング朝とカロリング時代の初期にかけてだと言われている。

あるとかいうものである。さらに学者の中には、このような間違った推測を出発点とし、とてつもない混沌《こんとん》としたデータから包括的な結論を導き出し、どの国を選んでも、封建的関係に適用できる一定の基本原理を打ち立てられると信じる者もいる。

しかし彼らの推論はけっして正しくはない。封建制は誰かが意識的に考案したものでも、審議の上に創案、制定されたものでもない。いわゆる概括化によって二、三の一般的な規則性は導き出せるかもしれないが、これらの規則性でさえ、例外的条件がつくことだろう。

したがって封建制に関する歴史的原因を研究して最終的に到達する明白な事実は、むしろあらゆる種類の封建制に普遍的な精神が広がっていることであり、自然科学の場合のように、どこにでも適用できる具体的な規則があるわけではないことである。兵役《へいえき》と引き換えに一定の領地の用益権を与えることが封建制の本質なら、日本にも封建制が存在するのは議論の余地のないことである。

あるシナ人の役人が記憶すべき随筆で述べたように[5]、封建制は現実に必要なものである。どの国家も、強固になろうとすれば、封建制は経験しなければならぬ必要物である。政治組織の点からすると、封建制はしばしば後退のように言われることがあるが、原始的な種族については、社会的にも政治的にも、中央集権化が行なわれていたとは言えないし、権力が分散化されていたと言うこともできない。

彼らが通過しなければならない最初の段階は、曖昧《あいまい》な中央集権化である。表面的に観察すれば、この段階で、種族はある一点で中央集権化されているように見える。しかし、真実は、このような文明の初期段階で、複数の突出した中心地が、注意を引くほど顕著に同時形成されていた可能性は少ないということだ。その唯一の中心地そのものが形成されたのも、中心地が中央集権化するほど強力だったからではなく、中央集権主義によって周囲が駆り立てられたからであり、その他のどの勢力も、まだ中心地と張り合うほど強力ではなかったからである。

古代で、単一の中心地がその他のすべての他者より突出しているといっても、その程度は非

5　「あるシナ人の役人」が誰かについては、本文中に具体的な言及がないので、人物を特定することは困難である。あくまでも推測の域を出ないが、たとえば、明《みん》代末期から清《しん》代初期の儒学者で、明末の陽明学の空理空論化を批判し、厳格な考証学を確立した顧炎武《こえんぶ》（一六一三〜八二年）も、候補の一人として挙げることができるかもしれない。顧は、封建制の利点を強調することで、秦以来の中央集権的な専制支配体制の矛盾を指摘し、「郡権論」を展開した人物である。三十二歳のとき明が滅亡すると、復明運動にも加わったが、その望みは実現しなかった。明朝に仕えて忠義を守れという亡き母の遺言を守り、清朝から仕官の申し出があっても、断固辞退して引退生活をおくった。その代表作『日知録』は、日ごろの読書研究の成果を随想録の形で記したもので、政治・経済・天文・地理・制度など幅広い知識をもとに、厳密な考証と鋭い批評が展開されている。

常に微々たるものであったに違いない。時の経過とともに、より劣る複数の中心地が頭角を現わし、中央集権化の勢力で最初に抜きんでた中心地の後をぴったりと追いながら、ついには最初の中心地の統治権に挑戦できるくらい強力となる。

私たちは一般にこの事態を国土分割の時代と呼び、あたかも本当の中央集権化が前代に完成していたかのような言い方をするが、この見方はまったく間違っている。中央集権化を行なう力がなければ、政治的中心地が実際に存在していたとは言えないのであり、強力な中心地がなければ、効果的な中央集権化もできないのである。

古代の帝国が表面的に中央集権化された状態、すなわち統一された状態というのは、一点のみが輝いているだけの混沌状態でしかなく、分割されていたかに見える状況は、実は真の統一、中央集権化に向けての一段階であり、地方ではより大規模な中央集権化への道が拓《ひら》かれていたのである。このような国家統一と中央集権化への準備過程の局面こそ、封建制そのものなのである。

どの国家も、いやしくもしっかりと組織された組織体になろうと望むのなら、封建制は、必ず合格しなければならないテストのようなものである。実際、歴史で封建時代を一度も経験しなかった種族もいるが、それは、それらの種族が、そのような経験を持てない、ある種の不完全な性質を備えていたという事実によるものであり、彼らが健全で調和のとれた文明を発展させることができなかったことによる。

そのように発展するには、君主制にしろ、民主制にしろ、必ずしっかりと組織された政治的中央集権化を伴わねばならない。封建的統治体制のテストに合格した国の中には、それが非常に不完全であったがために、後になってその欠点を是正するのがすこぶる困難になっている例もある。

テストに合格した日本

わが国が歴史上、かなりの長期間にわたり封建的統治体制下にあったことを、私たちは決して嘆く必要はない。私はそうであったことを嬉しく思っている。どのような政治の発達も、それに対応する社会的進歩と並行しなければならないからだ。

封建制は、堅果の殻に例えられる。殻は、その中の柔らかい仁《にん》（胚）が静かに熟成過程を完了するまで、仁を保護する。どのような種類にせよ、社会の進歩というものは、ある種の政治的指導体制、特に庇護の任務を果たすことに適合した体制によって保護されるべきであり、障害となる影響を受けずに、それ自体の発展を追求することが許されなければならない。封建制は、このような機能を果たすために不可欠な政治的指導体制の一つである。国家が封建制の段階に長く留まりすぎないのは幸運なように見えるが、この段階から時期尚早に抜け出るのもまた望ましいことではない。

まとめれば、国家が健全な発展を継続するには、歴史の流れの中で一度は封建制を経験すべきであり、そのテストに公正に合格しなければならない。

では、日本はどうであろうか。私たちはテストにきわめて首尾よく合格したと言えるほどではないが、不合格でもないと考えることができよう。日本はその状態に不必要に長く留まり、そこから完全には抜け出していないと言う者がいたら、その人は、ヨーロッパのもっとも文明化された諸国でさえ、ほんのつい最近まで封建制度の足かせを外せなかったことをすっかり忘れているに違いない。

ヨーロッパ大陸の諸国では、世襲の支配権を残している国があることからも分かるとおり、十九世紀前半まで、すぐそれと分かるほどの封建臭が残っていたのである。その一方で、後の章で詳細に述べることになるが、外国の観察者たちは、徳川将軍の統治体制が中世ヨーロッパの封建制とまったく種類が異なるものであることを分かっていない。それなのに彼らは、日本国がその惨《みじ》めな統治体制から抜け出して、たったの五〇年しか経《た》っていないと信じ込んでいる。これらの見方は両方とも完全に間違っている。封建制との関わりでは、私たちは文明化された他国とほとんど同じような経験を経てきたのであり、それ以上でもそれ以下でもないのである。

どの国でも、自国の歴史を、その始まりから現在に至るまでの範囲で語ろうとする限り、その歴史の半分以上が封建制で占められていたと考えられる。ならば、日本の歴史も、いわゆる世界史で教えられうる本質的要素の半分以上を他国と共有していると言えるだろう。

世界史のなかの日本史

私たちの歴史は、そのもっとも本質的な特徴が、ヨーロッパ諸国の歴史とまったく異なっているわけではないということを、これまで見てきた。同様に日本の歴史には、封建制以外にも、文明国の歴史を作り上げるのに必要な典型的な品目と評価されうるものが数多く含まれていても不思議ではない。それらの事物は、世界史で省くことのできない主要な構成要素である。

つまり、全般的な社会発展と歩調を合わせる種々の宗教運動や、文明全般を構成するそれ以外の要因の変化で左右される経済的発展などである。外国の影響は比較的はっきりとたどることができるので、日本の歴史は、広い範囲で科学的に分析することができる。だから国家の全体的進歩の漸進的な成果を描くのにふさわしい国史を求めるのなら、日本史は選《よ》り抜きの歴史であるに違いない。わが国の歴史が世界史の縮図だといったのは、この視点からである。

結局、日本の歴史は、素人の歴史愛好家向けの手軽なトピックや、一般の人類学者、民族誌学者、文献学者たち向けのテーマになるほど単純素朴なものではない。後者の学者たちは、文明化された時代の歴史を扱う上で特に適任というわけではない。わが国の歴史を調査する者として私が心から歓迎すべき人々は、ヨーロッパやアメリカの歴史家である。彼らは自国の歴史を書くだけの十分すぎる能力がありながら、文明化されていないものに自ら汗を流す価値はないと考え、その調査活動を世界の隅々まで広げるまでもないと考え続けてきた。

もし彼らが日本の歴史を覗《のぞ》いてみたいと思うなら、多分、彼らを完全に落胆させるような不毛な結果にはならないだろう。わが国にとっての最大の不幸は、欧米の一流の歴史家で日本の歴史を書く人がほとんどいなかったということである。それを書いたのは、ほとんどが二流か三流の歴史家であった。いや、歴史家とはとても呼べないような人々も大勢いる。

彼らに歴史家の能力があるといっても、せいぜい、どうにかこうにか本は書けるとか、かつては日本に住んでいたとかという程度にすぎない。そんな彼らが思い切って自国以外の国の歴史を書こうとすれば、日本はもっとも扱いやすいテーマと映る。そして彼らの大部分の同国人も、まるで日本に無知なのである。

これまで日本の歴史の意義について長々とお話ししてきたが、だからと言って、これらのえせ歴史家を黙らせようとか、一流の歴史家たちにその意に反して無理やりに日本の歴史を研究させようとか、思っているわけではない。前者にそのようなことを試みても無益だし、後者が相手ならほとんど絶望的であろう。

このテーマについて長くお話しした主な理由は、外国の人々に、次のことを理解していただきたいがためである。すなわち、日本は、過去にそのように進歩した歴史的経験を保有する国であるのに、ほんの最近になってから目覚めたばかりの国であるかのように考えてもらいたくないということである。そして日本に対する評価は、ここ五〇年、称賛、愛情、勇気づけ、恐怖、軽蔑と、次々に目まぐるしく変わっているが、ひとたび真の日本の歴史を理解するようになれば、私たちに対する彼らの揺れ動く評価も収まってゆくだろう。

　そうなれば、おそらく、今日ほど外国人が私たちを恐れることはなくなるだろうし、もっと正確に言えば、私たちは、もうこれ以上恐怖の対象にはならないであろう。それと同時に嫌われもせず、また拒絶されもしなくなることを喜べるだろう。

第2章　日本人はどこから来たか

文明を生み出す二つの要素

文明の体系を築き上げる上で、人種[1]と気候なら、どちらがより強力な要因となるのだろうか。これは従来、繰り返し投げかけられてきた難問であった。そしてその疑問は、いまだに完全には解かれていない。一方に遺伝の法則に深く根差した人種の内在力、他方に物理的な環境の影響力、この二つが重要な要因であることは、過去、現在、未来、変わることはないだろう。

どのような種類の文明でも、この二つの力が互いに作用し合いながら生み出されてゆくわけだが、二つの関係は必ずしも互助的なものではなく、ある意味でライバルであり、一方が一方を押しのけようと争ってもいるのである。

だが、人種と気候の二つだけが文明の進歩に貢献する要因ではないことを考えれば、この問題を改めて考えることは、無駄な行為に思えるかもしれない。とはいうものの、どの国の歴史にせよ最初が肝心なので、私も日本の歴史を述べるにあたって、人種と気候との関係から述べ始めるしかない。

日本の気候の特徴

一般的に言って、文明の進歩にとっての理想的な気候は、暑すぎても寒すぎてもいけない。換言すれば、温和な気候でなくてはならない。それと同時に、文明の発達を促すには刺激的な気候であるべきである。つまり、気候は変化に富むべきだが、住民の生命活動を妨《さまた》げるほど極端に走ってはならないということだ。気候が一定で季節の変化がなければ、いかに温暖であっても、人間の肉体的あるいは精神的な活動にはそぐわず、文明の発展には適さない。

この基準から判断すると、日本の気候は良好である。近年になって組織された、あるいは併合された日本帝国の全地域、すなわち朝鮮《ちようせん》、樺太《からふと》（現サハリン）、台湾《たいわん》、琉球《りゆうきゆう》、そして北海道を別にすれば、残りの国土、つまり三つの島を含む歴史時代[2]の日本の全土は、以前は六六の「国《くに》」[3]あるいは地方に分割されていた。その地域は緯度が北緯31・0度から41・5度まで[4]幅広く広がっているため、寒暖の最高温度と最低温度の差がかなり大きい。しかし覚えておかなければならないのは、まったく異なった生活様式が必要なほど温度差が大きくはないということだ。

たとえば、薩摩《さつま》国[5]では、ときどき雪が降るのを見ることができるし、陸奥《むつ》国[6]では、真夏の

1　生物学的特徴に基づいて分類した人類集団。

2　考古学における時代区分の一つ。文献記録の不十分な時代を先史時代、豊富な時代を歴史時代と呼ぶ。第3章で詳しく論じられている。

3　前近代の地方行政区画。中・近世において地方支配の単位として一定の機能を果たしていたが、明治四年の廃藩置県によってその実質を失った。

4　北緯31・0度は大隅《おおすみ》半島の南端、41・5度は下北《しもきた》半島北端に相当する。

温度が華氏九〇度[7]を超えることも頻繁にある。したがって南部の日本人は、それまでの生活習慣をほとんど変えることなく、快適に北部地方へ移り住むことができる。一方、北部の人々も、その生活様式はほとんどそのままで、南の九州へ引っ越すことができる。このように歴史時代の日本全土で生活様式がほとんど同じであることが、比較的容易に国家統一を成し遂げられた理由である。

季節の変化についていえば、日本ではいくぶん頻繁に季節の変化が起こり、それがために日本の気候は非常に刺激的な性格を備えている。アメリカの気象学者が行なった調査によると、気候が刺激的であるには、四季の変化を特徴とするだけでなく、それぞれの季節の中でも頻繁に変化があることが必要であるという。そして、そのような日々の天気に変化を引き起こすものは、嵐に他ならない。

もしこの学者の結論を受け入れるならば、日本は、気候に恵まれた国々の中でも、かなり上位にランクされるだろう。というのも、非常にはっきりと定義できる四季の変化があるのは言うまでもなく、日々の気候の変化の主原因である低気圧性の嵐が、非常に頻繁に発生するからである。それは時に、誰もがこれ以上は発生してほしくないと思うほどの頻度である。さらに長い梅雨の季節は湿気が多く、気を滅入《めい》らせる主原因となり、初夏にもっと雨が少なかったら、日本の気候は理想に近いものだっただろうと思わせる。

ところで、日本の気候の最大の弱点である湿気は、夏だけでなく一年中を通してあり、それも太平洋と瀬戸内海に面する地域よりも、日本海沿岸の地域のほうがじめじめしていることに注目すべきである。ヨーロッパの歴史を紐解《ひも》けば、日本の瀬戸内海に相当するのが地中海、太平洋は大西洋であり、日本海はバルト海にあたる。目ざとい旅行者なら、バルト海と同じようなグレーっぽい海面の色合いが日本海にも認められ、まさにそのくすんだ色彩が、沿岸地域の雰囲気にも同じように陰鬱な色調を添えていることに気づくだろう。

ただしわが国の多くの神話の伝説が、いわゆる「裏日本」という日本海沿岸地域を舞台とし、さらに文明の基準でも、これらの地域が日本帝国の他の地域と比べて明らかに低くランクされていないことは事実である。しかし、それはこれらの地域に広がる気候の影響ではなくて、アジア大陸に近いからである。そのため、日本海に沿った地域と対岸のアジア大陸の部族[8]との間に非常に緊密な関係があったに違いなく、それらの部族の中には、時に日本人と同じ起源を持つと思われているものもある。

だが現在では、これらの地域の気候よる悪影響がはっきりしているので、対岸の大陸で文明の進歩や繁栄に突然の激変がないかぎり、「裏日本」が太平洋側よりもさらに繁栄し、脚光を

5　現在の鹿児島県西部にあたる。
6　現在の福島県、宮城県、岩手県、青森県。
7　摂氏32・22度。
8　同一の起源という観念や共通の風俗、習慣、伝統などを持ち、同一の族長を持つ集団。

浴びる時が訪れるのは、遠い将来のこととなろう。

北日本と南日本との間で、この二地域の気候が日本史にどのような影響を及ぼしたか、その違いを区別するのはそう簡単ではない。確かに、冬期は極度に寒冷となるので、そこでの人間活動に支障をきたすことを思えば、気候の諸条件では北日本が南日本よりも劣っている。しかし、北部が文明の進歩で後退しているのは、もっぱら劣った気候だけによるものかどうかは疑わしく思われる。雪に深く埋もれていても、本州の北部地域の寒さが、スカンジナビア諸国や北西ドイツの寒さよりもさらに耐え難く、そこに暮らす住民の活発な活動には適さないとは言えない。

北日本の発展が遅れている主原因は、むしろ、そこが比較的最近になって開発された日本帝国の地域だという事実にある。歴史時代の初めから、日本人は北へ北へと開拓地を押し上げてきた。もしこの北上が昔と同じような勢いのまま今日まで続いていたら、北部の諸地域は、今日私たちが目にするよりも、はるかに人口密度も高く、文明化され、繁栄していたかもしれない。

しかし、北部にとっては不運なことに、発展のもっとも大切な時に、国民は内地の入植化から対外関係へと注意を向けることを余儀なくされたのである。さらにその後に海外で新しい領土を獲得したことで、収益性の低い本州の北半分の開拓は、あまり関心を持たれなくなった。

北海道と琉球の気候上の諸条件については、大日本帝国の歴史的に重要な地域とは大きく異なっているのは言うまでもなく、それぞれに特別な考察が必要である。しかし、北海道と琉球は、日本の歴史時代にほとんど関係がなかった。台湾、樺太、朝鮮についても、同じことをもっと強調していいかもしれない。ただし、これらの地域の気候が将来の日本の運命に及ぼす影響は、疑いなく甚大なものだろう。だが、これらの地域は本書の範疇《はんちゅう》には入らないので、私は、偏見なく、これらの地域にこれ以上言及するのを控えることができる。

日本人の人種問題

気候とともに、文明の発展に不可欠な要素が人種である。

では、日本人はどの人種に属するのか。すべて日本人が、単一の人種名の下で同質的に構成されうるのか、それともいくつかの異なった人種の集団として扱われなければならないのか。日本人、あるいは少なくとも日本人の大半は、土着なのか、移民なのか。もし日本人が移民人種ならば、どこに起源を持つのか、またこの国に移民してきた時期はいつ頃なのか。日本人でないとしたら、日本列島の先住民はどのような人種なのか。

この種の設問は、解答が出るのをここ何年間もずっと待ち続けている。日本人の大勢の専門の研究者ばかりか、日本の風物に精通した外国人文献学者や考古学者たちも挑戦してきたが、完全な解答が出された設問はまだ一つもない。

近年、古代の墳墓や史跡の興味深い発掘が数多く行なわれ、昔の日本列島の住人に関するさまざまな遺物が、専門家の推論を交えて綿密に調べられてきた。しかし、こうした遺物のお蔭《かげ》で、これらの疑わしい一時的な解答や煮え切らない論争に光明が投じられたかというと、むしろもっと根が深く、手に負えない疑念が新たに生まれている始末である。

きわめて遺憾なことは、古代日本への移民について、当時の信頼すべき文字の記録が何もないことである。それがあれば古代墳墓で発見された遺物に付した解釈が正しいかどうかを確かめられるのであるが、それがないために検証することができない。

また、先史時代の日本の遺物として、ヨーロッパや西アジアで発掘されたような歴史的な重要資料があったなら、証拠文書の有無にかかわらず、遺物それ自体から、かなりの確実性をもって古代史を論理的に推理することができたであろう。しかし、あいにくこの点でも、私たちの先史時代の遺物のほとんどが、とても単純な模様の施された土器が二、三種類と、鞍《くら》、馬の頭部に取りつける頭絡《とうらく》、刀の刃、その他の原始的な日常品にすぎない。巨大な墓石がときどき見つかるが、ギリシアの石棺にみられるような碑文はまったくなく、解読できない、多分意味のないひっかき跡が二、三あるだけである。

原始的な日本の装飾品については、それらから歴史のデータをほとんど集めることができない。それらは概してとても単純なデザインの数珠玉《じゅずだま》で、形状も異なったものが三、四種類あるだけだ。

建物の建設には、石、煉瓦《れんが》、その他耐久性のある資材が一度も使われたことがないので、日本の史跡のどこを探しても、まるごとの宮殿とか、村とか、町はいうまでもなく、単一の住居を掘り出せることとさえ、まったくもって考えられないのである。

この結果、私たちの起源に関しては、信頼のおける確かな情報の蓄積が非常に乏しいため、どんなに乱暴な推論であろうが、誰でも自分の好きな仮説を勝手にでっちあげることができる。またその仮説を積極的に納得のいくように立証するのではなく、反論となる仮説はありえないと指摘することで、敵対者がいても自説をいつまでも好きなだけ主張できるのである。

日本での考古学的調査の現状を一言でまとめれば、資格のない者はもちろん、資格のある好戦的な学者たちも、知的小競り合いを繰り広げているような有様だと言えよう。だから今、日本には大小の文化人類学者が溢《あふ》れ、それぞれが何か新しい仮説を毎日作り出しているという事実があるにもかかわらず、「日本人は誰か?」という根本的な疑問の解決では、遅々として進展がみられないのである[9]。だからここでは、推論のレベルを大幅に超えることはないだろうが、比較的安全だと考えられる仮説だけを述べることで満足することにする。

9　原が本章を書いた一九一〇年代に比べると、現代では科学的研究が格段に進歩しているだけでなく、三内《さんない》丸山《まるやま》遺跡のように従来の縄文時代の定説を覆すような考古学的発見も次々になされているので、あくまでも時代的制約を頭に入れて読むべきであろう。しかし「日本人とは誰か?」という原の質問には、いまだに答えが出たわけではなく、現在でもまだ流動的な状況である。現在、考古学、人類学、生物学、言語学、DN

Aなどの観点から、日本人の系統または起源に関する知見が積み上げられていて、原が本書を上梓《じょうし》した時代とは縄文・弥生観も大きく異なる部分もある。しかしながら、諸説については賛否両論がある場合も少なくなく、結論が流動的である点においては、今も変わりはない。

たとえば、分子人類学では、ミトコンドリアDNAによる系統分析を用いた結果として、弥生時代にアジア大陸から大量の移民があったと結論づける学者もいる。しかし、ミトコンドリアは塩基置換速度が速すぎるため、時間の経過とともに同じ構造にもどり、長いスパンでのルート研究には適さないという側面がある。

それに対して男系遺伝を確かめるものにY染色体による系統分析がある。これによると、日本人の中には、YAPハプロタイプとも言われるD2系統とO2b系統が存在することが分かっている。このうちD系統はYAP型ともいわれ、Y染色体の中でも非常に古い系統であり、朝鮮半島やシナ人にはほとんど見られず、縄文人の血を引くと言われているアイヌ人88%に見られることから、縄文人特有の形質だとされている。ここから、現在の世界でも極めて稀少なD系統を、その基本形を保ったまま現代まで日本人が受け継いでいるということは、日本人が移民による征服や、民族虐殺などの惨劇の経験などもなく、縄文時代以降も、日本民族を圧倒するような移民もなかった証拠だと考える学者もいる。

本論では、一つの学説に固執することなく、種々の学説を仮説として捉え、これに民族学的な考察も加えて、多角的な視点からこの問題を捉えようとしている著者の姿勢が興味深い。弥生時代以降に一〇〇万人が渡来したとか、海を渡ってきた騎馬民族に征服されたという人類学的仮説（大量渡来）も、考古学から導き出される結論（少数渡来）の裏付けのないものは、あくまでも著者のように仮説として対処するのが無難なようである。

アイヌはどこから来たか

日本についての文化人類学的調査に従事した調査者全員が事実上同意している唯一のことは、アイヌが先住民族であり、日本人と呼ばれる人種はアイヌとは異なった系種に属するということだ。かつては、アイヌが来る前にこの国に移住した人々がいたので、アイヌは移民してきた民族であるに違いないという仮説が一時的に流行していた。アイヌはこの民族をコロポックル[10]という名前で呼んだと言われている。しかし、これらの仮説上の原住民については、体つきがとても小さくアイヌが侵攻してくる前に姿を消したらしいということを除き、実際のところほとんど何も知られていない。この説は、いくつかのアイヌの伝説に根拠があるというだけであり、考古学的な遺物によって立証されたわけではなかったため、この仮説、もっと正確に言えば、曖昧な示唆はほとんど信頼されず、瞬《またた》く間に捨て去られた。

それでもアイヌが、日本のほんとうの原住民なのか、あるいは日本帝国外の地域からの移民なのか、まだ決着がついていない。大部分のアイヌ研究者は、アイヌより前に日本に移住した他人種はいないけれども、アイヌ自体もまた移民であるという意見にむしろ傾いている。

しかし学者の間では、これとは別に、アイヌ人種の発祥地に関して意見の不一致が起こって

10　アイヌ語で「蕗《ふき》の葉の下に住む人」の意。アイヌ伝説に現れる小人の先住民で、人類学者の坪《つぼ》井《い》正《しょう》五《ご》郎《ろう》（一八六二〜一九一三年）がこの伝説を根拠に、コロポックルを日本石器時代人だとする仮説を唱えた。

いる。アイヌは日本海の対岸のアジア大陸沿岸地域から、日本列島に渡ってきたという意見の学者がいる。そしてアイヌ人種発祥地をアジアの心臓部までたどるだけでなく、アイヌはコーカサス人種と同じ発祥地から来たとまで言う学者もかなりいる。さらに一歩進んで、アイヌ人種の発祥地をさらに詳細に探り出し、同人種を近代のスカンジナビア人と同族の北欧ゲルマン系を祖先とする人種から枝分かれしたものと認識する学者もいる。

その一方で、アイヌは南から移住したのであり、北ではないという意見を持つ一定数の文化人類学者がいる。ただし、南部のどの場所なのか、まだ何も特定されていない。しかし、歴史時代にアイヌが本州での足場を完全に失い、最後は北海道とそれに隣接する小島の狭い地域内に押し込められるまで、日本人がアイヌを北へ北へと押しやったことを考えると、最後の仮説は支持できないように思える。だが、アイヌに北部アジア系の部族の間ではほとんど見られない刺青《いれずみ》の風習があることは、アイヌと熱帯地域の住民との間のある種の親近性を、かすかではあるが示唆しているように思える。

他方、アイヌ人種の外的な特徴に注意を向け、アイヌに酷似している諸人種が今でもアジア北東沿岸に細々と生きながらえていることを思い起こせば、北西からの移住も、まったくありえないことではない。白色に近い肌の色、頭蓋骨の形状、その他の独特の特徴を考慮に入れれば、アイヌはアーリア系に属するという仮定でさえ、にべもなく拒絶することはできない。

端的に言えば、アイヌ人種が民族学的に不確実であるということが、おそらく日本人種の諸起源が不明瞭なことの主原因の一つなのであろう。今は霞《かすみ》に覆われているが、将来はそれが晴れて、アイヌに関する人種的な謎の解ける日がきっと訪れるだろうと思う。しかしここでは、特に民族学を扱っているわけではないので、今のところ性急な結論は下さず、その疑問はそのままにしておこう。

アイヌが原住民であるにせよ移民であるにせよ、また仮に移民だとして、その人種の発祥地がどこであろうとも、この毛深い人々は、かつて日本諸島の全域、それも本州だけでなく九州の最南島にまでも広がっていたことは事実である。このことは、薩摩や大隅の地方で発掘された陶器や、語源をアイヌ語まで遡ることのできる地名がいくつか九州にあることからも証明できる。実際のところ、アイヌは徐々に北へ追いやられ、彼らの手から九州がもぎ取られたのである。彼らは歴史時代の夜明けが始まる前に、おそらく部族民の縄張りがあちこちに残ったのであろう。彼らはあまりにも勇敢だったか、あるいは迅速でなかったのか、征服者が侵攻してくる前に逃げなかったのである。

こうして生き残ったアイヌたちも、数世代は細々と生き延びたものの、ついには征服されるか、抹殺されるか、戦いに勝利した周辺の人種、あるいは大勢の諸人種に呑《の》み込まれてしまった。先史時代が終わる前、アイヌは四国と本州の南西部へ避難した。そして日本の歴史の幕が上がると、アイヌは本州北部で日本人に激しい戦いを挑んでいたのだ。

では、日本人はどこから来たか

ここまでは、便宜上、アイヌの征服者を単に日本人と呼んできたが、彼らは、私たちが今日日本人という言葉で理解しているのと同じ日本人だったのだろうか。征服者は、同質の人々か、それとも異質の人々だったのか。もし日本人が異質であったら、彼らの中で最初に来た者たちは誰だったのか。もっとも傑出していたのは誰だったのか。これらはどれも、はっきりと答えるのが非常に難しい質問である。

日本には、アイヌ以外に一つの種族の人々がいただけであり、その種族は同質的な日本人だと、時々論じられることがある。この見解は、信頼できる学者が公然と認めているわけではない。というのも歴史時代、移民の集団は、意図的にしろ、意図的でないにしろ、朝鮮とシナからだけでなく南部の諸島からも、大人数ではないが、時々日本に漂着してきていることは疑いのない事実だからである。また歴史時代の移住と同じような移住が先史時代に起こっていることも、完全には否定できないのである。

日本人の肉体的特徴について大雑把な注意しか払わない人でも、純粋に朝鮮系あるいはシナ系と見なされうる人々以外に、マレーか、ポリネシアか、メラネシアか、どの特色が支配的かはともかく、まったく異なる顔つきをした人々が数多くいることは、容易に見分けることができる。そのような、あまりにも明らかで無視できない多様性を目の当たりにすれば、日本人が最初から同質的であったと大胆に主張できる人は誰もいないだろう。しかし不思議なことに、この明らかに擁護できない観念が、いまだに多くの歴史的仮説の根底に横たわっているのだ。しかし、それは将来、是正されるであろう。

もし日本人が異質な人種の集合であるとすれば、その人種を構成する要素は何であろうか。多くの学者の調査結果によれば、いわゆる日本人の祖先の大部分の発祥地をアジア大陸北東部とする傾向がある。おそらく純粋な言語学的観点からすれば、この仮説は他のどの仮説よりも事実に近いかもしれない。世界の言語体系の中で日本語が単独の位置を占めていることからして、北部由来の起源を辿《たど》ることは容易ではないが、大部分の日本人種が南方から来たとする仮説が成立する余地はほとんど残っていない。

私たちの言語には、現在、日本の南方の海に散在する島々やアジア大陸南部に普及している言語と共通する言葉がほとんどない。その一方で、朝鮮語と日本語との隔たりは、朝鮮語とその他の大陸言語、たとえばモンゴル語や満洲語との隔たりよりもはるかに大きいけれども、それでも、私たちの言語にもっとも近い言語は朝鮮語である。

したがって、人種的親近性の存在を確かめる唯一の方法として言語的類似性を持ち出すなら、大部分の日本人は朝鮮人直系の子孫ではないけれども、ある時期、朝鮮人の祖先ととても近いところにいた人々に属しているに違いない。

言い換えれば、日本人種にはその一体化した部分にある種族の人々がいて、その人々は朝鮮人の祖先と、それ以外の血縁部族よりも長い期間にわたり一緒に暮らしていたと考えられる人もしれない[11]。もし実際にそうであれば、日本人は先史時代が終わるずっと以前に、朝鮮人から分離したに違いない。さもなければ、朝鮮語と日本語という二言語に、今日のような大きな相違があることを説明できない。

もちろん、言語学的立場だけから民族学的問題を決定するのは、非常に危険である。しかし、議論のために、日本人種の中心的要素は、おそらく朝鮮半島と対馬《つしま》経由か、あるいは日本海を横断してアジア大陸北部から日本海対岸へ渡ってきたとする仮説をしばらくの間採用することにしよう。この見方をとる民族学者は、上記の移民集団からシナ人を除外しなければならないと決めてかかっている。当時でさえシナ人は、他の近隣の人種よりもはるかに進んでいて、日本文明にもっとも影響力ある恩人となるよう定められていた人々である。

もし言語的な観点だけから見るならば、私たちの祖先の特質からシナの血統を除外しても、まったく不自然でないかもしれない。しかし除外するためには、日本人の祖先がアジア大陸に留まっていた間、シナ人と密接に接触しなかったということが、前提条件となる。だが、大きな割合を占める日本人の祖先が、どこにでもいるシナ人とも接触せずに本国に来たと想定することは、かなり無理があるが決して不可能ではない。実際にはほとんど考えられないことだが、彼らはかろうじてシナ人との接触を避け、シベリア東部、満洲《まんしゅう》北部、あるいはそれ以外の地域から来た可能性もあるからである。

では、シナ人説をすべて取り下げ、先史時代の日本人を考える上でシナ人種は考慮しなくても不自然ではないと仮定しよう。それでも、大陸からきた私たちの祖先の大半が、その内部に支配者階級を含んでいたかどうかという問題は未解決のままである。

彼らは、この島国の日本帝国の異質な人々にまとまりを与えた集団である。北東アジアに滞

11　言語学的考察からの結論ではないが、分子人類学者の篠田謙一《しのだけんいち》氏は『日本人になった祖先たち—DNAから解明するその多元的構造』（NHKブックス、二〇〇七年）の中で、DNA分析から「縄文・弥生人ともに相同なタイプを多く共有するのは本土日本人でした。……このなかで注目されるのは、朝鮮半島の人たちのなかにも縄文人と同じDNA配列を持つ人がかなりいることです。……これまでの人類学の理論は、弥生時代になって急に朝鮮半島との間に交流が生まれたような印象を与えるものでした。しかしDNAの相同検索の結果を見る限り、朝鮮半島にも古い時代から縄文人と同じDNAを持つ人が住んでいたと考える方が自然です。……縄文時代、朝鮮半島の南部には日本の縄文人と同じ姿形をし、同じDNAを持つ人々が住んでいたのではないでしょうか」と述べている（同書177～178ページ）。

この一節について長浜浩明《ながはまひろあき》氏は『日本人ルーツの謎を解く』（展転社、二〇一〇年）で、福岡県の板付《いたづけ》遺跡や佐賀県唐津《からつ》市の菜畑《なばたけ》遺跡から縄文人の作った水田遺構が縄文土器とともに発見されたこと（朝鮮半島からの渡来民が弥生時代に水田稲作を始めたとする二三〇〇年から一八〇〇年前よりも、さらに三〇〇年も遡る）や、朝鮮半島南部の一、二の遺跡から弥生土器が出土し、弥生土器が九割以上も占める遺跡もあることから「縄文時代から弥生時代を経て、朝鮮半島で多くの前方後円墳が発見された古墳時代から百済《くだら》滅亡までの千五百年以上に亘り、私たちの祖先は日本から朝鮮半島へと進出し、半島南部に根をはり、日本と往来していた」ため、その時代の「私たちの祖先の血が、今の韓国人の血の中に流れ込まないはずがない」と述べている（同書238ページ）。

在していた多くの種族の中で、ある種族が、以前から日本に定住していた様々な種族の人々を支配するようになったのかもしれない、と人は言うだろう。支配的になった原因は、選ばれた種族の側に議論の余地のない文明の進歩があったからだと考えられるかもしれない。すなわち、問題の種族は、その文明に関して言えば、すでに鉄器時代にあったかもしれないが、その一方で、その他の部族はまだ新石器時代に長々と留まっていたという仮説である。

しかし、この仮定を支持するには、もう一つの前提を設定する必要がある。すなわちその前提とは、支配的な部族が比較的遅れて日本にやってきたこと、他の劣った諸部族は私たちの国に定住した後も文明が停滞したままだったけれども、その支配的な部族は移住する前から鉄器時代の文明をすでに獲得していたことである。しかし、そのような主張は、支配的な部族が移住する前から、日本とアジア大陸の間でかなりコミュニケーションが中断されていたことを認めなければ、現実にありそうには思えないことである。さもなければ、日本海を挟む二つの対岸の人々の間で言語や風俗習慣などにこれほど大きな違いができるまで、長期間にわたり北東アジア文明が日本の住民にとって異質なままでありえたとは考えにくいからである。

さらに、より大きな割合を占める日本人の祖先が北東アジアからの移民だと仮定しても、それ自体が仮説以外の何物でもないわけである。その仮説を支持するのは、少数の遺物があるだけで、その解釈も一通りではない。さらにもう一歩進んで、日本人の指導者階級も日本海の大陸側沿岸から来たと考えるのは別問題であり、あまりにも不確かなので、二つ返事でこれを受け入れることはできない。これらの主張にいかなる蓋然性があろうとも、私たちの歴史には、道理になかった解釈を行なうべき一定の項目があり、すべての民族学的問題の解決も、それに一致しなければならない。その中で、次のものがもっとも重要である。

建築様式から見た日本人の起源

最初に考察すべきは、日本の建築様式であり、特に神社とそれに付随する舞殿《まいどの》の様式である。普通の日本家屋の建築様式は、歴史が長く流れる間に次々と多くの変化を経てきているので、その原初の形態は失われている。たとえば、厚いマットの畳は、和室の床に敷かれ、今では日本の家庭用家具ならではの特徴の一つだが、比較的近代の発明であり、もともとの床材は厚板だけであった。建築様式におけるシナからの影響は、まず仏教寺院の建造において、次に一般的な住居家屋の建築に、はっきりとたどることができる。

しかし、いくつかの本質的な点では、どの大陸様式の模倣でもなく、気候に漸進的に適応してきた結果だと言えないような特色がいくつかある。普通の日本の家屋は夏や南日本には向いているかもしれないが、冬、特に北日本の厳しい冬に向かないことは、誰でも容易にわかる。ではどのようにしてそのような様式が生まれたのだろうか。

もしそれがアジア大陸北東部から同地域の古代移民によってもたらされたのなら、私たちが知るよりも、北日本の厳しい気候にもっと適応した様式になっていただろう。その一方で、もしそれが日本の土地で自然に発達した結果だったら、夏向きにでも冬向きにでもなるように、さらに気候に適応したものになるべきであったろう。満洲やサハリンで家屋を建てる際、日本人が今でもこの古代の建築様式に従わなければならないというなら、ばかげた話ではないだろうか。

では、なぜ彼らはかくも頑固にその様式にこだわるのだろうか。一般の日本家屋の建築形態はさまざまな要因で変化を経てきているので、現在の状況から古代日本人の原始的な住居についての正しい結論を引き出すことはできないと人は言うであろう。もしそうなら、神道建築の様式を考えてみよう。神道建築が今でも原始的な日本家屋のいくつかの特徴をもっともよく保持していると考えられるとすれば、棟木《むなぎ》の両側に突き出た梁《はり》のある独特の構造の茅葺《かやぶき》屋根は、高床や、しばしば室として役立つ床と地面の間の空間とともに、日本の原始的家屋とアジア南方の熱帯地方の家屋、たとえばオランダ領東インド群島[12]、フィリピン諸島、あるいはアジア大陸南東沿岸の家屋との間に一定の関係があることを示唆しているとしか考えられないのである。

主食から見た日本人の起源

無視できない次の点は、日本人の主食の米である。米は日本人だけでなく、シナ人や他の多くのアジア人種の日用食品であることは誰でも知っている。しかし、シナ北部の住人の場合は、これらの地域で米の生産が乏しいことから、自然の成り行きとして米と同様に他の種類の穀類も食されている。そしてシナ南部でさえ、この穀類は私たちの国のように習慣的に食されてはいないことに気づく必要がある。そこでは、彼らは肉と同様に米も食べる。もっと正確に言えば、米よりも肉を多く食べる。

一方、ここ日本では、肉や魚は単なる副食品にすぎず、米が主食である。米の使用がこのように異なる原因は何であろうか。日本が特にこの穀類の生産に適しているのだろうか。もちろん南日本は、土壌と温かい気候という観点だけから見れば、この植物の耕作に適さないことはない。しかし、そこでさえ九月の台風のために米の収穫高は非常に流動的であり、そのせいで我らが農夫の日焼けした顔には、毎年、気苦労で新しい皺《しわ》が増えているのだ。

さらには、北日本の気候には馴染《なじ》まないことは言うまでもない。そこでは、しばしば早霜が降り、二、三の促成栽培の品種を除き、穀物全部が被害を受ける。このことが、なぜこの地域に何度も飢饉《ききん》が繰り返し起こり、ほとんど慢性的な現象だと言えるほどに頻繁なのかの理由である。この不確かな穀類を主食品として選んだため、日本人は不本意ながらも無理して高い生活費を捻出するよう強いられてきたわけで、それは個人や国家の自由な活動にとって大きな不利益である。年間の米生産の増加と比べ人口増加の方が常に先行しているので、このことは特

12　現在のインドネシアにあたる。

に近年にあてはまる。日本の歴史で文明の進歩が遅いのは、一部はこのせいかもしれない。

では、収穫が不確かにもかかわらず、どうして私たちの祖先は他の種類の穀類よりも米を好んだのだろうか。それはほんとうに日本でなされた選択だったのだろうか。もしその選択がこの国で最初になされたのなら、その選択と選択をした人々の浅知恵が今浮き彫りになるわけである。だからと言って、私たちの祖先が北東アジアに留まっていた間にその地域でこの選択をしたとは、とても想定できない。さらに日本で米の需要は絶えず増加している。今では日本のどこでも見かけるが、古代では、米は国民のすべての階級にそれほど行き渡っていなかった。このような事実があるため、米の耕作は日本で始まったという仮説や、米は私たちの祖先がその発祥地と思われている北東アジア大陸からもたらしたという仮説を疑ってしまうのである。

装飾品としての勾玉《まがたま》

第三に私たちの注意を引くのが、いろいろな大きさの緑色の玉、勾玉《まがたま》である。勾玉の材料はわが国原産ではなさそうだが[13]、勾玉は古代の日本人独自の数少ない装飾品のひとつである。疑いなく、私たちの祖先はこの種の珠玉《しゆぎよく》をとても好んでいた。勾玉は、歴史時代の日本全土の古墳から数多く発掘され、勾玉が墓にあることは、日本人が定住していたことの紛れもないしるしであると、今日のほとんどの日本研究者が一般に認めている。

しかし注意すべきは、勾玉がアジア大陸ではかつて日本帝国の一部を成していた朝鮮南部でしか発見されていないことだ。もし私たちの祖先が、支配者階級も含めて、北東アジアからやってきたならば、朝鮮北部や日本海のシベリア沿岸でも発見されてしかるべきだろう。この種のものが、日本人の発祥地と思われるこれらの地域でいまだに何も発見されていないのは、非常に不思議なことである。

禊《みそぎ》の習慣

ここで最後に言及しなければならない項目は禊《みそぎ》である。禊とは冷水を浴びることで身を祓《はら》い清める古い宗教的風習である。神話時代の伝説では、九州の川で二人の祖先神が行なったという古来の儀式が説明されており、この儀式は、もちろんいくらか修正はなされているものの現在まで伝承されている。

実際に水を浴びるという風習は、後になって神々に祈りを捧《ささ》げる年間行事で、人形《ひとがた》を川へ投げ入れる儀式に取って代わられた。中世の日本では、この風習が夏の川岸で行なわれ続けたが、今日ではほとんど消滅している。

一方、公的な儀式としてではなく、個人の自己浄化の方法としては、この祓い清めの風習は

13 勾玉の材料としては、古代に糸魚川《いといがわ》で産出する硬玉の翡翠《ひすい》が使用されてきたと言われているが、奈良時代以降その存在は顧みられなくなり、日本での翡翠の産出が再発見されたのは一九三八年（昭和十三年）のことである。

今でも多くの敬虔《けいけん》な人々によって実践されている。彼らは、北日本の冬の時期でさえ、ほとんど全裸で数杯の冷水を自ら桶《おけ》に汲《く》んでかぶり、頭から足までを祓い清める。祈りをささげる神々に特別の祈禱《きとう》をあげるためである。

この宗教的な意義を備えた水浴の風習は、それに似たものを日本以外のどこにも見つけることができない。北東アジア、シナ、朝鮮にもない。では、古代の日本人は一体どこからこの独自の風習を身につけたのだろうか。宗教的な習慣も含めて水浴の風習は、極寒の地域で始まったように言うよりも、地球の熱帯地域のどこかで発祥したと考える方が自然ではないだろうか。

北東アジア起源説への疑問

日本人に関する民族学的疑問を解くにあたり、上述した四つの項目は、どのような立場をとろうとも、適切に無理なく解釈されるべきである。私たちの祖先の大部分が北東アジアからの移民でありうるという仮説は、すでに述べたように、それ自体が一つの主張にすぎない。そして、その主張を主に支持するのは、先史時代のある種の土器の形状であるが、それはいかようにも、その主張に不利なようにも解釈できるかもしれない。

私が先に列挙した論点を解釈すると、その北東アジア起源説は、何の役にも立たないのである。もし日本の支配階級もアジア大陸北東部が発祥地だという仮説に同意すれば、前述の四項目の解釈は難しくなるだろう。日本人の起源を北東アジアに求めたい人々でも、日本人種の最終的な形成に熱帯的要素があることを、絶対的に否定してはいないのである。

しかし彼らは概して、その要素が非常に取るに足らないものであったに違いないと思っている。彼らはさらに進んで、私たちの祖先の大部分あるいは支配階級の祖先の起源を、その要素に求めるようなことは決してしないだろう。もし彼らの考えるように熱帯的要素が重要でないのなら、当然のこととして、次のように想像したくなるだろう。本質的な性格が日本の土壌や気候に馴染まないこれらの風習は、熱帯の南方からの移民によってもたらされ、彼らは数だけでなく影響でも取るに足らないけれども、日本人の歴史的・社会的生活にしっかりと根を下ろし、彼らよりはるかに数が多く、文明化され、強力で、圧倒的な人々の抵抗を受け、格闘していたとなる。

だが、それは、まったくありえない仮説である。

ではどうして、そのような致命的な結論に至る不条理な考えを学者たちは抱くようになったのだろうか。なぜなら、彼らもまた、いわゆる原始時代の栄枯盛衰を決定する文明の力を、あまりにも深く信奉しすぎているからだ。

日本人、あるいは少なくともその支配階級の北方起源説を支持する人々は、先史時代の北東アジア人が、文明の進歩において当時の熱帯地域の諸部族よりも数歩先を行っていたか、あるいは少なくとも北東アジアの多くの部族は、文明に関してその周辺部族よりはるかに優れていたと暗黙の裡《うち》に決めてかかっているのだろう。

さもなければ、後に日本で支配階級となった部族の人々は、大陸にいた間に鉄器文明をすでに獲得し、その結果、日本に渡ってきたときには、彼らより前に日本に定住していた人々よりもはるかに進んでいただろうと彼らは考える。それは臆測にすぎないが、一応は妥当である。

だが、異人種の支配を単に文明の優位性から推論するのは別問題に違いない。近代でさえ、戦闘の命運を決する際、武器の優位よりも本当の勇気の方が物をいう場合がしばしばある。古代では、このことがもっと当てはまるに違いない。ローマ帝国は半文明化されたゲルマン人によって二分された。東洋ではシナが、シナ人よりはるかに文明で劣っている遊牧民族に繰り返し侵略された。この観点が歴史時代に当てはまるなら、先史時代にも当てはまるに違いない。鉄器時代の段階にある種族が、石器武器しか知らない他の種族との戦いで必ず勝利すると考えるのは、あまりにも短絡的である。この時代の戦闘でどんな武器よりも決定的にものを言うのは、強靱《きょうじん》さであり、獰猛《どうもう》さであり、勇気である。したがって日本人種の起源を決定する際、異なった原始的部族間の文明の状態は、あまり考慮する必要がない。

排除できない南方からの影響

その一方で、日本民族の形成に関して、影響はもちろん数の上でも、私たちが熱帯の要素の重要性を最小化しなければならない義務は少しもない。距離に著しい違いがあるため、熱帯地域からの移住者は、北部からの移住者よりも数が少ないと思うのは至極当然なことである。それでも、かなりの数の南方人たちが、海流だけでなく風に吹かれて漂流しながら、時に集団で時に偶発的に日本にやってきたかもしれないこと、そして彼らが、優位にある文明の力だけでなく、まだ衰えていない武勇の力で住民たちを征服しえたことは、まったくありえないことではない。

この主張を証明する上での主たる困難は、彼らがほんとうにそのような征服を成し遂げられるほど勇敢であり雄々《おお》しかったかどうか、あまり確かではないという事実にある。多くの民族学者のお気に入りの手段である言語学的な考察については、それが一方の仮説に有利であるほど他方の仮説に有害ではないと言うことができる。日本語と熱帯地帯の諸言語の間に言語学的類似性があることを示す兆候は、二、三の言葉を除いてほとんどないことは言うまでもない。

しかし、この言語的類似性の欠如については、南方からの古代移民の重要性を主張しつつ、次のように考えることでうまく釈明できる。つまり、支配階級の祖先たちは、彼らより先に日本に定住していた他部族、あるいは複数の部族の人々に文明で劣り、おそらく数でも劣っていたので、徐々に彼らの言語だけでなく、数多くの人種的特徴も同じように失っていった、と。その類例はヨーロッパ史でもたくさん見られ、シチリアのノルマン人やイタリアのゴート人は、もっとも顕著な実例の中に入るだろう。同じような過程が日本でも起こったと考えられないことはない。

前述した内容をまとめれば、移民の大多数はもっとも近い大陸沿岸から渡来したかもしれないが、またこの大多数から大陸的要素を、まったく除外する必要がないとしても、南方からわが国へ来た先史時代の移民たちが、この島国国家を作り上げる上で決して取るに足らない構成要因ではなかったと思わざるをえないということだ。南日本、特に九州には先史時代にアイヌが住み、南方はもちろん北方からの移民も一緒に住んでいたことは、まず確かなように私には思える。

しかし、ある正確な時期にこれらの集団化した諸人種の相対的分布がどのようなものであったか、今となっては、はっきりと解決するのが非常に難しい問題である。

第3章　仏教伝来以前の日本と、シナ文明

『古事記』と『日本書紀』

大昔の日本の歴史について述べる前に、信頼できる日本の歴史がいつ頃始まったのかが分かれば、いささかなりとも外国人読者のお役にたつだろう。一般にどの国の歴史にしろ、歴史時代と先史時代の間にはっきりした境界線を引くのは容易なことではない。

この境界線を引くには、「先史」という言葉の意味を定義するのではなく、まず「歴史時代」の意義を明らかにしなければならない。では「歴史時代」とは、どのような時代なのだろうか。それは、信頼のおける歴史が十分に確認できる時代、あるいは、かなり信頼のおける当時の史料が残っている時代だと定義できよう。

日本の古い年代記の中で、特に異彩を放つものが二つある。一つは『古事記』であり、もう一つは『日本紀《にほんぎ》』[1]である。この二書は、現存する古代日本の全史料の中で、もっとも価値のある最古の年代記だと一般に認められている。前者の編纂《へんさん》は、太安万侶《おおのやすまろ》と呼ばれる碩学《せきがく》によって紀元七一二年に完成し、後者は何人かの朝廷の資料編纂委員によって編纂がなされ、舎人《とねり》親王が編纂責任者となり紀元七二〇年に完了した。八世紀初頭に二大年代記の編纂が立て続けに起こったということは、日本人の国家意識が芽生えたことを示す兆候の一つであるが、これについては次章以降で触れることにしよう。

この二つの年代記には、それぞれ多少異なった特徴がある。『古事記』の材料は、天武天皇《てんむ》の治世の聡明な舎人、稗田阿礼《ひえだのあれ》が最初に誦習《しょうしゅう》したものを、後に、前述した太安万侶が撰録《せんろく》したものである。[2] 安万侶がそれを撰録して元明《げんめい》天皇に献上するまで、自由に使える時間が非常に短かったことを考えると、安万侶は大幅な改訂を試みず、『古事記』の大部分は稗田阿礼が編纂したままであったと結論づけても差し支えない。

もう一つの年代記『日本紀』は『古事記』の八年後に完成し、編纂責任者を委任された舎人親王によって女帝に献上された。もしこの委任を、天武天皇の勅令により治世一〇年目に開始された事業の延長線上にあるものと考えるのなら、この委員会は、この年代記の編纂に約四〇年の年月を費やしていると言えるかもしれない。『古事記』は、いくつかの点で、その編纂の副産物と見なすことができ、稗田阿礼はおそらく同委員会の助手の一人であろう。

この二つの年代記の本質的な違いは、『古事記』がもっぱら日本の史料のみから編纂され、帰化した朝鮮人を含めた日本人がこれを書き、古代日本の口承物語の口語的形態を色濃く保持

1　一般には『日本書紀』とされており、現存の古写本にも皆『日本書紀』とある。しかし、本書で『日本紀』の書名が用いられているのは、この史書の完成を記す『続日本紀』の記事に『日本紀』とあり（「一品舎人親王奉勅修日本紀」）、これに続く『続日本紀』、『日本後紀』、『続日本後紀』の国史の書名にも「書」の字がないことを踏まえているからかもしれない。また平安期の紫式部が「日本紀の局《つぼね》」と呼ばれたことは知られている。いずれにせよ、本来の書名については定説がないようである。

2　稗田阿礼が誦習し、『古事記』の直接の資料となったものは、天皇の即位から崩御に至る皇室の整然とした漢文記録である『帝紀《ていき》』と、神話・伝説・歌物語などの国文体の物語の『旧辞《きゅうじ》』であるとされる。

しているのに対し、『日本紀』の場合は、数多くのシナの歴史書が参考にされ、歴史上の出来事がこれらのシナの記録上の記述と合致するように配列されていることである。多くの名言は、古代シナの古典からしばしば借用されているし、装飾的で誇張された文体を追求するあまり、歴史的事実がしばしばないがしろにされることがある。このため我が国の後世の歴史家たちは、『古事記』ほど『日本紀』を信頼していない[3]。もっともこのような後者に対する懐疑は、いくぶん不当ではある。

それ以前に書かれた史書

いうまでもなく、前述した二つの年代記は、日本で書かれた、現存する最古の史書である。しかし、この二書はわが国で最初の史書編纂の試みではない。『日本紀』編纂のちょうど一〇〇年前、推古《すいこ》天皇は、治世二八年の紀元六二〇年、聖徳太子《しょうとくたいし》と朝廷でもっとも影響力のある大臣《おおおみ》、蘇我馬子《そがのうまこ》に命じ、皇室、種々の名家、氏族の年代記と、諸国からなる国史の編纂を行なわせた[4]。もしこれらの年代記が完成し、今日まで保存されていたら、現存する最古の史書となっていただろう。

しかし不運にも、聖徳太子が早逝したので、その編纂は突然に打ち切られ、部分的に完成したものが蘇我馬子の邸宅に保管されていたようである。しかし、後の六四五年、息子の蝦夷《えみし》は、勅令により誅《ちゅう》されそうになったとき、同書を焼き払ってしまった。保管文書の断片は燃え上がる炎の中から持ち出されたと言われているが、それ以上のことは、まったく消息が途絶え不明である。

現在、『旧事紀《くじき》』[5]と呼ばれる史書があり、これがまさに、そのとき持ち出された年代記であると誤解されてきた。すなわち、この史書は、実際には失われたのではなく、聖徳太子が亡くなった翌年、未完の状態で推古《すいこ》天皇に献上されたことになっているが、これはでっち上げである。もしこれが本当なら、焼失した記録は未完の年代記数冊のうちの一冊であったに違いないということになるが、それはばかげたことである。この年代記には、もともと信頼できる史料

3　『日本紀』の筆者たちは、シナ古典を熟知しており、その原点にさかのぼって引用している場合もあるが、かなりの部分が『芸文類聚《げいもんるいじゅう》』のような類書、すなわち、文章作成に便利なように関連のある文章や熟語を項目別に集めた書物を参考にして文章を作成したようである。本居宣長《もとおりのりなが》は『古事記伝』（一七九八年）で、文章の潤色によって古伝の真実を歪曲《わいきょく》したと『日本紀』を非難した。

4　聖徳太子と蘇我馬子が編纂したと伝えられている史書に『天皇記《すめらみことのふみ》』と『国記《くにつふみ》』がある。前者の内容は不明であるが、『帝紀』と同じ性質のもので、蘇我蝦夷邸が焼亡した際に焼失。後者の内容は日本の国としての歴史を記したものだが、この史書も蘇我氏滅亡の際、一部持ち出されたものの、現存はしていない。

5　『先代旧事本紀』『旧事本紀』とも呼ばれ、神代から推古天皇に至る事績を述べた古代の史書であり、神道古典の一つ。物部氏の事績を多く収載していることから、物部氏との関係が注目されているものの、平安時代、おおよそ九世紀中頃に編纂されたとされている。近世で、これを後世の偽書として退けたのは徳川光圀《とくがわみつくに》であるが、明治以降にも偽書とする見解が継承された。

からの引用がいくつか含まれているかもしれないが、それが偽書であることは、今や一般に一致した意見である。

『旧事紀』がどのように批判されようとも、史書編纂事業が推古天皇の治世に始められ、その一部が実行に移された事実に疑いはない。それだけではない。この他にも『日本紀』の編纂に先立って存在し、その後失われた年代記や史書稿本が数多くあったかもしれないのである。『日本紀』には編纂過程で参考にした書物の名称が記されている。その中には、百済《くだら》と呼ばれる半島国家の年代記数巻、種々のシナの史書、朝鮮人の僧が書いた日本の史書の書名が見られる[6]。中には書名がはっきりと記されていない書物もあり、それからの文章はただ単に「一書《あるふみ》に曰《いわ》く」として引用されているが、それらのほとんどが日本の記録であったことは容易に想像がつく[7]。

ここまで述べてきたのは、時代の記録として確固たる目的をもって編纂され、史書と呼ぶにふさわしい年代記のことであった。これ以外にも、その他の稿本、たとえば様々な一族の記録や種々の断片的文書も相当数あったかもしれず、それらも『古事記』と『日本紀』の編纂者たちによって活用されたようである。もっともそのような史料について『日本紀』はほとんど触れておらず、『古事記』はまったく沈黙している。

では、厖大《ぼうだい》な数にのぼるに違いない原稿をどのようにして作成したのか、という疑問がきっと浮かんでくるはずだ。私たち日本人は、真に独自のものと呼べる筆記漢字を持っていなかった。わが国で使われている全ての形態の漢字は、原字のままにせよ、部分的に修正されたにしよ、シナからの借用であった。そして古代日本では、長きにわたり、ほとんどの階級の人間に漢字の知識がなかったのである。もしそうなら、誰がこの文書を書き写したのだろうか。

紀元四三〇年頃、履中《りちゅう》天皇[8]の治世、それぞれの地方に保管文書を準備させるための書記官が置かれていた。これは天皇の政務官がすでに自分の書記官を持っていたことを示す事実である。では、誰が書記官に任命されたのか。これを説明するため、しばし朝鮮半島の歴史とシナとの関係を見ることにしよう。

6　具体的には『百済記《くだらき》』、『百済新撰《しんせん》』、『百済本記《ほんぎ》』、『魏志』、『晋起居注《しんききょちゅう》』、『譜第《ふだい》』、『伊吉連博徳書《いきのむらじはかとこのしょ》』、『難《なに》波《わ》吉士《きし》男人書《おひとのしょ》』、『高麗沙門道顕《どうけん》日本世記』、『（鎌足）碑』などが挙げられている。

7　中には冒頭の天地開闢《かいびゃく》の部分のように、「一書」がシナの思想書『淮南子《えなんじ》』や神話集『三五暦記』に依《よ》っているとされるものもある。しかし、その場合でもこれらの古典の文章を丸写しするのではなく、多少改変して破綻のない文章にまとめ上げている手腕は評価されるべきであろう。

8　第十七代天皇で在位は五世紀前半頃。父は仁徳《にんとく》天皇、母は磐之媛命《いわのひめのみこと》。都は磐余《いわれ》の稚桜《わかざくらの》宮。墓所は大阪府堺市の百舌鳥耳原南陵《もずのみみはらのみなみのみささぎ》。『日本紀』には、履中天皇が初めて諸国に「史《ふみひと》」という書記官を置き、諸国の情勢を報告させたという記述がある。古代朝廷の書記官は「史《ふひと》（書人《ふみひと》の約）」ともいう。ちなみに、史部《ふひとべ》とは大和政権で大化改新の前代、記録・文書の作成を担当した品部で、応神《おうじん》天皇のときに渡来したといわれる王仁《わに》の子孫を西史部《かわちのふひとべ》、阿知使主《あちのおみ》の子孫を東史部《やまとのふひとべ》という。

古代朝鮮と日本との関係

もっとも進取の気性に満ちた漢王朝の武帝《ぶてい》は、朝鮮半島へ最初に軍事遠征を実行した人物であり、紀元前一〇八年以降、朝鮮半島の北部地域は次々にシナの郡となっていった[9]。これが同地域にシナ文明が浸透する幕開けだった。

後に帝国内部の動乱のせいで、征服した郡の掌握は少しばかり緩んだが、三世紀初頭、魏《ぎ》という強力な独立国家が遼河《りょうが》[10]の東部に成立することにより、シナの影響力は再び朝鮮半島の北半分にまで広がっていった。朝鮮半島の南部では、新しい郡が加えられた。漢の郡となった地域では、漢から郡長官が派遣されただけでなく、多くの入植者たちも同地に定住したにちがいない。その結果、シナ文明は、彼らを通し、非常にゆっくりとではあるが、朝鮮半島に浸透していった。

この浸透は四世紀中ごろまで続いたが、その後、半島の諸郡は、北東部からきた朝鮮人によって荒らされ、占領された。この部族は、朝鮮人の正確な呼び名で高句麗《こうくり》という。この野蛮人の侵略により、半島での文明の進歩は一時期妨害された。それでも旧来のシナ人入植者の子孫たちが一定数残っていたかもしれないし、この子孫が自分たちの祖先の持ち込んだ文明の名残を保持していた可能性はある。

この時期の朝鮮半島の歴史は、ローマ文明の残存するブリテンがサクソン人によって征服された時代の歴史と比較すれば、うまく描写できるかもしれない[11]。日本が朝鮮半島の諸国民と密接な関係を持つようになるのは、ちょうどこの時代の末期である。

私たちと朝鮮半島との関係をどれくらい昔まで遡《さかのぼ》れるのか、信頼のおける史料から確定することはほとんどできない。朝鮮半島の南東部にかつて存在した国家、新羅《しらぎ》の年代記による

9　漢四郡のこと。武帝は朝鮮半島に、紀元前一〇八年、楽浪《らくろう》郡、真番《しんばん》郡、臨屯《りんとん》郡を、紀元前一〇七年に玄菟《げんと》郡を設置した。シナは、その後も四世紀頃まで、朝鮮半島中部・西北部を郡県によって直接支配をし、朝鮮半島南部は間接統制を行なった。

10　満洲南部、河北《かほく》省、内蒙古《うちもうこ》自治区、吉林《きつりん》省、遼寧《りょうねい》省を流れ、渤海《ぼっかい》に注ぐ大河。

11　ローマ人が最初にブリテン島に侵攻したのは、紀元前五五年、共和制ローマの元首、カエサルであるが、一時的な占領に終わった。その後、西暦四三年、ローマ皇帝クラウディウスはローマ軍をブリテン島に侵攻させ、ブリテン島北部のカレドニア地方を除く地域を占拠すると、以後四〇〇年間にわたり、カレドニア地方以外のブリテン島はローマ皇帝の直轄領となった。五世紀頃より、ゲルマン民族の一派であるサクソン人がドイツ北西部からグレートブリテン島に移動して定住した。ローマ支配下のブリテンで進行した、いわゆる「ローマ化」の浸透が、住民の上層部だけに限られるのか、あるいは下層・中層階級まで及んだのかという問題なども、朝鮮半島におけるシナ文明の浸透の状況と比較すれば、比較文明論的な興味深い視点を得られることだろう。

12　年代に一年のずれはあるが、『三国史記』の「新羅本紀第一」には、赫居世居西干《カクコセ・コセカン》（在位：紀元前五七年～紀元後四年）の時代、紀元前五〇年に「倭人が兵を率いてやって来て、辺境を犯そうとしたが、始祖に神徳のあることを聞いて、すぐに引き帰った」とある（金富軾著 金思燁訳『完訳 三国史記（上）』六興出版 一九八〇年、14ページ）。

と、日本による同国への侵攻では、紀元前四九年にまで遡るものがある[12]。しかし、その年代記の史料としての価値は非常に疑わしいので、現在のところ、この記述をあまり信用しすぎては危険である。

しかし、三世紀前半、日本と朝鮮との交流が突如として非常に緊密になったと想定してみてもよいだろう。日本は朝鮮半島へ、以前よりも頻繁に侵攻するようになったし、私たちの使節も半島北部に設立されたシナの郡へ派遣されていた。いや、それだけではない。使節の中には、シナ本土の内陸部、魏《ぎ》の首都まで入り込み、帰国の途中、朝鮮半島の郡に駐在するシナの役人に付き添われた者もいたようである。わが国の最果てを垣間《かいま》見る機会を得たシナ人たちの回顧録を、三世紀末の同国の歴史家、陳寿《ちんじゅ》は『三国志』の日本概説の章に収載した[13]。それは今でも、わが国の古代史に関するもっとも価値のある史料の一つである。

このような朝鮮半島と日本との交流は、友好的なときもあれば敵対的なときもあるが、四世紀中頃、神功《じんぐう》皇后が新羅へ遠征したことで、悪化するにいたった[14]。この遠征の直後、長期にわたる漢王朝時代にかなりの進歩を遂げていたシナ文明が、日本に流入しはじめ、わが国の社会的生活と政治的生活の双方に目覚ましい変化をもたらしたのである。というのも、ちょうどこの時、朝鮮半島北部の二国、高句麗と百済では文明が急速に発展し、前者ではシナ文学を教える学校が[15]、後者では文人用の官職が王室公務の中に設けられた。朝鮮半島南東部の新羅という国は、神功皇后遠征以前、これら二国と日本の間のコミュニケーションを妨げていたが、そのような妨害をやめた。

日本への漢字の流入

朝鮮半島諸国を仲介とするシナ文明の伝来から授かった恩恵の中で、もっとも有益で持続的な効果があったのは漢字の使用であった。前述した神功皇后遠征以前に、日本人は漢字をまったく知らなかったと確信をもって言うことはできない。それどころか、彼らが漢字を垣間見る

13　三国時代（二二〇～二八〇年）の正史。『三国志』は『魏《ぎ》書』30巻、『蜀《しょく》書』15巻、『呉《ご》書』20巻からなり、この中の『魏書』の最後を飾る「東夷《とうい》伝」中の倭人条は、日本に関する最古の所見として名高い。日本ではこの部分を『魏志倭人伝』と通称している。

14　記紀では仲哀《ちゅうあい》天皇の皇后で応神《おうじん》天皇の母。名は気長足姫尊《おきながたらしひめのみこと》、『古事記』には息長帯比売命とある。皇后が新羅を攻めたとき、大小の魚が寄り集まって、船の航行を助けたといわれている。新羅の王は皇后の軍勢に圧倒されて戦わずして降参し、高句麗と百済もこれに倣《なら》った。この軍旅の時、皇后は臨月を迎えていたが、石をもって産気を鎮め、筑紫へ凱旋してから、後の応神天皇を生む。この石を鎮懐石と言い、八世紀初頭の歌人山上憶良《やまのうえのおくら》の歌にも、具体的な寸法と共に人々が盛んに参拝していた実在の石であったことが描かれている。

15　高句麗の扃堂《けいどう》のことであろう。これが朝鮮の李朝中期以後に発達し、全国に普及した初学者のための入門教育を行う私塾、「書堂」の起源であるとも言われている。ここでの教育も、漢籍誦読、習字を主とし、唐詩など漢詩などのシナ文学を学ばせていた。

機会はあったのではないかと思わせる兆候はいくつかある。

しかし、そのような太古の時代の日本人が、自分の書きたいことを自由に書き留めるために、自ら象形文字の漢字を使用したとは、とても想定できない話である。朝鮮半島から渡来してきた一定の移民たちの中には、おそらく遠征以前にもわが国に渡ってきた者もいたらしく、彼らとその子孫はシナの象形文字を使用していたかもしれないと想定するくらいが、せいぜい関の山である。移民の中には、大陸出身者もいただろうし、朝鮮半島出身者もいたが、ともにシナ文化を吹き込まれていた。しかしこのような場合でさえ、漢字の使用は、彼らの家族の年代記を記録するとか、単純な商取引を記録するとか、ごく限られていたに違いない。

当時、筆記文字に精通していた人々は、移民たちの間でもごく少数だったと考えられる。公の諸事はまだ書き留められていなかったことは言うまでもない。遠征時まで朝鮮半島諸国家の文明の水準が日本文明ほど高くなかったことが、あのように読み書きのできない状態が長びいた原因なのかもしれない。

神功皇后が朝鮮へ侵攻してまもなく、朝鮮半島諸国の文芸文化が突如としてわが国よりも高い水準に達し、漢字の読み書きに熟達した人々を日本に派遣することができるようになった。同時に、日本の天皇も彼らの移住を奨励し、知識階級の中には皇室の文官に名を連ねた者もいた。

当時の日本には準階級制度があり、誰もが先祖から受け継いだ職業に就き、同じ職業に属する人々は自ら集団を形成したため、読み書きだけを職業にする集団がいくつか形成された。履中天皇の治世に任命された、ほとんどすべての書記官は、これらの諸集団の一族に属していたに違いない。もちろん皇族や貴族に属する人々も、時の経過に伴い、初歩のシナ文学の手ほどきを受け始めていた。

しかしそれでも、職業としての文章作成は文士の技能をもつ集団を構成する者たちに任され続けた。彼らもまた、書記の仕事とは切っても切れない地位や専門職を独占した。たとえば、秘書官、顧問官、書記官、諸外国へ派遣される大使などの類である。当然のこと、年代記作者や歴史家は、彼ら専有の仕事になっていった。『日本紀』の編纂者が参考にした史書の大部分が、これら専門の書記官の手によって認《したため》められたことは疑いの余地がない。

読み書きができなかった支配者層の人々

支配階級は、ある特定の人々の集団に書記の技術を委託する一方で、自分自身は一般に読み書きができないままの状態だったとしても、さほど驚くべきことではない。不思議なのは、わが国でそのような状態が非常に長く続きえたことであり、公務と民間事業を左右する鍵を自らの手中に握っていたような学識集団が、読み書きのできない人々の支配に従っていたということだ。

古代日本の支配階級は、机上の教育を受けていなかったけれども、生得の能力に恵まれ、山時の文学的教養と十二分に対応できたと考えることで説明がつかないだろうか。さもなければ、文人階級が彼らの威信をやすやすと揺るがすのは時間の問題だっただろう。遺憾なのは、当時の日本人に特有な能力や学識があったことを前向きに証明する史料がほとんどないことである。しかし、このように支配階級の読み書きができない期間が長く続いたことは、消極的な証拠として使えるかもしれない。つまり、少なくとも支配階級は優れた天賦の才能がある人々であり、その読み書き能力の欠如から推測できるよりも天分に恵まれていたからだ、と[16]。

ここまでくれば、きっと読者の皆さんは質問するだろう。古代日本の状況は、神秘のベールに包まれたままであらねばならないのか。いや、見方を変えれば、伝説や資料がいかに曖昧で不確かで信じられなくとも、その貧弱で、しばしば疑わしくもある史料から、何らかの確実な知識を抽出することはできるだろうし、暗中模索に終始しなくてもよいのではないかと。

古代の日本人が、精神的だけでなく肉体的な穢《けが》れをその種類を問わず忌《い》み嫌っていたということは、はっきりと読み取れるし、その証拠は数多くの伝説で枚挙に遑《いとま》がないほどである。また、後世まで守られてきた数多くの風俗習慣からも、そのことが立証できるし、これこそ後の神道の真髄でもある。

禊《みそぎ》、すなわち水浴びの儀式については、すでに前章でもお話しした。古代人たちは、文学的教養が欠如し、偽善が何かを知らず、知的洗練の技術が何かもまったく知らなかった。根っから無邪気だったために、判断を誤ることも少なくなかった。しかし、ひとたび自らの過失に気づけば、その罪を取り除くため、自らを祓《はら》い清め、償《つぐな》いをせずにはいられなかった。好戦的で勇猛果敢だったが、執念深さは微塵《みじん》もなかった。神話の物語や伝説を紐《ひも》解いても、残酷な民族性はほとんど見られない。古代の日本人が近代の日本人よりもユーモラスであったことを信じるに足る十分な理由もある。

三世紀のシナ人が見た日本

『三国志』の日本についての記述を見れば、私が上述したこと以外に、数多くの興味深いデータが入手できる。私たちの祖先は訴訟というものを毛嫌いし、泥棒も希《まれ》だったということを同書から窺《うかが》い知ることができる。法律に背《そむ》く者は、妻子の没収という処罰を受けた。さらに重罪の場合は、罪人本人だけでなく、その従者たちも厳しい処罰を受けた。女性たちは貞節で知られた。年配者は尊敬され、ときどき一〇〇歳を数える長寿の実例も珍しくなかった。

16　ここでは漢字による読み書き能力のことを言っており、日本語能力がなかったということではない。
17　鹿卜神事《しかうらしんじ》のこと。『古事記』、『日本（書）紀』、『万葉集』、『魏志倭人伝』などの古文献に記載されている宗教行事で、鹿骨を焼き、現われた亀裂の形状で吉凶を占う。神奈川県三浦半島その他各地で、弥生時代から奈良時代にかけての鹿卜の廃骨が出土して、この神事の実在が確かめられた。現在もこの神事は、群馬県富岡《とみおか》市の貫前《ぬきさき》神社と東京青梅《おうめ》市の御嶽《みたけ》神社で行なわれている。

占いが盲目的に信じられていた。私事はもちろん、公事でも、どのような決定を下すか途方に暮れたときは、鹿の肩甲骨《けんこうこつ》を燃やし、骨に生じた亀裂で神々の意思を占ったものだった[17]。長い航海に出なくてはならないときは、男を一人連れて行った。その男は、厳しい修行をし、非常に禁欲的な生活を送ることで、航海の安全と乗船者全員の健康に対する全責任をたった一人で負うのだった。乗組員が病気になったり、航海の平安が乱されたりすれば、彼は呼び出され、その命を危険にさらすことになった[18]。いくつかの地方では定期市が開かれ、物々交換が行なわれた。国民が納める貢物《みつぎもの》は物品だった。家畜や馬はほとんど見かけなった。武器製造で鉄は知られていたが、その他の骨や竹や火打石などの材料で作られた武器も、まだあちこちで使われていた。

三世紀前半にわが国を訪れたシナ人が目にした日本の国状は、以上のようなものだった。彼らの観察はあまり正確ではなかったかもしれないが、不思議なことに、日本側の資料から導き出すことができる結論と、概して一致する。

さらに『三国志』の著者によると、日本の風俗習慣とシナの南部沿岸の海南島《かいなん》[19]のそれは、互いにとても似通っているという。このような主張は、日本の民族学的研究にとってすこぶる示唆に富むかもしれない。「くかたち」と呼ばれる日本古代の習慣は、沸騰しているお湯の中に手を入れ、そこから無傷で何かの物を取り出せば、無実が証明されるという一種の試練であるが、海南島の人々もそれを行なっていたと言われている[20]。しかし、日本人と海南島の住民との間に人種的関係があると慌てて信じるのは、とても危険なことである。

『三国志』というシナの物語で見過ごすことができないもう一つの事実は、ごく短い描写しかないが、日本で絶え間なく戦争が続いていたことを伝えていることである[21]。前章では、人種としての日本人の異質性についてお話しした。しかし、いろいろな人種的構成分子の中で、アイヌを除いて、長期にわたり日本人の大半から人種的に独立、分離しつづけることができた者は誰もいなかった。その他の小さな構成分子は、さまざまな人種が混沌《こんとん》として離合集散してゆく中で失われたか、あるいはもっとも強力な小集団の中に飲み込まれてしまったのである。熊《くま》

---

18 『魏志倭人伝』にも、倭国から魏に航海する船に乗った呪術者「持衰《じさい》」の記述がある。航海中は、頭を梳《くしけず》らず、虱《しらみ》を取り去らず、衣服は垢《あか》に汚れたままにし、肉を食べず婦人を近づけず、喪に服している人のようにさせる。もしも旅がうまく行けば、人々は彼に生口《せいこう》・財物を与えるが、もし途中で疾病や暴風などによる被害があれば、謹まなかったという理由で、持衰を殺そうとすると記されている。

19 現在の中華人民共和国海南省に属する南シナ海の島。

20 古代に行なわれた神判法で盟神探湯と書く。『日本（書）紀』には、氏・姓《かばね》の判定の際に行なったとある。室町時代の湯起請《ゆぎしょう》でも、神前に起請文を捧げてから熱湯の中の石をつかみ出し、手の損傷の有無で正否を決める神判法を行なっていた。

21 「その国では、もともと男子が王位についていたが、そうした状態が七、八十年もつづいたあと、〔漢の霊帝の光和年間に〕倭の国々に戦乱がおこって、多年にわたり互いの戦闘が続いた」とある（陳寿著　裴松之注　今鷹真・小南一郎訳『正史三国志4　魏書Ⅳ』ちくま学芸文庫　一九九三年、474ページ）。

襲《そ》はかつて九州の島では最強の集団だったが、その熊襲でさえ、神功皇后の朝鮮半島遠征後、まもなくして本州の日本人との戦闘に敗れた。

アイヌも、支配的な種族と結合することを周囲の事情が許せば、いつでも支配的な種族と混じり合った。しかしアイヌは、この国に定住する順番では日本人よりも先であり、さらに日本人に次ぐもっとも強力な人種だったので、数の上では今日まで減り続けているものの、アイヌ人だけがその人種的存在を保つことができたのである。

日本人とアイヌ人の敵対関係の歴史は長く、一〇〇〇年以上にも及ぶものだが、総合的にみるとアイヌは負け組であり、日本人の前に退却したわけである。しかし時には彼らも、きっと執拗《しつよう》な抵抗を試みたに違いない。考古学的遺物を見れば、以前に彼らが九州の島を占領していたことが分かる。しかし、信頼のおける歴史的記録からは、本州北部で日本人と戦っていることが判明するまで、アイヌ人種について確かなことは何も分からないのである。それでも、調停の局面はかなりあったに違いない。その一つは重要な局面で、シナ人官史が訪問した時期と一致する。

日本を二つに分ける境界線

世界の大部分の国々は、二つかそれ以上の地域に分けることができるだろう。一方の住民はそれぞれ、もう一方の住民と精神的、肉体的特徴が異なっている。この場合の境界線は、概して土地の地理的特徴と一致するのだが、必ずしもそうなるとは限らない。

言語的な考察に合わせて本州の分割線を引かなくてはならないとしたら、三分割にするか、あるいはそれ以上の部分に分けるよりも、まずは二分割するほうがむしろ自然である。この分割線は、もっとも特徴的な地理的境界ではない。その線は、北部の越後の国、新潟市の少し東方、日本海の渟足《ぬたり》近くの地点から始まり[22]、全体としては東経139度20分の経線に沿って南方へ垂直に走り、越後の国の南の境界線に達すると、越後と緯度北緯36度50分の近くにある信濃の間の境界線に沿って急に西へと曲がる。そして再び信濃と遠江《とおとうみ》の国の西の境界に沿って南へ走る。その国境は経線東経137度30分とほとんど同じである。

もちろんこの線は、発音の抑揚法、方言の特性など、いくつかの言語的考察をした上で引いた平均的な線であるが、同時にその線の両側には、言語的な違い以外にも顕著な特徴がある。したがって、一般的な文明の標準の違いという点から、本州を分ける境界線としてこの線を採用しても、それほど見当違いにはならないだろう。それ以外にどのような線を日本地図に引いてみても、ある部分と他の部分が明らかに違うというふうには分割できないのである。

22　この場所には、六四七年（大化《たいか》三年）に造られた最古の柵である渟足柵《ぬたりのさく》と呼ばれる日本古代の城柵がおかれた。一九九〇年、新潟県和島《わしま》村（現・長岡市）八幡林《はちまんばやし》遺跡から「沼垂城」とある木箱が出土。蝦夷《えぞ》に備えて設置された柵で、『日本（書）紀』の大化三年（六四七年）是歳条には「渟足柵を造り、柵戸を置く」とある。

読者がその地図に目をやれば、特に南へ垂直に走っている地域では、その線と地理的特徴とがうまくかみ合っていないことがすぐに分かる。特に太平洋沿岸では、越えられない自然の境界線など何ひとつ見あたらないのである。したがってその境界線の最善の解釈は、地理ではなく歴史から生まれるものであるにちがいない。

日本だけでなく、西洋諸国の場合でも、幅の広い大河や巨大な山脈が必ずしも内外の分割線になっているわけではない。壮大なバルカン山脈があっても、東ルメリアのブルガリア人は山脈北部の同胞と一体となることができた。世界でもっとも歴史のある川、ライン川は、フランスとドイツの永続的な境界線であったことが一度もなかった。そして両国の敵対関係が数世紀も続いたのは、その川を永久の境界線にしたいと両国が熱望するものの、その欲望が決して実現できなかった結果である。さらにドイツ国内でさえ、ライン川は、その両岸の地域を分かつというよりは結びつけているのである。

もう一つ、イングランドとスコットランドの境界線を例にとってみよう。もし単に地理的状況だけに従うのなら、境界線をもう少し北に移動できるかもしれない。あるいは、それよりもっと納得のゆく理由か、少なくとも同等の理由で、多分南へも移動できるだろう。現在の境界を説明するには、その地域の歴史をピクト族とブリトン族の時代まで遡り、その当時から振返らざるをえないのである。それよりも期間の短い中世時代までしか遡らない分割線ならば、このような長期にわたって境界線を維持できなかっただろう。また、方言だけでなく、気性やいろいろな精神的特徴の違いも、これほど決定的にならなかったであろう。
わが国にはピクト族の壁もなければ、国境もない。しかし、先に示した境界線で日本を二分割すれば、一方の地域はもう一方の地域といろいろな点で異なっているので、他のどの場所にどのような境界線を設定するよりも格段に効果的な線引きとなる。

アイヌと日本とを分ける国境

ではアイヌの境界線がそのように重要な理由はどこにあるのだろうか。それは、その境界線が、何世紀もの間、アイヌに対峙《たいじ》する本州日本人の国境となっていたという事実にある。言葉を換えれば、侵攻してくる日本人に対し、アイヌはこの境界線で最大限の執拗な抵抗を繰り広げていたのだ。

日本は、これが日本国だと呼ばれる存在になるために、大いに組織化され、統合されなければならず、そのために日本人は境界線を越えて東部や北部へ侵入したのである。北日本が開発されたのは、すでに緊密にまとまっていた南部生まれの文明がこのように浸透し、行き渡った結果である。だからこの二つの地域の違いがはっきりと識別できるようになっていたのだ。

それは、いくつかの点で、ケープ植民地と、トランスヴァール[23]およびオレンジ自由国[24]の二州の違いと比べることができる。オレンジ自由国とトランスヴァールは、ケープ植民地の移民によって造られた国である。

渟足《ぬたり》の城柵は、長い間、日本人がアイヌに対峙する日本海側の前哨《ぜんしょう》地点であった。日本の軍勢は、この要塞を軸にして境界線を先へ先へと押しやり、徐々に北上していったのである。このような動きは、いろいろな時代にばらばらのペースであったに違いない。進歩が遅々としていたか、急に滞ったため、長い間、前進がかなわなかったところでは、別の境界線を引けば、連続する段階をいくつか示すことができるかもしれない。

歴代の天皇や大臣は、政治でこれらの境界線の重要性をなくすことが、帝国統一のために必要だと考えていた。そして、このような視点からすれば、彼らは十分すぎるほど目的を達成したわけである。しかし、政治的にいろいろと考えなくとも、これらの線は、連続する段階の境界線を示し、今日でもほとんどそれと判別できる。これらの線の中で、私が前に強調した境界線ほど意味深長なものはない。

ずっと昔から渟足の城柵は前哨地点として固定されたままなのに、境界線東の太平洋側には、それに対応する地点がまったく見つけられないのは、一見したところ奇妙に思えるだろう。しかし境界線が渟足城柵のある場所の左側よりも右側へすばやく移動したことを考えれば、そのような難問は容易に解決するだろう。

紀元三世紀前半、日本人はまだその境界線でアイヌと戦っていた。シナの官史がこの国に渡ってきたのは、これと同時代にあたる。『三国志』の記述によると、大和朝廷の宗主権下で約三〇の国名が列挙されているが、近代の地名で全てそこがどこかを明らかにするのは非常に難しく、実際にそのような作業をしてもうまくいく見込みはない。しかし、境界線の東国にあたる国が一つもないことだけは確かである。

さらに同書の文章から言えるのは、当時のアイヌとの戦争は、私たちの祖先にとって非常に深刻なものだったろうということである。というのも、朝鮮半島へ派遣されていた日本の大使が、同地の郡に駐屯しているシナ人官吏に、戦争の経過を報告していたことが記されているからだ。

日本の南西部はというと、当時すでに九州全島が天皇の自由になっていたとは言えない。肥後の国あたりの地域では、熊襲と呼ばれる部族が天皇の権力に公然と反抗し、私がまさに述べてきた時代よりもさらに後代まで反抗を続けていた。彼らの抵抗が最終的に打ち砕かれたの

23　ケープ植民地のオランダ系移民（ボーア人）が一八五二年に設立した共和国。一九一〇年に南アフリカ連邦の一州となった。現在は南アフリカ共和国北東部の州で、世界的な金、ダイアモンド、ウラン、石炭の産地。
24　一八五四年にボーア人によって設立。その後、イギリス植民地を経て、一九一〇年に南アフリカ連邦に組みこまれた。現在は南アフリカ共和国中部の州。
25　古代の日向《ひゅうが》、大隅、薩摩の地域に、狩猟や漁撈《ぎょろう》を中心に農耕生活を営んでいたが、長らく文化的にも孤立していたため、中央政府から「夷人雑類」とみなされていた人々。

は、おそらく四世紀の中頃以降のことである。

熊襲の南部、後に薩摩の国として知られる地域には、隼人《はやと》と呼ばれる別の部族が住んでいた[25]。それでも大昔から、その部族の中には、皇軍の戦士、特に天皇の護衛として仕えた者たちがいた。それでも天皇の統治を彼らの故郷までそうたやすく拡張することはできなかった。隼人部族の最後の反乱が起こったのは、七世紀末だと記録されている。南部でこれらの部族が北部のアイヌよりも容易に征服されたのは、その数が比較的少なかったこと、彼らの血統が、アイヌよりも日本人種の重要な構成要素に類似していたことに起因するかもしれない。

第4章　天皇の権力増大、漸進的な中央集権化

自国の歴史におけるユニークさとは何か

過去を振り返るのは歴史家の特権である。過去を振り返るとは、現在の視点から過去を判断するという意味ではない。といって、歴史家が過去に起きたことを判断する際、古代人の考え方に忠実でなければならないという義務はまったくない。だが、過去の人々が過去の事物をどのように眺め、評価したかということは、それ自体重要な歴史的事実であり、歴史家はそれを批評する必要があるに違いない。

ある時代の人々が同時代の出来事をどう見たかについて明確な考えを持つことは、それほど簡単ではないにしても、手も足も出ないほど難しい仕事でもない。なぜ当時の人々がそうした見方をしたかを知ることも、歴史家の重要な責務の一つである。ただし歴史家は、そのような見方の絶対的価値を明らかにし、そのような見方が、後世はもちろん、問題となっている時代に及ぼす影響についても詳《つまび》らかにすべきである。とは言え、いかに前世代の思想や信念を熟知する必要があろうとも、私たちの責務は、過去に信じられたことを盲目的に信じ、古代人と同じように考えることではない。

たとえば、古代人がクジラを哺乳類だとは知らなかったからと言って、古代のクジラが魚の一種だと考えるなら、この仮定は古い信念にとても忠実だということにはなろうが、そのような馬鹿げた考えを嘲笑しない者は誰もいない。

長年にわたる調査の結果、古代の人々がまったく違うと思ってきた多くの事柄でも、互いに似通っている、いや、時にはまったく同じであることが分かってきたものもある。その一方で、実際にはかなりの相違があるのに、本質的な相違を見逃していたものもあるし、違いを無視してもよいと思われていたものが、数百年の調査をへて初めて相違が認められたという実例にも事欠かないのである。

文明化されていない時代の人々は、一般的に言って、外面的で表面的な相違は素早く識別るが、内面的で本質的に変化するものの発見は遅れていた。西洋でも東洋でも遠い昔には、自分たちこそがユニークで選ばれた人間であり、自分たちと違う外見をし、違う言語を話す他者は、自分たちよりも文明が決定的に劣っている、あるいは人間より野獣に近いと見なす人々がいた時代があった。

では、歴史の黎明《れいめい》期の日本人は、同じような発達段階にある他国民と違っていたのであろうか、あるいは最初からユニークだったのだろうか。そのような疑問に対し、あまりにも明々白々な回答をすると、きまって間違いを犯すことになる。

私たちの祖先は、確かにある側面では他国民と異なっていたが、彼らと共通することも数多くあった。ユニークなことは見た目にはとても興味深いが、だからといってユニークなものが、いつも称賛に値するとは限らない。ユニークであることがユニークな特質を備えた人にとって栄誉なのは、その人が真似のできないくらい優れたユニークさを備えている場合だけである。一方、多くの人々と共通するものを数多く持っていることは、決して不名誉なことでけない。まったくユニークでないことの中にも、普遍的な妥当性があり、ありきたりだとして侮れないものが見つかるかもしれない。

私たちの祖先は、独自の貴重なものをかなりたくさん持っていたが、同時に外部者と共通するものも数多く持っていた。そのように共通する貴重なものを持っているからこそ、日本の歴史は文明諸国の歴史の中に列せられるのであり、興味をそそられるだけでなく、得るところも大きいのである。

外来の事物の受け入れに抵抗がない日本人

後世の日本人は、自分たちの祖先が混血だったことを忘れ、歴史あるこの日本の外にいる人は、すべて自分たちと根本的に違っていると考えていた。このことは、逆に古代日本の国内では、異人種間の混血や同化がいかに簡単でありえたかを示すものである。古代の祖先の間には、どのような些細《ささい》な人種的反感もなきに等しかった。他国民に対する差別感情があったとしても、表面的な相違による程度のもので、根深いものではなかったし、ありとあらゆる外来の文物に対する愛好熱がそれを凌駕《りょうが》し、次々と日本に渡来する移民は、世界のどの地域から来ようと、すべて心から歓迎されたのである。これらの移民たちは、虐待されるどころか、自分の好きな職業に従事することを許されただけでなく、朝廷や皇室のいくつかの重要な地位をさえ占めるにいたった。

また私たちの祖先は、様々な外国、特にシナの習慣や制度を躊躇《ちゅうちょ》することなく、そっくりそのまま、あるいは手を加えて輸入した。そのような自発的な輸入がたやすくできたということは、日本とシナに共通するところが多々あり、シナと同じような生活様式に従うこともできるし、同じような法律の実施も可能であると、古代の日本人が考えたことを意味している。私たちの祖先は、この国でもシナと同じ法律で同じ結果を生み出せると単純に信じ込んでいた。ちょうど無知な農夫が時に土壌の違いを忘れ、同じ種を蒔《ま》けば同じように収穫できると期待を寄せるようなものだ。それほど熱心に、古代の日本人は外来の事物なら何でも移植しようとした。

現在でも外来の事物をこの国に植えつければ、原産国と同じ果実ができると考え、できるだけ多くのものを輸入しようとする同類の人々が数多くいる。彼らと古代日本人との唯一の違いは、現代の日本人は、シナの事物よりもヨーロッパの事物を好むという点だけだ。

今日、日本人は、外国人に対し根っからの敵対心を抱く国民であるかのように言われることがよくある。しかし、日本が、精神的なものだけでなく物質的なものまで、これほど多くの外来の事物を輸入しているという争う余地のないほどの証拠に鑑《かんが》みれば、そのような意見には何の根拠もない。

では日本は、シナ贔屓《びいき》の古代日本人が望んでいたように、シナと似た国になっただろうかいや、似た国にならなかったどころか、わが国の政治生活や社会生活の基盤にあるユニークさは、さほど損《そこ》なわれることがなかった。今日でさえ、日本がどの外国にも劣らないほどユニークなものを持っていることは、誰の眼にも明らかである。しかし心に留めておかなければならないのは、古代日本人の考えた、他国民と自分たちを区別するに十分なものと、近代日本人が思っている、自国をユニークにするものとは同じではないということだ。それと同時に、古代日本は、いくつかの点でユニークでも、同じような文明の段階にあった他国と、社会的にも政治的にも多くの点で同じような状態にあったと言えるだろう。では、歴史の黎明期にあった日本は、どのような状態だったのだろうか。私がこれから述べようとしているのは、まさにそのことである。

征服者の生業は何だったか

前章では、どのような文化人類学的な解釈がなされようとも、本州の日本人を原住民と考えることはできないとお話しした。十中八九、彼らの大部分は移民の子孫であったであろう。言葉を換えれば、日本人の祖先は、日本の国土を征服した者たちであった。では、これら征服者の主たる生業は何だったのか。

この問いに対しては、すでに歴史家たちが様々な答えを出している。われらの祖先が生活の糧《かて》を得るために従事したのは農業だったと言う者もいれば、それよりももっと不安定な職種、すなわち狩猟や漁撈に依存して生活していたと主張する者もいる。確かなことは、日本人の祖先が、少なくともこの国では遊牧生活をしておらず、そのため大昔の時代には家畜や馬も希少であったこと、あるいは家畜の存在についての伝聞がほとんど残っていないということである。そして日本の原住民は、どのような生業に従事していようとも、同時に初歩的な農業には通じていたに違いないということである。

しかしながら、この問いに答えようとしても、信頼するにたる証拠は何も見つけられていない。この点、初期の日本史の確実性は、ゲルマン部族の歴史のそれにはとても及ばないのである。ゲルマン部族は、自分たちの記録を残せるほど十分に文明化されていなかったけれども、幸運なことに、彼らよりもっと文明化された人種、特にローマ人の著述家によって記録が残されていた[1]。

古代日本の土地所有制度

古代日本は、古代ゲルマン人とローマの交流ほど親密にシナと交流していなかったようである。その結果、古代日本人の生活様式はもとより、社会や政治の状況についても、古代ゲルマ

1　ゲルマン民族は四世紀から六世紀にかけてローマ帝国内に大移動するわけだが、それ以前の原始ゲルマン人の生活状態を知る重要な史料としては、カエサルが紀元前五八年から五一年に行なったガリア遠征の記録『ガリア戦記』や、ローマの歴史家タキトゥスの『ゲルマニア』がある。後者は当時のローマ帝国に最大の脅威を与えていたゲルマン民族の最古の記述として位置づけられている。

ン人の土地制度や戦闘方法などを窺《うかが》い知ることができるのとは異なり、その詳細を確かめることは非常に難しい。

古代日本の土地制度については、七世紀前半にシナの土地分配法が導入されるまで、分かっていることがほとんど何もない[2]。テュートン人[3]の古代土地制度と比較できるようなものがあったかどうかも、確かめられない。

唐朝の複雑な体制がわが国に導入されたことについては、二通りに解釈できるだろう。まず推測できるのは、唐朝の土地分配制度と似た制度がすでに日本にあったため、同様の形態でありながらも、日本よりさらに高度に進歩した外来方式が導入しやすかったということ。あるいは、新たに導入された外来制度は土着の伝統と相いれなかったため、わが国に深く根付けなかったという事実から導き出される結論で、実際にはそのような土地制度の事前準備はなかったと言うこともできよう。しかし、唐朝の諸制度の導入に先立ち、日本古代史に関してある程度の確信を持って言えるのは、日本国民は、社会制度内の所有物として、所有地と同じようなものを頭に描いていたということである。

土地所有者としての豪族

日本の国土は、それが私たちの祖先によって征服され開拓された七世紀前半、大化の改新の時代までは、皇室の所有地と、それと同等の権利によって臣下が所有する私有地から構成されていた。換言すれば、天皇と臣下との関係は、前者が後者に領地を授ける関係ではなく、個人的な関係であった。古代日本人は、王領の所有が領臣の地位であるというような考え方を抱いていなかったらしい。土地所有者の自由な権利という視点からすれば、古代日本は初期のゲルマン社会に似ている。

ただし、土地所有者がどのように自分の土地を所有したかについては、ヨーロッパの完全私有地保有の場合のように、はっきりと確かめられるわけではない。しかし、領地だけでなく人民も、もっとも重要な私有財産であったことに疑問の余地はない。言うまでもなく、私有地で暮らしていた人々は、その事実により土地所有者の所有物だった。古代日本の豪族は、土地に関係なく一定数の人民を所有できたし、その場合、人民の住む土地は当然のこと主人の所有地となった。

天皇は、広大な領地と多数の人民の所有者であると同時に、その他の多くの豪族、すなわち土地と人民の自由保有権をもつ領主たちをも統治していた。豪族は天皇の支配下にあったが、

2　シナでは北魏に始まり、唐代中ごろまで行なわれた均田制があった。土地の私有化を抑え、税収の確保を目的としたもので、土地を国有とし、耕作者に均等に分与する制度である。日本では大化の改新（六四五年）の後、人民に耕地を分割する制度、班田収授制（班田制）として、これを採用した。

3　青銅器時代後期にユトランド半島に住んでいた古代ゲルマン人一派、テウトネス族。前一二〇年頃キンブリ人とともに南下し、前一〇五年にはローマ軍をローヌ河畔のアラウシオの戦いで破って恐れられた。

人民に対するほぼ絶対的な権利を有しており、その生命や家財でさえ意のままであった。豪族の中には皇室と同じ種族の人々もいたが、その先祖は、この国の征服を支援した人々である。また皇族直系の子孫もいた。しかしながら、豪族階級のかなりの部分は皇族と血統が異なり、土着人種の子孫か、皇族が属する種族以外の移民の子孫であった。豪族の支配する領地の範囲は、一般にそれほど広くなかったので、近代日本の行政区分である「国」と公平に比較することができない。

異能の職業集団としての豪族

これら土地所有者の豪族と並んで、別の豪族階級もいた。彼らは、厳密に言えば、現実に土地を所有しているからではなく、人民の集団の首長であることで異彩を放っていた。これらの集団の中には、同じ職業に就く人民から成る集団もあった。このように形成された集団とは、矢製造人、盾製造人、宝石細工人、鏡製造人、陶工などの集団であった[4]。祭祀者《さいし》、武士、書記も、この階級の集団に属した[5]。

特に注目すべきは、武士や書記の集団には外国人の構成分子が非常に多く含まれていて、他の集団よりもはるかに際立っていたことである。書記は、他の職業よりも高度で重要な性質をもつ専門技術職であり、前章で説明したように、外国の血を引く者たちが独占していた。そのために、このような移民の一派が複数あり、日本でいくつかの書記集団があったわけである。

武士あるいは兵士はどうかというと、この国を最初に征服する段階で兵役についた人々は、征服した人種と同じ系統だったに違いない。しかし、その後、例えばアイヌや隼人《はやと》のように日本人と呼ぶのが適切でなかった人々が、かなりの数で天皇に雇われ始め、支配的な系統の血統ではなかったにもかかわらず、天皇への忠誠ではずば抜けていたため、古い戦《いくさ》の詩に多くの題材を提供した[6]。

4　古代、各種の職務を奉じて朝廷に奉仕した官人を「伴《とも》」といい、「伴緒《とものお》」は伴を組織する氏人を、「伴造《とものみやつこ》」は伴の首長を意味する。本文にも登場する大伴や物部などの連《むらじ》姓豪族が伴造として朝廷の有力な構成員となる五世紀には、このような宮人の集団が成立していたと思われる。その後、五世紀末から六世紀にかけて多くの帰化氏族を迎え、広汎な職務の分掌組織が成立し、伴は殿部、水部、掃部、門部、蔵部などの伴部に編成され、新たな部として帰化氏族を中心に、生産的技術的な「品部《しなべ》」や伴部が新設された。文中の矢製造人、盾製造人、宝石細工人、鏡製造人、陶工の品部はそれぞれ「矢作部《やはぎべ》」「楯縫部《たてぬいべ》」「玉造部《たまつくりべ》」「鏡造部《かがみつくりべ》」「陶造部《すえつくりべ》」と呼ばれた。伴部は「百八十部《ももあまりやそのとも》」（『日本（書）紀』推古天皇二十八年〔六二〇年〕是歳条）といわれるほど多様化し、これを統率する「伴造」、そしてそれら全体を管理する「臣《おみ》」・「連《むらじ》」を最上に位置づけた。

5　大和朝廷下の神事や祭祀をつかさどった部民としては、中臣《なかとみ》氏の管掌下にあった中臣部《べ》、大嘗祭、大殿《おおとの》祭《ほがい》、御門祭などの中央祭祀を担当する忌部《いんべ》氏の管掌下にあった忌部がある。大和政権の軍事的部民としては、肥後地方に設置された日下部・壬生部・建部・久米部などがあり、大化前代に記録や文書をつかさどって朝廷に仕えた部民としては、前章でも触れたように、応神天皇のときに渡来したという王仁《わに》の子孫の西《かわちの》史部《ふひとべ》と阿知使主《あちのおみ》の子孫の東《やまとの》史部《ふひとべ》の二大勢力があった。

これらすべての集団の多くは、結局、同質の血統の人民で構成されていたかもしれないが、各々の集団の構成員が従事する特別の職業をもとにして組織されたものであった。このような集団の他に、血統の一致、すなわち人種的な親和性の原理だけに基づいた別種の集団があった。そのような集団が形成された状況を見てみると、おおよそにおいて、ある時期に渡来した移民の一団が、行政の手助けをするために自ら集団を立ち上げたということが分かる。移住の時期は異なるが、いくつかの移民の集団が一つの大集団になることも時々あった。このように形成された大集団では、当然のこと、いろいろな職種にありながら血縁関係だけで結ばれた人民がいたことだろう。

日用雑貨を製造する集団

第三種目の集団は、その形成動機がきわめてユニークであった。ある天皇、あるいは高名な皇族を偲《しの》んで特別の集団を組織するのが、日本古代の習慣であった。このようなことが起こるのは、概して皇族が早世し、それを近親がいたく嘆き悲しむ場合である。しかし、存命中の天皇を記念して同じような集団が形成されることも時々あった。

このように形成された集団は、構成員の血縁関係にほとんど注意を払わなかったことからして、当然のこと、いろいろ混じり合った人種的起源をもつ人々で構成されていたと推定できる。その一方、さまざまな人種的起源の人々の混血を促進するため、人種の異なった人たちを意図的に集合させる必要性などまったくなかったことも明らかである。そのような動機は、家系を詳細に調べることが重要な仕事であった時代精神と両立したとは到底考えられない。これに加え、異なった系統の人民で集団を組織すれば、組織管理がすこぶる困難になる危険性があっただろう。そのような集団に属する人々が従事した職業を一般化するのは、容易なことではない。増加する食料需要に備え、農作業を効率化する必要から組織された集団があったかもしれない。換言すれば、新しい土地を開拓する必要からである[7]。いろいろな種類の手作業の需要に応じるために結成された、宮の名のついた集団があったかもしれない。その集団には、集

6　律令時代には隼人は朝廷に奉仕していたが、その中心は隼人舞の歌舞教習とともに、天皇守護の吠声《はいせい》だったといわれている。『延喜式』によると、元日、即位、蕃客《ばんかく》入朝の儀には隼人が吠声を発しているが、おそらく呪力で悪霊や邪霊が取りつかないよう守護する役目があったのであろう。特に隼人の犬の吠声は『万葉集』巻第十一に「隼人《はやひと》の　名に負ふ夜声　いちしろく　我が名は告《の》りつ　妻と頼ませ」（訳：隼人の名だたる夜警の声。その大きな声のようにはっきりと私の名を申しました。この上は私を妻として頼みになさって下さい）とあるように、男の求愛に対して自分の名をはっきりと名乗ったという恋歌にさえ、宮廷の夜警にあたる勇壮な隼人の名にそむかない、はっきりとした声という好意的なコンテクストで隼人が言及されている。

7　朝廷の屯倉《みやけ》を耕作する部を「田部《たべ》」、国造に率いられ主家の豪族に力役と貢納の義務を負う各地の工業集団を「部曲《かきべ》」と呼んだ。

団が仕える皇族の日常必需品をすべて提供できるように、種々の手工芸や職種の人々が含まれていた[8]。

様々な職種の人民が集団を形成し、日用雑貨を製造するようになると、その集団中で物々交換の習慣が自然に生まれたに違いない。しかし、『三国志』で描かれているような、一定の場所で定期的に開かれる市場で物々交換をする段階は、徐々に発展して生じた結果であったに違いない。さらにそのような集団が自給経済共同体だったと言ってしまうのは、あまりにも性急な結論であろう。

だからと言って、そのような集団が中世ヨーロッパのギルド[9]のような協同組合的なものと考えるのもばかげている。ギルドの構成員たちは親方に抑圧されて非常に苦しんだけれども、その制度内での封建臣下の関係はまったく認められないからである。

しかし、古代日本では、前述した集団の人民は、その集団の首長に属していた。すなわち、彼らは首長の臣下であるだけでなく所有物でもあり、首長の意思でどうにでもなったのである。特別の技術職に従事する集団の間で、物々交換の習慣があったことを否定するものではない。古代日本の文明段階にあった社会では、ある種の物々交換がなくては誰も生きてはゆけなかった。また、たとえ集団の統領が反対したとしても、集団の個人が自らの手で作った品物を近隣集団の人民の品物と交換するのを禁止できるほど、支配者の力は強くもなく、厳格でもなかった。

さらに心に留めておかなければならないのは、特別専門職の集団の構成員は、日常業務としてその仕事に従事しているが、農作業にも従事し、農地を耕していたことだ。恐らく農地の中心には、住居も建っていたことだろう。そこで育てた農産物だけでは、おそらく家族が生計を立ててゆく上で生じる需要をすべて満たせなかったであろう。しかし、その一方で、彼らが必要とする食料が、すべて物々交換や各々の集団の首長による配給でまかなわれたとは、とうてい想像できない。

同じ職業に従事する集団は、もちろん、一つの集団だけが許可を受けたわけではなかったし、その住居も特定の地域に限定されていたわけでもなかった。換言すれば、同じ職業集団が数多くあり、このような集団は異なった地域に居を構えていたのである。同じ技術職に従事する集団がすべて共通の首長の支配下にあったかどうかは明らかでない。しかし、それぞれ地域性が異なっていたにもかかわらず、同じ職業に従事する多くの集団にしばしば共通の首長がい

8　朝廷や天皇・后妃・皇子らによって領有され、各々の宮の経営、子女の養育の資として、これに調《みつぎ》や役《えだ》を提供した一団を「名代《なしろ》」・「子代《こしろ》」という。刑部《おさかべ》（允恭《いんぎょう》天皇の后忍坂大中姫命《おしさかのおおなかつひめのみこと》の名代として設定され忍坂部が正字）や額田部《ぬかたべ》など、王（宮）名のついた部のことで、舎人《とねり》、靫負《ゆげい》、膳夫《かしわで》などとして奉仕した。

9　ヨーロッパの中世都市に存在した商工業者の団体組織で、商人組合と手工業者の同職組合の二種類がある。

たことは、確かな事実である。

集団が同質の移民から構成されている場合のように、集団の首長とその構成員が同じ血筋であることも時々あった。移民の職業集団の首長は、わが国ではその数が非常に限られていたが、この範疇《はんちゅう》に属するものだった。しかし時々そのような職業集団の首長は、その支配下の構成員と同じ系種でない場合もあった。アイヌや隼人から成る武士集団の場合は、特にそうであった。これらの勇壮な人々は同質的な一団の中に組み入れられ、信頼のおける指導者の下に配属された。この指導者は、皇族と同じ人種的起源であるか、以前から長く天皇の統治に従ってきた人種に属していた。最後に、集団が宮の名のついた団体であった場合、首長は支配下の集団構成員との血縁関係に関係なく、天皇によって指名されたようである。

皇族と別系統の豪族の存在

これまで長々とお話ししてきたことをまとめると、天皇の直接統治下には二種類の豪族がいた。一つは領地の領主であり、もう一つは集団の首長であった。当然のことだが、前者は土地と同時に隷属民の領主でもあり、隷属民は領主が治める土地に住んでいた。一方、後者は事実上、本人と部民が共住する土地の領主であり、両者の間に実質的な違いはほとんどなかった。主その権力下にある土地と人民に対する諸権利では、どちらの場合も同様に絶対的であった。主な違いは、豪族が土地の領主であることに前者の権利が本質的に基づいているのに対し、後者の権利は領主が人民の首長であることに基づいていることだった。どうしてそのような違いが生じたのであろうか。

皇族と同系種ではない豪族が数多くいたという事実は、日本人が渡来する以前、あるいはもっと厳密に言えば、支配的な系種が移住する以前、彼らが土地所有者の首長の子孫であったことを示す証拠だとみなせるかもしれない。その後、彼らはしぶしぶ屈服し、日本人の統治に従ったのである。しかし天皇とこれら豪族との関係は私的な性格を帯び、後者の土地の権利は変わらないままであった。

後になって多くの皇族たちは、アイヌを犠牲にして新しい土地を開発するために派遣され、徐々に征服した土地の領主の座に就いていった。これらの新しい豪族は、当然のことながら、前述した旧豪族と同じ権力を手にしたわけである。こうして皇族の権力は、皇室の血を引く家族の数が増えることで、それまでよりも広い領域へと拡張されたのだが、それと同時に皇族の分家が増えすぎることで、天皇自身の権力が弱体化する危険もあった。

集団の首長は、豪族よりも起源が古かったに違いない。たまたまその土地を征服した人々の首長だったというだけで事実上の土地所有者になったというのは、人民と居住地の関係が歴史的に発展して築かれた結果であることを示している。さらに生産技術的な職業集団の分掌は雑多な職業の人民を原始的に寄せ集めたものより、はるかに進んだ段階であるに違いない。ここで今一度考慮すべき重要な事実は、生産技術的な集団の大部分は移民で構成されていたということである。

　このようなデータをすべて総合すると、次のような無難な推測が導きだされよう。すなわち、ある人々の集団の長に最初に就いた首長は、おそらく支配的系種と同時期にわが国に渡来したか、支配的系種が移動した故郷からそれほど離れていない同郷からある時期に渡来し、天皇への忠誠によって名を揚げたのではなかろうか。端的にいえば、これらの首長の大部分は、後代に朝鮮半島の移民が集団を形成した場合を除き、皇族と同じ人種的起源だったかもしれない。したがってそのような集団の組織化が進んだことで、皇族の権力が拡張されるようになったのかもしれない。その一方で、もちろん、天皇と、天皇と血縁が近い豪族との血縁関係が弛《ゆる》むことへの恐れも同様にあった。

中央集権化への道

　七世紀以前の日本の社会や政治についての一般的事実とは、以上のようなものである。もし前述した方向で日本が発展しつづけたなら、最終的な結末は、血縁も異なれば、行使する権力も異質な、数多くの豪族の間で国家分裂が起こり、豪族と天皇の関係も非常に緩やかなものになっていただろう。今日でも、いくつかの文明化されていない部族では、似たような状態が観察できる。たとえば台湾の原住民や、多くの南海諸島などに、その例を見ることができる。しかし、日本は同じ運命を辿《たど》らなかった。では日本はどのように統合されるようになったのだろうか。

中央集権化は、その周囲にあるものの拠《よ》るべき中心が存在することを前提とする。この中央集権化の中心あるいは核は、個人でもありうるし、集合的組織体でもありうる。しかし後者に関しては、それが中央集権化の核となるためには、緊密な組織化がなされていなければならず、そのようなことは文明が発達した段階でのみ可能となる。

私がお話ししている時代の日本にとって、そのような中心は、非常に緩やかな中央集権化でしかつくれないし、また、それはいとも簡単にばらばらに解体することもできる。日本の中央集権化を強化するためには、中央集権化の核として、個人すなわち天皇を戴《いただ》くことが日本にとって必要だったのである。

これまで見てきたのは、日本人の支配的系種が新しい土地を開発し、自分たちの系種の者を領主に据え、この国に渡来した移民たちや、一定数の原住民から新しい集団を次々に組織することで、権力や影響力を増してゆく過程であった。支配的系種の中で皇族は疑いなくもっとも影響力のある人々だった。新しい豪族の大部分は皇族出身者で編成されたし、多くの宮の名を付した集団が、皇族の名誉と利益のために結成された。

屯倉《みやけ》という土地

皇族の人民[10]によって開拓され、それにより皇族の支配下にある土地は、徐々に拡張されていった。そのような土地は屯倉《みやけ》[11]と呼ばれ、王家の穀倉、王家の領地を意味した。時の経過とともに、このような領地の数も増え続けていった。古代の諸天皇が居を構えた大和の国の近辺だけでなく、遠く離れた地方でも、新しい屯倉がいくつか組織された。

一般に西部諸国、特に瀬戸内海沿岸の諸国と九州のほうが、それ以外の地方よりも屯倉が多く作られたが、それは少しも不思議なことではない。当然のことだが、西部に最初の足場を築いたといわれる皇室は、日本人が未征服のアイヌ保有地に隣接する諸国よりも、これらの地域により強い影響力を持っていたからである。それでも七世紀前半、駿河《するが》や上野《こうずけ》[12]という東部の諸国にそのような王家の領地がすでにあったということは、皇室の権勢の表われである。

屯倉を増やす方法は、それまでの未開拓地を新たに開拓するだけではなかった。豪族の中には天皇に忠誠を尽くす者もいて、自分の所有する領地や隷属民の一部を、人民が居住する土地つきで、あるいは土地なしで献上したほどであった。謀反《むほん》を企てたり、高位の皇族を侮辱したりするなど、豪族の犯罪が没収に値する場合、財産没収という手段もしばしば講じられた。時々、天皇の寵愛《ちょうあい》を失うまいとして、あるいは再び得ようとして、自分の土地や人民を差し出す豪族もいた。

このような様々な方法で、皇族はその領地を増やし、拡大することができたのである。注目すべきは、その領地が移民たちの集団によってほとんど開拓されたこと、そして読み書きができ、租税収入の決済法を知る同集団の有能な者たちによって、全般的に監督されていたことである。

このように屯倉の数が増えるということは、それ自体、皇族の富の増大と同時に、その権力の強大化も意味する。当然の成り行きとして、そのような皇族の成長は天皇の権力自体の増大に貢献し、中央集権化に向かう一歩となった。

しかし、その中心が家族であったため、明確な継承の決まりのない時代では、強力な中央集権化は不可能だった。長男子相続法はまだ実施されていなかった。王女も継承順位から除外されていなかった。そのような時代で、あまりにも強力な家族を核とする中央集権化を行なうことは、やればできたとしても、絶えざる内紛の原因にしかなりえなかっただろう。特定の皇族の利害と統治する天皇の利害とが衝突するようになったかもしれないし、実際にそのような衝突も珍しくはなかった。

---

10 朝廷直属の部である田部のこと。

11 大化前代における天皇もしくは朝廷の直轄領。『日本（書）紀』に記載されている屯倉は、大化前代の農業経営の拠点であり、屋・倉などの建物や田地からなる。

12 上野国《こうずけのくに》、上州《じょうしゅう》、上毛《じょうもう》ともいう。かつて日本の地方行政区分だった令制国の一つで、東山道に位置し、現在の群馬県とほぼ同じ領域にある。ただし、群馬県桐生《きりゅう》市のうち桐生川以東は含まれない。

頭角を現わした五つの豪族と蘇我《そが》氏

このような弱点は、中央集権化の過程でできる腫物のようなものだったが、それとは別に天皇の権力増大を阻むもう一つの大きな障害があった。それは、何人かの豪族の権力と影響力の増大であった。当初は、ほとんど同等の勢力の豪族が数多くいた。その中に全豪族に影響力を行使できるような有力者は一人もいなかったため、豪族たちの間ではびこる競争心を利用し、それ相応に彼らを支配するのは、皇族にとってそれほど難しいことではなかった。

しかし豪族の中には、皇族のように裕福で権力を伸ばし始める者たちがいた。そうして選ばれた少数の豪族とそれ以外の豪族たちの間で、その影響力に大きな格差が見え始めた。群を抜いた五氏族、すなわち大伴《おおとも》氏、物部《もののべ》氏、中臣《なかとみ》氏、阿倍《あべ》氏そして王仁《わに》氏は、数多くの豪族階級の中から最初に頭角を現わした氏族である。

蘇我《そが》氏は、神功皇后の大臣《おおおみ》だった武内宿禰《たけしうちのすくね》の子孫で、後にめきめきと頭角を現わし、五氏族の中では、大伴氏と物部氏の二氏族だけが蘇我氏と張り合うことができた。旧五氏族に代わって重要になった三氏族の中では、古参の二氏族である大伴氏と物部氏がもっぱら軍事的な役割を果たし、三番目の蘇我氏が大臣と将軍の両方を輩出した。五世紀後半、彼らの影響力がいかに大きかったかは、雄略《ゆうりやく》天皇が死の床で、臣下の私有領地があまりにも広大になりすぎたと不満をもらしたという事実からも十分に想像できるだろう。

当然予想がつくように、支配的系種の支配下での日本の発展に伴う結果は、以上のようなものだった。このような結果が、まとまった国の真の地固めをする上で有益だったとは言えないだろう。たとえ絶対的支配を行なうに十分な力を君主が持っていたとしても、二、三の強力な豪族を支配するほうが、彼らより影響力の少ない豪族を数多く統治するよりも、はるかに困難だったに違いない。言うまでもないが、統治する天皇と皇族の関係が天皇の利益になるように構築されていなかった時代では、そのような実情だったに違いない。同じような実例は、ゲルマン人の古代史、特にメロヴィング王朝やカロリング王朝の歴史からも挙げることができよう[13]。二、三の傑出した領主の中から、ある一族、すなわち「同僚の中で首位に就く人」(primus inter pares)がすこぶる強力となり、他の影が薄くなるという例がある。日本でも、臣下のくせに天皇の大権を侵害しつつ大物になった者も少なくなかった。

このような傾向があまりにもはっきりと現われていたため、後の歴代の賢明な天皇で、この

13　メロヴィング王朝はフランク王国最初の王家（四八一～七五一年）で、ゲルマン古来の財産均分相続の方針だったため、王国は常に分裂の危機にさらされていた。そのような中で、各分国王の間で抗争が起こると、大土地所有に基盤を持つ貴族勢力が台頭し、その頂点にある分国の宮宰が政治の実権を握るようになった。メロヴィング家に代わってフランク王国を支配したカロリング王朝で王位に就いたのは、そのような宮宰職を足掛かりにして権力を拡大し、クーデターを起こした小ピピン（七一四～七六八年）であった。宮宰職にある権力者を日本の豪族、フランク王国の国王を日本の天皇と対比させれば、分かりやすいかもしれない。

ことに気づかない者は誰もいなかった。だから歴代の天皇は、物的資源を増やすことが自分自身を強くし、野心的な臣下による権力の簒奪《さんだつ》を防止する最善策だと考えたのである。

神功皇后の朝鮮遠征のずっと以前から、天皇の領地の増加がたえず目論《もくろ》まれていた。朝鮮遠征それ自体も、天皇の権力を発揮しようと努力したことの証《あかし》と考えられるかもしれない。というのも、海外遠征を率いたということ自体が、必然的にまとまった国であったことを暗示するからである。戦争は、それが遂行される時代がいかに文明化されていなくとも、他のどの事業よりも、統率者の求心力を必要とする事業であるに違いない。遠征の時代、天皇を核とする国の中央集権化がすでに発展過程にあったと想定しても、それほど大きな間違いではないだろう。社会的に組織され、まとまっていなければ、政治的な意味でまだ十分に組織されていない人民を召集するのは、困難であるからだ。

ちょうどこの時期に、歴代の天皇の御所の建つ大和の国の全ての穀倉地や御領地は、統治する天皇自身の不可譲の資産であり、天皇の後継者でさえ所有を許されないことが立法化された。このような立法化は、統治する天皇と他の皇族の利害分離の始まりだったと言えるかもしれない。家族ではなく個人を中心にした中央集権化がすでに発達過程にあったという意味で、このことには非常に大きな歴史的意味がある。

私がこれまでお話ししてきたことを要約すると、強力に組織された国を持つには、何よりもまず傑出した豪族の増大する権力に終止符を打つことが必要だった。ただ豪族の数を減らすだけでは、残っている少数の豪族がさらに強力になり、増大する脅威を助長するにすぎないからだ。第二に、皇族ではなく統治する天皇自身が、中央集権化の核であらねばならない。このことがわが国にとって絶対に必要であり、それを目標に歴代天皇も努力を積み重ねたわけである。

仏教は、いつ伝来したか

しかし、この中央集権化の速度をもっとも速めたのは、仏教の伝来とシナ文明の組織的な受容であり、それは朝鮮半島諸国を仲介してではなく、シナ本国から直接に輸入したものであった。前者の仏教は、時代精神を変えるという貢献をし、そのおかげでいまだに十分にまとまっていなかった国全体が崩壊の危機に瀕《ひん》することなく、革新を遂行することができるようになったのである。一方、後者のシナ文明により、すでに獲得した有形資源の制度化が促進され、さらにその資源を増加させる道が切りひらかれた。

仏教が初めて日本に伝来したのは、紀元五五二年、欽明《きんめい》天皇の治世の一三年目と一般に言われている。それが朝廷で最初に仏教のことを記録した年だったからだ[14]。しかし、近代の歴史家の研究によって、それが日本における仏教の起源とは、もはや受け入れられていない。紀元一世紀の中頃、初めてシナに伝来したと言われている仏教は、その約三〇〇年後に朝鮮半島に流入しはじめた。

三つの半島諸国の中で、その新宗教を最初に受け入れたのは、シナにもっとも近い高句麗であった。朝鮮の年代記には、紀元三六四年、当時シナ北部に君臨した前秦《ぜんしん》王朝の強力な皇帝、苻堅《ふけん》が朝鮮に使者を送り、仏教の僧侶がその使者に付き添ったとある[15]。一、二年遅れて、百済が大陸南部から仏教を受け入れた。新羅は、三国のなかでは、仏教の受け入れがもっとも遅く、紀元五二七年になって初めて仏教が認知されたのだった。しかし、新羅の人々は、もっと早い時期に仏教のことを知っていたことだろう。もっとも、そうだとしても驚くことはないだろうが。新羅は、地理的な理由により、長い間、シナの文明を受け入れることが困難だったのである。したがってわが国の歴史に関係のあるのは、新羅の仏教ではなく、高句麗と百済の仏教である。

古代の朝鮮半島と日本の関係

当時、朝鮮半島南部では、日本の保護監督下で半独立状態の小共同体が数多く存在した。日本から保護領を治める将軍が派遣され、保護政治の任務が託された。朝鮮半島に日本の天皇直属の地域、すなわち、海外に拡張された日本領土があったことは、文字情報で証明できないが、この大陸の天皇領は、朝鮮半島へ日本が影響力を及ぼす本拠地であり、それを中心として周囲に小国家が群居していたと仮定しないかぎり、古代の日本と朝鮮半島の関係史を十分に説

三国分立時代の朝鮮半島

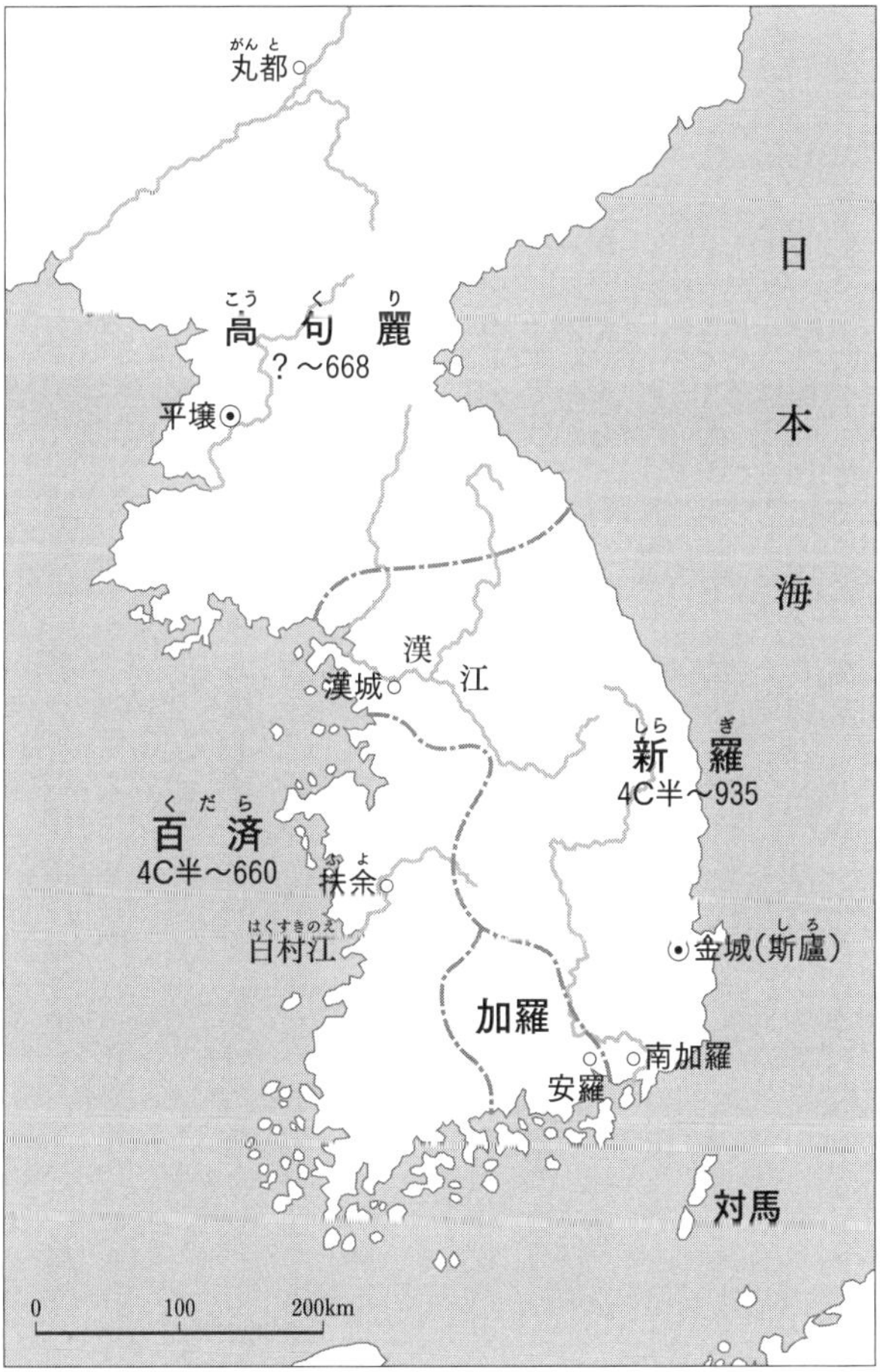

552年時点での国境

明することができないのである[16]。

　百済は、日本の勢力圏を朝鮮から切り離していたが、北部の朝鮮人の侵略にひどく悩まされていた。シナ北部の歴代の王朝と同盟関係にあった高句麗に対抗するため、百済はシナ南部に次々に誕生した諸国の援助を取り付けようとした。百済の仏教がシナ南方出身の僧侶によって広められたのは、この半島国家と大陸南部の間で交流が進んでいたことを物語っているのかもしれない。それでも、百済がいかにその大陸南部地域からの支援を望んだとしても、あまりにも距離が遠すぎるため、仮に大陸南部の諸国にその気があったとしても、有効な救援を得ることは無理だった。そのためついに百済は、南部で百済と接している地域の実質的な統治者、日本に助けを求めざるをえなかった。

　これが、神功皇后の遠征のすぐ後に、百済がわが国と非常に親密な交流を始めた理由である。その百済の国から、王子たちが人質として次々に日本に送られ、百済の大臣は日本の天皇の御前に召喚されて申し開きをし、百済の地勢調査は日本の役人によって行なわれ、わが国から援軍がその地へ数回にわたり派遣された。結局、日本は朝鮮半島との関係では負け組ではなかったのである。シナ古典の知識は、その交流がわが国にもたらしたもっとも重要な恩恵であったが、それに劣らないほど重要だったのが、仏教の伝来だった。

　しかし、紀元三七六年に百済に流入した仏教が、五五二年に日本に伝来するまで、この間、二国間には親密な交流があったにもかかわらず、かくも長きにわたって日本に伝わらないとい

14 『日本(書)紀』には、欽明天皇十三年壬申十月、百済の聖明王が使者を遣わし、釈迦像・幡蓋《ばんがい》・経論など仏教流通の功徳を称《たた》える上表文を献じたと記されていて、この年が五五二年にあたる。ただし、この上表文は『金光明最勝王経《きんこうみょうさいしょうおうきょう》』(八世紀初頭に漢訳)による『日本(書)紀』編者の創作と見られているため、同書の仏教伝来記事の史実性が疑われているわけである。

15 朝鮮側の史料では、『三国史記』の「高句麗本紀第六」に、小獣林王《ソスルワン》の時代「秦王の苻堅は使節と浮屠(僧)の順道を(高句麗に)遣わして仏像および経文を伝えたので、王は使臣をやって回謝し方物を貢いだ」とある。(前掲『完訳 三国史記(上)』360ページ)ただその年代は三七二年六月のことであり、原の記述とくい違っている。苻堅は前秦の第三代皇帝(在位三五七～三八五年)。

16 四世紀から五世紀初頭の倭の実態と日朝関係を知る上でもっとも貴重な史料の一つに、好太王《こうたいおう》(広開土王《こうかいどおう》)碑があり、倭《わ》関係の記事が九カ所みられる。そのうち特に辛卯《しんぼう》年条と言われる一節には「そもそも百残(百済)・新羅は(高句麗の)属民であり、由来朝貢す。しかし倭が辛卯年(三九一年)を以て海を渡り来て、百済(加羅)新羅を破り臣民と為した」とある。百済と新羅が日本に人質を送っていたことについては、朝鮮側の資料にも明記されている。たとえば、『三国史記』「新羅本紀第三」には、實聖尼師今《シルソンニサコム》元年(四〇二年)「倭国と好(よしみ)を通じ奈勿王の子、未斯欣を人質とした」(前掲書62ページ)と新羅が倭へ人質を送っていた記録があり、『三国史記』「百済本紀第三」には、阿莘王《アシンワン》六年(三九七年)に「王は倭国と友好を結び太子の腆支を人質にした」と百済も倭に人質を送っていたと記されている(『完訳 三国史記(下)』一九八一年、477ページ)。これらの史料と碑文の内容がほぼ一致しているところが見られる。さらにシナの『隋書』「倭国伝」にも「新羅・百済、皆倭を以て大国にして珍物多しとなし、並びにこれを敬仰し、恒《つね》に通使・往来す」とあり、両国が当時の日本を大国と見なして敬仰するという、当時の関係を窺《うかが》い知ることができる(『新訂 魏志倭人伝・後漢書倭伝・宋書倭国伝・隋書倭国伝』岩波文庫70ページ)。

うことがあろうか。私的なものであったにせよ、もっと早い時期から、百済からの移民が日本でも信仰を実践していたに違いないと考える方が自然である。彼らはすでに生まれ故郷で、この新宗教の基礎を受けいれていたのであるから。

さらに日本での仏教の普及についてお話しするには、わが国とシナ南部との交流の歴史を振り返らなければならない。

前章では、『三国志』で描かれたわが国の三世紀の国情について述べた。そこには日本とシナ北部との交流が朝鮮半島に置かれたシナ諸郡を通して行なわれていたことが記されていた。日本とシナ南部との交流の道を拓《ひら》いたのは、その後、朝鮮半島で興隆した百済と高句麗だった。日本人は、東晋《とうしん》王朝下のシナ南部についての知識を百済経由で獲得しただけでなく、五世紀初頭、最初にシナに派遣された日本大使は、高句麗の仲介を通して、目的地に到達できたのである。

その後、シナ大陸南部では王朝がめまぐるしく替わったが、大陸と日本を行き来する人々の流れは頻繁であった。数種の産業、とりわけ織物が大陸南部から日本に伝来し、わが国の歴史に多大な影響を及ぼしたのは、このようにして始まった交流を通してであった。シナ南部から日本に渡来した移民もいた。その中には、定住した地域に寺院を建立して、故郷から一緒に持ち込んだ仏陀《ぶつだ》崇拝を実践するほど敬虔《けいけん》な者もいた。五二二年に日本に渡来した梁《りょう》朝の司馬達等《しばたつと》は、その顕著な実例のひとつである[17]。以上が、欽明天皇の記念すべき一三年目以前の日本における仏教の歴史であった。その年に起こった出来事は、百済からわが朝廷に仏像や経典が仰々しく献上されたという理由でのみ重要性を持つ[18]。

蘇我氏が繁栄した理由

では、この新しく伝来した宗教を最初に支持し、庇護《ひご》し、そしてそれに改宗した者は誰だったのか。当然、当時の進歩人の中では、蘇我氏がもっとも重要であった。軍事を司《つかさど》る豪族としてのみ傑出していた大伴氏や物部氏とは異なり、蘇我氏は軍務だけでなく、文官や外交関係の人材も提供した。このことで当然ながら蘇我氏は、外来文明とすこぶる頻繁に接する状態にあったのである。

行政官の長および出納官《すいとうかん》の長として、蘇我氏は秘書役を雇わざるをえなかったが、当時、その地位は移民の書記官の集団に独占されていた。このようにして朝鮮半島からの移民は、後に

17　生没年不詳だが、六世紀ごろの帰化人。『扶桑略記《ふそうりやつき》』によれば大唐の漢人で、継体天皇十六年（五二二年）二月に入朝し、大和国高市郡坂田原に草堂を造って仏像を安置礼拝していた。朝廷に仕えて鞍部村主《くらのつくりのすぐり》という小氏となり、東漢《やまとのあや》氏の統率下に馬具や皮革製品等の生産に従うとともに、大臣の蘇我馬子を助けて大いに仏教の普及に努めたとある。『元亨釈書《げんこうしやくしよ》』巻十七は、司馬達等を南梁人としていることから、本論ではこの立場を取っていると思われる。

18　133ページの注14を参照のこと。

シナ南部から直接に渡来した人々がこれに加わったが、蘇我氏の邸宅に集まり、移民たちの庇護者の権力増大のために働いたのである。端的に言えば、当時の一般的日本人よりも文芸的教育を受けた多数の人々が、蘇我氏の部下となったのである。

蘇我氏の二つの競争相手のうち、最初に権力が衰えたのは大伴氏だった。次に衰退したのは物部氏だった。蘇我氏の競争相手が没落した原因は、蘇我氏が発展したからに違いないが、それは前述した移民の援助によるところが大きかった。蘇我氏が新宗教に最初に改宗したのも当然の成り行きだった。蘇我氏の権力の拡大、蘇我氏が庇護した仏教の普及、文明の全般的な進歩は、緊密に連携しながら進行したのである。

六世紀の中頃、欽明天皇の治世下、蘇我氏の長は稲目《いなめ》であった。当時、物部氏は不利な立場にはあったものの、依然として稲目に対して自分の立場を守ることができた。しかし、稲目の息子の馬子《うまこ》が父親の跡を継ぐと、新宗教の帰依者でもあった聖徳太子の援助を得て、敵対者の物部守屋《もりや》を戦いで破って殺害し、ついに権力の座から引き下ろすことができた。

天皇家の前に立つ蘇我氏という存在

数百年の年月が流れる間に、漸進的な中央集権化の過程はゆっくり目的地へと向かっていた。ついに七世紀初頭、蘇我氏一門が旧名家をことごとく凌駕《りようが》し、ただ一人富と権力で他者の上に聳《そび》え立った。それと同時に、中央集権化の核を皇室にするかわりに、天皇が他の皇族よりも高く聳え始めたのである。天皇は、非常に広大な領地と様々な階級の多数の人民の所有者であった。天皇は先祖崇拝の長でもあった。天皇の神的な起源を示す神聖なシンボルは、以前は天皇の殿で保管されていたが、冒瀆《ぼうとく》を怖れて宮殿から伊勢の国にある現在の安置場所に遷《うつ》されている[19]。しかし、その移動は、天皇の人格の神聖さを弱めるというよりもむしろ増すのに役立った。

一方、天皇の権威はというと、宮殿で絶対的な力を誇り、天皇がたやすく扱うにはあまりにも強力になり過ぎていた行政長官、蘇我氏によって強奪される危険に直面していた。とても危機的な時期を迎えていたのだ。進行中であった中央集権化の過程をさらに前へ押し進め、国をより良くまとめるために、何らかの決定的な一撃が必要だった。そして蘇我氏の肥大化しすぎた権力の抑制、シナとの定期的な交流の開始、そしてとりわけ帝国を内外でますます強固にすべき強い必要性によって、ついに革命的な変化の速度が速められたのである。

19　三種神器のことであると思われる。『古事記』『日本（書）紀』などの神話によれば、天孫降臨に際して、八咫鏡《やたのかがみ》、草薙剣《くさなぎのつるぎ》、八尺瓊勾玉《やさかにのまがたま》が天照大神より皇孫瓊瓊杵尊《ににぎのみこと》に授けられた。しかし『古語拾遺《こごしゅうい》』によれば、神武天皇を経て崇神《すじん》朝になると、神威を畏《かしこ》み殿を同じくすることを不安とし、鏡と剣の模造品を作って護身の御璽とし、古来より伝わる鏡と剣は倭の笠縫邑《かさぬいむら》に遷し祭った。また垂仁《すいにん》朝に古来の鏡・剣は、伊勢神宮に遷されたが、後に剣は熱田に祀《まつ》られることになったという。

第5章　律令国家の建設

中央集権化を後押しした二つの要因

日本は大きな危機に立たされていたが、決定的な災難から救われたのには、二つの要因があった。まずは、高度なシナ文明を途切れることなく摂取したこと。それによって政治的な集中化が着実に促された。第二は、依然として強力であったアイヌへの攻撃を精力的に後押しするために、中央集権化が必要であったこと[1]である。

これまで何度も述べたように、アイヌは、日本人との闘争で負け続きであったものの、不撓《ふとう》不屈《ふくつ》の抵抗を見せた結果、六世紀末、現在の磐城《いわき》と岩代《いわしろ》の南部国境で[2]、日本人を相手に一歩も引かない地歩を固めることができた。その国境は、おおよそ北緯37度にあたる。したがって日本の北辺は、アイヌによる侵略の危険にいつもさらされていた。

中央集権化の初期段階の一〇〇年間、頻繁に襲撃するアイヌ民族を撃退すると同時に、国内の組織化を継続してゆくことは、けっして容易な任務ではなかったが、アイヌの脅威は、樹立された国家の自然な発展に影響するほど恐ろしいものではなかった。これを考えると、私が第二の要因にあげたアイヌ脅威論には驚かれるかもしれない。

こうした誤解が生じるのは、「カルタゴ滅ぶべし」(delenda est Carthago)という有名な言い回しが、第一回ポエニ戦争の後になってようやく発せられたということを知らないからである[3]。必要性があるというだけでは、必要なものを獲得したいという欲望は生まれない。どんな目標でも、それを達成したいという欲求が初めて意識にのぼるのは、危険を冒してもその目標を達成したいと強く感じ始める時である。

アイヌが非常に強力だったとき、日本人は主としてアイヌに立ち向かう足場を固めるために戦わなければならなかった。その後、日本人がアイヌと対等に立ち向かえるほど強くなったにもかかわらず、それでもなお、この敵対者と戦い続けることが必要だったのである。

1　本章は、大化の改新に至る律令国家の建設がテーマである。律令国家の建設とは、私地・私民制度と世襲職制に基づく旧来の氏姓制度を廃止し、隋・唐の律令制度を採用して、公地公民制と官僚制に基づく高度な中央集権制を樹立することだったと言えよう。そこで問題となるのが、なぜそのような大改革が必要とされたのかという原因と目的である。本書が上梓《じょうし》された第二次世界大戦前までは、①シナの文物や制度の摂取（文化史的理解）、②天皇の権力回復運動（権力争奪史的理解）、③氏姓制度の矛盾や弊害の克服（社会経済史的理解）、④①から③の複合的見解があった。

戦後は、戦前のような視点では説得力と具体性に欠ける部分があるとして、主に歴史的必然性の視点から種々の視点が提示されている。その中で特に説得力があると思われるものとして、①経済的・文化的実力を蓄えてきた大和国家の中央勢力が全国支配体制を最終的に確立するには、律令制度が有効な手段だったこと（国内事情）②隋・唐の大帝国の出現とその武力的脅威によって朝鮮半島を中心とする国際情勢が緊迫していたこと（国外事情）、などが挙げられよう。原は、論点のウエイトは異なるものの、戦前の視点だけではなく、戦後の視点にまで踏み込んで、この問題を考察しようとしている点が興味深い。

2　福島県の中部を分割し、北の伊達郡と安達郡が岩代国、南の東白川郡と西白河郡が磐城国にあたる。明治元年（一八六九年）、陸奥国から岩代国、磐城国、陸前国、陸中国の四国が分立した。

そして四つの海に囲まれた国土に、誰にも邪魔されない完全な政治組織を作り上げるため、ついにアイヌを粉砕しなければならない時が訪れた。端的に言えば、日本人は自らの力に揺るぎない確信を持てるようになると、本州内でいかなるライバルの存在も黙認できなくなったのだ。その場合、一人の強力な最高指導者の下で自分たちの組織をできるかぎり強化することが、以前にまして必要であることに気付いたのである。

もちろん、天皇の統治下で中央集権化をもっとも促進したのは、摂取したシナ文明であった。本当のことを言えば、その高度な文明は、数世紀にわたってゆっくりと浸潤したため、すでに大きな影響を及ぼしていたのであり、それはいわばこっそりともち込んだもので、堂々ととりこんだものではなかった。

さらに日本が文明を摂取した本家本元のシナも、長期にわたって分裂しており、五八一年までは統一国家と呼べるような状態ではなかった。このような無秩序に支配された国で、永続性のある政治改新を達成するためのモデルを見つけるのは、無理な話である。したがって長年にわたってシナとの交流があったにもかかわらず、わが国の政治組織がほんの少ししか変化しなかったとしても何の不思議もない。日本の政治におけるシナの影響は、その高度な文明との接触で生じた多種多様な社会変化を通して間接的に進行していったのである。この国から日本への直接的な政治的影響をたどることは、まずできない。

日本の政治再建のために必要な材料をシナから借用するという目的を達成するには、中央集権化により統一されたシナとわが国との間で定期的な交流が始まるまで待たなければならなかった。

3　“Delenda est Carthago”は“Ceterum censeo Carthaginem delendam esse”あるいは“Ceterum autem censeo Carthaginem delendam esse”「さらに（なおまた）カルタゴは滅さなければならぬと私は考える」の短縮形で“Ceterum censeo”、“Carthago delenda est”とも言われる。地中海支配をめぐり前後三回にわたってローマとカルタゴが戦ったポエニ戦争の後年、紀元前二世紀のローマ共和国で流行したラテン語による演説風の言い回しで、ローマ共和国が敵国のカルタゴの脅威にこれ以上さらされないよう外交政策を取るべきだと主張するタカ派により盛んに用いられた。この言い回しを演説で多用したのは、ローマの政治家で軍人・著述家の大カトー（紀元前二三四～一四九年）だと言われている。この背景には、それまで一度も戦争に敗れているのに、敗北ごとに勢力を急速に回復し、戦いを挑むことを止めないカルタゴに対し強硬策を取るべきだとする風潮があった。それは、ローマに侵略する敵はこれをすべて殲滅《せんめつ》し、紛争終結の手段として和平協定を講じないという外交政策でもある。ローマがシチリアを領土とした第一回（前二六四～二四一年）と、北アフリカのザマでスキピオのローマ軍が勝利した第二回（前二一八～二〇一年）のポエニ戦争で、ローマ軍は最終的には勝利を収めたものの、その途中では敗北や痛手を味わっており、特に第二回ポエニ戦争のカンネの戦いでは（前二一六年）、カルタゴ軍を率いてイタリアに侵入した将軍ハンニバル（前二四七～一八三年）によってローマ軍が壊滅させられたため、「カルタゴ滅ぶべし」という言い回しに窺《うかが》われるように、ローマ人の中に報復と完全勝利を目指す強い思いが引き起こされた。そうして第三回のポエニ戦争（前一四九～一四六）ではローマ軍がカルタゴを包囲して殲滅させた。ここではアイヌと、戦いのたびに勢力を盛り返すカルタゴとを重ね合わせているのだろう。

暦《こよみ》の伝来

ついに記念すべき年が訪れた。六〇七年、小野妹子《おののいもこ》が朝廷の使節としてシナに派遣されたのである。当時は隋王朝の第二代皇帝の統治下であった。しかし、それ以前にも、推古天皇の即位以来、朝鮮半島諸国との頻繁な交流の結果、シナで生み出された様々な技術や科学が伝来した。中でも天文学は、世界中の全科学の中でおそらく最古のものであり、もっとも注目に値するものでもあった。

これとの関連で、暦《こよみ》を作る技術が日本に初めて伝来した。だからといって暦が伝来する以前、日本に日時を決める方法が何もなかったと結論づけるのは、大きな間違いとなろう。私たちは自ら独立した暦の体系を作ることはできなかったけれども、日本人や、少なくとも帰化した書記たちは[4]、すでに二つの暦法を知っていた。一つは、統治する天皇の即位の年から数えて日時を決める方法。もう一つは、シナで古来より流行していた暦法で、十二支《じゅうにし》をサイクル順に数えて日時を決め、それに十干《じっかん》をサイクル順に組み合わせたものである。その結果、一つのサイクルが完成するのに六〇年を要した[5]。おそらく書記集団の中には、前者の暦法を追求した者もいれば、後者を好む者もいた。

『日本紀』に時系列の矛盾した記述や、はっきりそれとわかる繰り返しが多く見られるのは、二つの異なる年代表記法によって日付を入れた史料に拠《よ》っているからである。この有名な年代記の編纂《へんさん》者は、時々、一つの同じ出来事が、別々の史料に二つの異なった年代表記法で表わさ

『日本（書）紀』欽明天皇十四年（五五三年）六月に暦博士《こよみのはかせ》を当番制にして交代させよという勅が下り、翌年の二月、百済は暦博士固徳王保孫《ことくおうほうそん》を奉ったとある。初めて日本人の手によって作られた暦の頒布が行なわれたのは、平安時代の書物『政事要略』によると、推古天皇十二年（六〇四年）正月朔日だと記されているが、これは南朝の宋の天文学者の何承天《かしょうてん》が編纂し、宋・斉・梁の諸王朝で、四四五年から五〇九年まで用いられた暦法、元嘉《げんか》暦によるものであったと思われる。宋から百済へ伝えられたのも元嘉暦であり（六六〇年の百済滅亡まで使用）、『日本（書）紀』の暦日が五世紀中頃から元嘉暦の計算と合うことから、日本でも百済を通じて元嘉暦を用いていたことが推定される。その後、シナから「儀鳳《ぎほう》暦」という新しい暦法が伝来して元嘉暦との並用が始まり、文武天皇元年（六九七年）からは元嘉暦が廃され、儀鳳暦が正式に採用されることになった。『日本（書）紀』持統天皇四年（六九〇年）十一月十一日条には「始めて元嘉暦と儀鳳暦とを行なう」とある。儀鳳暦とは唐の天文学者の李淳風《りじゅんふう》が編纂し、六六五年から七二八年まで六四年間用いられた暦法である。

多くの暦法は、古代シナの陰陽五行説思想（万物を「陰」と「陽」の二要素に分ける「陰陽説」と万物は「木」、「火」、「土」、「金」、「水」の五要素から成るとする「五行説」）や易から発生し、それを月日に当てるようになったもので、その大きな柱が、十干と十二支を組み合わせた干支である。十二支は、もともと子《し》、丑《ちゅう》、寅《いん》、卯《ぼう》、辰《しん》、巳《し》、午《ご》、未《び》、申《しん》、酉《ゆう》、戌《じゅつ》、亥《がい》の一二の月順を表わす呼名だったが、やがてこれらに今日のように一二種の動物、鼠、牛、虎、兎、竜、蛇、馬、羊、猿、鶏、犬、猪を当てはめるようになった。十干はもともと、甲《こう》、乙《おつ》、丙《へい》、丁《てい》、戊《ぼ》、己《き》、庚《こう》、辛《しん》、壬《じん》、癸《き》の日順で一〇日のまとまりを指す名称で、一〇日ごとに、「一旬《いちじゅん》」と呼び、上旬、中旬、下旬の三旬で一カ月となる。このような干支の組み合わせ、すなわち十干と十二支の組み合わせは六〇通りあるので「六十干支」と呼ばれ、これが一巡すると還暦（六十歳）となる。

れただけなのに、二つの独立した出来事であるかのように誤解してしまっている。その逆で、同じ周年の年号の日時に起こった、全く異なる二つの出来事なのに、一つの出来事が別々に記されたものと誤解した例も見られる。つまり、よく似た二つの出来事が六〇年周期を経て、あるいは、その周期を何度も迎えて起こったのかもしれないという事実を無視したのである。この種の混乱は、歴史的な日時を定める方法が確立していない時代では避けることができなかった。したがって推古女帝の一〇年目、六〇二年に天文学と暦の技術が偶然に伝来したことは大きな収穫だったのである[6]。

官位等級の制定

朝鮮半島経由でシナから受けた恩恵で、もう一つ、暦に勝るとも劣らないくらい重要なものが官位等級であった。前代にも、天皇を政治と社会の最高位者とする階級制度のようなものがあった。しかし、その制度は、制度と呼べるとしたらの話だが、とてもゆるやかな領臣関係でしかなかった。それは秩序だった等級とは程遠く、実態は臣下関係の均一化の始まりであり、そのような制度がありえたのは一つの非常に強い権力があったからにすぎない。天皇の威厳は、その下に身分差のある臣下がいることで見事に維持することができた。だが、臣下たちは、官位等級という制度そのものがあっても、天皇の前では臣下として平等であると考えることもできたのである。この新しい官位等級が実施されたのが六〇四年であった[7]。

同じ年に有名な「十七条憲法」も発布された。これはすべての臣下、特に行政官に訓令として伝達された道徳的格言集であった。明らかなことは、それがシナの道徳的・政治的教訓を借用したものであるということである。唯一の例外は、仏陀《ぶつだ》の崇拝を奨励する第二条である。8

6　『日本（書）紀』推古天皇十年（六〇二年）十月に百済の僧観勒《かんろく》が来朝し、暦と天文地理の本、占星術と占い術の本である遁甲方術《とんこうほうじゅつ》の本を奉り、書生三、四人を選んで観勒について学ばせ、陽胡史《やごのふみびと》の先祖の玉陳《たまふる》は暦法を、大友村主高聡《おおとものすぐりこうそう》は天文遁甲を、山背臣日立《やましろのおみひたて》は方術を学んだとある。

7　冠位十二階のこと。推古天皇十一年（六〇三年）に制定されたわが国最初の冠位制度。それ以前の大和朝廷では、豪族は氏ごとに特定の職位地位を世襲し、その政治的特権の表象として特定の冠を着用したようであるが、それとは別に個人を対象とし、昇進の原則をもつ新制度がこの冠位制度であった。諸臣には色を異にした冠を与えて、その身分の上下を明らかにし、大徳・小徳・大仁・小仁・大礼・小礼・大信・小信・大義・小義・大智・小智の儒教の徳目を冠名にした。これによって諸豪族は新たな秩序の下に捉えなおされたことになる。

8　「二に曰わく、篤《あつ》く三宝《さんぼう》を敬え。三宝とは仏と法と僧となり、則ち四生《ししょう》の終帰、万国の極宗《ごくしゅう》なり。何れの世、何れの人かこの法を貴ばざる。人尤《はなは》だ悪《あ》しきもの鮮《すく》なし、能《よ》く教うれば従う。それ三宝に帰せずんば何をもってか枉《まが》るを直《ただ》さん」。この条項の内容は、「仏・法理・僧侶という三宝、すなわち仏教を信奉しなさい。仏教は万人の最後の拠り所であり、万国の究極の規範であるので、どんな世でも、どんな人でも、この法理を尊ぶ。極悪人は少ないので、良く教えれば正道に従うが、仏の教えに依拠しなければ、どんなことをしても曲がった心を正せない」というものである。

そのような条項が、朝鮮の僧侶や朝鮮半島の帰化学者から教えを受けていた聖徳太子によって定められたのは当然の成り行きであった。[9]

日本は、それまで朝鮮半島諸国を通して、当時の高度に洗練された大陸文明の成果を味わい、それによって朝廷と貴族社会の生活を潤し、政治の中央集権化を促進することができた。したがって当時の日本は、水を一口飲むと、ますます喉の渇きが増すように、高度な文明を求める欲求がますます高まっていたのである。

その国家の長が、非常に聡明《そうめい》な名士で、推古女帝の甥《おい》でありながら義理の息子であり、皇位継承の有力候補でもあった聖徳太子だった。太子と進歩的な大臣である蘇我馬子が、シナの知識や教えをより熱心に請うたのも当然だった。朝鮮半島諸国は文明があまり進歩していなかったけれども、教えられるものはすべて日本に伝えていた。したがって、これらの諸国には、日本より進歩しているものがほとんど残されていなかったのである。それ以上の学問と文化を吸収するには、シナ以外のどの国と向きあうべきだったろうか。

シナへ、直接の使節派遣

朝鮮半島の諸国との関係では、ちょうどこの時期、勢力を伸ばした新羅が恒常的に日本の保護領を侵略し、百済が不誠実な政策をとった結果、日本は徐々に朝鮮半島での足場を失いつつあった。百済が日本の味方を装ったのは、勝敗の読めない戦いを隣国にしかけるためだけであり、百済は日本よりもシナに敬意を払っていた。北部の高句麗は、朝鮮半島の三国の中で最強であり、弱体化している百済には脅威であったが、高句麗はシナで樹立された隋《ずい》の脅威にさらされ、まさに危機的な時期を迎えていた。というわけで朝鮮を通さずに、直接隋へ使節を派遣するのは当然の結果だった。

隋朝第二代皇帝の煬帝《ようだい》（楊広）は非常に野心的で進取的な皇帝であった。彼の高句麗侵略は完全に失敗したが、それはヘロドトスの記録したクセルクセス一世統治下のペルシャによるギリシア侵略を彷彿《ほうふつ》とさせるほど大規模なものだった[10]。この煬帝は、はるか海の彼方の島国から使節が来朝したことで得意になっていた。当時、侵略しようと思っていた高句麗の背後に同盟国を見つけたのだから、喜びもひとしおだったろう。

そこで皇帝は日本からの遣隋使を懇篤に受け入れ、遣隋使が帰国の途につくときは、廷臣に命じて日本まで同行させたのである。この廷臣が隋に帰る時には、この地まで同行した遣隋使

9　たとえば、聖徳太子の仏教の師としては、推古天皇三年（五九五年）に高句麗から渡来した僧、慧慈《えじ》がその代表的人物であろう。

10　古代ペルシャの王（前四八五～四六五年）で父親のダレイオス一世の業を受け継ぎ、ギリシア大遠征を開始したが（前四八一年）、サラミスの海戦で敗れ、精鋭部隊を残して帰国したものの、その部隊もプラタイアイとミュカレの戦いに敗れて遠征は失敗に終わった。

が再び廷臣に付き添った。このように二度も遣隋使としてシナに派遣された小野妹子は、かの地で多くのものを見聞したに違いなく、外国かぶれした上流階級の日本人の目を楽しませるため、きっと多くの物品を持ち帰ったことだろう。

しかし、二度目の遣隋使派遣でもっとも重要な出来事は、シナで仏教教義を学び、世俗的な教育も受ける留学生を、小野妹子と一緒に派遣したことだった。彼らはとても長期にわたって同国に滞在した。あたかも本物のシナ人のように生活し、その思想や発想にどっぷりと浸《つ》かったのである。

小野妹子に同行して隋へ渡った八人の留学生のうち二人は、三〇年以上も滞在した後に帰国したが、その間、王朝の交替と、唐朝が興隆してシナ文明が頂点に達する姿を目の当たりにした。すっかりシナ人になって日本に戻った二人のうちの一人は、皇子の家庭教師となった[11]。この皇子は偉大な改革者であり、後に天智《てんじ》天皇として玉座についた。派遣された八人の留学生は、全員例外なくその出自がシナ出身者の係累であり、帰化した書記かその子孫であったことは注目すべきことである。

蘇我一族の滅亡

朝鮮半島の諸国は、わが国がシナと直接に交流していることをむしろ妬《ねた》むようになった。彼らはともかく、従来のようにシナと日本を互いに争わせておくことができなくなるだろうと戦々恐々とせずにはいられなかったのである。彼らは以前よりも頻繁にわが国に使節を派遣して機嫌を取ろうとした。蝦夷《えみし》の息子で馬子の孫であった蘇我入鹿《いるか》が、後に天智天皇となる中大兄皇子《なかのおおえのおうじ》と、後に鎌足《かまたり》と改名した中臣鎌子《なかとみのかまこ》に殺されたのは、そのような高句麗からの使者をもてなす朝廷の公式歓迎会の場であった[12]。入鹿の父親もすぐに息子と同じ運命を辿《たど》り、かつて全盛を誇った蘇我一族の主流派は、ここに滅亡したのであった。

11　皇子とは中大兄皇子のことで、家庭教師は南淵請安《みなぶちのしょうあん》だと思われる。請安は漢人の出、百済人系の僧侶で、名は清安とも書く。朝鮮半島の加耶の一国安羅（安耶。韓国慶尚南道咸安）から渡来し、大和の高市の南淵（奈良県明日香村稲淵）に住んだ。文中にあるように、推古天皇十六年（六〇八年）、遣隋使小野妹子らに従って隋へ留学した学問僧八人の一人で、隋が唐に替わり、舒明天皇十二年（六四〇年）、高向玄理《たかむこのくろまろ》と共に新羅を通って三二年ぶりに帰国した。『日本（書）紀』によると、帰国後の皇極天皇三年（六四四年）頃、中臣鎌足や中大兄皇子に周公や孔子の学問を教えたが、前者の二人は、請安の塾の行き帰りに蘇我氏打倒の策をこらしたと言われている。明日香村稲淵に南淵請安の墓と伝えられるものがある。

12　六四五年（大化元年）、新羅、百済、高句麗の三韓から三国の調のために使者が来日した。三国の調とは貢物を日本の朝廷に献上することで、六月一二日に飛鳥の板蓋宮《いたぶきのみや》で三韓進調の儀式が執り行なわれた。当然、大臣の入鹿も出席することから、中大兄皇子と中臣鎌子はこれを好機として殺害実行を決めたと言われている。原がその前文でシナと朝鮮半島に言及しているのは適切で、このときまさに唐の派遣した高句麗大遠征軍が遼東の安市城を包囲し攻撃している最中であり、日本を取り巻く東アジアの情勢は、まさに緊迫していた。

蘇我氏が没落したのには、いくつかの原因があるだろう。まず、天皇の勢力を伸ばすには、傲慢になりすぎた蘇我氏の大臣たちを排除することがどうしても必要だったことが挙げられる。これ以上彼らから我慢をしいられていては、天皇の威信そのものを危険に曝《さら》すことになるからである。第二に、蘇我氏がライバルを恐れなくなるとすぐに、内紛が起こり、内部分裂が始まったことである。最後に、皇位継承をめぐって対立が生じ、上述した二つの原因が絡み合うようになった。

中大兄皇子は、舒明《じょめい》天皇の長男であり、当然、皇位継承候補者の有力な一人だった。しかし皇子は、母親が皇極《こうぎょく》天皇で蘇我の血を引いていなかったことから、皇位継承候補のリストから外されるのではないかと恐れていた。おまけに皇子は、蝦夷とその息子の横柄な態度に業《ごう》を煮やしていた。

鎌足が属する中臣氏は、五つの傑出した氏族の一門の一つであり、主に宗教的業務に携わっていた。彼の一族は、長い間、蘇我氏のせいで自分たちの影が薄くなってしまったことを深く嘆いていた。彼は、有能な政治家としての実力をつけ、当時の日本がさらされていた政治的危機を予見していた。

さらに蘇我氏の中の傍系の人々は、おそらく主流派への嫉妬に駆られ、皇子と鎌足に加担したのであろう。このようにして日本はこの政治的危機を無事乗り越えたのである。次の仕事は、社会と政治の組織を徹底的に再建することであり、日本全土に統一された制度を確立することだった。

「大化の改新」とは、何だったのか

即位していた孝徳《こうとく》天皇の名で、六四五年に一連の大改革が始められた。この天皇は、中大兄皇子の母方の叔父の一人であり、皇子が賢明にも天皇即位を辞退した結果、天皇の位に就いたのである[13]。最初の改新は、年号を創設することで、シナでは漢朝から続いていた習慣であった[14]。天皇が君臨する日本で最初に採用された年号は「大化」であった。このシナの用法は、ひとたびわが国に伝来するや、短い中断期間が二、三回あるものの、今日まで継続されている。

13 幼名は軽皇子《かるのみこ》で、和風諡号《しごう》を天万豊日天皇《あめよろずとよひのすめらみこと》という（在位六四五〜六五四年）。皇極天皇の同母弟にあたる。本文にもあるように、中大兄皇子（後の天智天皇）の叔父にあたり、その同母妹の間人皇女《はしひとのひめみこ》を皇后とした。

14 年号とは元号とも言い、紀年法の一種。シナでは前漢の武帝の建元元年（前一四〇年）に始まると言われ、日本以外では朝鮮でも採用された。漢字の二ないし六字からなり、制定権は天皇や皇帝にあった。大化元年六月十九日、天皇・皇祖母尊（皇極）・皇太子は飛鳥《あすか》寺の西の大槻樹の下に群臣らを集めて年号をたてて大化としたとあり（『日本（書）紀』皇極天皇）、この大化建元がわが国の公式元号のはじめとされている。

次の段階は、東国国司の任命だった。前代からすでに天皇が直接的に支配する地域に国司が置かれていた。これらの地域には天皇の所有地がたくさんあり、宮居もあった。これら諸国の国司たちは天皇の権力に全面的に従属し、天皇が望めばいつでも罷免できた。そのような国司が、今やアイヌの領地と境界を接する東国に配置されたのは、これらの諸国が新たに設置されたことからして、旧来の諸国よりも改革が実施しやすかったことを示している。旧来の諸国では、昔からの慣習が深く根を下ろし、地元の豪族が絶対的ともいえる支配を行なっていたので、このような急進的な改革者たちでさえ、改革に手を付けるのを一瞬躊躇《ちゅうちょ》したのである。

さらには皇居を、現在の巨大な商業都市、大阪の近くの摂津《せっつ》の国に遷《うつ》したことも、すこぶる注目すべき出来事の一つだった。それまでの皇居は、天皇が替わるたびにあちこちへ遷されていた。初代天皇の神武《じんむ》天皇の時代にまでさかのぼっても、大和諸国の外へ遷された御所は一つもないように思える。例外は、仁徳《にんとく》天皇の御所である[15]。六四五年、大和以外の諸国との交流が確保できる摂津の国に移したということは、天皇家が以前よりもさらに視野を広げ、その眼差しを西方へ向けていたことを意味する。

改新の二年目は、当初よりもはるかに急進的な諸制度の刷新とともに幕を開けた。すなわち、部民制度と豪族の私有地所有の廃止である。地方豪族が個人的に所有していたすべての土地と部民の首長に従属していたすべての人民は、今後、公民となり、天皇だけに従属するよう命じられたのである。地方豪族と部民の首長の称号は、以前の所有者が保持することが許されたが、単なる名目だけの称号にすぎなくなった。この改革をスムーズに進めるため、中大兄皇子自らが範を示し、当代の天皇のために五二四人を数える私民の所有権と一八一カ所の私的領地を放棄した[16]。

このようにして公地となった土地には、国が造られ国司が任命された。これらの国司の支配下に、以前の地方豪族や部民の首長らが様々な等級の官僚や郡司として仕えた。すべてに俸給が支払われたが、もちろん、当時は貨幣がなかったので、天然の産物であった。どの国でも人口調査を行なうよう命じられ、家族の人数や、様々な年齢や性別に応じて耕作地が分配された。この分配は一定の年数ごとに更新しなければならず、人口調査の更新と対応していた。米の税は、分配される土地区画に比例して徴収されることになった。絹、麻、綿の付加税は、家族ごとと分配される土地の区画によって支払われることになった。

賦役も課され、本人が直接に奉仕できない場合は、何人《なんぴと》もその代わりとして米や織物を支払わなければならなかった。これらの税の他に、馬の税、兵士の装備、駅馬の使用、いろいろな

15　宮居は難波《なにわ》の高津宮《こうづのみや》（大阪市中央区高津）にあったと言われている。

16　六四六年（大化二年）三月二十日、中大兄皇子が孝徳天皇に使いを遣わし、奏上したとき、入部は五二四口、屯倉は一八一所を献上するのがよいとして、孝徳天皇に報告したとある（『日本（書）紀』孝徳天皇）。

地位の死者の埋葬などについて、数多くの儀式ばった決まりがあった[17]。これらの法律や規則はまとめて近江令《おうみりょう》と呼ばれたが、天智天皇が御所を遷した国の地名からとったものである[18]。

大宝律令《たいほうりつりょう》の制定

大化の改新が公布されてから六〇年間には多くの変動があった。時には反動的に、また時には進歩的に、最初に公布された条例に追加や修正が数多く加えられた。しかし全体としてはもとのままであり、ついに大宝《たいほう》年間の二年目、すなわち七〇二年、条例が体系化され、法典化された。これが日本の歴史家が「大宝律令《りつりょう》」[19]という名称で呼ぶ法典である。

この大宝律令と唐朝の精巧な法律とを公平に比較すれば、前者はもっぱら後者を急ごしらえに模倣したものであることは否めない[20]。布告時に書かれた前文と結び文はシナ古典の文章から取ったものであったし、本文それ自体の中にも、明らかに原典がシナであることを示す多くの言い回しが使われている。多くの規則が挿入されたのは、わが国に必要だったからではなく、唐朝の法律の中にそのような規則があったからにすぎなかった。

もちろん、かなりの修正もあり、注意深く精査すれば、どこが修正部分かを見分けることができるし、一般にシナの法律にもそのような修正があるはずである。同国の法律は、変更しなければわが国に摂取できない代物であった。その中には、もともと世界最大の帝国、唐朝のような高度に文明が発達した時代に計画された法律があり、規模があまりにも壮大すぎたため、島国の条件に合わせて、縮小しなければならなかった。また、シナ人の人種的特徴があまりにも濃厚なので、日本のような国ではただちに実施できないものもあった。

　日本側にも、異国の生まれの法律によって、おいそれと置き換えることができない様々な特徴があった。宗教問題は、特にそうだと言える。神道が近代の科学的な意味で宗教と呼べるかどうかは問題ではあるが、その中に強い宗教的要素があることについては議論の余地がない。そのため、神道は仏教の普及にとって大きな障害となった。

17　孝徳天皇の大化二年春正月一日の「大化改新詔」に、官馬《つかさうま》の規定があり、中馬は一〇〇戸ごとに一匹を納め、良馬ならば二〇〇戸ごとに一匹を納めよとある。また、兵士は各自、刀・甲・弓・矢・幡《はた》・鼓《つづみ》を自弁せよという兵士の武器の説明、役人の旅行用の駅馬《はいま》や乗り継ぎ用の伝馬《つたわりうま》の説明、また殉死《じゅんし》、殉葬などの葬儀に関する旧俗禁止令などの民俗詔も含まれている（『日本（書）紀』孝徳天皇）。

18　通説では、天智天皇の命で天智七年（六六八年）に藤原鎌足らが編纂《へんさん》し、六七〇年ないし六七一年までに施行されたと言われる日本で最初の体系的な法典。

19　七〇一年（大宝元年）に完成し、律六巻、令一一巻の法典で、刑部《おさかべ》親王・藤原不比《ふひ》等《と》らの撰。七五七年の養老律令施行まで、国家の基本法典であった。本文中に七〇二年とあるのは、施行された翌年のことを含めて述べていると思われる。

20　大宝律令が撰修されるにあたり模範とした唐の律令は、六五一年撰の『永徽律』と『永徽令』で、それに『永徽律疏』（六五三年撰）を加えたものが『永徽律令』と呼ばれる。

当初、仏教は一般人ではなく、上流階級の人々によって信奉された宗教だった。その結果、上流階級の人々は、仏教の教化を熱心に奨励しつつ、古い神々にもまったく無関心でないという態度を取らざるをえなかった。神道信仰のために特別の高官が任命され、その長は、古代ローマの最高神祇官《じんぎかん》と同じような役割を演じた[21]。そのような制度は日本独自のものであり、シナにモデルを見出すことはできない。しかし、これらの例外を除けば、大化の改新は、本質的にシナの原物を日本が模倣したものだった。

では、ある程度は国家の必要性から、しかしある程度は模倣から行なわれた改新は、どのような結果をもたらしたのだろうか。まず、明るい面から始めたいと思う。

何であろうと、必要があったからこそ改新が行なわれたことに疑問の余地はない。日本が着実に進歩するには、政治の中央集権化が絶対に必要だった。改革者たちが選んだモデルは、強固に中央集権化された君主制の法律制度だった。このような観点からすれば、それは少なくとも当時の日本が喉から手が出るくらい必要なものだった。

天智天皇の近江遷都

大化の改新を公布してから五〇年後の六九五年、多数の部隊からなる組織的な遠征隊が、日本海沿岸に沿って北上し、現在、北海道という地名で呼ばれている最北の島まで派遣された。翌年、別の遠征隊が日本海を渡り、大陸沿岸、おそらくアムール川の河口地域あたりまで派遣された。日本本島のアイヌ人に対峙《たいじ》する境界線の押し上げは、東部沿岸でアイヌ部族が執拗《しつよう》に抵抗したため、西岸沿いの進行のように迅速にはいかなかった。しかし、結局は、日本人側が勝利した。

六六七年、天智天皇の御所が近江の国の琵琶湖《びわこ》沿岸に遷されたことにより、北東方面の開発を進展させる上で新時代が開かれた。というのも、近代的な大津《おおつ》の町から少し離れたところにある新天地は、北東境界の防衛線を押し上げるだけでなく、日本海の海運と関係を保つ上でも、以前の御所より便利な場所にあったからだ。内陸湖の琵琶湖は、面積は広くはないが、日本のような小さい国では重要な湖と見なすべきである。

つい最近まで、京都と北海道および本州北部諸国との連絡は、東部の太平洋岸沿いではなく、琵琶湖と日本海経由で行なわれていた。陸奥の国の東部沿岸でさえ、わが国の中央部と海

21　律令制下の神祇官のこと。天武初年、その前身の神官のいたことが確認できる。その後、律令的な国家機能と祭祀《さいし》体系が形成されるのに伴い、それらを再編して中央官庁となった。神祇官の具体的な仕事としては、天神地祇の祭祀を行ない、諸国の官社を総管し、その祝部《ほうりべ》の名張《なばり》と神部《かんべ》の戸籍などを掌《つかさど》るなど、神祇行政全般を管轄した。一方、古代ローマには、ポンティフェクス（Pontifex）という神官（神祇官）がいて、国家祭儀に加わり、暦の特殊な知識を持ち、祭日吉凶の決定や、主要行事の記録を保管し、政務官・元老院・民会の質問に答えたりした。そして最高神祇官（Pontifex Maximus）が、すべての神官の長として神官団（Pontifices）を監督した。

路による直接の連絡はなかったように思える。昔の人々が首都よりそこに到達するには、一般に西沿岸に沿って大きく回り道をし、津軽海峡を通り、太平洋岸に沿って南へと向かわなければならなかった。この古代日本の重要な海上交通は、琵琶湖を横断する航行で京都と繋《つな》がったのである。天皇の御所が、湖の航路の要所である大津の隣へ遷ったことは、疑いなく非常に大きな歴史的意義があった。

朝鮮半島からの撤退

この時代のもう一つの注目すべき出来事は、朝鮮半島における日本の影響力がことごとく粉砕されたことである。六世紀中頃、任那《みまな》が新羅に占領されると、半島での日本の威信は地に墜《お》ちてしまった。百済はまったく頼りにならない同盟国だったが、それでもしばらくの間は、百済国が存在している限り、日本の影響力はいささかなりとも残っていた。

当時、百済は新羅から強い圧力を受け始めていたため、日本の支援を求めてきた。一度ならず日本は援軍を送り、その数が二万人を超えるときもあった。武器や食料も無料で供給された。しかし、派遣された日本人の将軍が有能でなかったことと百済の背信的な政策により、日本の支援は水泡に帰した。新羅は、日本の百済支援に対抗し、朝鮮半島に支配権の確立を目論《もくろ》んでいた唐朝に援助を求めた。

百済を援助するため、一万人よりなる日本軍が派遣された。六六三年、シナ水軍と日本水軍の間で大海戦が勃発したが、結果は日本の敗北に終わった。シナ水軍は、一七〇隻という日本水軍をはるかに上回る船団を繰り出したからだ。

この敗北とともに、百済再建という日本の希望はついに消え去った[22]。生き残った三〇〇〇人を超える百済王族と人民が日本に亡命してきた。高句麗も、そのすぐ後の六六八年、唐に降伏した。新羅は、これよりもずっと前からシナの属国となっており、唐朝の影響は朝鮮半島全土に及んだのである。

この時から、私たちは朝鮮半島ではなく、対馬《つしま》、壱岐《いき》の島々や九州北部沿岸の防備を固めることによって、国益を守らざるをえなくなった。しかし、六六三年の海戦後、日本と大陸との間の治安を妨害するものは何もなくなった。百済滅亡後、私たちは軍隊を海外へ緊急派遣する必要がまったくなくなり、朝鮮半島でシナ軍と衝突する機会もなくなったからである。

シナ側としても、私たちを敵に回したくはなかった。たとえ大唐の皇帝たちといえども、一国を隔てる荒海を乗り越えてまで私たちを侵略しようとするのは、危険極まりない任務だった

22　六六三年（天智天皇二年）、朝鮮半島南西部を流れる錦江の河口の地域、白村江《はくすきのえ》で日本と百済の連合軍と唐と新羅の連合軍とが戦ったが、日本は大敗した。この戦いは、戦場となった地名を冠して一般に白村江の戦いと呼ばれている。

からである。旧百済領を統治する任務に就いたシナの将軍は、日本に何度か使節を派遣した。その使節に二〇〇〇人の兵士を随行させた時もあったが、それははっきり言って示威的な目的によるものだった。日本も唐へ使節を送り続けた。わが国の名誉はいささか傷ついた状況にあったものの、こうして日本の西方国境地帯では、平和が回復したのである。

平和が日本にもたらした恩恵

朝鮮半島からの撤退は、いかに残念なことでも、わが国にとっては国力を蓄えるための大きな息抜きとなった。まず、日本はまだ唐朝のシナと対等な国ではなかった。たとえできたとしても、朝鮮半島で威信を示しつづけることは、あまりにも費用のかさむ問題であった。この撤退で、まだ十分とは言えない国家財源を浪費せずに済んだのである。

結局、当時の日本にとって、海外へ領土拡張をする差し迫った必要性はなかったし、朝鮮半島の情勢は、本島からのアイヌの追放に比べると、はるかに重要性が低かったのだ。西方から来る敵には荒海が強力な防壁となり、さしたる困難もなく自分たちの身を守ることができた。だが、長期にわたり本州をアイヌと分け合うのは、まったく種類の違う重大事であった。日本が望んでいたのは国外ではなく、国内の地理的拡張だったのである。

政治の強化が進んだのも、私たちが西の朝鮮半島を放棄したことで多くの利益を受けたからである。私たちの国家の進歩と政治の強化は、朝鮮半島と交流する中で大いに刺激された。

600〜900年代の東アジア

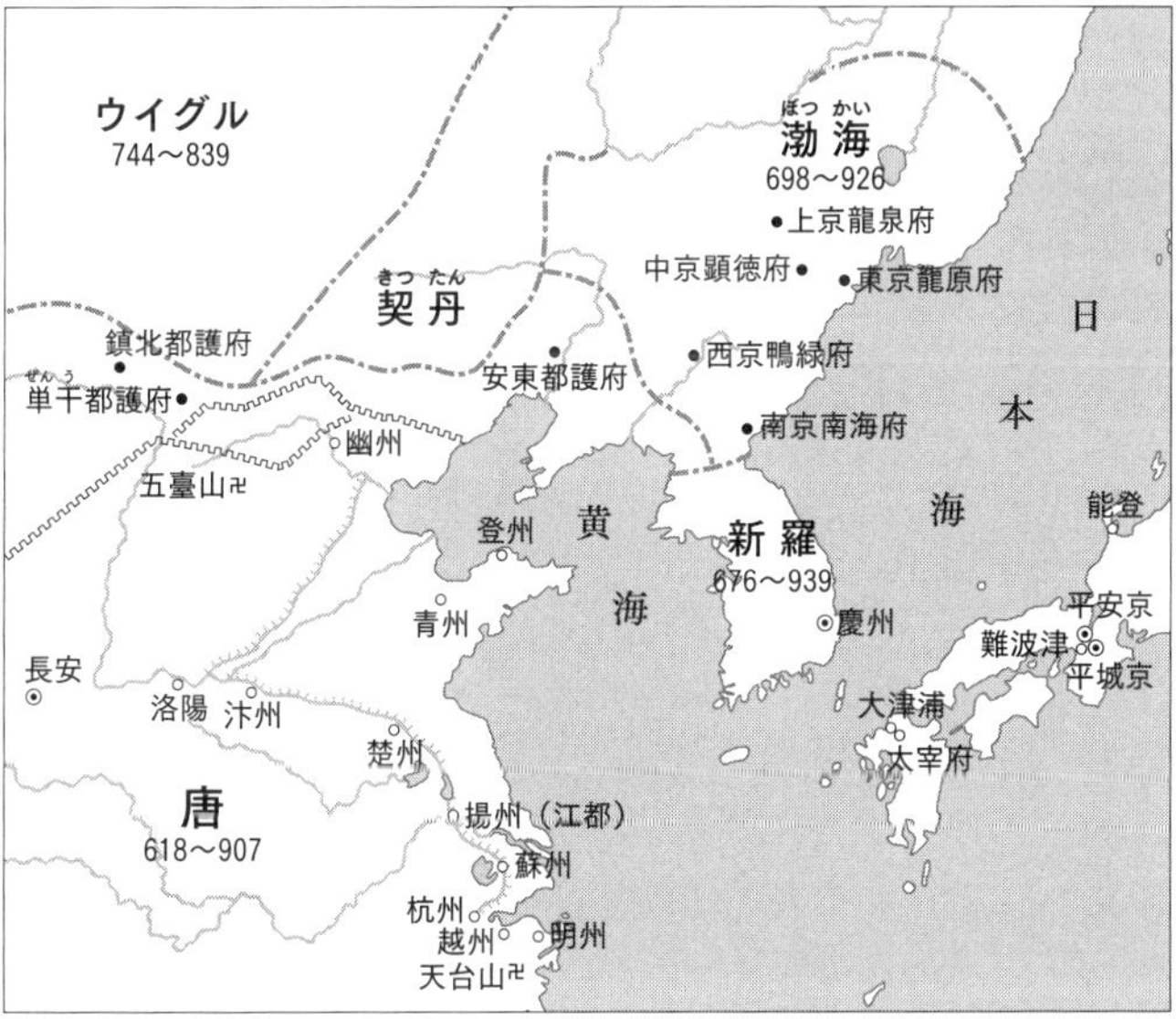

しかし、もし私たちが半島問題にあまりにも長く干渉していたら、内政問題だけに注意を集中することができなかったであろう。改新の法はちょうど公布されたばかりで、徹底的に浸透するには時間が必要だった。実際の要求に応じて修正したり、補足したりしなければ、これらの法律は白地に黒の汚点にすぎないか、あるいは社会混乱のもととなる。どうしても私たちには平和が必要だった。そしてその平和は、朝鮮半島からの撤退によって手にすることができたのである。

この平和のお蔭で、改新の法は最高の形で機能できたのだ。平和によって新法の価値は高まらないとしても、改新は少なくとも最大の果実を結んだのであり、そうでなければ生じたかもしれない多くの災難を防いだのである。

改新の法がもたらしたマイナス面

その一方で、改新の法の暗黒面も看過されてはならない。実際、唐王朝のシナ文明は、あまりにも高度に進歩しすぎていたので、日本はそれを上手に模倣することができなかった。発達段階で言えば、日本はいわば十代になったばかりの若い国だったのである。原則として、どこの国でも法律の法典化を見れば、その国の文明の進歩段階が分かる。この段階になれば、すでに獲得したものを回顧し、組織化することが必要となる。言葉を換えれば、法典化は終始一貫して回顧的な行為なのである。その行為を始める前に、他でもない、あの国の文明は、当時の人々が最高と考えられる段階に到達していたのだろう。さもなければ、それは百害あって一利なしである。

国家が所有する文明よりも法典化のほうがはるかに進んでいると、その国民は、法典化が有効となる段階に追いつこうとして非常に性急な方策を取らねばならなくなるだろう。一般に国家の社会組織や政治制度が混乱するのは、このように慌《あわ》てて物事を運ぼうとする時である。端的に言えば、国家の早熟と呼べるもので、健全な発達にとっては非常に危険である。

実のところ、唐朝の法律は、当時のシナにとってさえ、あまりにも進み過ぎていて、理想主義的であり、委曲を尽くしていたため、真の国益にかなうようには機能しなかったのである。しかも、それはシナ独自の産物だった。それに対し、私たちのそれは模倣だった。唐朝の法典くらい精巧で進歩した法律から期待されるような成果を、もし日本が最大限に生みだすことができたのなら、まさに奇跡であったろう。

そのことは、特に軍事制度について当てはまる。唐朝は、当初から強力な軍事大国だった。その軍事制度は、強者たちが動かしているかぎり悪くはなかった。しかし、総合的に考えてみると、唐朝の政治体制は好戦的な気運を維持するには適していなかった。唐帝国を取り巻く未開部族が征服されると、国民の好戦的な気運がすぐに弛緩《しかん》し、シナは、自身がいつも軽蔑していた野蛮人による侵略の餌食となったのである。

それとまさにそっくりなのがゲルマン人に破壊されたローマ帝国である。唐朝は、絶頂にまで押し上げた文明を守るために、好戦的な気運をもう少し長く温存していたほうがよかった。

当時の日本にとっても、好戦的な気運の必要性は強調されなければならなかった。日本には、唐以上に切実な理由があったからである。日本の改新の軍事法令はシナの制度をモデルにしたが、もちろん、規模を小さくしたものだった。しかし、主な失敗は、その法令が極端に精密だったことで、シナ本国にとってもそうだったが、当時の日本にとってはそれ以上に詳細すぎるものだった。

改新の前は、職業兵士の軍団がいくつかあり、容易に動員することができた。しかし、その古い制度は廃れた[23]。それでもアイヌとは常に戦わなければならなかった。それどころか、あの地域で戦争をするには、新たな活動がついて回ったのである。まず、軍の規律にまったく慣れていない人々を教育し、訓練しなければならなかった。徴兵に似た制度を採用したので、いつも正確な戸籍調査が必要だった。正確な戸籍調査をするのは、高度に文明が発達した国民にとってさえ非常に困難なことである。日本にとっては特にそうだったに違いない。

改新の法によると、兵役と土地の分配は、税も含め戸籍調査に基づいていた。土地分配制度は、日本の独自の慣習でも似たような要素があったかもしれないが、全体としては、これもまたシナの制度をそっくりそのまま模倣したものであり、非常に詳細であった。

さらに大隅《おおすみ》と薩摩《さつま》の最南端の二国を除き、この改革が全国で一斉に実施されたように見えるが、大部分の国では、新体制下で提供された耕作可能地は非常に限られていたに違いない。おそらく、各国の首都近隣にあるような土地だけが、定期的に分配されたのかもしれない。それに加え、人口と耕作可能地の増加によって、分配を変えることが必要となった。前述の法では、そのような変化に対応するため、六年ごとに再分配がなされた。この再分配を定期的かつ適切に実施するには、とても強力な政府と賢明な管理が必要だった。そうでなければ制度が挫折するだろうし、土地の改良もありえないだろう。

国民の側から考えると、新しい法律は諸手《もろて》を挙げて歓迎されたわけではない。一般に、新しい税のほうが従来の税より重く感じられるのが常であった。これらの新しい年貢の他に、兵役

23　律令制の下での軍事制度については『養老令』や『続日本紀』などによって大まかに知ることができる。それ以前については不明瞭な部分も多いが、五世紀以降の大和朝廷では大まかに次の三つの組織より構成されていた。①舎人《とねり》の軍（東国の国造の子弟からなる天皇に直属する親衛軍）②靫負《ゆげい》の軍（西国の国造に率いられ、中央では朝廷の護衛にあたる軍）③門部《かどべ》の軍（山部連、伊福部連などの氏族が関係し、朝廷全体の守衛を本務とする）である。

後の律令制では①は兵衛府《ひょうえふ》に、②と③は衛門府《えもんふ》となる。このように律令制下の軍制は、本書でも指摘されているように隋や唐の制度に倣い、律令制以前の軍制を基礎として作られている。すなわち中央には、朝廷の親衛隊を構成する「五兵衛府」（左兵衛府・右兵衛府・衛門府・左衛士府・右衛士府）、地方では諸国に軍団が置かれ、辺境の地では、太宰府に防人司《さきもりのつかさ》、陸奥に鎮守府《ちんじゅふ》、各地に鎮兵や柵戸を配した。

が要求されたが、それは大部分の国民にとってまったく新しい税だった。実際、彼らの負担はかなり重かったに違いない。いつ果てるとも分からないアイヌとの戦争のため、永続する平和など享受できなかったからである。多くの者は放浪生活に身を落とし、年貢と兵役から逃れるため、法で定められた登記を逃れる者もいた。

まもなくして壮大な改新の根本原則が崩壊し、莫大《ばくだい》な費用のかかる統治制度が残った。しかし、その制度も維持することが徐々に難しくなっていった。体制の変化は避けられないように思えた。

第6章　新政権の完成と停滞、武士階級の擡頭《たいとう》

日本国民の向上心と、唐文明の摂取

大化の改新にどのような長所や短所があろうとも、私たちの先祖がこの改革を実行したことは、結局のところ、日本国民にとっては名誉なことであった。それによって彼らは当時の国家が必要とするものを提供できただけでなく、大胆にも、いや、ほとんど無鉄砲にも、高度に文明が発達した唐の複雑な制度を模倣したいと強く望んだからである。

言うまでもなく、未開の人々が、高度に文明の発達した人々と接触すれば、前者は概して後者を模倣したいという気持ちになる。だが、そのような模倣は往々にしてレベルの低いことがある。それも、しばしば物真似に近く、模倣する側の民族的エネルギーが衰えてしまうことも少なくない。模倣が進んでも、優れた者の政治制度を採用するところまで漕《こ》ぎつけることがほとんどないのである。軽はずみな冒険を犯しての模倣なら、結果はもっと悪くなっていただろうが、日本によるシナの模倣の場合は、まったく正反対であった。

一見したところ、シナの唐は当時の日本とは比べものにならないほど進歩していたので、私たちの先祖が直ちに唐を模倣しようとしたのは愚かに思えるかもしれない。さらに全体として見れば、案の定、模倣は失敗に終わってしまった。しかし、おおもとの唐自体の制度でさえ、自国では失敗だったことが分かっている。もしこれらの諸制度の模倣に私たちが成功していたら、大きな驚きとなっていただろう。シナをあえて模倣しても、私たちの先祖が精神と活力を失うという結果にならなかったこと自体、日本国民としてまさに面目躍如たるものがある。それは、日本人がもともと困難から決して逃げない、すこぶる向上心に富んだ国民だったことを立証するものである。ローマ人の高度な文明を前にしても萎縮しなかったことがゲルマン人の栄誉なら、日本人にも同じような栄光が与えられるであろう。

このような国民の向上心は、シナ文明の摂取だけでなく、その芸術や文学の採用においても感じられた。芸術については、大陸の影響を受ける以前、私たちの先祖がどの程度まで技量を獲得していたかを確かめることは難しい。技量と言っても、せいぜい家庭用品に単純なデザインを描いたり、埴輪《はにわ》や素焼きの土器を製作したり、初歩的な楽器の演奏をするぐらいのことであった。文学と見なしうるものとしては、素朴な物語詩があり、一部は『日本紀』にも引用されている。しかし、世代から世代へと語り伝えられる英雄の偉業の物語は詩の形式ではなく、つまり叙事詩ではなく、口承による散文の語りであった。この点、古代日本人は、とても早くから高度な叙事の才能を発達させていたアイヌ人には到底及ばない[1]。

まとめると、古代日本人が、芸術と文学に関しては、同じ文明の段階にある他国民より抜きんでていたことを示すものがほとんどないのは明らかである。

仏教美術の興隆

仏教の伝来は、日本美術史において注目すべき出来事であった。というのも仏教とともに、仏教の作品を主とするシナの絵画や彫刻が、朝鮮半島諸国の支配者よりわが朝廷への献上品として送られてきたからである。美術品だけでなく、芸術家本人も大陸からわが国に派遣され、寺院を建立したり、仏像を制作したり、壁画で建物を装飾したりと、その才能を大いに発揮した。天賦の才に恵まれた日本人の中には、彼らから指導を受け、美術工芸や芸術産業の部門で自らの才能を伸ばした者もいた。

造形芸術の中では、絵画の発展には長い時間がかかった。もっとも、今日まで残っている二、三の作品は、大陸北西部の砂漠から近年発掘された絵画や壁画とその様式が酷似しており、唐の絵画をそれとなく感じさせるものとして非常に歴史的価値が高い[2]。

新都・奈良の建設

建築は、おそらく朝廷がもっとも庇護《ひご》した技術だったであろう。それは建立された数多くの宮殿を見ればわかる。天智天皇の皇女で文武《もんむ》天皇の後に皇位に就いた元明《げんめい》天皇以前、歴代の天皇は一般に自分の好む場所に朝廷を樹立し、次期天皇は前天皇の御所を放棄していたのは周知の事実である。この事実から想像できるのは、当時のどの皇居も、たとえ宮殿と名づけられるものにせよ、すこぶる簡素な造りであり、あまり人目を引くものではなかったに違いないということである。御所のある場所も、当時の政治の中心としては十分に役立っていたかもしれないが、決して大都市と呼ぶにふさわしい場所ではなかった。

これまで従ってきた慣例に反し、永久に遷都しない新都として奈良が最初に選ばれたのは、元明天皇の三年、七一〇年であった。そして実際、奈良は八〇年以上も日本の中心都市であり続けた。この時、初めて都市の図面が引かれることになった。その図面は碁盤に酷似し、同時代のシナの大都市をモデルにしたものだった。

1　アイヌ民族の生んだ口承文学は、大きく歌謡文学（叙事詩体と抒情詩体がある）と散文説話文学に分かれる。アイヌ文学の諸ジャンルは三〇種を超えるが、そのうち世界五大叙事詩に数えられるのが、アイヌ文学を代表する民族叙事詩のユーカラ（英雄詞曲）である。その全貌を明らかにしたのは金田一京助の多年にわたる採集と研究である。ユーカラの内容は、民族理想の少年英雄、ポイ＝シヌタプカウンクル（別名ポイウンペ）が、自分の生い立ちや敵との抗争を叙述し歌うもので、短くて二、三千行、長いものは二、三万行にも及ぶ。

2　莫高窟《ばっこうくつ》（敦煌《とんこう》千仏洞）の鮮やかな壁画や絵画のことであろう。一九〇〇年、小窟に蔵されていたこれらの美術品や貴重な経巻類が偶然に発見された。経巻類が数万点にのぼったことから、その場所は「蔵経洞《ぞうきょうどう》」と名づけられた。発見者は王圓籙《おうえんろく》という道教僧である。そこから出た写本類は「敦煌文書」、「敦煌写本」「敦煌遺書」などとも呼ばれている。この発見の噂を耳にしたイギリスの探検家、オーレル・スタインは一九〇七年、莫高窟の王圓籙を訪ね、馬蹄銀四枚というわずかな金額で、数千点もの文書や絵画を購入し帰国後、大英博物館で一般公開すると、大きな反響を呼び起こした。一九〇八年にはフランス人のポール・ペリオも敦煌を訪れ、蔵経洞に残されていた遺品、約六〇〇〇点を買い取っている。日本の大谷探検隊も数百点の文書類を入手している。

新宮殿の建築様式もまた、当時のシナの流行を模倣したものである。唯一の違いは、シナでは主たる建材になっていた煉瓦《れんが》の代わりに、ここでは木材が広く使われたことである。貴族たちは、屋根を草葺《くさぶき》にする代わりに、瓦《かわら》葺の家を建てるよう朝廷から勧められた。瓦が使われ始めたのはこの頃であり、屋根だけでなく床にも使われた[3]。

ただし、奈良という大都市の碁盤の目状の設計図は細部に至るまでは完成していなかったであろうし、かつて建造されたこれらの宮殿で、頻繁に発生する火事や徐々に進行する劣化を免れたものはごくわずかであった。それでも幸運にも今日まで残っているごく少数の宮殿から判断すると、時代の一般的状況の割には荘厳だったに違いないと想像できる。

当時の上流階級の社会生活を知る上で最善の手掛かりを与えてくれるのが、奈良にある有名な正倉院《しょうそういん》の御物《ぎょぶつ》である。現在では、日本で毎年、空気が適度に乾燥する秋に特別に栄誉のある少数の人々だけに開放される。御物には、聖武《しょうむ》天皇の残した種々の日用品や儀礼用品が含まれている。聖武天皇は、文武天皇の長男であり、二五年間にわたる治世の後、七四九年に亡くなった。これらの御物は種類が豊富なだけでなく木製倉庫での保存状態も良好なので、今日まで残っている同時代の数多くの文字資料とつき合わせて調べてみれば、当時の社会生活の様子を正確に窺《うかが》い知ることができる。

畳はまだ知られておらず、上流階層の住居の床は一般に瓦敷きであった。当然のこと、当時の室内生活は、近代の日本人よりも、シナ人やヨーロッパ人に近かったのだろう。

室外生活も今日とは大きく異なっていたに違いない。たとえば、近代の日本人は、木の枝を二、三本選んで小さな花瓶や短い竹筒に入れ、花を剪定《せんてい》したり活《い》けたりするのを好む。その手法は、いかに凝っていようとも、結局、すこぶる伝統的である。こうすることで何が楽しいのかというと、自然の一面をできるかぎり小さく変形し、それと類似したミニチュアをつくれるからである。

それに反し、奈良の諸天皇の時代では、房の大きな花々が部屋やテーブルに所狭しと飾られていたに違いなく、多分、地面にまき散らすためだったのかもしれない。前出の宝物庫に、近代日本人には使い慣れないような、おびただしい数の花籠が保存されているのは、前述の主張を証明するものである。

さらに、近代の日本女性はもっぱら琴だけを演奏するが、その琴とは、演奏の時、畳に水平に置く弦楽器である。一方、奈良の音楽家は、竪琴《ハープ》を演奏したようである。絨毯《じゅうたん》は、床に敷くだけでなく、式典の行列がある場合、地面にも敷かれていた。

狩り、漕艇《そうてい》、乗馬は貴族のお気に入りの娯楽だった。近代の日本女性とは異なり、当時の女

3　瓦は六世紀末に百済から日本へ伝えられたと言われ、わが国で最初に屋根を瓦で葺いたのは、蘇我馬子が飛鳥の地に飛鳥寺を建てたときだと言われている。また主に床材として使う敷瓦を塼《せん》という。形状には正方形と長方形があり、模様を施したものもあるが無模様のものが一般的であった。

性は乗馬でも男性に負けていなかった。この事実一つだけをとっても、奈良時代の陽気で活発な社会生活の特徴を立証するのに事欠かないだろう。

奈良時代の文学と舞踏

当時の文学に目を向けると、文学の進歩は目覚ましく、その進歩のほどは、他のどの分野よりも分かりやすい。以前のような物語詩だけでなく、短い叙事詩も登場した。そのような変化は、もちろん、熱心に奨励されたシナ文学の影響によるものに違いない。天智天皇の治世の都で宮廷人六四人が詠んだ一二〇篇《ぺん》の撰詩集が七五一年に編集され、『懐風藻《かいふうそう》』と名づけられた。これらの詩は、語法にしろ、修辞法にしろ、文体にしろ、まったくシナ風であり、一流のシナ詩人の作品にも引けをとらない。それでいて模倣したり、他作品からの借用を寄せ集めたりした兆候はまったく見られず、漢詩の中でもかなり上位を占める作品であろう。

どのような種類の日本文学も、漢字だけのものを別にして、母国語では文字にできなかったことを考えると、シナ文学が当時の日本で大流行していたとしても、その影響はあまり高く評価することができない。だからこそ、そのような漢詩の編纂《へんさん》と並行して、五世紀後半の雄略《ゆうりやく》天皇の詩[4]で始まる和歌の編集が行なわれたとしても、不思議ではないのである。この和歌集が有名な『万葉集』である。しかし、朝廷人だけに限られていた『懐風藻』の場合のように、選ばれた長歌と短歌に作者の制限はなかった。それどころか、一般の人々が詠む歌も数多く含まれていて、ここにはシナ文明でさえまったく浸透できなかったのである。『万葉集』は当時の社会の歴史を知る上でとても役に立つ史料集であると日本歴史家たちは考えている。

当時の和歌には、ほとんどすべての近代の和歌が常にそうであるように、明らかに詠《うた》うためではなく、読む目的でつくられ、そして書き留められた歌があることは否定できないだろう。同時に、最初から詠うためだけに作られたに違いない歌もたくさんあった。当時の人々は、地位の低い者はもちろん、地位の高い者でも特に歌を詠うことを好み、一般に舞踊も伴っていた。

数多くの感情的な恋愛物語が、歌手や踊り子の集まりである「歌垣《うたがき》」5で語られた。歌垣の文字通りの意味は歌う垣根である。この種の陽気な会合は、街路や野原や丘の上でもよく行なわれたものだった。奈良で行なわれた「歌垣」の一つには皇族も参加し、とても質素な身分の

4　「籠《こ》もよ　み籠持ち　掘串《ふくし》もよ　み掘串もち　この岳《おか》に　菜摘《なつ》ます児《こ》　家聞かな　名告《の》らさね　そらみつ
大和の國は　おしなべて　われこそ居れ　しきなべて　われこそ座《いま》せ　われこそは　告《の》らめ家をも名をも
(万葉集巻一第一歌)

5　男女が山や市などに集まって互いに歌を詠みかわし舞踏して遊んだ行事で、一種の求婚方式で性的な解放が行なわれることもあった。奈良時代になると、シナの踏歌《とうか》と合流して、宮廷的な風流芸能ともなった。農村的、集団的な歌垣としては、常陸《ひたち》の筑波山《つくばさん》、肥後《ひご》の杵島岳《きしまだけ》が、都市のそれは大和の海石榴市《つばいち》が有名で『古事記』には顕宗《けんそう》天皇と平群臣鮪《へぐりのおみしび》が大魚という女性を争って歌を闘わせた話が収載されている。

市民や帰化人と肩を並べたと言われている。

当時の舞踊については、日本人独自の様式があったのかもしれない。それと同時に、外国が発祥地の舞踊も多くあり、舞踊音楽とともにシナや朝鮮半島の諸国からも伝来したはずである。これらの舞踊の中には、その発祥地でははるか昔に完全に消失してしまい、現在ではわが国でだけ見ることができるものもある。そのような古代文化が生き残っているとは、摩訶《まか》不思議なことである。もちろんわが国でさえ、この古風な外来舞踊は、近代的な趣向に合わないのか、あまり頻繁には上演されない。しかし、それらは宮廷楽団によって何世紀にもわたって継承され、現在では特定の宮中儀式で演じられている。

性急に進められたシナ文明の模倣

これまでお話ししてきたことから、さもありなんと想像できるのは、ある点で奈良時代の日本は、ちょうどペルシャ侵略時代のギリシアとの共通点が多いということである。両国とも、活力あふれる民族が文明の第一発達段階に到達した時代にあった。国民の活動力は美の追求に注がれ始めたけれども、過度の啓蒙《けいもう》によって弱体化することはなかった。奈良時代の日本人は何事に専念しても、とても活発で陽気に物事を始めたし、起こりそうな災難に尻込みしてその意気込みが鈍ることもなかった。彼らは天真爛漫《らんまん》であり、国家の進歩につきまとう障害については何も知らず、眩《まばゆ》いばかりに輝く希望に満たされ、いつも上昇志向だったのである。

いかに熱心に偉業を企てようとしたかは、奈良東大寺の大仏、あの巨大な仏像の大きさからも推測できるだろう。高さが五三フィートを超える銅製の仏像は、四年の間に何度も失敗を繰り返しながらも、それを克服して七四九年に本体の鋳造が完了した。日本でそれまでに建造された中で最大の大仏だった。日本の彫像師たちによってそのような大きな仏像が設計され、造られたということは、彼らの血統が移民系種であろうとなかろうと、当時の日本人が持っていた進取の精神と芸術的技芸の名声を高めるものだと考えるべきだろう。

その一方で、唐朝のような高度に文明が発達した隣国がいたことにより、日本が多大な恩恵を受けたことも事実である。看過すべきでないのは、自分たちの影を薄くするほど影響力の強い隣人がいたことは、日本にとって大きな不運でもあったということである。当時のシナは日本より格段に進歩していたので、日本は、あえてこの国との競争に挑もうとしなかった。日本は、自国を模倣する以外の選択肢を与えなかったのだ。

だが、シナの後を追いかけ、その道を同じように進み、追いつこうとすることが、もっとも緊急な責務だと奈良時代の日本人が考えたとしても、誰が彼らを責めることができようか。唐時代の華麗なシナ文明の栄光があまりにも魅惑的だったため、それから目を逸らせたり、それとは別の未踏の道を探したりするなど到底できなかったのである。

だから彼らがシナ人をひたすら模倣しようとしたり、本物のシナ人のように振舞って喜んだりしても、少しも驚くべきことではない。たぶん完璧に模倣し、正確に類似させたのは立派なことだと言えるだろう。

当時、海外に派遣された聡明な学徒の一人はその地に一八年間も滞在し、帰国後、卑しい生まれにもかかわらず、ついに中央政府の卓越した大臣となった[6]。当時としては異例の出世であった。シナの文学の諸部門、多くの洗練された典礼、種々の娯楽、数多くの風物は、わが国民の役に立ち、利益をもたらし、今日の日本にさえ残っているものがあるが、その多くは、実は彼が伝来させたものであると言われている。

五〇年以上もシナ滞在を余儀なくされたもう一人の学者は、唐の文人の世界で頭角を現わし、シナ人名で政府高官として唐朝皇帝に召し出され、故国への望郷の念を生涯抱きながら、ついに彼の地で亡くなった[7]。

そのような模倣が、いかにわが国全体に役立ったにしても、当時の日本のようなうら若い国では、その神経が極限にまで緊張を強いられたため、その結果として、日本人は過度に神経質となった。彼らは、すでに実施されていた数多くの法律や規則の効果が実を結ぶのを静かに見守るだけの忍耐力がなく、その一部をまったく役立たずであるかのようにあっさりと捨て去り、以前と同じ混乱をもたらすだけの新しい法律と置き換えた。

こうして原則の相対立する規則が矢継ぎ早に制定されたが、十分に時間をかけて徹底的に効果を確かめたものは何一つなかった。この強い模倣欲とともに、非常に保守的で強力な反動もあった。その流れは、日本独自の貴重なものを常に保存しようとしたのだが、当時の人々にとっては、どちらにより保存する価値があるのかを決めるのは頭を悩ます問題だった。彼らは、シナの風物と衝突するのを嫌がっていたからである。

6　吉備真備《きびのまきび》（六九五～七七五年）のことであろう。備中国下道郡出身の学者、政治家。本来は族長的地方豪族の一つ、下道臣《しもつみちのおみ》氏であった。本文中に「卑しい生まれ」とあるのは、一介の地方豪族の子弟だったことを指しているのだろう。七一六年（霊亀《れいき》二年）に唐への留学生に選ばれ、翌年の七一七年（養老《ようろう》元年）に入唐し、七三四年（天平《てんぴょう》六年）に帰国。多くの書籍や器物を持ち帰った。書籍としては経書の『唐礼』一三〇巻、天文暦書の『大衍《えん》暦経』一巻と『大衍暦立成』一二巻、音楽書の『楽書要録』一〇巻、器物としては日時計（測影鉄尺）、楽器（銅律管、鉄如方響、写律管声一二条）、弓（絃纏漆角弓、馬上飲水漆角弓、露面漆四節角弓）などがあった。道鏡政権下で異例の昇進を果たし、七六六年（天平神護《しんご》二年）に右大臣、七六九年（神護景雲《けいうん》三年）に正二位に昇った。

7　阿倍仲麻呂《あべのなかまろ》（六九八～七七〇年）のことであろう。奈良時代の遣唐留学生で唐の官吏。養老元年に吉備真備や僧玄昉《げんぼう》とともに唐に渡り、科挙に合格して玄宗《げんそう》皇帝につかえ、左補闕《さほかん》、秘書監、安南都護などを歴任した。唐名は仲満、朝衡《ちょうこう》。その間に李白《りはく》や王維《おうい》らと交わり、文名をあげる。七五二年、入唐した吉備真備らとともに帰国することを願い出て許され、鑑真《がんじん》らを伴って出航したが、彼の乗った船は安南《あんなん》に漂着し、再び唐朝に仕え、客死。帰国を許され、明州（現在の寧波《ニンポー》市）で送別の宴が催された時に詠まれた歌、「天の原ふりさけ見れば　春日なる　三笠の山に　出《い》でし月かも」（『古今集』羇旅《きりょ》・406）は有名。

吉兆の信仰

このような混乱状態の結果、当然、興奮と苛立《いらだ》ちが生じたわけだが、その様子がもっともよく窺《うかが》い知れるのは、ばかげた吉兆の信仰であった。珍しい色や独特の形状をした植物や動物が発見されると、一種の奇形にすぎないのに、平和な長期統治の吉兆であると熱烈に歓迎された。そして長々と統治を称賛する宣下《せんげ》を引き出すのが常であった。この慶事を記念するために賜り物が惜しみなく配布され、このような希少物の発見者には十分な褒美が与えられ、罪人は釈放されるか、待遇が改善されたりした。

当然、間もなくして、これらの多くの吉兆には何の効果もないことがわかった。結局、責任ある立場の大臣たちの虚栄心を満足させるためか、あるいは一般の不満を和らげる手段として役に立っただけである。もっとも、あの「古き良き時代」にそのような不満が表明できたとすればの話であるが。

このように愚かな自己満足の種を欲しがったことによる最大の弊害は、互いに張り合い、虚偽や見かけ倒しの希少物を捏造《ねつぞう》しては天皇の寵愛《ちようあい》を乞おうとする悪漢やおべっか使いが大勢生み出されたことであった。未開な人々や、あまりにも文明が発達しすぎて合理的な事を好まない人々は、この種の迷信をいたく気に入ったことであろう。しかし、すでに発展の初期段階にあり、希望に輝く国民であった日本人にとって、このような吉兆信仰は我慢できない悪弊にすぎなかった。この点だけからしても、何とか体制を改革しなければならなかった。

藤原《ふじわら》氏の勃興と光明《こうみょう》皇后

さらにもう一つ、当時のもっと大きな弊害は、異なる階級間で繰り広げられた衝突であった。シナ文明は上流階級だけに普及した。前体制で勢力のあった首長や領主は、その領土や領民が収用されて権力を奪われたが、彼らに代わって新しい貴族階級がすぐに勃興し、後者の中では中臣鎌足の子孫がもっとも突出していた。

すでに前章までに述べたことだが、この賢明な大臣は、日本では前人未到の改革をもっとも徹底的に実行したことはもちろん、蘇我氏討伐という称賛すべき功労をなしたことが考慮され、天皇にもっとも近い大臣の職を与えられ、名誉ある藤原《ふじわら》の称号も授けられた[8]。

その子孫は、無数の分家に分岐し、半数以上が今日でも公卿に含まれ、天皇の恩寵も代々絶え間なく享受している。特に一族の地位の急上昇を象徴的に示すのは、この大臣の孫娘が聖武天皇の皇后に昇進したことであった。これより以前では、数世紀もの間、皇后は皇室の血を引く皇族の娘から選ぶのが慣例であり、臣下の子孫は、父親の地位がいかに高くても、そのような栄誉を受ける資格があると認められていなかった[9]。藤原家が例外的にそのような特権を享

8　大化の改新政治を推進するに功のあった藤原鎌足（六一四～六九年）は、天皇からの信頼も厚く、『日本（書）紀』によると、天智天皇八年（六六九年）に鎌足が亡くなった時、天皇はその功績を偲《しの》び、大織《だいしき》の冠《こうぶり》と大臣《おおおみ》の位、そして藤原氏《ふじわらのうじ》という姓を授けたとある。

受する栄誉に浴したということは、この一族だけが天皇につぐ高い地位に就くべきであり、今後は何人《なんぴと》もその地位を争ってはいけないことを意味した。

藤原家は皇族とますます密接に提携するようになった。そして国事も、徐々にあたかも藤原家の家業のごとく処理されるようになった。このような権力増大に伴う最悪の弊害を防いだのは、結局、藤原家一門内で仲間同士が絶え間なく争いを繰り返したからであり、それが結局は、藤原一門の誰か一人の無謀な行為や野望を抑えるのに役立ったのである。

このように藤原家は、皇族の子孫も含め、その他の二、三の家系の貴族らとともに、国家のほとんどすべての富と権力を独占した。彼らは一門で非常に多くの隷属民を保持し、広大な私有地も所有していた。土地については、隷属民の手を借りて原野を開発開墾するか、彼らに賃貸していた。その上、法的な所有権だけが許されている土地も、自分たちの私有地に変えてしまったのである。この土地新法により、公用地の所有権は、国家に多大な功労をした者に授けられたが、その権利の存続期間は一代限りか、長くても孫の代までだった。期間の制限なしで公用地を代々所有することなど誰にも許されていなかった。専断的な土地専有が実現したのは、これらの規則に違反したからであった。

税や兵役逃れに走る人々

貴族が領地を増したもう一つの方法は、一般人の側で詐欺的な行為が行なわれたことによるものであった。公用地の自給地主や法定借地人のような人々は、案の定、課税の対象となった。当時の租税はかなり重かったので、これらの地主は、影響力のある貴族や仏教寺院に土地を公式に寄進したほうが賢明だと考えた。仏教寺院には、税負担免除の特権が与えられるようになった。もちろん実際には、これらの人々は以前と同じように土地を所有しつづけていたので、負担が大いに軽減されるのを知って大喜びだった。というのも彼らがこの取引で名目上の領主に支払うべき地代は、中央に支払う正規の税金よりも、はるかに少なかったからである。さらにこのような寄進により、彼らは貴族や寺院の庇護下に入ることができた。もし必要とあれば、領主にひと肌脱いでもらうこともできるようになったわけである。

その結果、自給的な地主の数は徐々に減っていき、その結果、徴税額もますます少なくなっ

9　幼名を安宿媛《あすかべひめ》という藤原不比等《ふひと》の娘で、後の光明皇后。虎関師錬《こかんしれん》の『元亨釈書《げんこうしゃくしょ》』には（第十八　願雑十之三）、「天平応真皇太后光明子」とあり、その容貌がみめうるわしく（「姝麗《しゅれい》」）光り輝くようだったことから、「光明子」と名づけられたとある。天平元年（七二九年）、安宿媛が皇后に迎えられるとき、聖武天皇は特別に詔で、わざわざ元明天皇の助言を引き合いに出し、光明立后の正当性を強調しようとした。これはこの立后が令制の原則を曲げる例外的な行為だったからで、当時、天皇の妻妾《さいしょう》は、皇后、妃（二人）、夫人（三人）、嬪（四人）であり、皇后と妃は皇族から、夫人と嬪は臣下から選ぶものと決められていた。安宿媛は藤原氏という臣下の「夫人」とならねばならず、本来ならば皇族であるべき「皇后」にはなれない身分だった。

ていった。しかし、だからと言って、国家は必要な歳出の削減ができたわけではなかった。その一方で、朝廷の威儀はますます高く保たなければならず、国家の儀式は定期的に開催され、国防も一瞬たりとも疎《おろそ》かにできなかった。これらのことすべてが継続的な歳入の増加を必要とする原因だった。

赤字を補填するため、これまで正直者だった人々に二倍とか三倍などといった負担が課された結果、たちまち彼らも我慢ができなくなった。その当時の法律を守る良民の背負った苦難は、ユグノー派の人々が味わった苦難に比較できる。ユグノー教徒は自分の告白に忠実であったが、竜騎兵に迫害され貧困になっていった[10]。このようにして人々はますます自給的な政策を放棄し、力のある庇護者の盾の下に避難するようなった。

これとは別に、兵役も一般人にとっては不平の種であった。彼らは大陸の侵略者に対峙《たいじ》するため西の諸島か、あるいはアイヌに対峙して北の前線で兵役につかねばならなかった。彼らはそのことで自分の生命を危険にさらしただけでなく、時々自腹を切って自らの食料を調達せねばならなかった。政府が食料をまかなえなかったからである。

これらの人々は、一度独立自給権を放棄して、自らの意志で放浪者となってしまえば、ただちに兵役と税から同時に逃れることができた。このようなことが起こりえたとしても不思議ではない。国家意識が未発達な時代であったため、国家のためなら、いかなる危険にも喜んで自分の身をさらすのが義務であることを教わっていなかったのである。

このような秘密の取引は、フランク族の自由保有地地主が、脱税を兼ねて影響力のある人物の庇護を得るため、彼らの土地を徐々に封土へと変えていった過程と酷似している。このような浮浪者の増加を調べるには、改革法で定期的に行なうことを命じた戸籍調査[11]が有効だろうなどと考えたなら、この時代の正しい概念を形成する上で大きな間違いを犯すことになろう。

10　ユグノーとは宗教改革期からフランス革命に至る時期のフランスのカルヴァン派信徒を言う。ユグノーに対する弾圧は以前からもあったが、一六七七年頃から、竜騎兵の迫害（dragonnades）政策が始まり、ユグノーにカトリック改宗をするか国外移住かを迫ったのは、ルイ十四世であった。ヴォルテールは『ルイ十四世の世紀』（第三十六章）で当時の様子を「一六八四年の終りと、それから、一六八五年の初め、つまり、ルイ十四世が、軍備は相変らず充実しているし、近隣に、恐るべき国など、一つもないという状態にあったとき、都市といわず城館といわず、およそ新教徒の最も多く住む場所へは、軍隊をもれなく派遣する。竜騎兵は、当時、軍規が相当に怪しく、行過ぎも一番多かったので、この弾圧は、『竜騎兵の襲撃《ラ・ドラゴナード》』と呼ばれた。……司教、管理職、その代理、司祭、いや、当局者なら、誰でもよい、一人先に立ち、兵隊がこれに続く。主なカルヴァン主義者の家族、特に一番御しやすいと思われるものを、ひとところに集めた。この連中が、ほかの人間をも代表して改宗し、強情を張るものは、兵士の手に委ねられるが、これはまた、相手を殺さぬ限り、何をしてもよいことになっている。もっとも、あまりの残酷な仕打ちを受け、そのため命を落したものも、何人かあった。……（一六八五年）こうして、至るところで、教会堂を破壊し、地方では、武力に訴えて、改宗を迫っているとき、ついに、一六八五年十月、ナントの勅令が廃棄された。あの楼閣、四方八方から傷を受けながらもまだ立っていたのが、完全に倒れたのである」（岩波文庫『ルイ一四世の世紀　三』丸山熊雄訳、140〜142ページ）と記している。

戸籍調査の法が施行されて間もなく、定期的な調査の実施が中止された。その法が規則的に順守されていた間でさえ、その適応の範囲は非常に限られていたに違いない。奈良の都で大仏が完成し、一万人もの僧侶が大祝賀祭に参加するよう招待されたのは、このような時代だったのである。

国内に散在する宮居や貴族の住居はもちろんのこと、奈良の宮殿や寺院は、前述したように屋根が瓦で覆われ、堅固でありながらも華麗な建造物であったように思える。都市に永住しない貴族は、必ず果たすべき義務として、いわば朝廷を何度か訪れ、大都市の生活様式を取り入れては地方生活を洗練させることを学ばなければならなかった。貴族や皇族が使う家具の中には、シナで購入したものもあった。上流階級は教育によって漢文の読み書きを容易にかつ流《りゅう》暢《ちょう》にできただけでなく、シナ式のエチケットを守り、まるで生粋のシナ人のように振舞うこともできた。これらは奈良時代の歴史の明るい側面である。

しかし、大都市と地方の貴族の住居の周辺には、貧民が溢《あふ》れていた。彼らはまったく無教育で、摂取したシナ文明から何の恩恵も受けていなかった。

神仏習合

ここで次のような疑問が湧くかも知れない。仏教は彼らに何の慰めも与えることができなかったのかと。そう、何も与えられなかった。洞察力のある仏教徒は、体系や学説がないにもかかわらず、神道が仏教信仰の普及に奇妙なほど頑《かたく》なに抵抗するのを見て、仏教の諸仏とわが国の神々を同一視することにより、賢明にも保守的な人々の心をしっかりと摑《つか》む巧妙な方法を編み出したのである。それはいくつかの点で、北ヨーロッパで初期キリスト教宣教師たちのとった方策に似ている。彼らもチュートン人の神話とキリスト教の伝説とを融和させようとした[12]。

この神仏習合によって、仏教は神道と顕著に矛盾するところがない宗教となった。換言すれば、仏教は国家の伝統を傷つける危険性のない宗教となったのである。いや神道は、仏教と共

11　大化の改新（六四五年）によって班田収授の法が敷かれ、徴税と徴兵のため、六年おきに調査が行なわれていた。班田収授とは、日本古代の律令制で、各戸に生活の基盤を提供し徴税の基礎を確保するため、水田（例外的に陸田も）を班給し用益させる制度。班田収授法の内容は、養老令の規定によると、六歳以上の戸籍登載者を対象とする。男子二段《たん》（当時の一段は約一二アール）、女子一段一二〇歩《ぶ》（一段＝三六〇歩）、賤《せん》民《みん》男子二四〇歩、同女子一六〇歩の基準によって口分田《くぶんでん》を算出し、戸ごとの合計額を戸主に班給した。また最初の全国的戸籍は天智天皇九年（六七〇年）に作られた庚午年籍《こうごねんじゃく》である。

12　チュートン（ゲルマン）神話とは、キリスト教に改宗する以前のスカンジナヴィア地域で信じられていた北欧民族の宗教的物語。古代スカンジナヴィアの神話は口承伝説であり、キリスト教に改宗するまでは文字で記録されていなかったので、文字となった神話にはこの新しい宗教の思想的影響がみられる。たとえば、それはバルドル物語にも見られ、バルドルの父親で万物の神オーディンよりも、さらに偉大な最高神の考え方が織り込まれている。

存しうるだけでなく、その実利にも貢献するものだと考えられるようになった。こうして寺院と神社が同じ境内に置かれ、神道の神が仏教信仰の守護神となり、それを崇拝する場所がほとんど至る所で見られるようになったわけである。

だが、この不思議な組合せが当然のことと思われていたのは明治維新までであり、明治になると、天皇の大権の復活に伴って仏教に対する反動が起こり、仏教との混合状態から神道を純化することに熱狂した。仏教の宗教的性格に疑念がわき、立派に建造された寺院や芸術的に洗練された仏像が、数多く無残に破壊された[13]。美術関係者にとっては非常に遺憾なことだった。

平安遷都と蝦夷《えぞ》征伐

七九四年、桓武《かんむ》天皇は都を山城《やましろ》の国に遷《うつ》し、いみじくも平安と名づけた。平和で穏やかという意味である。しかし一般には、その場所は京都と呼ばれている。京都は、文字通り首都を意味し、それ以来一〇〇〇年以上も日本の中心であり続けた。奈良から首都を遷すに至ったのには、いくつかの理由があったのかもしれない。旧都が位置していた盆地は、あまりにも狭すぎて自由に拡張できなかったのかもしれないし、交通連絡の場所としては不便だったのかもしれない。貴族の派閥抗争も、もう一つの理由だったのかもしれない。いずれにせよ、新しい場所を都に選んだことが間違いだったとは思えない。

京都は当時の奈良よりも、今の大阪にあたる難波に近い。京都から船で淀川を下れば、数時間で港に着くことができた。大和《やまと》と摂津《せっつ》を二分する山脈のような自然の障害物も途中にはない。それと同時に、京都は東国への玄関口である大津に非常に近い。

精力的な桓武天皇は、再びアイヌ征服に乗り出した。日本海に面するアイヌ民族の地域は、その君主が即位する前からすでに中央政府に取り込まれていた。桓武天皇の治世になると、坂上田村麻呂《さかのうえのたむらまろ》は、日本国の戦闘を遠くアイヌの地まで拡大し、勝利を挙げていた。太平洋に面する地域である陸奥《むつ》の国境は北へ押し上げられ、陸中《りくちゅう》国の中央部まで及んでいた。進取的な日本人の中には、これらの土地に定住したものもいれば、商いを求めては出入りを繰り返したものもいた。

しかしアイヌは完全に征服されたわけでもなく、また本州から簡単に駆逐されてもいなかった。文明の発達した日本の北限と昔から考えられてきた白河《しらかわ》を超えると、土地に半ば馴染《なじ》んだ数多くのアイヌの群れが、以前のように住み続けていた。彼らは、日本人と常に接触していた結果、日本人がすでに自家薬籠中の物とした文明の影響を徐々に受けていた。彼らは勇敢な首長の指揮下で軍勢を強化できたし、京都から派遣された抑圧的な統治者に対しても、頻繁に反

13　一八六八年（明治元年）三月、明治政府は、古代以来の神仏習合を禁じた命令である神仏分離令を出し、神仏分離と神道国教化政策のもとで、寺院、仏像、仏具などを破壊する廃仏毀釈《はいぶつきしゃく》を行なった。

抗して立ち上がる勇気があった。

端的に言えば、彼らは相変わらず手ごわい相手だったのであり、彼らの土地を普通の日本人の国と同じような所にするには、さらに三世紀以上もの年月が必要だった。この二つの人種の間でいつ果てるともなく繰り広げられた戦争や小競り合いは、京都政庁の財政を困難にした主原因の一つであり、最終的にはその権力を徐々に衰えさせたのである。

藤原氏の権力独占

皇族や貴族は、古都奈良のように京都でも生活していた。藤原家は相変わらず支配的であった。朝廷でおびただしい数の陰謀が企てられたのは、いろいろな大物氏族が反目し合ったからではなく、藤原家が一族内で内紛を起こした結果であり、皇位継承をめぐる論争が絡むこともしばしばであった。身入りの良い高位官職は、有能で野心的な藤原一族がことごとく独占した。歴代君主の皇后の大部分は、彼らの娘たちだった。摂政《せっしょう》は一族の世襲職となり、統治する天皇の年齢や健康状態に関係なく、次から次へとその官職に就いていった。三つの大臣職の一つへの昇進は[14]、藤原家以外の一族ではまずありえないことだった。皇族の子孫でも、権力と地位では彼らに先を譲らなければならなかった。

藤原一門の文学的才能は概して高く、宮廷人の第二階級を形成していた菅原《すがわら》氏や清原《きよはら》氏などの専門知識人に少しも劣っていなかった。彼らは、船に大使や留学生や聖職者を乗せ、以前と

東北経営の歴史

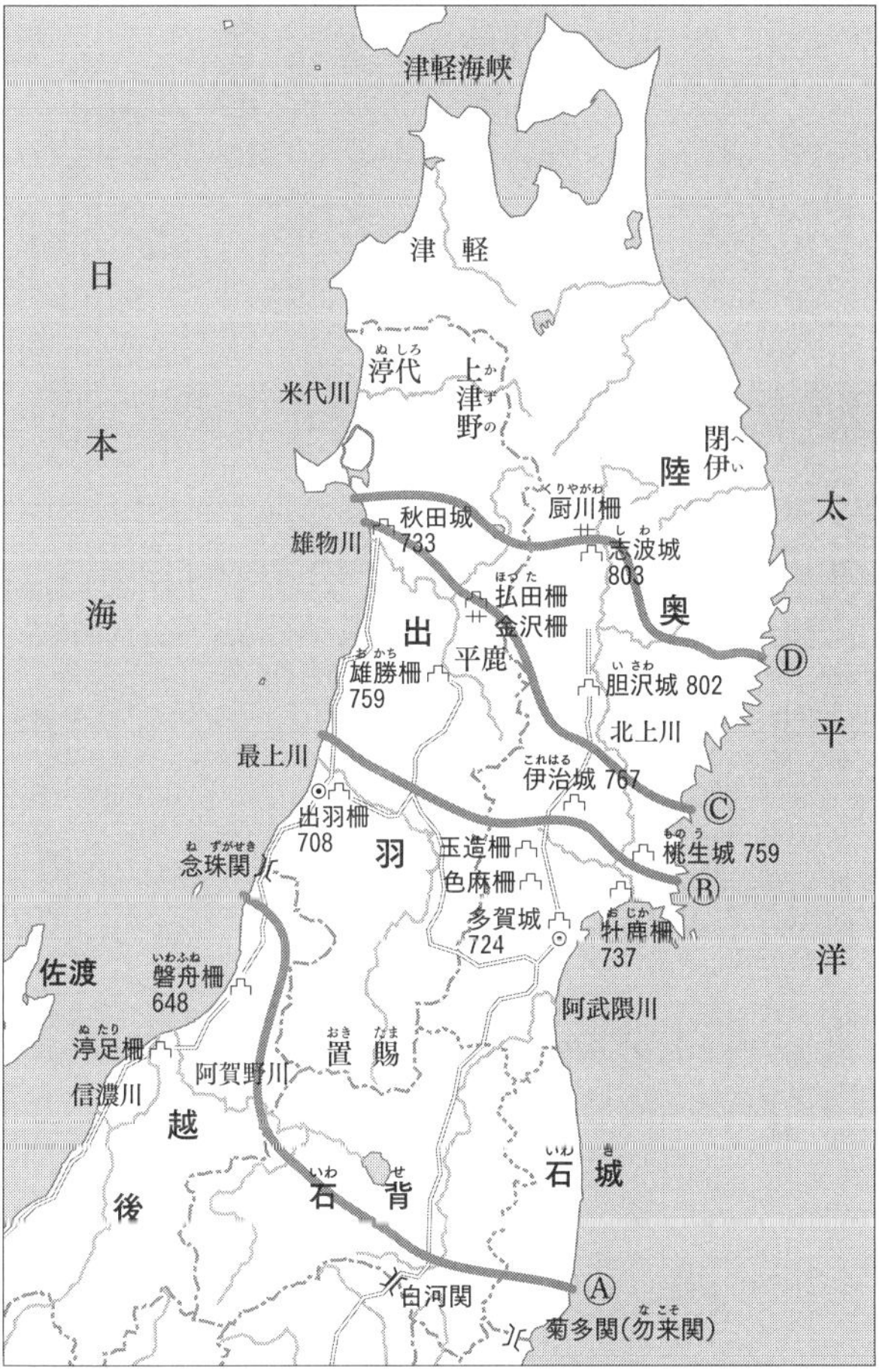

Ⓐ7世紀までに服属
Ⓑ8世紀半ばまでに服属
Ⓒ8世紀末までに服属
Ⓓ9世紀初期までに服属
それ以北は、9世紀半ばまでに服属

同じようにシナへ派遣した。未だにシナの文物の知識をもっと得たいという熱烈な欲望のとりこになっていた。彼らのシナ熱は度を越していて、シナ人風の人相が最高の人間の理想像とみなされたくらいだった。そのタイプの日本人は誰でも、理想的な風貌の持ち主として崇拝された。

遣唐使派遣の中止

シナへの官船の派遣は奈良時代と同様に続いたが、定期的に間隔をおいてではなく、日本国天皇のそれぞれの治世中に一度の派遣が一般的だった。実際、シナの律法制度の性急な模倣は下火になっていた。その点については、すでに十分に借用していたからである。わが国とシナとの関係は、普通の国際交流の形を取り始め、互いにそれ相応の儀礼的な挨拶のやり取りを行なうようになった。しかし、相変わらずシナの政治的変化に歩調を合わせる必要があり、文明ではわが国よりはるかに上位にあると思われていた国を覗《のぞ》き見るのを、きっぱり止める決意は持てなかった。

そのような使節が最後に派遣されたのは、八三八年だった。半世紀後、別の一団が派遣を命じられ、菅原道真《すがわらのみちざね》が大使に任命された。しかしその一団は実際には派遣されなかった。当時、長く続いた唐朝もちょうど終焉《しゅうえん》に近づいていて、一世紀に及ぶ内戦が始まっていたからである。シナには、私たちが意見を交換できるような安定した政府はもはや存在していなかった。さらに、シナの無政府状態の動乱に巻き込まれる危険もあった。大使の道真自身も、計画中の一団を派遣しても得るものはほとんど何もないという意見であり、政府を説得して派遣を思いとどまらせた。

日本はすでに摂取した異文化を完全に吸収し、同化する段階に入っていた。これまではあまりにも忙しすぎて、シナの風物をろくに選別もせず、手当たり次第に飲み込んでいた。今やこれがわが国に適するのか、適さないものはどのように修正してわが国に役立てうるのか、はっきりさせなければならなくなった。要するに、食べたものを反芻《はんすう》し、消化しなくてはならなくなったのである。その意味で、遣唐船の派遣中止は、外国の法律、作法、習慣、風物をたえず摂取しつづけたことが原因で生じた国民の神経過敏状態を終息させる賢明な政策だったに違いない。

しかし、シナ文化の浸透は、いかに表面的だったとしても、数世紀にわたり継続的に進行したため、根深い影響を残していた。支配階級の文化的精神は本質的にシナ風になった。それ以来、「大和魂と漢学」という言い回しが好んで用いられたけれども、日本精神そのものがまだ

14　左大臣（官内一切の政務を統率する太政官《だじょうかん》の長官で、正・従一位相当）、右大臣（職掌は左大臣と同じだが、太政大臣・左大臣に次ぐ官で、正・従二位相当）、そして内大臣（職掌は同じで、左大臣と右大臣に次ぐ令外官《りょうげのかん》の一つ。正・従二位相当）を指す。

はっきりと定義されてはいなかったし、国民の意識の中にも完全に入ってはいなかった。すでにシナ精神をあまりにも深く吸収しすぎていた支配層の貴族たちは、時代遅れで支持できないものを捨てることしかできなかった。

女性による国文学の隆盛

反芻時代の特質は、九世紀後半から十一世紀初頭の国文学の歴史を見れば理解できるかもしれない。まず文学作品はほとんど漢字だけで書かれていたが、その文体に日本化の形跡が見え始め、時代が進むにつれてますますそれが際立つようになった。漢字の作品とともに、最初は非常に数が乏しいけれども、我々独自の日本語による作品も現われ始めた。

その後このような自国語による作品が徐々に増え、ついに十世紀末には、日本古典文学の最盛期を迎えることになる。それ以前の宗教書や学問書は漢字で書かれていた。荘厳な典礼の書類も同じ言語で書かれていた。漢詩は以前と同様に、何世紀にもわたって人気があった。しかしそれと同時に、日本語による数多くの作品が、年代記、日記、短編物語、小説、風刺作品、詩の形で世に出るようになった。

だが、もっとも注目すべきは、これらの作品の大半が、男性ではなく宮中の女性たちによって書かれたということである。その機知と文学的才能で一条《いちじょう》天皇の宮廷に光輝を添えた女性たちの中で先頭に立っていたのは、『源氏物語』の作者の紫式部《むらさきしきぶ》と『枕草子』の作者の清少《せいしょう》納言《なごん》であった。

これらの聡明で才能のある宮中の女性たちがシナ文学に精通していたことは、日本語で書かれたものを見ればわかる。換言すれば、社会の上流階級の文化は、本質的にシナ風であるが、男性だけが独占していたわけでなく、女性も共有していたのである。そしてこれらの宮中の女性たちは因襲にあまり囚われることなく、男性の気まぐれにも服従していなかった。

国家の進歩は、国内の女性の社会的地位によって正しく測ることが可能だとしばしば言われることがある。もしそれが本当ならば、十一世紀初頭の日本は非常に高度な文明が発達していたに違いない。そしてある意味では実際にその通りだったのである。しかし、この文明が発達した日本は、京都のとても狭い社会だけに限られており、まさにその社会ゆえに、シナの文明開化があまりにも深く浸透しすぎたのである。藤原家の大物貴族たちは、精力的になすべき課題が山積している若い国の指導者としては、あまりにも上品であり、女性的でもあった。

武士の擡頭《たいとう》を促したもの

北部のアイヌは相変わらず威嚇的だった。彼らの領地は狭くなったけれども、文明では得たしたのである。このとき国家に必要だったのは、勇敢な武士はいうまでもなく、精力的な大臣であった。上流階級の貴族はこのどちらにも不向きであり、特に武士の過酷な生活には向いていなかった。したがって宮廷人の中でも、比較的階級の低い者が、武官としてはもちろん、将官としても雇われた。こうして軍事は一定の氏族の世襲職となった。

彼らは偶然に軍事に従事することが多かっただけだが、ついにはその職を独占するようになったのである。しかし政府はこれらの将官に十分な兵士、食糧、武器を提供できなかったし、その気もなかったので、彼らはちょうどヨーロッパの傭兵《ようへい》の指揮官のように、これらの必需品を自分たちで工面しなければならなかった。もちろん法的には認められてはいないが、将官とその私兵との間には親密な領臣関係が生まれ、このような状態がかなり長く続くにつれ、両者の関係は世襲的なものになった。

いうまでもなく、地方の諸国でも自然とそのような状況になっていた。地方では、アイヌが依然として勢力を保ち、頻繁に騒動を起こしていたからだ。これらの将官とその氏族は、しばしば遠方諸国の長官職に任命された。そこでは京都政庁の影響力があまりにも弱すぎて彼らの専断的行動を抑えることができず、ここでも同じような領臣関係が、武士と彼らの保護を必要とする地方の人々の間で形成された。

彼らは好戦的な強者の集団の頭領《とうりよう》になっただけでなく、いろいろな手段を駆使して広大な土地を収用し懐《ふところ》を肥やしていった。彼らが藤原貴族の支える政治体制の転覆を一度も敢行しなかったのは、藤原家に昔ながらの威光があったからかもしれない。長い間、これらの武士たちは藤原貴族の誰かしらの臣下として忠順を誓うまでになっていたし、宮中の陰謀では共犯者の誰かしらの手先となって仕えていたからである。

彼らを手先として使っていた宮廷人たちは、これらの武士が当座は役立っているが、いずれはライバルとなり、長い目で見れば、やがて自分たちを打ち負かすような相手になるとは夢にも思っていなかった。いつまでも自分たちの手先のままだと自惚《うぬぼ》れていたのである。

ローマの歴史でこれと酷似するのが、近視眼的だった元老院であろう。元老院は、スキピオ派とシーザー派がいつまでも自分たちの命令に従うだろうと高をくくっていた。手先の者が雇い主にいつも従順で忠実だと思うのは致命的な誤解であろう。特に手先を頻繁に使い、乱用すると、手先は自分の有用性や真の強さを意識するようになり、自己主張を始める。次の段階は主人の力量を推し測るに違いない。そして主人が見かけほど強くないと分かれば、その地位を奪いたいという欲望に目覚めるのである。

どの国でも、どのような状態でも、大勢の参戦者がいないかぎり戦争をすることはできない。その反面、戦争の指揮を執るのは、一人の指導者でなければならない。したがって戦争は一人の独裁者を生む傾向がある一方で、国家の大衆化を早める傾向もある。長きにわたり何も知らずに課せられた義務だけを喜んで果たし、奉公への報奨を要求する権利を行使しない者は皆無であろう。

これらの戦いの指導者たちが極度に文明の発達した京都貴族の座を奪い、彼ら自身が政権を握る時が、まもなく訪れるに違いない。上流階級から下流階級への政権の移行は避けられないことだった。

しかし、これらの将官たちは、藤原家の廷臣と比べて地位ははるかに低く、まだ貴族の仲間とは考えられていなかった。一般人が自国の政治に参加できる時が訪れるのは、まだまだ遠い先のことであった。

第7章　武家政権の誕生と鎌倉幕府

源氏と平家

武士階級は、しばしば宮中の貴族の威信を揺るがせていたが、ついにその腐敗した組織を打ち倒し、貴族の座を奪い取った。武士階級が際立って強力になり独立しはじめたのは、まずは俗にいう「前九年《ぜんくねん》の役」[1]や「後三年《ごさんねん》の役」[2]という戦争があったからである。ともに十一世紀後半、北日本で有名な源氏の将官、頼義《よりよし》と義家《よしいえ》が起こした戦争であった。それから一世紀近くが経過した頃、義家の玄孫《やしやご》の頼朝は、相模の国の鎌倉に、武家政権の幕府を樹立することができたのである。

鎌倉幕府の前は、平氏による半武家政権があった。平氏は、源氏と同様、皇族の子孫の出であり[3]、当初から戦《いくさ》の仕事に従事していた。これら二つの氏族の内、平《たいら》がまず藤原貴族の支持を得ることに成功し、源《みなもと》よりも危険が少なく身入りのよい地位に任命された。当時の日本は京都の西に、かなり強く勢力が寄っていたので、平氏の影響力が西国に拡張されたのも当然だった。この氏族に属する名高い武士の中には、西国の長官職（国司）に任命された者もいたので、彼らの子孫はこれらの地域にも広く散在していた。

しかし東国では、源氏の影響力が際立っていた。アイヌと対峙《たいじ》する地域では、源氏の名だたる武士が平氏よりも頻繁に雇われたからである。これら両氏族とも、一族内のいくつかの分家間での繋《つな》がりは非常に弱く、おそらくスコットランドのハイランドの氏族《クラン》よりもずっと脆弱《ぜいじやく》だっただろう。

そのような不和の原因は、源《みなもと》や平《たいら》を名乗る人々が増えすぎて、対抗相手の氏族と闘争が起こっても、常に共同戦線を張れなくなったことによる。いずれにせよ、これら二氏族の主流派どうしの確執は、互いに熾烈《しれつ》である上に根深く、幾世代にも及ぶものだった。

1　平安末期の一〇五一年（永承《えいしょう》六年）から六二年（康平《こうへい》五年）の一二年間にわたり、陸奥で起きた反乱。陸奥の豪族である安倍頼時《あべよりとき》・貞任《さだとう》・宗任《むねとう》らの反乱を、源頼義・義家父子が、出羽の豪族清原氏の助けを借りて平定した戦い。後三年の役とともに、源氏が東国に勢力を築く契機となった。

2　一〇八三年（永保《えいほう》三年）から八七年（寛治《かんじ》元年）まで、陸奥守《むつのかみ》の源義家と清原一族の間で戦われた乱。前九年の役の後、清原氏は鎮守府将軍として、安倍氏の旧領の奥六郡をあわせて奥羽最大の勢力になった。その後、清原氏に内紛が起こると、陸奥守として赴任した源義家は、藤原清衡《きよひら》の要請を受けて介入し、苦戦の末、清原家衡《いえひら》・武衡《たけひら》を滅ぼし平定した。その結果、清衡は奥羽に、源氏は東国に基盤を築いた。

3　平氏は皇親賜姓の一つで、桓武、仁明《にんみょう》、文徳《もんとく》、光孝《こうこう》天皇らの子孫に平氏姓が与えられた。この中でもっとも有力なのは桓武平氏であり、宮廷貴族として京都にあったのは高棟王《たかむねおう》の子孫、東国に土着したのちに鎌倉幕府の御家人の中核をなしたのは高望王《たかもちおう》の子孫である。平清盛の時代に政権を握った伊勢《いせ》平氏は後者の流れである。

源氏も同じく皇親賜姓の一つで、八一四年（弘仁《こうにん》五年）に嵯峨《さが》天皇が皇子女に源朝臣《あそみ》姓を与え、臣籍に降下させたのに始まる。この嵯峨源氏と、その後の文徳、宇多《うだ》、醍醐《だいご》、村上《むらかみ》天皇の流れからは大臣を出した。特に有力なのは、宮廷で藤原氏と並ぶ勢力を誇った村上源氏、桓武平氏とともに武門として栄え、鎌倉、足利、徳川の各将軍家がその後裔《こうえい》と称する清和《せいわ》源氏である。

源氏は、北部の蛮族との絶え間のない戦いで強力になり、戦闘にはつきものの困難で鍛えられ、強靱《きょうじん》さと勇猛さでは平氏よりも勝っていた。それとは反対に、平氏は京都で宮廷人たちと密接に接触していた結果、源氏よりも洗練されるようになった。平氏と源氏は陰謀の道具としてはもちろん、戦争では将官としても代わる代わる雇われていたが、藤原家からは平氏のほうが従順だと思われ、源氏よりも信頼されていた。だから平氏が源氏よりも早く政権を手に入れることができたのである。

平清盛《きよもり》が福原《ふくはら》遷都した理由

清盛は最高位である太政大臣に昇った最初で最後の平氏であるが、宮廷人たちの中に入り込んだり、息子や孫を藤原氏の選り抜きの人材と交際させたり、ついには娘の一人を高倉《たかくら》天皇の側室にしたりと、まるで彼自身が藤原貴族であるかのように振る舞い、野心的な宮廷人たちの目指す高みに到達することができた。

清盛と、昔ながらの貴族と比べて異なる唯一の点は、洗練されすぎた藤原家の人々に比べて、清盛の個人的性格があまりにも荒々しく、頼る手段もあまりにも強引だったということである。清盛は性格的に真の政治家気質が強烈で、宮中の出し物や儀式にうつつを抜かすような遊び人にはなれなかった。しばしば宮廷人にしては見苦しい立ち振舞いをして大失態を演じ、そのために藤原氏の笑いの種になったとも言われている。

それでもやはり、ほかの大部分の藤原氏と同じように、政治家と宮廷人は同じものであり、宮廷人でなくば政治家にあらず、政治家でなくば宮廷人にあらずという間違った考えを消し去ることができなかった。平家の若者たちは武士としてではなく、むしろ宮廷人として育てられ、武器の使い方よりも楽器を演奏したり、舞踊をしたり、機知に富む短歌を作ったりする訓練を受けた。

清盛が成し遂げた功績でもっとも注目すべきは、都を京都から福原《ふくはら》という現在の神戸市の一角に遷《うつ》したことだった[4]。それまでの三五〇年間は、京都が日本の首都であった。あの聖域から政治の中心を移動するとは、都の人々も驚愕《きょうがく》する事件だったに違いない。

そのような変化を求めた動機の解釈については、歴史家たちの間でも意見の相違がある。それは清盛が古都に蔓延《まんえん》する因襲尊重主義を忌み嫌っていたからだと言う者もいる。その因襲尊重は、清盛がその地に留まる限り、そう簡単には根絶できないほど深く根を下ろしていた。あるいは清盛が、比叡山延暦寺《ひえいざんえんりやくじ》の向こう見ずな僧たちによる悪辣な干渉を何としても排除したいと思っていたからだという者もいる。それは、京都の政庁にとって大きな悩みの種であっ

4　現在の兵庫県神戸市兵庫区。清盛は人工島の経島《きょうがしま》を築いて防波堤とし、福原の貿易港として大輪田泊《おおわだのとまり》（現在の兵庫港・神戸港西部）を修築し、この地に、高倉上皇と平家一門の反対を押し切って遷都を強行した。平家滅亡後、この地は源頼朝から同母妹である一条能保《よしやす》妻に与えられ、一条家領となった。

た。

　他の歴史家によれば、清盛に先見の明があり、日宋貿易による利益に注目していたことに起因すると言われている。清盛の一族は、日宋貿易からすでに巨万の利益を得ており、都を京都から瀬戸内海の重要な港へと遷すことで、さらに貿易を活発にできたからである。清盛が瀬戸内海の航行促進を熱心に望んでいたことについては疑う余地がない。当時、音戸《おんど》の瀬戸[5]の開削と、神戸の港として兵庫港（大輪田泊《おおわだのとまり》）の修築を清盛は命じているし、それ以外にも海洋航行関連の事業が数多く清盛の命令で行なわれていた。

　しかし、上述した動機のどれか一つだけで、清盛が由緒ある京の都を見捨てる気になったかどうかは確かではない。理由はどうであれ、遷都は失敗だった。とりわけ、古巣に戻ることを切に望んだ藤原貴族の間ではすこぶる不評であった。清盛は、これらの貴族が自分のやることなすことすべてに、真綿で首を絞めるような抵抗をするので、途方に暮れてしまった。清盛は残された人生で、何一つ重要なことができなかった。

平家の滅亡と『平家物語』

　こうして平氏が権勢を誇った短い期間は、瞬《また》く間に過ぎ去っていった。

　武士が藤原貴族に取って代わるほど強力だと分かり始めたのは、保元《ほうげん》の乱が起こった一一五六年からであった[6]。それからわずか三年後、ライバル同士の二氏族の運命が明暗を分けた[7]。平氏は陣中に残ったが、敗者となった源氏の主流派は殺され、あるいは追放され、残党は散り散りばらばらとなり、抵抗する力が削《そ》がれてしまったのである。

追放された側の一人であった頼朝は、伊豆の国で監督者の保護下に入った。その近辺には父祖に忠実だった臣下の子孫が定住していた。頼朝は、機会さえ訪れれば、これら世襲の配下を楽々と召集することができた。

そこで頼朝はまず東国を侵略し、つぎに半独立国である陸奥の兼官の将軍、藤原秀衡《ひでひら》[8]のも

5　隠戸ノ瀬戸。広島県呉《くれ》市にある海峡。一一六七年（仁安《にんあん》二年）、平清盛が日宋貿易の航路として開削したといわれる。

6　一一五六年（保元元年）、鳥羽《とば》法皇の死去後に京都で起こった内乱。天皇家・摂関家内部の権力抗争に端を発し、後白河《ごしらかわ》天皇方は平清盛・源義朝《よしとも》らを召集、崇徳《すとく》上皇方は源為朝《ためとも》・平忠正《ただまさ》らを動員して武力衝突に至った。後白河天皇方の夜討ちにより、わずか数時間で崇徳上皇方が敗北。藤原頼長《よりなが》は戦死、源為義《ためよし》・平忠正は捕らわれて斬罪、源為朝は伊豆大島へ流罪、崇徳上皇は讃岐《さぬき》に配流となった。鎌倉前期の天台宗の僧、慈円《えん》の『愚管抄《ぐかんしょう》』には、武者の世は保元の乱から始まったと書かれている。

7　一一五九年（平治《へいじ》元年）の平治の乱に敗れた源頼朝は、逃走中に美濃《みの》で捕らえられ、伊豆に配流された。頼朝は一一六〇年（永暦《えいりゃく》元年）の十四歳から、一一八〇年（治承《じしょう》四年）に旗揚げする三十四歳までの二〇年間をこの地で過ごしたと言われている。場所については、現在の伊豆《いず》の国《くに》市韮山《にらやま》の「蛭《ひる》が小島《こじま》」が有力とされているが、真偽は定かでない。

8　平安後期の陸奥の豪族、藤原秀衡は陸奥守と鎮守府将軍を兼務していた。一一七〇年（嘉応《かおう》二年）鎮守府将軍、従五位下となり、一一八一年（養和《ようわ》元年）陸奥守、従五位上となる。

とに避難していた弟、義経《よしつね》の援助を得て、平氏を京都から追い出した。京都は、その少し前、清盛の死の直後に再び遷都されていた。源氏の宿願が、義経の臨機応変の才と勇気で達成されたのである。平家一門は瀬戸内海の浜辺で勇猛果敢に戦ったが、いつも最後は悲運に屈するのだった。下関海峡の近海で繰り広げられた最後の戦いでは、捕虜になったり、斬首されたりした平家もいた。しかし、多くの者は戦死したか、自ら溺死した。敵に殺されるのは、日本武士のもっとも不名誉な最期だと考えられていたからだ。

平氏の中核は宮中生活によって弱体化していたが、こうして最後まで逆境の中で団結して戦うことで、日本古来の武士道をわきまえた真の武士の末裔《まつえい》たることをその身をもって証明したのである。この悲劇的な結末は一一八五年に訪れた[9]。

平氏が栄えたのは、たった三〇年という短い間だけだった。一族の隆盛がすこぶる急だったように、その没落も同じく唐突だった。それは流星が日本の長い歴史の一角を横切るようなものだったが、忘れることのできない記憶を後世に残した。この時代の文化特有の魅力は、政権に就いてから勇猛な最後を遂げるまでの平家一門のエリートによって象徴されるが、ことほどさようにわが国の歴史を数多くの哀愁にみちた挿話で飾り、後世の詩、物語、演劇に豊かな主題を提供した。

そのような文学の中でもっとも有名なのが『平家物語』と呼ばれる物語である。平家という漢字は「平《たいら》の家」を意味する。この「物語」が初めて創られたとき、読まれるのが目的だったのか、それとも朗唱するためだったのかという問題はあるけれども、物語が広く知られ、もっとも簡略化されて「平家」と呼ばれるようになると、一般に平曲《へいきょく》として朗唱され、仏教の御経にも似たメロディーに「琵琶《びわ》」の演奏が付くようになった。この朗唱は、次の時代に流行する朗唱の一種、謡《うたい》の前身でもある。さらに、三味線の演奏を伴う、もっと近代的な浄瑠璃《じょうるり》の起源も「平家」にまで遡ることができよう。

「平家」で聴衆がもっとも喜ぶのは、平家一門の悲しい栄枯盛衰の物語であり、その没落の中で浮かびあがる気高い武士道であった。人生の有為転変《ういてんぺん》を説く前者の物語は、鋭い哀感をもって宮廷人の心を動かして余りあるものだった。自分たちの時代を生き抜き、仏教で諸行《しょぎょう》を悲観的に眺めることを教わった宮廷人たちは、衰え滅んでゆくもののすべてに同情を惜しまなかった。武士も、宮廷人とは異なっているが、心を突き刺すようなスリルに満ちた「平家」の朗唱に耳を傾け、最後までひるむことなく勇気を奮い立たせて戦い、人間離れした平常心で死を迎えた気高い平家武士の立場に、好んでわが身を置いたのだった。

9　下関市東方の壇《だん》ノ浦《うら》で行なわれた源平最後の海戦、壇ノ浦の戦いのこと。一一八五年（文治《ぶんじ》元年）二月、屋島の戦いに敗れた平宗盛《むねもり》らは、長門《ながと》彦島《ひこしま》（下関市）を拠点とする平知盛《とももり》の軍とともに五〇〇余艘の船で源義経の率いる八四〇余艘の船団に戦いを挑んだが、平氏軍の敗北に終わった。安徳天皇は二位尼（平時子）とともに入水、建礼門院《けんれいもんいん》は救助されたが、宗盛父子は捕らえられて殺され、平氏は滅亡した。

日本文明史の転換点

この時期が、わが国の文明史の重要な転換点になっているのは、概して平氏のほうが源氏よりも洗練されており、覚悟を決めた平家の武士道が日本文学に衝撃を与えたからだけではない。武家政権時代の全期間におけるわが文明の本質的特質は、そのほとんど大部分がこの平氏の短い時代に始まったと言えよう。

摂取した文明の継承者として見た場合、平家の武士たちは、藤原貴族のように外国の洗練された文化にはあまり精通していなかった。そして彼らがさらに玉座に近づくようになると、宮中の様相は少なからず俗化した。だが、その代わり、これらの武士には新鮮味があった。それは、手にあまるほどのシナ文明によってすでにひどい緊張を強いられ、疲労困憊《こんぱい》していた藤原家にはないものだった。この新鮮味は、保守的な精神の復活を示す指標と考えてよいだろう。その精神は、長い間、国民の下層階級の内に潜伏していたものだ。

そのような歴史の局面では、概して勢力と活力を持つ側が保守主義となる。清盛、その息子たち、そして孫たちは、「雲の上」に聳《そび》えるため、宮廷人の階級を上へ上へと昇ろうと努力したことは事実である。言葉を換えれば、下層階級の人々を上層階級と対立させるのが、彼らの当初の野望ではなかった。彼らは間違っても革命主義者ではなかったのである。

しかし彼らは、その本心がどのようなものであれ、自分たちと利害が共通する支持者を追い払うことはできなかった。下層階級の人々は、平氏だろうと源氏だろうと、藤原貴族よりもはるかに深く武士に共感したことだろう。日の出の勢いの平氏を見て、長く潜伏していた大多数の国民の精神が揺り動かされたのである。このような言い方が許されるなら、この日本人の再覚醒により、社会組織のあらゆる細胞に生命が吹き込まれ、国民を活発な運動へ駆り立てたのである。

美術に見る日本再生の徴候

　このような日本再生の徴候がもっとも明瞭に見てとれるのは、当時の彫刻である。この時代以前で日本の彫刻が最初に盛んになったのは天平《てんぴょう》時代、すなわち、聖武天皇の治世であった。それ以降の彫刻芸術は徐々に衰退の一途をたどり、この時代を除けば、天平時代と肩を並べることのできる時代はない。この時代に名を挙げた代表的な名匠、運慶《うんけい》や湛慶《たんけい》の作品は、繊細な柔らかさと静隠さでは天平の彫刻に及ばないものの、迫力と力強さでは勝っていた。彼らがもっとも表現したかったのは、仏陀自身というよりは諸仏神の影像であり、その中でも勇武の性格を備えたものだった[10]。彼らの作品と、テーマがそれほど狭く制限されていない天平の影像とを比べてみれば、国民精神の変化を非常にはっきりと窺《うかが》い知ることができる。

　絵画でも、この時代のもっとも重要な進歩は、絵画芸術の主題の変化、もっと正確に言えば、描かれる主題の種類が増えたことである。この時代以前の画家が一般に好んで描いたのは、仏陀像、諸仏神像、仏教史の場面、有名な僧侶の肖像であった。風景も描かれたが、仏教関連の主題ほど多くはなかった。

この時代以降になると、僧侶だけでなく、宮廷人や武将のような平信徒の肖像も、画家が取り上げるようになった。藤原隆信《たかのぶ》の筆による新しい肖像画の中には、今日まで残っている傑作がある[11]。このように肖像画が発達したのは、国民の中に個人主義が新たに芽生える兆候だと解釈できるだろう。

絵巻物については、以前は仏教史の出来事が年代順に描かれた絵画はあっても、世俗の出来事や風俗を描いたものは希《まれ》であった。この時代以降になると、仏教の物語は以前と同じように画題として用いられてはいるものの、純粋に宗教的な性格を持たない絵巻物が目立つようになる。それ以前の絵巻物で最大の注意が払われたのは、仏陀や諸仏神を描くことであり、風景や、建物や、お祈りに行く様々な職業の一般大衆などを描くことではなかった。一方、新しい種類の絵巻物では、宗教的な人物その人を描くよりも、むしろこれら脇役の一般大衆を描くことのほうに重きが置かれた。陸奥や出羽の国での戦《いくさ》の場面や、京都市街での平氏と源氏の戦の場面も絵巻物に描かれた。

それとは別に今でも残っている同時代のまったく新しい絵巻物が、僧で画家の鳥羽《とば》僧正[12]が当時の風俗習慣を風刺的に素描した作品である。この有名な絵巻物では、日常生活で馴染《なじ》みのあるキツネ、ウサギ、カエルなどの動物が寓意的に描かれ、それぞれが同時代の社会でいろいろな生業につく悪名高い人物を表わしている[13]。

日本語文の変質と新たな可能性

文学については、前時代の文学の特質と基本的には性格を同じくしながらも、違いもはっきり見て取れる。以前の時代では、シナ精神が日本文学の本質に深い影響を与えていたが、漢語

10　運慶（？〜一二二三年）は、鎌倉前期の慶派仏師を代表する仏師。写実的な作風で男性的な体軀と自由な動きをもった仏像を制作した。代表作としては円成寺《えんじようじ》の大日如来像、快慶との共作の東大寺南大門の仁王像、興福寺北円堂の無著《むちやく》像・世親《せしん》像などがある。その長男である湛慶（一一七三〜一二五六年）は、父親の作風を受け継ぎながらも、洗練された温和な表現を得意とした仏師。京都蓮華王院《れんげおういん》（三十三間堂）の中尊千手《せんじゆ》観音像はその代表作である。

11　藤原隆信（一一四二〜一二〇五年）は、「似絵《にせえ》」という写実的な肖像画に優れ、新領域を開いた絵師であるとともに歌人でもあった。神護寺《じんごじ》所蔵の「伝源頼朝像」「伝平重盛像」「伝藤原光能像」は隆信の筆と伝えられ、鎌倉期肖像画の代表作とされてきた。ただしこの三点については、近年、作者、制作年代に異説が出されており、それが正しければ、頼朝像という伝承も根拠を失うことになる。ほかにも、九条兼実《くじようかねざね》の日記『玉葉《ぎよくよう》』に、承安《じようあん》三年（一一七三年）、常盤光長《ときわのみつなが》が最勝光院《さいしようこういん》御堂障子に描いた「平野行啓・日吉御幸図」と後白河院の「高野御幸図」の公卿の面貌は隆信が描いたとある。

12　覚猷《かくゆう》（一〇五三〜一一四〇年）。平安後期の天台宗の高僧で大納言源隆国《たかくに》の子。一一三八年に第四十七代天台座《ざ》主《す》となる。晩年は鳥羽上皇の信任篤く、鳥羽離宮内の証金剛院《しようこんごういん》に住み、鳥羽僧正と称された。図像の集成に貢献し、「鳥獣人物戯画」はその作ともいわれている。

13　「鳥獣人物戯画」のこと。平安時代末期から鎌倉時代初期（十一世紀中頃〜十二世紀中頃）に成立し、様々な人物や擬人化された動物たちを描いたもの。国宝。京都、高山寺所蔵。

の語彙や成句が和語に翻訳されないで文章に入ることはほとんどなかった[14]。すなわち日本文学は言語に関しては純正なままであり、漢語文学と共存共栄していたのである。

ところがこの時代になると、この二種類の言語の結合が具体的な形を取り始める。つまり、漢語の言葉、言い回し、いくつかの修辞技法が文章の中に流れ込み始めたのである。構造はこれまでのように和語のままなので、文章は一種の和漢混淆文《こんこう》になったと考えられるかもしれない。言葉は和語の文体で並置され、和語の助詞で連結された。

このような変化が起こった結果、おびただしい数の和語の言葉が廃れてしまった[15]。それ以来、日本人は物を書くにつけ、話すにつけ、いつも漢語の語彙に頼らなければならなくなった。残念なことに、独立言語として日本語の成長が遅れてしまったのである。

それと同時に、日本文学がこのように漢語の語彙を摂取したことで、莫大《ばくだい》な恩恵も被ることになった。というのも、それによって私たちは自分の考えを簡潔に力強く表現できるようになったからである[16]。そして、純正な和語の表現形式で表現できなくはないが、いざ表現するとなると難しいものでも、必要ならば、すこぶる誇張した文体で表現できるようになったのである。こうして漢語の漢字使用は代々増えていったので、今になって漢字を消し去ろうとしてもすでに手遅れで不可能である。

このようにして日本国民が過去、歴史、そして文明全体において成し遂げてきたことが全て私たちに伝承され、言語で記録されたわけである。それは、漢語の語彙と和語の統語法で作り上げられ、漢語の漢字とその略字のカナ文字という記号だけで表示される言語である。

明治時代が幕を開けると、漢語の簡略形文字のカナだけを用い、漢字は破棄しようとする運動が始まったけれども、その後すぐに下火になった[17]。日本語の書き言葉の漢字とカナをローマ字で代用しようとした別の急進的な運動もほとんど同じ時期に始まり、今でも一定数の熱烈な唱道者がいる[18]。

14　日本語の体系的な姿を知ることができるのは、八世紀の奈良時代からである。当時の文献はすべて漢字で書かれており、正格の漢文または日本化した漢文が使用されたが、それと同時に表音的な万葉仮名も併用されていた。語彙には、古来の和語の他に、すでに漢語が使用されていたが、主として散文の中であった。本書で述べられている文学、たとえば和歌には原則として漢語を用いず、「鶴」に対する「たづ」など、和歌特有の語もあった。律令を始めとする公的文書や典籍は大部分が漢文で記され、その訓読もすでに存在したと思われる。しかし万葉仮名で表音的に記された語句の中には、漢語はごく希にしか用いられていない。

15　特に語彙について言えば、平安時代には奈良時代の語を基本的には継承し、和歌に原則として漢語が見られないことは奈良時代と同様であるが、奈良時代に亡びた語、平安時代に生じた語も少なくない。しかし、平安時代には散文資料が多くなり、韻文と比較すると語彙にも特徴が見られる。散文には和文で５～10％、漢文訓読文では50％以上の漢語が用いられていた。

16　『源氏物語』などの文芸作品では、特に複合動詞、形容語の発達が顕著で、表現形式の多様性や洗練性に漢語が寄与したと言えよう。その一方で、主として十世紀以降のことであるが、変体漢文や和漢混淆文には「経営《けいえい》」や「景迹《けいじやく》」などの記録語が多く作られ、「令…給《シメタマフ》」や「可…由《ベキヨシ》」などの独特の語法も発達した。

しかし、そのような運動の成功は、日本人がすでに獲得した文明の価値にかかっている。もしそれが結果として無であり、何の後悔もなく廃止できるのなら、換言すれば、日本の歴史がこの国の現在と未来にとって無価値に思えるのなら、その運動にも成功するチャンスはあろう。さもなければ、その目的を達成するのは、千年の夢である。

神道との混淆《こんこう》による日本仏教の変容

宗教の分野で新時代の新しい精神が出現したのは、美術と文学に劣らないくらい注目に値する。仏教は、日本に伝来してから、国民の社会生活の上で類のない位置を占めていた。皇族や高位の貴族はこの新しい信仰を熱心に受け入れた。

とはいえ彼らの宗教思想が、決して仏教だけに独占されたわけではなかった。彼らは従来通り、日本古来の神々をも真摯に尊重しつづけていたからである。神道は、宗教とまではいえないものの、それ以外のどのようなものよりも宗教に酷似していた。神道が以前のままの影響力を持ち続けている限り、日本人が仏教に改宗したとは言えないだろう。

前にも述べたように、仏教の僧はこのことを知っていて、神道の座を奪おうとするのではなく、神道を自らの教理の中に取り込もうとし、成功はした。しかし日本人の精神生活から神道の独立性を完全に消し去ることはできなかった。仏教は、この取り込みにより日本での地位を確かなものにしたように思えるが、概してあまり得るものはなかった。

一般的に言えば、同化とは、同化されるべき物が独立して存在できないようにすることを目的とする。それと同時に、同化するものは、新しい要素が加わることで、異種混合状態を引き起こす危険を負わなくてはならない。仏教は神道という独立した存在を消滅させることができず、仏教は神道と同化することで異種混合状態になった。その結果、日本での仏教の存在理由

17　日本では幕末から漢字廃止を唱える者が現われ始め、その代表的な人物の一人に前島密《まえじまひそか》（一八三五～一九一九年）がいた。前島は国字の改良に意を用い、幕末に「漢字廃止」を建議したが、一八七三年（明治六年）、その主張に沿って『まいにちひらかなしんぶんし』を創刊した。一八七七年になると、仮名文字専用を主張する人々の団体が組織される機運が高まり、一八八〇年から八二年にかけて、「かなのとも」、「いろはくわい」、「いろはぶんくわい」、「いつらのおと」などの比較的小規模な団体が組織され、一八八三年に「かなのくわい」として一つにまとまった。「かなのとも」は歴史的仮名遣いを主張したのに対し、「いろはくわい」、「いろはぶんくわい」は発音式仮名遣いを主張するなど、内部には意見の不一致があり、「かなのくわい」は次第に分裂していった。それとともに会の活動そのものが停滞し、一八九〇年には活動をほとんど停止してしまった。これは国語・国字改良運動が全般的に衰えたことを意味する。

18　最初のローマ字論者は南部義籌《なんぶよしかず》であるが、一八七七年（明治十年）に入って団体の必要が認められ、一八八五年に外山正一《とやままさかず》（「ローマ字を主張するものに告ぐ」）や矢田部良吉《やたべりょうきち》（「ローマ字を以って日本語を綴るの説」）が創立委員となり羅馬字会が結成された。しかし、ローマ字の方式を「ヘボン式」（外山・矢田部）にするか、日本式（田中館愛橘《たなかだてあいきつ》）とするかで意見が分かれてまとまらず、結局一八九二年に同会は解散となった。その後も同様の組織がいくつも作られた。

が非常に弱まってしまった。

武家政権が仏教を惜しみなく奨励したにもかかわらず、国民の下層階級への仏教の浸透は遅々としたものだった。たとえば、足利《あしかが》幕府は都の近隣ばかりでなく遠方の諸国でも布教僧を任命したり、幕府の費用で各国に寺院を一寺建立することを命じたりした。だが、実際に庶民は救済を必要としていたものの、神道で見つけられないものを国営化された仏教から得られるとは思えなかったのである。

端的に言えば、仏教は、変容したことと国教化されたことによって、一番の強みである普遍性を失い、勢力を大きく削がれてしまったのである。すなわち、刃の切れ味が鈍くなったのである。もちろん、宗教哲学としての仏教がそこなわれたわけではないが、仏教をわが国に適合させようとする僧たちの巧妙な方策が度を超していたため、実践的宗教としての有効性を弱めるだけの結果になってしまった。

もちろん、人里離れた僧院や、奥深い森や山の隠所では、昔ながらに仏教の難解な哲学の修養に努める僧がいただろうが、一般社会に働きかける力はほとんどなかった。国民の大半は仏教を寄合状態の仏神を崇拝する宗教と見なし、よくある迷信物とさほど違わない代物《しろもの》か、見て楽しい一種の見世物のようなものと見なしていた。一般庶民は多忙を極めていたため瞑想《めいそう》などに関心がなく、同時にあまりにも無知なため、哲学的な思索へと踏み込めなかったのである。

宗教を見世物と同一視するなど、一見すると、そのような考えを抱くことさえ、宗教に対する冒瀆《ぼうとく》となろう。しかし、外国人の読者は誰もショックを受けないだろう。彼らは宗教劇によってヨーロッパ近代演劇が始まり[19]、アルプス渓谷の村々では、今日でも宗教劇が残っていることを知っているからだ。それだけではなく、ローマ・カトリック教会やギリシア正教会の儀式には、今日でも劇場的な要素が少なからず含まれている。この種の観衆への訴え方には、中に宗教を理想化する効果がある。それは、中世教会が全キリスト教世界で主に用いた手法だった。

仏教徒がわが国で用いた手法もまったく同じであった。彼らは種々様々な儀礼や行列祈禱《きとう》式

19　中世ヨーロッパには、様々な典礼劇、受難劇、聖史劇、神秘劇、奇跡劇などのキリスト教劇があり、目的の一つはキリスト教による民衆の教化であった。これがどのように近代演劇の誕生に至るかは、イギリスの例が分かりやすいだろう。中世文学の視点からすれば、十五世紀から十六世紀にかけてコヴェントリー、ヨーク、チェスターのような都市で上演されていた聖書劇（Mystery play）や奇跡劇（Miracle play）というキリスト教劇と、擬人化した善悪の戦いで人間の魂の葛藤を表現した道徳劇（Morality play 十五世紀後半）の二種類に大別できるかもしれない。しかし、その後の人文主義の影響や宗教改革者の反対などにより、これらの演劇内容に世俗化が起こったものの、演劇そのものの形式や手法は継承され、聖書劇の手法はイギリス史劇の年代記劇へ、道徳劇の手法はエリザベス朝の悲劇や喜劇へと受け継がれていった。後者の作品としては、ローマの悲劇作家セネカの影響を受けたトマス・キッドの『スペインの悲劇』（Thomas Kyd, The Spanish Tragedy, c. 1587）やシェイクスピアの復讐悲劇『ハムレット』（William Shakespeare, Hamlet, 1603）などがある。

を設け、各行事に特定の季節の決まった日を割り当てた。これらの宗教の見世物は、観客の心を捉えるのに役立ったのである。

とはいうものの、ここでキリスト教と仏教の違いに注意を払うべきであろう。まず、一般にキリスト教は下層階級を地盤とするが、仏教は、少なくとも日本では、国民の上層階級から普及が始まり、その後に下層へと広がっていった宗教である。宮廷人たちは、神々《こうごう》しい音楽が流れる中、色とりどりの豪華な袈裟《けさ》をまとった僧が繰り広げる壮麗な見世物を頻繁に楽しむことができたが、そのような場面を拝めたのは、都の中かその周辺だけだった。その上、あまりにも費用がかさみ、貴族的でもあったので、一般庶民にはとても手が届かなかった。大衆は、魂の救済から締め出されていただけでなく、劇場のない時代の最高の娯楽さえ観《み》ることもできなかった。しかし、このような大衆は日本社会にとって必要な構成員であり、けっして無視されるべきではなかった。非常にゆっくりではあるが、彼らも眼を開き始め、自らの権利を主張しはじめたのである。

では、要求者自身も十分に意識していないこのような要求を、どのようにして叶《かな》えることができたのか。それができたのは仏教だけだった。仏教はどのような手段に訴えても改革されなければならなかった。

「念仏」の思想と、法然《ほうねん》の役割

神道は、日本人の国民精神をしっかりと摑《つか》んで離さなかったが、不足している点もあり、厳密な意味で宗教とは呼べなかった。その結果、神道は日進月歩のわが国の文明とともに前進してゆくのが困難であった。宗教の中でしか得られないものが必要ならば、神道以外の何か、つまり仏教の中に求めることになったのである。仏教は、当時の日本で唯一宗教と呼ぶに価する信仰であった。仏教から新しいものを探し出すということは、仏教が改革されなければならないことを意味する。旧態依然とした仏教のままでは、新しいものを提供できないからである。

十世紀初頭から、国民の全階層に仏教を普及させ、理解させようと繰り返し試みられたのは事実である。この種の運動は十一世紀末から特に活発となった。このような運動すべてに共通するのは、「念仏」の功徳を教えようとすることだった。すなわち、仏陀の一顕現である「阿弥陀《みだ》」の名を繰り返し唱えて仏陀の助けを乞う者は、誰でも来世の極楽往生が保証され、その念仏を頻繁に唱えれば唱えるほど、そのご利益も確かなものになるという信仰である。

その中でももっとも大成した運動は、株式会社と似た性質の宗教共同体の設立だった。この共同体の構成員は、一定回数の念仏を繰り返し唱え、仏のご加護が累積するよう貢献しなければならなかった。ちょうど会社の株主が出資するようなものである。このような宗教共同体は、ヨーロッパ中世後期の宗教団体と酷似しており、こちらでも団体員はアヴェ・マリアの祈りを歌うことで功徳を積もうとしたのである[20]。この仏教共同体のもっとも際立った特徴は、すべての仏神がその共同体の構成員だという共同体独自の価値を称揚したことだった[21]。その諸仏神の神々しい「念仏」は、きっと地上の株主のご利益を増加することだろう。

そのような宗教共同体を組織したのは、日本の伝統的な仏教組織を弱体化させるためではなく、ちょうどベネディクト会や、アウグスティノ修道会、フランシスコ会、ドミニコ会などの托鉢《たくはつ》修道会がローマ教会のために結成されたように、それを支援するためだった。「念仏」を強調する者たちの意図は、後世の改革運動の先駆者の意図とは非常にかけ離れていた。ただし後者も、初期の「念仏」振興者とほぼ同じものを目ざしてはいた。

延暦寺の僧の恵心《えしん》[22]は、法然《ほうねん》の先駆者であった。法然は先人の恵心が他界してから一〇〇年以上も経《た》って生まれた。前者の恵心は改革者になろうとしなかったし、なれもしなかった。恵心は信心の深さゆえに後者の法然から敬慕され、法然は恵心の解説者にすぎないと自称していた。法然もすこぶる謙虚で、自らを改革者と公言するようなことは決してなかった。法然は日本でもっとも柔和な仏教徒の一人だった。だが法然は、本人にはその意思がなかったが、今日まで勢力を持ち続けている浄土宗の教祖に祭り上げられてしまったのである。鎌倉時代の宗教改革者は、すべて法然に倣《なら》った。

平家の政権が短命で終わった理由

宗教と芸術と文学は、ほとんどすべてが時を同じくして変貌した。その時期は、もっとも重要な変化が政界で起こった時とまさに一致していた。文明の種々の構成要素の発達がそのように一致したことを、単なる偶然の出来事として看過することはできないだろう。きっと共通の衝動に動かされ、一致に向かうよう駆り立てられていたに違いない。それは「時代精神《ツァイトガイスト》」の切

20　アヴェ・マリア（アウェ・マリア）は、「天使祝詞」とも言われ、ロザリオで唱える聖母マリアへの賛美と祈願である。十三世紀にドミニコ会が日々の聖務日課で「主の祈り」と同じ回数の「天使祝詞」を唱えることを定めた。聖務日課とは一日の一定時刻に行なう教会の祈りのことで、たとえば修道院での一日の生活を例にとると、暁課、朝課、一時課、三時課、六時課、九時課、晩課、終課の合計一日八回の聖務日課（時課ともいう）が定められている。十六世紀になると、三位一体修道会、フランシスコ会、シャルトルー会も「天使祝詞」を聖務日課として採用した。

21　『仏説無量寿経《むりょうじゅきょう》』、『仏説観《かん》無量寿経』とともに「浄土三部経」と総称される日本の浄土教の根本聖典の一つ『仏説阿弥陀経』では、阿弥陀仏の極楽浄土に往生するためには、阿弥陀仏の名号《みょうごう》を信じ称《とな》え、次に六方世界の諸仏が念仏往生は真実の大道であることを証明し褒め称《たた》えているので、極楽往生するように願いを起こすべきだと説かれている。

22　恵心僧都（通称）のこと。諱《いみな》は源信《げんしん》（九四二～一〇一七年）。平安中期の天台宗の僧で、恵心流の祖。良源《りょうげん》に師事し、顕密《けんみつ》二教を学ぶ。また『往生要集《おうじょうようしゅう》』を著わし、以後の浄土宗信仰の展開に大きな影響を与え、宋でも高く評価された。法然は、一一七五年（承安《じょうあん》五年）、『往生要集』を読み、その教理により唐代の善導《ぜんどう》大師の『観経疏《かんぎょうしょ》』の一心専念の文（「一心に専ら弥陀の名号を念じ、行住坐臥《ぎょうじゅうざが》、時節の久近《くごん》を問わず、念々に捨てざる者、是を正定の業と名づく、彼の仏の願に順ずるが故に」の文）によって専修念仏《せんじゅねんぶつ》に帰したと言われている。

迫した要求そのものだった。

京都で藤原貴族たちが円熟させた政治体制は、すでに行き詰まっていた。どのような手段に訴えても、日本は次に進まなければならなかった。平氏が藤原家より優勢になれたのも、このような必要性に迫られてのことである。武家の興隆は、その代表的な武士たちの功績だけに帰すことはできない。

平家という武家の没落も、武士たちが日本の歴史の中で自分たちの立ち位置を意識できずにいたことによる部分が大きいのである。彼らは政権を握るや否や、前任者の歩んできた道を同じように歩み始めた。それは「つまずきとなるもの[23]」へ続く道にすぎなかった。彼らはあれよあれよという間に見せかけの宮廷人に変貌していった。日本の 諺《ことわざ》 にあるように「ミイラ取りがミイラになった」のである。

平家の武士たちが源氏に倒されたのは、まさにこの危機の時であり、平家が変貌する最終局面を迎えた時でもあった。端的に言えば、平家の歩んできた道は、時流に逆らっていたのである。もし平家が実際よりも長く権力の座に留《とど》まっていたら、ちょうど芽生えたばかりの新しい時代精神は萎《しぼ》んでいただろうし、日本も他の東洋の君主国と同じような運命をたどっていただろう。平家がもはや国家の舵《かじ》を取れなくなったことが、わが国にとっては幸運だったのである。

鎌倉が幕府の場所に選ばれた理由

源頼朝は幕府を樹立するにあたり、平氏とはかなり違った道を歩もうとした。頼朝は少年時代を京都で過ごし、都会の生活様式の実情に通じていたので、おそらく宮廷の奢侈《しゃし》快楽主義を毛嫌いしていたのだろう。一方で頼朝は、仮に平氏の前例に倣いたいと思ったとしても、望みどおりに振舞える立場にはなかった。彼が武家政権の事実上の独裁者の地位へ昇格したのは、自分自身の努力によるものではなかった。

東国に定住した源氏と平氏は、家柄が違っていたにもかかわらず、同じような生活状況下にあり、しばしばアイヌを相手に同じ旗印の下で戦っていた。両者の間で仲違いがなくなることはなかったが、互いに武士の情けを感じないわけにはいかなかった。このような「荒馬を乗りこなす者たち[24]」も、地方の僧たちから教育を受け、徐々に洗練されていった。「寺子屋[25]」、すなわち「寺にある小屋」は、当時、小学校の代わりとなる唯一の教育機関であった。

彼らはまた文明の発達した大都会の生活に触れる機会もあった。警護役として、時には数年間も、都や御所に順番で滞在するのが彼らの義務だったからである。その中の聡明な武士たちは都市の生活に馴染み、宮廷人たちの高く評価する才芸もいくつか身につけた。しかし、大部

23　新約聖書『ローマの信徒への手紙』「従って、もう互いに裁き合わないようにしよう。むしろ、つまずきとなるものや、妨げとなるものを、兄弟の前に置かないように決心しなさい」（14：13　訳者傍点）

24　英語にある言いまわし。原文は“rough riders”

分の者は、堕落した宮廷人を見下しては軽蔑の笑みを浮かべていた。ちょうど永遠の都ローマにいたゲルマン人が、嫌悪感を抱きながらローマ帝国の退廃的な状況を眺めていたようなものだ。

頼朝が京都から追放されて東国の仲間に加わったとき、これらの武士たちは喜んで彼を受け入れた。頼朝はこの武士たちが先祖代々仕えてきた武将一門の子孫であり、その武将たちの名は当時でも崇《あが》められていた。このように指導者が追放されたことを受け、彼が属していた一門の旧敵、平氏に対し一致団結して立ち上がったのである。戦いに勝利した後、源氏の武士たちは、自分たちの大将が平家の武士たちの例に倣い、見せかけの宮廷人になってほしくはなかった。そこで鎌倉が武士政権の中心地として選ばれたのである。一一八三年[26]のことだった。

実のところ、鎌倉は樹立当初でさえ戦略的に難攻不落な場所とは言えなかった。日本の首都にしてはあまりにも狭すぎるし、一連の丘がぎっしりと周囲を取り囲んでいる。海はあるが、湾は浅すぎて小型木造帆船でさえ停泊するのに適さない。

では、なぜそのような場所が新都に選ばれることになったのかといえば、地理的な理由ではなく、鎌倉の町が頼朝の支持者の住む地域のほぼ中心にあったからに違いない。また鎌倉が神道の鶴岡八幡宮《つるがおかはちまん》の鎮座する地であったというのも、この選択に少なからず影響したかもしれない。源義家が元服の儀式を行なったのは、他でもないこの神社だった。義家は頼朝の祖先であり、日本武士の神として崇め祭られた人物である。

頼朝が新政府で目指したもの

　鎌倉に樹立された武家政権の幕府は、平氏が京都に樹立した政府とは、その性格がまったく違っていた。そのことを説明する前に、統治の意味が変化したことについて、少々お話ししておく必要がある。

　藤原家が日本の事実上の支配者になったとき、最初のうちは賢明で誠実な統治をしようと試みていた。しかし時が経つにつれ、彼らの活力も決意も徐々に薄らいでいった。彼らは、公地を私物化して富を増すにつれ、自ら放蕩《ほうとう》で怠惰な人間に堕落してしまった。その結果、ついに

25　庶民の中の有識者、武家、僧侶、神官、医家などが、主として庶民の子供を対象に、読み・書き・算術の初歩教育を行なう教育機関、いわゆる「寺子屋」が本格的に普及するのは、もちろん江戸時代に入ってからである。その濫觴《らんしょう》は遡っても、せいぜい室町時代後期の十六世紀というのが一般的な理解であろうが、僧侶が寺院で読み書きを教える寺校教育となると、その起源はすでに鎌倉時代に始まっているようである。原は寺子屋を、寺校教育も含めた広い意味で用いているのであろう。

26　鎌倉幕府成立といえば、一般には源頼朝が征夷大将軍に就任した一一九二年（建久《けんきゅう》三年）がもっともポピュラーであろう。しかし、鎌倉幕府の成立時期については一一九二年以外にも諸説がある。①一一九〇年（建久元年）、頼朝の右大将就任、あるいは日本国総追捕使《ついぶし》・総地頭《じとう》の地位獲得、②一一八四年（元暦《げんりゃく》元年）、公文所《くもんじょ》・問注所《もんちゅうじょ》の設置、③一一八五年（文治《ぶんじ》元年）、守護・地頭補任《ぶにん》勅許、④一一八三年（寿永《じゅえい》二年）、同年十月の宣旨による東国支配権獲得、⑤一一八〇年（治承《じしょう》四年）、東国軍事政権の成立などである。ここでは、原がどのような根拠に拠《よ》ったかは不明。

重要な国事を担うにはまったく不向きな輩《やから》になってしまった。さらに一族郎党が一丸となって取り組まなくてはならない出来事や、たとえ望んでも非常に達成しがたいような状況がなくなり、分家が増加したため、内紛がのべつ幕なしに起こっていたが、それは結局、藤原家全体の威信を弱めることにしかならなかった。

後三条天皇《ごさんじょう》[27]が、かつて祖先から奪われた統制権を回復しようとしたのは、この時期だった。後三条天皇がやり残した仕事は、息子で皇位後継者の白河《しらかわ》天皇が成し遂げた。しかし、天皇に権力が戻っても、その権力は失われる前と同じ状況にはなかった。国務は規模も重要性も減少していた。残っていたのは、貪欲な藤原氏が手をつけていない、さほど多くない荘園の処分と首都の治安維持だけだった。このようなことに政権を握っている天皇が絶えず注意を払う必要などない、と白河天皇は思っていた。

したがって彼は自分の息子を跡継ぎにして退位し、その退役した地位から、俗にいう「院政」という形で国務を管理した。こうして皇室は歴史的な威信をいくらか取戻し、高慢な藤原氏を抑えることに成功した。

しかし、藤原氏は、以前ほど政治的に強大ではなかったものの、非常に裕福であり大きな勢力を持ち続けていた。平氏は短期間で藤原氏の影響力の一部に取って代わるという目的を達成したが、対抗者である源氏をはっきりした形で弱体化させることができなかった。平氏の没落ではっきりしたのは、ただ単に名前や肩書だけあっても実際には何の役にも立たないということであり、物的支援のある軍事力こそ、もっとも頼りがいがあるという事実だった。平氏はこの路線で出発したのだが、すぐに変質したため、崩壊してしまったのである。頼朝のような敏腕な政治家が、敵対者である平氏のばかげた誤りを真似るとは到底思えない。

頼朝が鎌倉に樹立した幕府は、秩序立って組織化された政府と呼べるような代物ではなかった。幕府がモデルとしたのは、どの高位の貴族にも共通するのであるが、一門の職務を果たす執務室的な組織であった。幕府には数人の役人はいたが、彼らは国家公務員というよりはむしろ個人の召使いのような性格だった。書記官、護衛兵、執事などが将軍の下に仕えていたが、それは将軍と自分たちとを公的に関係づける職務規定があったからではなく、従来の主従関係によるものだった。彼らは「御家人《ごけにん》」と呼ばれ、「尊い一家の人々」を意味する。

まとめると、幕府は国家のためではなく、代々の氏族の職務を果たすために樹立されたのである。頼朝は日本の政治体制を占有する素振りさえ見せなかった。幕府の樹立当初、その支配権が全国に及んでいなかったという事実がそのことを示す証拠である。

27 第七十一代天皇（一〇三四〜七三年、在位一〇六八〜七二年）。政治にも大きな関心を抱き、大江匡房《おおえのまさふさ》や源師房《もろふさ》らを登用するなどして関白の藤原氏を抑え、「荘園整理令」の発布や「延久宣旨枡」の制定などの業績を残した。後三条天皇の治政は「天皇親政による朝廷の影響力の強化」をはかったことがその特色といえる。

「荘園」の没収と、「地頭」の任命

これまでの諸章で、藤原貴族による公地の浸食についてお話しした。この私有農地は「荘園」と呼ばれ、イギリスの領地や広大な所有地と似た性質がある。荘園は、年々増加した結果、最後には全国の遠方の諸国全域にまで広がっていった。天皇の中には、不退転の決意で、この厄介な公有財産侵害の増加に終止符を打とうとした者もいたが、天皇の勅令はほとんど効果がなかった。これらの荘園の管理については、所有者の貴族たちが直接に管理していなかったからである。

多くの荘園はそれぞれ遠く離れていても、所有者は同一人物であることが珍しくはなかった。領主たちは一般にこれらの荘園に使用人を何人か駐在させて管理人とするか、これらの荘園のもともとの開墾者かその子孫に管理を委託していた。これらの土地は、後者から貴族たちに寄進されたものであった。

貴族の使用人たちは、このように管理義務を引き受けることにより、政府本体から直接の任命がないにもかかわらず、その領地に住む人民を支配し、指揮する権利をわが物にしたのである。それは、組織化され正常な状態にある国家なら、許されない横領の一種だったことは論をまたない。

しかし、当時の地方長官は、これらの生意気な管理者を抑えることがまったくできなかった。任命された長官のほとんどは京都に滞在して都会生活を楽しみ、地方の仕事は長官代理に取りしきらせていたからである。さらに荘園の中には、特別の命令により、明らかに地方の役人が介入しないものもあった。

言葉を換えれば、荘園の大部分はきわめて自治的な共同体であり、それぞれが半独立した管理者の管轄下にあり、管理者もまた自分たちを保護する貴族に従属する地位にあり、その貴族は概して京都に住んでいたのである[28]。

これまでお話ししたのは、皇族も含めて高い階級の貴族に属する荘園だけであった。その他の神社や寺院が所有する荘園もまた、貴族の荘園とあまり違わない体制下にあった。平氏もその一族の権力が絶頂にあった時は、そのような領地を数多く持っており、清盛の息子たちは、それらの荘園の小作人たちの傭兵とともに源氏と戦ったのである。

頼朝は、平氏に勝利すると、平氏がそれまで所有していた荘園をすべて没収し、この収用した各荘園の「地頭《じとう》」に家来を任命した。地頭とは、文字通り、土地の頭領《とうりょう》を意味する。これらの地頭の義務は、主人の将軍のために、領地の田畑の広さに応じて一定量の米を集めることであった。このようにして確保した米は、武士の食糧として使われる運命にあり、実際には地

28　土地所有者の寄進という形の荘園を寄進地系荘園といい、十世紀以降に主流を占めるようになる。荘園を寄進された者は「本所」「領家」と呼ばれ、年々一定の上分《じょうぶん》を受け取る代わりに、国郡司が介入するのを排除するなどの保護を行なう。実質的に土地所有と経営を行なう寄進者は「荘官下司」と呼ばれた。

頭の収入でもあった。というのも地頭自身がその米を食糧にする武士その人だったからである。

米の収集の他に、地頭は任命された長として荘園を取り締まらなくてはならなかった。すなわち、荘園の治安は地頭が維持していたのである。地頭は、ひとたび任命されれば、将軍の許可は必要だったものの、その職を世襲にすることができた。頼朝も各国の軍事長官を任命した。彼らは「守護」と呼ばれたが、その権威は地頭も含め、その国の将軍の家来すべてに及ぶものだった。しかし注意すべきは、守護は一般に武士であり、その国の内外で地頭職も同時に兼ねていたことだ。

京都の貴族、神社、寺院が所有する荘園については、それを自由にできる権利が将軍にはなかったので、これに地頭が任命されることはなかった。領地に関する境界、相続権、その他種々の問題は幕府の法律顧問官が裁定したが、その管轄権は、将軍の臣下が当事者である場合に限られていた。それ以外の決定権は、将軍がこれを認めなかった。将軍は、自分の管轄権下にないことが明白な土地については、どのような権利も主張しなかった。このことから推測できるのは、将軍は、日本全体の民政を引き受けるとは主張しなかったということである。

しかし、幕府創設によって頼朝は非常に強力な武将となり、天皇から「征夷大将軍《せいいたいしょうぐん》」の称号を授与され、正式に認可された。頼朝は諸国の守護を通じ地頭に命令を下し、必要に応じて多数の武士を動員することができた。軍事力で彼と競えるものは誰もいなかった。民政の仕事は必然的に軍事力で最強である頼朝の手中に落ちざるをえなかった。

鎌倉政権の全国統一

鎌倉幕府の黎明《れいめい》期で見たように、もしそのような異常な状態が長く続いたなら、この幕府は日本の正式な政府には決してなれなかっただろうし、最終的には、日本は国家分裂という結末を迎えていたかもしれない。しかし、わが国の将来にとって幸運だったのは、幕府が樹立当初のままではなかったということである。

将軍に属さない荘園の管理者は、将軍の臣下になったほうが、それまで以上に上からの庇護があることが分かり、自ら仕官することを申し出たのである。もちろん、このような荘園を所有する貴族や社寺は、荘園管理者が将軍への奉公に応召することに対して不満を述べた。これによって、これらの荘園は事実上鎌倉の軍事管轄下に入るからである。だが、従来の所有者である社寺は、その変化を防ぐことができなかったし、また管轄権が将軍に移っても、領地からの収入はさほど減少しなかったので、彼らはこの新しい状況を黙認するしかなかったのである。

こうして将軍の臣下の数は急激に増え、それとともに幕府の管轄権はその範囲をますます拡大し、ついには日本国の大部分を覆うまでになった。そのとき幕府は、もはや一氏族の単なる役所ではなく、全国民が認める事実上の政府となったのである。この過程は十三世紀前半の中頃には完了した。

そのような重大な変化が、何の紛争もなしに起こったと思ったら間違いである。京都の貴族たちは、ちっぽけな地方の村で幕府が樹立されたことの政治的な重要性を、最初のうちは理解できなかった。しかし、そのことで被害を蒙《こうむ》ることに徐々に気がつくと、ある時に、失った統率力を再び取り戻したいと切に願うようになった。さらに幕府の内外には、不満のある武士が数多くいた。頼朝の死後、将軍の称号は二人の息子が二代続けて継承したが、幕府の実権は頼朝夫人の親戚にあたる北条《ほうじょう》家の手に落ちていた。他の氏族の武士たちは、武家政権の分け前に与《あずか》れなかったのである。彼らはそれを不満に思い、北条家を倒すための変化を望んだのである。言うまでもなく、幕府の外には野望を抱く輩《やから》が少なくなく、できることなら鎌倉に代わる別の幕府の樹立を望んでいた。このような武士の不満分子全員が、京都の貴族と同盟を結んだわけである。それが原因で不満武士と北条家を代表とする幕府との間で、承久《じょうきゅう》の乱[29]が勃発した。この乱は前者の敗北で終わり、戦争に勝ち上がった幕府は、以前よりはるかに強力になっていた。

「貞永式目《じょうえいしきもく》」の制定

承久の乱から一一年後、北条泰時《やすとき》が幕府の最初の法典を編纂《へんさん》した。それは「貞永式目《じょうえいしきもく》」[30]と呼ばれている。貞永とはその編纂が公布された時の年号である。この編纂は、精緻な系統化というよりも、あるいは外国の法律の模倣というよりも、大宝律令《たいほうりつりょう》の改革法であった。むしろ、幕府の評定衆《ひょうじょうしゅう》たちが決定した特別の法事例の要約を集めたものと呼ぶべきであろう。それは英語の「判例法《ケース・ロー》」[31]のように、必要とする諸経験の所産であって、起こりうる出来事をすべて見越し、ある基本的な法原理から制定法や条項を導き出すという特性はなかった[32]。編纂の目的は、泰時自身が書いた結びにははっきりと述べられている。それによると、新しい

29　一二二一年（承久三年）、後鳥羽《ごとば》上皇が鎌倉幕府を打倒するため挙兵したが、幕府に鎮圧された事件。後鳥羽、土御門《つちみかど》、順徳《じゅんとく》の三上皇が配流され、朝廷方の公卿・武士の所領は没収された。乱ののち、朝廷監視のため六波羅探題《ろくはらたんだい》の設置、新補地頭の大量補任《ぶにん》など、北条氏を中心とした幕府が、皇位の決定権を含め、公家政権全体の主導権を握るようになり、その絶対的優位が確立された。

30　「御成敗《ごせいばい》式目」とも呼ばれる鎌倉幕府の基本法典で、一二三二年（貞永元年）に制定。武家社会の慣習法に基づき、一定の体系性を備えた最初の武家法典で、五一条から成る。

31　裁判所の判例に基づいた不文法。

32　鎌倉幕府には当初成文法がなかった。公家法には拠らず、平安時代以来の武士の道徳を道理とし、道理や先例を基準にして独自の裁判を行なってきた。しかし、荘園の拡大に伴う裁判の増加や、裁判そのものが偏《へ》頗《ぱ》になることを避けるために、幕府は裁判基準としての法典が必要となったのである。

法制度を公布して古い法制度に取って代わることが、編纂者たちの動機ではなかった。古い法律は死文となったが、正式に廃棄されたわけではなかったのである。一方、新しい法典が公布されたのは、種々の仕事に従事する人々の実利に寄与するためだけであった。

だが、泰時と法律顧問官の真の動機が何であろうとも、まさに法典を編纂するという行為それ自体に、幕府側の次のような意識が表われている。すなわち将来には争議が持ち出されるかもしれないが、幕府にはその大部分に決着をつけるための規範となりうる裁きの実例がすでに十分あった、ということである。

あるいはこうも言えるかもしれない。今や幕府はその基盤がそう簡単には揺るがないほど確固不動になったし、深刻な妨害を受ける恐れもなく、正式の幕府の名において指揮権を持つことができたと、北条家が強く思うようになったからである。確かに、承久の乱という内戦で彼らが勝利したことにより、京都の側から危険が及ぶ恐れは消滅したに違いない。

この編纂法典が制定されたのは一二三二年で、鎌倉幕府の成立から約五〇年後であった。つまり、この半世紀間、日本の歴史上で重要な変化が起こっていたことが分かる。この間に武家政権は日本人の国民生活にしっかりと深く根を下ろすことができたのである。源氏は、頼朝の二番目の息子が亡くなるとすぐに直系が絶えた。そして藤原貴族の子孫や皇太子が、幕府の後継者として京都から次々にやってきた。しかし、彼らは北条家の手中で操られる道具にすぎず、北条家は鎌倉武家政権の事実上の支配者であり続けた。

八〇〇年の武家政権を貫く共通項

時が流れ、北条家は没落したが、その他の武家が次々に権力を握り、日本で武家体制は十九世紀中頃まで維持された。実を言えば、幕府の指導的地位と所在地が変わったのが原因で、それ相応に各々の武家体制の性格が変化したのも事実である。足利幕府は鎌倉幕府とその性格が異なり、江戸の徳川《とくがわ》幕府も京都の足利幕府とは別のタイプであった。しかし、このように異なった全幕府の中に共通の特徴があった。それにより、幕府全体と藤原宮廷人の政治との間には大きな隔たりが認められる。そしてこれらの個性の原点は、すべてこの鎌倉幕府の最初の半世紀にある。

武家政権がそれ以前の政権ともっとも異なる点は、武家政権が実利的であり、慣習に囚《とら》われないことである。頼朝が幕府を樹立できたのは、高貴な血筋のお蔭だけではなかった。東国に散らばった武士たちが自発的に多大な支援をしたお蔭でもあった。東国武士たちは、自分たちがわが国の歴史でも傑出した有力者たちの子孫だと主張した。しかし実際は、彼らの祖先は何世紀にもわたって慎《つつ》ましく暮らし、平民と親密な関係を維持してきたのである。幕府は、このような理由があるため、幕府樹立に貢献した人々の利益を無視することができなかった。いざという時、いつでも強力な武士軍団を召集するため、幕府は臣下と一般庶民の繁栄に細心の注意を払わなければならなかった。臣下の忠誠心と民衆の間での人気が、他の何よりも政権支持基盤として重要だったからだ。

武家体制と藤原貴族の政権を比べれば、この著しい違いが際立って見える。藤原貴族は、精緻な法典を作って高潔寛大な支配をし、最下層の人民も扶助すると口では言ったけれども、現実には被支配者の幸福などほとんど気にかけず、いつも軽蔑し見下していた。もっとも、このように薄情だったのは、貴族の道徳心の有無というよりも、古い人種的関係によるものかもしれない。

結局、将軍の政権は、少ない行政命令で統制され、実践的な良識にも導かれ、藤原政権よりもはるかにうまく運営されたのである。形式主義が支配したところに、現実が広がり始めたのである。この時代の精神は、まさに因襲から解放されようとしていた。日本は、再生されたのだ。

鎌倉新仏教の時代精神

平氏の時代に始めたことを維持し育《はぐく》んできたものは、この日本の再生だった。しかし、鎌倉幕府にしてみれば、このような新時代の幼芽も永久に咲くことなく、枯れてしまったのだろう。一本の脈絡が平氏から源氏の時代へ途切れることなく発展したことがはっきりと分かるのは、宗教の領域かもしれない。

一二一二年、すでに紹介した仏教の改革者、法然が他界したが、すでに生前から、その教理を聴いた多くの信奉者が、彼の周りに集まっていた。その後、浄土宗派は天台宗から独立した。今日の日本で最も影響力を持つ仏教宗派の一つである浄土《じょうど》真宗《しんしゅう》、すなわち「正統」の浄土宗が誕生し独立したのも、この浄土宗からであった。

創始者である親鸞《しんらん》は、法然の弟子の一人だったといわれている。親鸞自身が始め、その後継者たちが補塡した浄土真宗の教義は、信仰に重点を置き、善行の功徳に頼って救済に至ろうとすることを公然と非難した点で、ルターの改革教義に驚くほど似ている。この宗派に属する信者たちは結婚生活を公然と送っていて、日本の仏教徒の間ではこの宗派だけの慣習であるが、これもルター主義とのもう一つの類似点である。それ以外の観点では、例えば予定説を説くこともカルヴァン主義と似ていると考えられる[33]。

天台宗から枝分かれしたもう一つの重要な宗派が、日蓮宗《にちれんしゅう》である。その宗派は法華《ほっけ》宗とか、開祖自身の名前をとって日蓮宗と呼ばれている。この宗派には今でも数多くの信者がいる。それは日本で最も闘争的な宗派であり、この闘争性は、開祖日蓮の人柄にまで遡《さかのぼ》れるか

33　ルターも宗教改革の三原則の一つとして、善行を積むことではなく、神の恵みを信じることで神の救いが与えられると主張した。これは善行などの一切の自力《じりき》による救いを求めず、ひたすら阿弥陀仏《あみだぶつ》にすがるのみとした浄土真宗の絶対他力《たりき》の考え方に一脈通じるところがある。「善人なおもて往生を遂ぐ、況《いわん》や悪人をや」という浄土真宗の悪人正機説とカルヴァン派の予定説が似ているというのは、救済する権利は人間にはなく神や仏にあるという意味で、ともに自力救済を否定するからであろう。

もしれない。日蓮は、日本の仏教がこれまで輩出した中でもっとも精力的で押しの強い僧侶であった。彼もまた新しい宗派を創立するとは決して主張せず、その教説は単に天台教理を復活させたものにすぎないことを強調した。しかし、その布教傾向では、日蓮宗は、古い、あるいは正統の天台宗よりもむしろ同時代の改革諸派に似ていたことは簡単に分かる。日蓮は一二八二年に他界したので、その全盛期は十三世紀中頃になる。

どうしても触れておかなければならないもう一つの宗派が、禅宗である。日本の開祖は栄西《えいさい》であり、法然と同時代の人であった。二度宋《そう》に渡り、当時その国で広まっていた禅宗の教理を学んだ。日本に戻ると、まず博多《はかた》で説法を始めた。博多は長期の大陸貿易でもっとも栄えた港だった。後に京都に移り、次に鎌倉に移ったが、どこへ行っても、特に武士の間で熱心な信徒ができた。他の全ての新宗派のように、栄西の教理もまったく新しいものではなく、旧来の仏教を構成している多くの要素の一つを発展させたものだった。

この宗派の特徴は、自己の外や上に超自然的存在を信じることで救済に到達するのではなく、その代わりに瞑想《めいそう》や内省を奨励することであった。そのような一般的特性のため、禅宗は神秘主義的、直感的、個人主義的になる傾向があった。揺るがない自己信頼と不退転の決意は武士に不可欠の特性であり、この教理の当然で必然的な所産だった。そのため禅宗は幕府や北条家から手厚い庇護を受けた。

栄西が禅宗の開祖となったが、彼自身も、その教理も、決して宗派的と呼ぶことはできない。階級的な共同体を設立したり、体系的な学説をまとめたりすることが彼の目的ではなかった。しかし彼が布教をした結果、まさに両方が生まれることになった。

このような新宗派の特徴だけでなく、布教方法にもしっかりと注意を払う価値がある。新宗派の中には東国から始まったものもあり、布教活動は徐々に西へと拡大されていった。その昔、文明が拡大したのとは逆方向である。また西国あるいは京都から始まり、鎌倉を布教の中心として東国に勢力を集中させた宗派もあった。端的に言えば、全ての改革派は西国よりも東国に注意を向けたのである。

このように西よりも東を好んだことの発端は、文明が遅れていた東国のほうが西国よりも新しい信徒を獲得する見込みがあると布教僧たちに思わせたからだった。西日本は、すでに旧来の教団に押さえられてもいた。しかしさらに付け加えるとすれば、新しい教理を説く者たちは、新しい政治の中心を、急速に発展するかもしれない新文明の核と見たのであり、もっと正確に言えば、そのように過大に評価したのである。

実を言えば、このような疲れを知らない僧侶たちの活動の場は、東国に限られていたわけではなかった。東国は一般に「関東」と呼ばれているが、陸奥《むつ》や出羽《でわ》という、はるか北方の諸国まで広がっていた。本州の北端にあるこの二国は大昔から国となっていたが、文明の観点でははるかに遅れを取っていた。

この二国の北部では、かなりの数のアイヌが徘徊《はいかい》していた。この地域の将軍で、頼朝の弟でありながらその兄の犠牲者にもなった源義経をかくまった藤原秀衡は、アイヌの血を引いていたと言われている。彼の勢力圏は南部の白河まで及んでいた。白河は、当時、文明の発達した日本と野蛮な日本の境界線のように考えられていた。

しかし、その境界がついに廃止されるべき時が到来した。平氏の滅亡後、頼朝と義経の二人の間で兄弟争いが起こり、義経が秀衡のところに逃げ込んだ時、頼朝は陸奥の国へ兵を進めようと考えたのである。この遠征は秀衡の死後の一一八九年に行なわれた。秀衡の後を継いだ息子たちは、あっけなく敗れてしまった。

頼朝は、彼らから奪い取った土地を、関東から頼朝に従いその旗の下で戦ってきた臣下の武士たちに分配した。広大な地域が、鎌倉幕府の武士政権下に入ることで、初めて日本固有の領土となったわけである。新しい宗派がこのような国々に浸透する機会が訪れたのは、このように日本の国政が本州全土に広がったことによるものである。


新時代を最初に代表する、もっとも勢いのあるものが、宗教であったことを見てきた。もし鎌倉幕府が実際よりも長く政権の座にあったら、宗教以外の新しい文明の要素が幕府の周辺でまったく新たに発展したかもしれない。京都で栄えたのとは別の様式の美術や文学が花開いたかもしれない。しかし日本が完全に再生するには、まだ機が熟していなかった。京都文明の因襲尊重主義が、幕府にますます深く影響を及ぼしていたからである。鎌倉幕府はまだあまりにも若すぎて、それ自体の文明の中に確固たるものが何もなく、古きものの浸透に抵抗できなかった。さらに、幕府の行く手にはさらなる困難がいくつも立ちはだかり、一三三三年に滅亡するに至ったのである。日本は半再生の状態で、もう少し前進しなくてはならなかった。

第8章　鎌倉政権から足利政権へ

歴史上、初めて日本を襲った外国の脅威

歴史上、列強あるいは諸大国との戦争は、多くの場合、国家統一を実現する上でとても効率の良い要因である。国家が複数の人種で構成されている場合は特にそうである。一八六四年[1]、一八六六年[2]、そして一八七〇〜七一年の戦争[3]によってドイツ帝国が団結したのは、もっとも代表的な実例の一つである。

その点で日本は、四方を海に囲まれているので、この島国にたどり着いた人種の構成分子を一つにまとめ上げるのは、大陸の国家よりもずっと有利だった。まさにイギリスがヨーロッパで持つ利点と同じである。おそらく私たちは、外部からの強制がなくとも、地理的な要因だけで一致団結した国民になれただろう。

しかし、もし日本が特に何もせずこの種の影響だけに身を任せていたら、国家のまとまった姿を見るのはずっと後のことになったかもしれない。人種構成という点で、日本は、南・北半球のどの国民国家との比較においても複雑でないとは言えないからである。国家の統合を促す上で、外部から作用する力は大いに歓迎すべきものだった。

しかしそのような目的に役立つ戦争の中で、私たちに訪れた機会はごくわずかだった。対アイヌ戦争は、近代の日本人が想像するよりもずっと長く続き、日本人を一つの国民として統合する上で影響があったように思われてきたが、そもそも先住民アイヌの断続的な反乱は、消え

ゆく残り火の明滅のようなものにすぎなかった。数世紀の間、アイヌは衰退していくだけの人種であり、そこから日本に深刻な危険が及ぶ恐れは、まずなかった。またアイヌ以外で、長い間、甚大な損害を及ぼすような大規模な侵略をしようとした外国人もいなかった。

シナはと言うと、九六〇年、宋《そう》朝が大帝国を支配しはじめたが、種々の北方部族の侵入にいつも悩まされていた。一五〇年ほど存続した後、華北の大部分では、女真《じょしん》族と呼ばれるタタール族が樹立した国、金《きん》によって王朝が失われた。しかし一二三四年、今度は金王朝が、同国の背後に興隆した別の遊牧部族の蒙古《もうこ》族に滅ぼされた。それから半世紀も経《た》たないうちに、江南で細々と息を切らし喘《あえ》いでいたシナ人の宋王朝が、元《げん》の圧力を受け、最後の息を引き取ったの

1　シュレスヴィヒ＝ホルシュタイン戦争のこと。この背景としては、シュレスヴィヒ公国とホルシュタイン公国の帰属を巡り、デンマークとドイツ（特にプロイセン王国）が係争問題を抱えていたことが指摘できよう。一八六三年、デンマークがシュレスヴィヒの併合に乗り出すと、両公国の国民はドイツ連邦に援助を求め、一八六四年、プロイセンは、オーストリアを誘って出兵し、デンマークを破った。

2　普墺《ふおう》戦争のこと。プロイセン王国とオーストリア帝国との戦争で、プロイセンには北ドイツ諸連邦が、オーストリアにはそのほかの諸連邦が連合した。「七週間戦争」とも呼ばれる短期戦であったが、ドイツ統一の主導権決定の意味を持つ戦争であった。

3　普仏戦争のこと。フランスとプロイセン王国の間で行なわれ、ドイツ統一を完成させた戦争である。ドイツ諸邦もプロイセン側に立って参戦したため独仏戦争と呼ぶ他、フランス側では一八七〇年戦争とも呼称する。

である。

　そのような状態にあったシナに、日本が恐れを抱く理由は何もなかった。朝鮮半島は唐の時代にシナの影響下に入ったが、宗主国が無政府状態に陥ったため、同半島に朝鮮人が樹立した国では自由な空気が吸えるようになっていた。高句麗と百済が壊滅したあと半島を統一した新羅も、十世紀の初頭には、朝鮮半島北部に興った高麗《こうらい》に降伏した。高麗とわが国との関係は、同じ十世紀末、高麗国の海賊がわが国の沿岸を襲撃しては和平を乱したことを除けば、全体的にきわめて平和的であった。

　高麗のみならず、朝鮮半島の北東部、そして日本海沿岸には、多くの部族が定住していた。彼らの樹立した国家はどれも短命だったが、次々にシナから独立した。これらの小国の中には、わが国と誠心誠意友好関係を望む国もあれば、それとは正反対の行動に出る国もあった。後者の中には刀伊《とい》、すなわち、女真族の地域の海賊が入るかもしれない。もっともこの海の盗賊団の本国が厳密にどこにあったかは、いまだに明らかにされていない。彼らは五〇隻を超える船団で壱岐《いき》や九州の北部沿岸を荒らし回った。この事件が起こったのは一〇一九年だった。この海賊の攻撃を迎え撃ったのは藤原貴族で、それが彼らの最後の軍事的偉業となった[4]。

蒙古襲来

　その後、最初の蒙古来襲があった一二七四年まで二世紀以上にわたり、わが国の西国は静寂に支配されていた。それまでの経験で、西国で動員できる軍隊だけで海賊の襲来を撃退できることが分かっていたために、最初の蒙古襲来でも、鎌倉からの指揮で、いつものように西国の将軍の臣下だけが動員された。参戦した武士の一人がその戦闘の場面を記録し、当時の画家がそれを絵巻物に描いた。絵巻物は今日まで良好な状態で保存され、今では永久に継承すべき御《ぎょ》物《ぶつ》の一つになっている[5]。

元の遠征艦隊は九〇〇隻の船から構成され、六七〇〇〇人の乗組員以外に、一万五〇〇〇人の

4　刀伊《とい》の入寇《にゅうこう》のこと。一〇一九年（寛仁《かんにん》三年）三月、高麗を襲った女真人が五〇隻を超える船に分乗して壱岐や対馬に襲来し、ついで筑前国（福岡県）怡土《いと》郡、志麻《しま》郡、早良《さわら》郡を略奪した。賊は、上陸して山野を駆け巡り、馬牛を斬殺して食し、捕らえた老人や子供は惨殺し、壮年の者は船に追い込み、人家を焼き、穀物を奪った。殺された者は壱岐守《かみ》、藤原理忠《まさただ》を含め四〇〇余人、捕らえられた者は一〇〇〇人と、残虐非道の限りを尽くしたという。これを迎え撃ったのが、当時大宰府に赴任していた権帥《ごんのそち》の藤原隆家《たかいえ》らであった。賊は警固所や筥崎宮《はこざきぐう》を焼こうとしたが、同地に派遣された大宰府官人と現地住人らの奮戦によって撃退され、対馬侵奪後ほぼ一週間で、日本近海から退散した。

5　蒙《もう》古襲来《こしゅうらい》絵詞《えことば》という鎌倉後期の戦記絵巻のことであろう。一二七四年（文永《ぶんえい》十一年）と一二八一年（弘安《こうあん》四年）の二度の元寇、すなわち文永の役と弘安の役で活躍した肥後国の御家人、竹崎季長《たけざきすえなが》の戦功が中心に描かれている。画中には人名などが書き込まれ、人馬や武器武具なども正確緻密に描写されているので、当時の戦闘の様子や武装の模様を伝える記録画としても価値が高く、その意味で重要な史料である。宮内庁所蔵。現在は皇居東御苑内の三の丸尚蔵館に保管されている。

蒙古人と漢人、八〇〇〇人の朝鮮人が乗船していた。数の上では、その差はあまりにも圧倒的で、わが勇敢な武士といえども日本が勝てる望みは微塵《みじん》もなかった。したがって蒙古の侵略が挫折したのは、わが武士たちの勇気だけによるものとはいえない。実際は、自然の力、すなわち荒れ狂う風や波が、強力な敵艦を破壊し、人間の力以上のことをしたのである。

元のフビライ皇帝は最初の遠征の失敗にいら立ち、ただちに規模を拡大した遠征を準備するように命じた。ついに一二八一年、第二回目の日本侵略が行なわれた。今回の軍勢は、最初の遠征をはるかに上回り、総勢一〇万人を超えた。一方、幕府が西国だけで編制できる軍勢では、迎え撃つのには、どう見ても不十分なことがはっきりしていた。幕府の実権を握っていた北条時宗《ときむね》は、東国の臣下たちも動員して九州の戦場へと派遣した。博多《はかた》近くの海辺では熾烈《しれつ》な戦いが繰り広げられ、わが武士たちは敵軍の上陸を防ぐため、死に物狂いで奮闘した。

その結果、蒙古人たちは上陸を成し遂げることができず、その後に台風が突然に起こって、少なくとも兵士や船の三分の二を押し流した。これによって、勝ち誇っていた蒙古による東方への勢力拡大が、半永久的に阻止されたのである。西洋のチュートン人貴族がシレジアのレグニツァの戦いでこの同じ蒙古の敵と刃《やいば》を交えてから、ちょうど四〇年後のことであった[6]。

元寇が日本史に与えたもっとも大きな影響

二度にわたるわが国への蒙古来襲を阻止できたのは、日本の武士の勇敢な行為というよりも、絶好の機会に介入した自然の威力によるところが大きかった。だが、武士たちが死力を尽くして戦ったことに議論の余地はない。仮にも、武士たちに取りたてていうほどの功績がなかったと考えるならば、わが祖先の栄誉ある武勲に泥を塗ることになろう。いずれにせよ、日本が蒙古艦隊を壊滅させたことは、三〇〇年後にイギリス人がアルマダの無敵艦隊を破ったことと同列に考えてもよい歴史的な偉業である[7]。この日英両国の記念すべき勝利は、参戦した武士や兵士たちの恐れを知らない勇気と、当時の国家指導者の不退転の決意によるものだった。日本の北条時宗は、京都朝廷の小賢《こざか》しい軟弱な助言などに、いっさい耳を貸さなかった。

　しかし、私たちの祖先の勇気はおくとして、この戦争で何よりも注目に値するのは、西国だ

6　レグニツァの戦いとは、一二四一年四月九日、蒙古帝国のヨーロッパ遠征軍と、ポーランド・ドイツ連合軍が激突した戦いである。一二四一年、蒙古のバトゥの軍の一部がポーランド南部に来襲、サンドミェシュやクラクフなど南部の諸都市を襲ってシロンスク（シレジア・シュレージエン）に侵攻した。時のシロンスク公でクラクフ公も兼ねていたヘンリク二世は、ポーランド人とドイツ人から編制された軍を率いてレグニツァで蒙古軍を迎え撃った。装備・物量で劣っていたヨーロッパの軍は果敢に戦ったが敗北し、ヘンリク二世も戦死した。まもなく蒙古軍はアジアへ引き返した。

7　スペイン無敵艦隊とイギリス海軍の争いの頂点をなす一連の海戦。一五八八年、スペインのフェリペ二世はイギリス侵略のため大艦隊を派遣した。スペインのメディナ・シドニア公はスペイン艦隊一三〇隻と八〇〇〇人の兵の指揮をとっていたが、わずか八〇隻のイギリス艦隊にポーツマス沖とカレー沖で撃退され、帰途には悪天候・補給不足などでも被害を蒙《こうむ》り、スペイン本国に帰国できたのはわずか五〇隻だった。

けでなく東国からも召集した武士たちが加わって、日本全体が初めて一致協力して外国の侵略者と戦ったという事実である。そのように日本全国から集まって来た人々が国を守るために協働するというのは、武家政権の樹立以前では見られない光景であった。というのも、その時点では、まだ国家の統一が本州の北端にまで及んでいなかったからである。

鎌倉で幕府が発足してから九〇年間、わが国の武士が外敵を相手に武運を試す機会は一度もなかった。進取的なフビライが大胆にもこの島国を攻撃したので、日本人は初めて国家が団結する必要性を感じるようになったのである。

もしフビライがこの島国を侵略せず、そっとしておいてくれたならば、日本からフビライに対して、何の危害も加えることはなかっただろう。また、この命知らずの遠征が成功したとしても、すでに巨大化しすぎた蒙古帝国にとって、この島国は何の足しにもならなかっただろう。

この戦争に参加したのは少数の武士たちだったことを考えると、元寇での戦いをわが国家的事業と呼ぶのは少々大げさかもしれない。しかし、当時の日本を代表する幕府の全臣下が、共通の敵に対して自国を防衛するため、日本の最果ての地からも九州の北部沿岸へ馳《は》せ参じたのである。泣く子には蒙古襲来を思い出させ、脅して黙らせたという独特の習慣は、本州北端の地域にさえ残っている。廃れつつある習慣だが、蒙古の恐怖がいかに全国民を骨の髄まで徹底的に震撼《しんかん》させ、国民全体に忘れられない印象を残したかを示すものである。こうして初めて熱狂した国民感情の脈打つ音が聞こえるようになったのである。

鎌倉幕府を弱体化させた要因

もしこのような国家の連帯感が国民の意識の中へ深く浸透し、衰えることなく着実に深まり続けていたら、その連帯感はわが国民国家の健全な組織化を促進する上でかなり役に立ったのかもしれない。このような視点から見ると、あの恐ろしい敵がいとも簡単に総崩れになったのは、わが国にとってむしろ不運だったと言えるかもしれない。

ひとたび圧力が取り除かれると、人々はもはや連帯感についてあれこれ悩まなくなった。いやむしろ戦争それ自体が、参戦した武士たちの間に不満の種を蒔《ま》く原因になったのである。というのも、幕府が彼らの功労に対して十分な褒賞を与えられなかったからである。承久の乱の後から、鎌倉の武士政権はすでに貧窮状態に陥っていた。打ち負かした者たちの資産を没収して得られたものだけでは、幕府の忠実な臣下への報酬が不十分だと判明したのである。

蒙古との戦争では、領地を没収できる国内の敵が一人もいなかった。それでもやはり武士たちに報いるには、領地下賜しかなかったが、幕府はそのような領地をどこにも見つけられなかった。もし、将軍と臣下を結びつけていた頼朝の時代の個人的な精神的絆《きずな》がそのまま続いていたなら、臣下からの無報酬の奉公を期待できただろう。しかしこの武家政権は、北条家が事実上の支配者であったので、武士たちに同じような無報酬の奉公を求めるわけにはいかなかったのである。それを求めようにも、将軍と臣下との関係はあまりにも形式的なものとなっていた。

幕府樹立当初に頼朝から地頭に任命された者は、全員が最初から源家の家臣だった。彼らは各々の荘園内で官吏さながらに警務官の職務に就いていたが、公的な性格よりも個人的な性格のほうがはるかに強かった。幕府が正式な政府の形を徐々にとるにつれ、このような将軍と臣下の私的で個人的な絆が弱まり、地頭の公的な性格が支配的になり始めた。特に幕府の実質的な管理運営が北条家の手に移ってからは、このような実情であった。

臣下たちが依然として自らを「御家人」、すなわち鎌倉の将軍家の奉公人と呼んでいたことは事実である。しかしその後の将軍は藤原家の出か皇族の血を引く者であり、頼朝が世襲の領臣を簡単に服従させたと同様のことを望むわけにはいかなかった。要するに、幕府は地頭職の相続を許可する権利は持っていたけれども、その保有権の行使は、一般に形式的なものだったのである。地頭は後継者に自分の妻子を指名できたし、公的保有権を多くの相続者に分け与えることもできた。サリ族の法律[8]や長男子相続権法は、まだ鎌倉時代の日本にはなかったのである。

その結果、性別や年齢ゆえに本人で兵役の義務を果たせない地頭が数多くいたし、それ以外にも、公的保有地は非常に狭い米作地だけという地頭も数多くいたはずである。稲田があまりにも狭すぎるため、その中で管轄権を行使できないほどだった。さらにまったく戦争には向かない聖職者のような職種の人々や神社仏閣のような団体も、合法的な遺言書さえ残せば、地頭職を代々相続する権利が与えられていた。このように正式の地頭本人が役目を務められない場合、私的な性格の代理官（地頭代）が、よく任命されたものだった。しかしこれらの代理官は、将軍に対して公的な責任がなかったため、勝手気ままに振舞っていた。幕府の軍事制度で痛感された義務の不履行とは、まさにこのことだった。

数ある中で最悪の弊害は、幕府が、豪奢《ごうしゃ》な宮廷へと徐々に変貌していったことである。幕府樹立の際、頼朝の下で勇猛果敢に戦って功労をあげた武士たちは、その大部分に識字能力がなかった。その結果、将軍が臣下の中から書記官を見つけようとしても困難を極めた。武家政権の組織が完成に近づくにつれ、武士の側で読み書きを教育する必要性が高まった。しかし、当時の京都の外でその種の教育の拠《よ》り所《どころ》を求めることはできず、藤原貴族が代表する都会文明の要素を取り入れることなく、そのような教育を鎌倉に導入することはできなかった。藤原氏の子孫や天皇の血を引く皇子を幕府の要職に就かせることで京都文化の浸透は促されたけれど

8　サリカ法典（Lex Salica）のこと。フランク族の一支族、サリ族の部族法典で、五、六世紀の成立とみなされている。部族法典とは、ゲルマン系諸部族が口頭で伝承してきた慣習法が、ある時点で成文化されたものので、サリカ法典は、ゲルマン部族法典中もっとも色濃くゲルマン古来の伝統が残っている重要な法典である。原法典は残存せず、後代の写本が残っているだけだが、その数は約八〇種ある。法典の内容は刑法的規定が大部分である。

も、その性格があまりにも洗練されすぎていたため、武士の職に就く人々の性分には馴染《なじ》まなかった。

将軍の護衛には、もっとも宮廷人らしい物腰の武士が選ばれ始めた。武士に必要なたしなみの一つは、短歌を作る能力だった。幕府がそのような状況なら、惰弱な宮廷生活に染まらない臣下はきっと遠ざけられたことだろう。緊急時に将軍が頼るべき護衛が、こうして頼りない存在となり下がったのである。

このような重大な局面で、一三三二年、わが国の歴史に最後に記録されたアイヌの反乱が勃発し、それは鎌倉幕府が没落するまで続いた[9]。ぐらついていた武家政権の組織をついに揺り動かし、瞬《また》く間に崩壊させたのはこの反乱であった。

鎌倉幕府の崩壊

将軍の権力と威光に最後の一撃を与えた勢力は、以前から予測されていたとおり京都からやって来た。鎌倉武士が偽の宮廷人になったのとは反対に、京都の宮廷貴族たちは鎌倉武士の武人気質に染まるようになっていた。弓の訓練や、実戦のためには特に良い訓練と考えられていた囲い地での犬射ち[10]、そして他の多くの武術の娯楽が、かつて武士たちの間で流行していたように、京都貴族の間でも流行した。

彼らは承久の乱で敗れた後、鎌倉によって奪われた権力の大きさを、それまで以上に肌で感じ、ますます不満を募らせていた。さらに全国津々浦々から北条家に不満を抱く者たちを京都に集め、政権を自分たちに取り戻そうと画策したのである。幕府は、その陰謀の知らせを受け、早々に力ずくで抑え込もうとしたが、その根源を攻撃することはできなかった。頑強な反抗者が次々に蜂起しては北条家に反旗を翻したからである。

9　陸奥の国の蝦夷の反乱のことだろう。鎌倉時代、陸奥の国は北条得宗家の経済的な基盤として重要な役割を果たしていた。津軽の豪族、安東《あんどう》氏は北条氏所領の地頭代になり、かつ「蝦夷の沙汰」（蝦夷管領）も行なっていた。しかし安東季長《すえなが》と安東宗季《むねすえ》兄弟による家督争いに絡み、出羽の蝦夷が武装蜂起すると、武力衝突に発展した。一三二二年（元亨《げんこう》二年）春、幕府は鎮定軍を派遣し、武力鎮圧を行なった。一三二六年（嘉暦《りゃく》元年）にも、鎌倉幕府は工藤祐貞《すけさだ》を派遣し、安東季久を蝦夷管領に任命した。翌一三二七年、幕府は宇都《うつの》宮高貞《みやたかさだ》・小田高知《たかとも》を「蝦夷追討使」として派遣している。蝦夷の乱と紛争の長期化は、幕府の威信を低下させ、経済的負担の増加を招き、北条得宗家の支配体制の基盤を揺るがすものとなった。

10　騎馬で犬を追射する競技の犬追物《いぬおうもの》のことであろう。鎌倉時代から室町時代にかけての武士たちの必須の武芸鍛錬法で、笠懸《かさかけ》や流鏑馬《やぶさめ》とともに騎射三物《きしゃみつもの》の一つとされた。竹垣で囲んだ馬場に犬を放ち、これを馬上より射るもので、矢は的を傷つけぬように鏃《やじり》をささず、鳴鏑《なりかぶら》を大きくした蟇目《ひきめ》が用いられた。二条河原《にじょうがわら》の落《らく》書《しょ》（一三三四年〔建武《けんむ》元年〕八月、鴨川の二条河原〔中京区二条大橋附近〕に掲示されたといわれる匿名の文書で、室町幕府問注所《もんちゅうじょ》執事の町野氏に伝わる「建武年間記（建武記）」に収録されている）には「弓モ引アズ犬逐物、落馬矢数ニマサリタリ」とあるように当時の流行ぶりを伝えている。室町時代以降は大規模となり、同時代末には風流の競技となり、そのような光景が屏風絵《びょうぶえ》の題材として盛んに描かれた。

その一方で、源家の将軍のためなら喜んで死んだであろう臣下たちも、北条家のために命を危険にさらすつもりはなかった。ついに、源氏の支族の首領に率いられ、隣接する諸国からやってきた一握りの武士によって鎌倉が占領された。北条家の最後の執権が自害し、鎌倉幕府も崩壊した。国家の実権は、後醍醐《ごだいご》天皇の名のもとに京都に戻ったのである。

幕府の所在地が移動したことの意味

京都の宮廷人は、これからは自分たちが日本の真の支配者として行動できると思い喜んだが、ただちに幻滅を味わうはめになった。武士たちは宮廷人たちが往年の権力を回復するのは援助しても、戦利品の一番大きな分け前を宮廷人たちが分捕るのを許さなかったからである。そのような大勢の武士たちから支援されたのが源氏の子孫の足利尊氏《あしかがたかうじ》であり、尊氏は事実上の支配者となり、将軍に任命された。

尊氏は、一度は京都の敵軍に敗れたものの、すぐに西国で大きな軍勢を集めることができた。西国の大多数の武士たちは、蒙古襲来以来、他のどの諸国よりも心から変化を望んでいた。そして尊氏は大都会の京都を占領した。しかし敵対者たちは全国の至る場所で抵抗を続けていた。宮廷人もまた二派に分かれ、大多数は強者側、すなわち足利家側についた。同時に皇族も二派に分かれた。

こうしてバラ戦争[11]に酷似した内乱が続いて起こり、約五六年間、全国で激戦が続いた[12]。一三九二年、この二つの派閥がついに和解した。こうして日本全土は再び武家制度下に入り、約二世紀の間、足利家が新しい幕府の長として君臨しつづけた。

鎌倉に代わって京都で新幕府が樹立されると、鎌倉は今や副管理職の座となり、足利家の分家が管理したため、政治的な重要性は薄れてしまった。このように武家政権の本拠地が移動したことは、わが国の歴史上の重大事であった。その理由の一つとされているのは、足利氏の支持者が東国武士だけではなかったということである。尊氏が最終的に成功を収めたのは、むしろ西国から来た武士のお蔭であった。そのため、尊氏が打ち立てた新武家政権の中心地は、鎌倉より京都のほうが、はるかにふさわしかったのである。

幕府が所在地を移動させたもう一つの理由は、この移動で、前幕府が抱いていた大きな懸念が消滅することだった。鎌倉幕府を常に悩ませていた不安の一つは、京都からの攻撃で幕府が倒される日が来るかもしれないという恐怖感だった。その危険に備えるため、駐在補佐官が京

11　一四五五年から八五年にかけてイギリスの大封建貴族であるランカスター、ヨーク両家の王位継承をめぐる争いに起因する貴族間の争い。商業地帯の先進地方が支持するヨーク家が白バラ、北部、ウェールズの後進地方が支持するランカスター家が赤バラを紋章としたことからこの名がついた。

12　南北朝時代のことを述べていると思われる。本文中の「約五六年」とは、両朝分裂で南北勢力の抗争が激化した一三三六年（建武三年）から、両朝の講和が成立し南北朝が合体する一三九二年（明徳《めいとく》三年）までを指しているのだろう。

都に配置された[13]。補佐官の役目は、北条家の者が京都の朝廷の関係者を見張ると同時に、西国の臣下たちを監督することだった。さらに後に補佐官の数は二人になったが、そのことで補佐官が互いに相手を監視しあい、どちらか一方が鎌倉から離反しようとしても、できないようにしたのである。この制度は一時的に非常にうまく機能したが、究極的には衰退する幕府を救うことができなかった。ともあれ、こうした不安は、武家政権の本拠地を京都に遷《うつ》すことで払拭されたのかもしれない。

しかし幕府の所在地移動で生まれた最大の利益は、文明の中心地の京都と同じ場所に移ることにより、日本国の政治的中央集権化の達成が促されたことである。もし鎌倉幕府が政治的権力とともに、当初の初々しい精神を保つことができたなら、その存続期間が延長されただけでなく、健康的で活力溢《あふ》れた文化が展開する結果になっていただろう。そして鎌倉は日本文化の中心であるのはいわずもがな、政治的中心になっていたかもしれない。しかし、わが国の歴史は、そのように展開するよう運命づけられてはいなかった。

数世紀にわたり京都で育まれていた由緒ある文明の起源は異国風ではあるが、文明自体は高度に完成されたものであった。それは惰弱であるにもかかわらず、独特の魅力があり、完成度では鎌倉の純朴な文化よりもはるかに高いレベルにあった。鎌倉文化はいかに斬新であろうとも、あまりにも粗野で未熟だった。

かつて鎌倉を新しい宗教運動の中心地にしたいと思っていた僧侶も、古都でしっかりと地盤を固めない限り、永続的なものは何も得られないことにようやく気づいた。そして様々な改革派の布教運動が十三世紀末から勢いを吹き返した。言葉を換えれば、鎌倉幕府の衰退は、これらの新文明の指導者たちを落胆させたのである。たぶん彼らは鎌倉に樹立された武家政権の政治力に期待しすぎていたのだろう。

こうして美術や文学のような文明の構成要素が、京都とは別に鎌倉で時間をかけて発達する前に、すなわち幕府が日本の歴史において文化的な使命を達成する前に、鎌倉幕府はその存在理由を失ってしまったのである。京文化には、これまでと同じように絶対的な力のあることが証明されたわけである。

宮廷人と武士階級の接近

このように考えると、幕府の所在地を京都に遷したことには大きな利点があった。京都は歴史上重要な場所であるばかりではなく、日本の古典文明の発祥地でもあったので、軍事や政治の組織は、社会や文化の動きと緊密に連携を取りながら機能できたのである。将軍の威光は、鎌倉が幕府の所在地であったときよりも、さらに神々しい輝きで飾り立てられた。しかしその

13　六波羅探題《ろくはらたんだい》のこと。京都の守護、公家《くげ》権力の監視、西国のトラブルを処理する裁判、軍事以下の庶政を管掌した。

変化には、幕府だけでなく国家全体の政治にとっても、破壊的で不愉快な結果が伴っていた。

宮廷人は、長期にわたる南北朝の争乱を経験した後、わが国の社会構造にすでに深い根を下ろしてしまっている武家政権を、けっして打倒できないと確信するようになった。そこで、その軍事力に逆らって失敗するより、それを利用したほうが賢明だと考え始めたのである。彼らは、足利家代々の将軍たちに、仰々しい尊称を山ほど与えるようになった。それは鎌倉幕府が考え出した称号よりもずっと高位のものだった。御所でも、将軍には特別の敬意が表された。このように宮廷内での将軍の地位が上がるにつれ、臣下たちも宮廷人の階層等級の中で名誉ある官位を得ようと、互いにしのぎを削るようになった。

彼らの中でより高位の階級に属する者たちは、ほとんどが一国かそれ以上の諸国の守護、すなわち武家領主だったが、将軍の幕府で官職を得るために、京都でより多くの時間を過ごすようになった。そして非常に貴族風な生活を送ったのだが、それは安楽で怠惰なものであり、いわゆる宮廷人の暮らしと大差がなかった。

宮廷人と武士がともに参加する懇親会が数多く催されたが、その目的のほとんどが種々様々な文芸の娯楽を楽しむためであり、その中でもっとも一般的なのは「連歌《れんが》」と呼ばれる作詩の妙技であった。すなわち、先行の詩の続きであると同時に次の詩の序詩になるような未完成の詩を一行ずつ順番に作ってゆくのである。この連歌や同種の多種多様な接近手段を通し、この二階級の密接な関係はさらに強固なものになっていった。

このような宮廷人たちの洗練された趣味は、前代と比べるとやや品位に欠けるけれども、粗っぽい武家の中に淀《よど》むことなく浸透していった。二つの階級間の通婚も頻繁に行なわれ、宮廷人が物資的な利益を得る一方で、武士たちは成り上がり者意識から生じる不安感を和らげることができた。こうして新しい社会生活が誕生したわけである。

こうして友好的になった二派のうち、どちらが得をしたかというと、もちろん宮廷人のほうであった。彼らが正当な所有権を持っていた荘園からの収入は、鎌倉幕府樹立以前の時代と比べると少なくなったかもしれないが、その一方で、もしそのまま国家の実権を握っていたら自分たちの身に降りかかっていたかもしれないすべてのゴタゴタから解放されたからである。

宮廷人たちは、自分たちの政治的野望を捨て、国事と軍事をすべて幕府に肩代わりさせたため、何の責任も負わなくてよくなり、自由気ままに生き、誰にも邪魔されずに余暇を楽しむことができた。一方、武士たちは、もはや宮廷人の特権を以前よりもさらに厳しく制限する必要がないことは分かっていたものの、結局、自分たちの利益がきっと宮廷人の利益と真っ向から衝突するようになることを忘れていたのである。根本的に相反するものでも、実際には和解できるように見えたのである。

幕府は武力で宮廷人の利益を守るのが自分たちの義務であると考えたが、間もなくしてその任務が不可能だと判明した。中央政府が脆弱《ぜいじゃく》だったため、京都でも諸国でも無秩序に支配され、日本国全体の政治的分裂への道が敷かれてしまったのである。その政治的現象を説明するには、しばらく諸国の武家の領主であった守護とその保護下にあった地頭との関係についてお話ししなければならない。

足利政権下の守護と地頭の関係

前述したように、鎌倉幕府の時代には、各々の国に将軍の任命した守護と呼ばれる武家領主がいた。守護はそれ自体が地頭でもあり、その階級では非常に影響力のある武士であり、鎌倉から受けた軍事司令を配下の地頭に知らせる中間的な司令官の役割を果たしていた。したがって守護は自国内の全地頭の司令官でもあった。その軍事的管轄権下では守護と地頭の間に領臣従属関係は何もなかった。地頭は鎌倉の将軍直属の領臣であり、軍事組織に関してだけ守護に従属していた。守護職はどの氏族も世襲で所有するものではなかった。そのため将軍は、どの地頭をどの国の守護に指名しようと思いのままであり、そのことで同国内での将軍と臣下の個人的関係が乱れる恐れはなかった。

いくつかの点で、この関係はイギリスの国王と封建家臣との関係に似ていた。家臣たちは自分より身分の高い貴族に臣下として忠誠の誓いをする以外に、国王に対しても直接の忠誠を誓っていた。鎌倉幕府は、頼朝の家系が世襲の将軍として続く限り、源家の臣下にすぎない地頭の忠誠心をあてにすることができた。幕府が国家の政治的統一を維持することができたのは、この源家と地頭との個人的な絆によってであった。

だが、源家の消滅後にその後を継いだ代々の将軍は、地頭と何ら世襲的関係や個人的関係もなかった。将軍は、実質的な影響力を何も持たなかった。北条家はというと、執権として幕府の実権を手中にしていたが、もともとの地位はさほど高くなく、その名前だけで将軍の臣下に服従を命じることはできなかった。

この第二段階にある鎌倉幕府時代の組織には、十五世紀のドイツ帝国の「クライス」[14]と似たところがある。帝国クライスはマクシミリアン一世[15]によって政治的中央集権化の目的で始められたが、この皇帝はオーストリア大公であったゆえに実権を握っていたのであり、ドイツ皇帝であったからではない。組織としていかに立派であろうとも、そのような政治的地位は明らかに維持しえないものだった。鎌倉の武家政権が徐々に崩壊したのも、決して驚くべきことではない。

14　この帝国クライスは、神聖ローマ帝国で十六世紀に確立した統治制度である。クライスは、帝国のレベルでは行政管区という性格を持ち、帝国最高法の判決の執行とラントフリーデ（治安）維持を委ねられ、地域レベルでは所属等族の協働のための自治団体機能があった。帝国等族を連邦的体制へと統合する中間組織としても役割を果たしているところが、第二段階にある鎌倉幕府と一脈通じるところがあるというのだろう。

15　神聖ローマ皇帝（一四五九～一五一九年、在位一四九三～一五一九年）。婚姻政策によってハプスブルク家領を広げ、同家興隆の基礎を築いた。一四九九年にスイス諸州の事実上の独立を承認。

足利時代の守護と地頭との関係は、鎌倉幕府のものとはかなり性格が違っていた。今や守護職は、特権を持った氏族が世襲で所有するものとなった。この氏族たちは、さらに地位の高い武士団を構成し、一般の地頭の上に君臨していた。守護は、自らが支配する国の全地頭を保護する立場にあった。これらの守護の支配下にある地頭は「被官」すなわち従者に任命された。

こうして同じ国内で、守護と地頭の間に領臣関係が生まれたのである。鎌倉時代にはなかった法律上の身分関係である。一般の地頭と将軍との直接的な関係は、鎌倉時代の政治体制の中心的原動力であったが、今や断絶されてしまったのである。おそらく足利時代の守護は、自国内の地頭への領主権に加え、鎌倉時代のように一定の広さの土地の保有権も持っていたことだろう。

しかし両者の間の大きな違いは、鎌倉時代では将軍の臣下がまず荘園の地頭として配置され、その次に守護に任命されたのに対し、足利時代では、守護が直接に保有する土地は守護の所有地であり、京都で将軍の臣下が守護職と無関係に持つ土地ではなかった。

まとめると、足利時代の守護は、鎌倉時代のような単なる官位ではなく、将軍の次に位置する武士の法律上の地位であった。そのような組織となった結果、守護の支配下にある各々の国、あるいは諸国群は政治的な統一体となった。もし京都の将軍が、諸国のすべての守護に自分の意志を強要できるくらい強力だったならば、日本国全土の政治的統一は足利の手で安全に維持することができたであろう。

足利幕府が応仁《おうにん》の乱を防げなかった理由

しかし足利幕府は、もともと守護階級の高位の武士すべてに絶対的服従を強要できるようには作り上げられていなかった。この氏族は源氏の支族ではあったが、その経歴には、頼朝のように御旗の標《しるし》の下で喜んで奉公する武士を数多く引きつけるものが何もなかった。尊氏が第二の武家政権の指導的地位に昇りつめたのは、日本国のいろいろな地域の武士の援助によるところが大きいが、それは武士たちが足利家と個人的な関係を持っていたからではなく、宮廷人が権力を取り戻すのを見て不満を抱いていたからである。

また尊氏の昇進は決して彼個人の能力によるものではない。その能力は将軍としても政治家としても、むしろ凡庸だった。足利家の血統がこの程度のものだったので、その家系の将軍が、影響力のある傲慢な将官を抑えるのは、はなから難しかったのである。そうして幕府に対する反逆が次々に起こり、年中どこかで何かの小競り合いが起こるようになっていった。

このような状態が最高潮に達し、ついに応仁《おうにん》時代に内戦が勃発した。四六七年のことである。戦争の発端は、将軍義政《よしまさ》の実の息子と、養子にした実弟が、将軍家の跡継ぎを巡って争ったことだった[16]。この足利家のお家騒動は、二つの影響力のある武家、斯波《しば》家と畠山《はたけやま》家の相続をめぐるお家騒動と絡み合っていた。他の諸国の守護たちは、この派かあの派か、いずれかの味方となって京都へ臣下を動員したため、都の街路は戦場へと変貌した。

こうしてわが国の歴史上もっとも無秩序な内戦が天皇と将軍の眼の前で勃発したわけだが、どちらの側もそれを終結させる力がなかった。九年間に及ぶ焼き討ち、略奪、殺戮《さつりく》が情け容赦なく繰り広げられた後、京都での市街戦は止んだが、往昔の由緒ある都の面影はほとんどなくなってしまった。

この無政府状態は諸国に舞台を移して飛び火し、全国に平和が取り戻されるのには多年の年月を要した。いやむしろ足利幕府それ自体が没落するまで平和は完全に回復されなかった。当時の政治的分裂の局面とは、そのようなものだった。その結果、日本は引き裂かれて数多くの半独立の集団が乱立し、それぞれの守護が、その首長を務めたのである。

もし国家の政治的分裂の過程が前述したものだけに限られていたら、少なくとも各々の集団内では平和が支配していたかもしれない。しかし、国民の安寧にとって不幸なことに、各自の軍事的管轄圏の中でさえ、秩序を維持できるほど強力な者は、これらの守護の中に誰ひとりとしていなかった。

彼らの大部分は武士の気質を失い、前述したように都での生活に慣れていた。彼らは各々の国の管理を従者の手に委ねていた。この従者たちはすぐに庇護《ひご》者から独立するようになり、それぞれの守護の管轄権内では多くの小政治団体が生まれた。さらにこれらの従者たち、すなわち小政治団体の首領たちは、自分の配下の者たちによって、次々にその地位から引きずり降ろされた。さらに小団体の中にはもっと小さな団体へと分裂したものもあった。その一方で、強者が周辺の弱者を合併し、勢力を拡大した団体もあった。

このように日本は混沌《こんとん》とした状態に陥り、種々様々な規模の政治団体が乱立する事態となり、主人が絶えず入れ変わり、境界線も以前の行政区画に関係なく常に移動していた。この第二局面で、日本国全土が完全に分裂してしまったのである。

将軍・足利義尚《よしひさ》、近江遠征の意味

このように不可避な分裂への傾向に歯止めをかけようとした最後の将軍が、義政の息子の義《よし》尚《ひさ》であった。すでに述べたように、義尚が父の跡目を継いだことが応仁の乱の原因であった。しかし将軍に就任した一四七三年、わずか八歳の少年だった彼に乱の責任はまったくなかった。しかし彼はやがて足利一門の中でもっとも典型的な将軍へと成長した。彼は武家の中でもっとも地位の高い氏族に生まれたが、母親は宮廷貴族の娘だったため、少年時代には、当時の宮廷人の中でもっとも学識のある一条兼良《いちじょうかねよし》[17]から教育を受けた。義尚が成人したときは、武士の衣装をまとった宮廷人になっていたのである。

16　室町幕府の第八代将軍の足利義政には実子がなく、弟の義視《よしみ》を後継者と決めていたが、その後、妻の日野《ひの》富子《とみこ》が義尚《よしひさ》を産み、これを将軍にしようとしたため、両者の間で相続争いが起こった。

彼はまるで高位の藤原貴族のように考え、振舞い、家政さえも宮廷人に管理させていた。荘園の法律上の所有者たち、すなわち宮廷人や神社仏閣は、この信頼のおける若い将軍にぴったりと寄り添いつつ圧力をかけ、自分たちのために傲慢な守護やその従者たちを押さえつけさせた。守護や従者たちは荘園から自分たちの懐へ入るはずの全税収を大胆にも私物化しようとし、その結果、法律上の所有者である宮廷人に当然支払われるべき分け前が、何年間も滞納されたままになっていたからである。

将軍は簡単に口説き落とされ、近江の国の守護であった佐々木高頼《ささきたかより》[18]を最初の懲罰対象に選んだ。佐々木の国が京都に一番近く、宮廷人やその類の人々の所有する荘園が数多くあったからである。義尚本人が懲罰隊を指揮して近江に入り、琵琶湖を横断してその東岸に陣を張ったのは一四八七年だった。この勇ましくも上品な若武者が艶《あで》やかな戦の装束を身にまとい、大勢の武士や宮廷人たちに異様に取り囲まれて京都から進軍してゆく様子を、当時の年代記はありと記述している。

しかし、宮廷人の集団は戦争ではまったく頼りにならず、武士にしても気乗りしないまま、ただ将軍に従っていただけだった。佐々木高頼と同じ世襲階層に属し、同じ地位にある守護たちは特にそうであった。法律上だけの存在で何もしない領主のため、同じ守護が潰される姿を見たくはなかったのである。当初から将軍の率いる軍が勝利するのは絶望的だった。義尚は野営地に二年間滞在した後、敵が降伏するのを見ることなく亡くなった。

足利義尚《よしひさ》の近江出陣

足利９代将軍・義尚の馬上の雄姿。９歳で将軍となり25歳で亡くなった彼は、佐々木高頼《ささきたかより》討伐のため自ら近江に出陣した。だが将軍家の権威を守ろうとしたその雄図は果たせず、以後足利幕府は、ますますその求心力を失っていく
（地蔵院蔵）

将軍の跡目を継いだ従弟の一人は遠征を再開し、ついに不従順な守護をその国から追放したが、荘園の法律上の所有者が失った権利を取り戻すことはできなかった。彼らに当然支払われるべきものが別の新しい詐称者たちによって強奪され、彼らもまた前任者と同じくらい専断的だったからである。

義尚の遠征はわが国の歴史上画期的な出来事だった。すでに自分の身の程が分からなくなり始め、その利益が必ずしも幕府の繁栄と一致するとは限らない宮廷人を武力で援助するのは、明らかに非現実的な行為であった。だが、いかに理想が実現不可能であろうとも、少なくとも義尚が理想のために戦ったことについては議論の余地がない。

義尚を見ていると、イタリアで王家の伝統的な理想のために戦ったホーエンシュタウフェン家の子孫のことを思い出す[19]。近江遠征の失敗が意味するのは、宮廷人の威信復活と日本列島の荘園制度全廃への取り組みがまったく不可能であったということである。これは日本国にとって非常に大きな経済的変化であるが、その重要性を過大評価することはできない。

大化の改新で始まった旧体制は墓場へと葬り去られ、新しい日本が、国家の重大な政治的分裂と並んで姿を現わし始めていた。実際、政治や経済の変貌ぶりと同時に、文明の様々な構成要因が来たる時代に備えて変容する姿も目にするわけである。しかし、政治の歯車が最初に回り出すかどうかは、敏腕家による国家の政治的再生にかかっていた。

17　室町中期の公家で、有職故実《ゆうそくこじつ》や古典に通じた当代随一の学者（一四〇二～一四八一年）。関白太政大臣（著書に『花鳥余情《かちょうよじょう》』『古今集童蒙抄《どうもうしょう》』『樵談治要《しょうだんちよう》』『東斎随筆』『尺素往来《せきそおうらい》』『江次第抄《ごうしだいしょう》』『公事根源《くじこんげん》』などがある。

18　六角高頼《ろっかくたかより》（？～一五二〇年）のこと。近江国（滋賀県）の守護であった佐々木（六角）久頼の嫡子で、南近江を領した守護大名。一四八三年（文明《ぶんめい》十五年）には大膳大夫任官の処遇を受けたが、一方で寺社・公卿領の押妨停止という幕府の命令に従わず、一四八七年（長享《ちょうきょう》元年）、将軍義尚の親征を受け、甲賀《こうが》に隠居した。義尚が病死した一四八九年（延徳《えんとく》元年）、一旦は許されたが、高頼配下の諸将が幕府の命令に従わないため、同三年、再び将軍義材《よしき》（のち義尹《よしただ》・義稙《よしたね》）の親征を受けると、甲賀・伊勢に隠れた。その後も荘園侵略を続ける一方、岡山城の九里備前守を誅《ちゅう》して義尹の意を迎えるなど、時流を読んで勢力拡大を図った。

19　中世中期のドイツの貴族家門。シュタウフェン家とも呼ばれ、教皇およびロンバルディア諸都市と争いながらブルグントとイタリアの支配を回復したフリードリヒ一世（一一二二～九〇年）、シチリア王国も併合したハインリヒ六世、教皇の支持により復位したフリードリヒ二世は、いわゆる神聖ローマ皇帝としてヨーロッパ的覇権の樹立を目ざした三世代の名主である。彼らの努力は結局挫折に終わるが、シュタウフェン朝帝の活躍は中世的皇帝権に最後の輝きを添えたものと評価されている。

第9章　中世日本の終焉《しゅうえん》

無政府状態に陥った足利時代の日本

国家が一致団結して強固であるためには、中心としての役割を果たす核があり、その核に向かって国全体が集中するだけでなく、同時に、核となる中央集権的な権力を強化することが必要である。さらに国家を構成する部分は、共通の中心から部分へと向かう行動に対応できる能力を持ち、中央集権化するものとされるものとの相互関係が促進されなければならない。いや、それ以上のことが必要である。

この構成部分それぞれの間に、強い絆《きずな》が構築されていなければならない。というのも、もし各部分が共通の中心とだけ結ばれ、他の部分と疎遠になっていたら、核の中央集権化を行なう勢力がいかに強力でも、全体がばらばらになってしまう危険性が高いからである。さらに唯一の中心が弱体化するような場合、中心以外で構成部分をしっかりと継続的につなぎ止めておく勢力が何一つ残らないのである。

しかし、中央集権化の勢力をその構成部分に分配するには、各々の構成部分が独立した有機的組織体となっているべきだろう。言葉を換えれば、各部分がそれぞれに有機的な社会集団、あるいは政治集団とならなければ、内外から活動力を与えられても、中心的な核を持ちつつ諸集団内で親密な関係を築くことができないのである。そのような力が与えられるには、つまり有機的組織体となるには、各々の部分も順次、それ自体の核を持たなければならない。また、その核の周囲には別の部分の残党が集まるかもしれない。

まとめて言うと、強力な中央集権化のためには、一つの核、すなわち一等級の核以外に、一等級かそれ以下の核が一定数存在しなければならない。そして時には三等級やそれ以下の等級の核も必要なのである。

　前述したことから導き出されるのは、地方に十分な数の中心がなければ、すなわち、十分に発達した有機的な小政治組織がなければ、政治の中心がいかに強力であろうとも、国家はまとまることができず、国家を構成する諸部分も相互につながりを欠くということである。日本は長い間そのような無秩序状態にあり、その状態は足利時代、すなわち十五世紀中頃まで続いていた。鎌倉の政治的影響力は、京都からは独立していたものの、ごく短期間しか持続しなかった。全体的に見れば、京都が唯一の政治的、社会的中心であり続けたのである。

　鎌倉以外で、都市と呼ぶに値する場所があったとすれば、九州北部沿岸の博多の名が挙げられるくらいだろう。他の場所は決して都市とは呼べず、せいぜい定期市の立つ場所にすぎなかった。堺《さかい》や山口といった都市が発展したのはもっと後の時代で、足利時代中期以降である。つまり天皇、将軍、そして一つの都が長年にわたり国全体を支配してきたわけである。

　その結果、表面的に観察すれば、日本は見事なまでに中央集権化され、素晴らしく統一されていたと言えるだろう。しかし実際は、幕府の軍事力はいうまでもなく、天皇の威信さえも衰え、朝廷と武家政権の舞台である京都は、かつて持っていた政治的影響力を失っていた。粘局、初期の足利時代には、国家を強固にする方法として、それだけで役に立つほど影響力のあるものは何も見出せなかった。その一方で、小規模の共同体が集結できる諸国の中心も形成されていなかった。

前時代の遺物であった荘園は、もちろん、一種の農業共同体であり、社会的、経済的単位と考えられ、政治的には京都か荘園以外の場所に住む人々の所有物だった。文化的な視点で見れば、大部分の荘園は、ほとんど価値がないに等しかった。だから足利幕府の軍事力が無力化すると、日本全土が混沌《こんとん》状態に陥ったのである。

強大な領臣の誕生

このように混沌とした足利時代は、ヨーロッパ史で中世が暗黒時代と言われるのと同じ意味で、日本史上、文明の後退期だと一般に考えられていた。しかしこの時代に対し、どの文化的要因にも進歩が見られなかった時代という烙印《らくいん》を押すのは大きな誤りである。ちょうどそれは初期のヨーロッパの歴史家たちが致命的な誤解を犯したのと同じである。彼らも中世ヨーロッパがどのような文化的視点から見ても暗黒そのものだと考えた。

前時代の古典主義は、その後のいわゆる暗黒時代の大衆化した文化と比べると、はるかに文明が高度な段階にあるように思える。しかし大衆化に対し、文明の後退運動という烙印を必ずしも押すべきではないのである。少なくとも大衆化には、今まで以上の幅広い普及、深い浸透、そして当時の現実の社会状況へのより良い適応が伴っており、絶対的な退廃過程だと見下されるべきではない。

見た目では無政府状態にあった初期の足利時代も、社会的、文化的な視点からすれば、当時の日本は、実際にとても重要な変化を経験していた。いや政治でさえ、非常に重要な変化の過程にあったのである。極端に無秩序な状態に達していたため、逆に新秩序の芽が徐々に膨《ふく》らみ始めていた。この時代の守護が、鎌倉時代の守護が所有していた領地よりもはるかに広い地域を支配していたのは、ある意味で注目すべき政治的な進歩である。

足利政権下でもっとも実力のあった守護の一人、山名《やまな》氏は、日本全土の約六分の一の土地を所有していたと言われており、そのために「六分の一殿」と呼ばれていた[1]。そのような強大な領臣は、鎌倉時代には絶対に存在しえなかった。これら高位の領主の大部分は主に京都に住んでいたが、地方にも邸宅を構えていた。それも鎌倉の地頭のように慎《つつ》ましいものではなかった。各々の領主は藩王国を維持し、その邸宅の周囲では盛大な社会生活が発達し、まさに近代

1　六分の一衆ともいう。山名時氏《ときうじ》は観応《かんのう》の擾乱《じょうらん》では一〇年以上南朝方となっていたが、一三六三年（正平《しょうへい》十八年・貞治《じょうじ》二年）に幕府方に帰参し、丹波《たんば》、丹後《たんご》、因幡《いなば》、伯耆《ほうき》、美作《みまさか》の五カ国の守護職を安堵《あんど》され、山名氏隆盛の基礎を築いた。その後の一三九一年、山名氏清《うじきよ》・満幸《みつゆき》らが明徳《めいとく》の乱を起こした当時、山名氏一族の守護国は先の五カ国に出雲《いずも》、但馬《たじま》、隠岐《おき》、山城《やましろ》、和泉《いずみ》、紀伊《きい》の六カ国を加えて一一カ国になり、六分の一殿と称された。

的な日本の地方都市の幕開けだったに違いない。徳川時代の領臣である大名が政治を行なった場所の由来をたどれば、その地方の発展は一般にこれら足利時代の守護の住居地が出発点であったことが分かる。

シナ大陸とのその後の交流

日支貿易は、近代日本の都市、特に堺や大坂や長崎のような臨海都市が発展したもう一つの要因であった。そして、このような臨海商業都市の発達は、自然とわが国の人文主義的な文化の全般的進歩につながったのである。日支の政府間交流は九世紀末から中断されていたが、東洋文化の源泉であるシナとの交流が完全に廃止されていたわけではなく、商船はほとんど途切れることなく定期的に二国間を往来していた。鎌倉幕府の時代でも、交流は絶え間なく続き、かなりの活況を呈し、両者に多大な利益をもたらしたと考える根拠がある。

当時のシナを支配したのは宋朝であり、それに続く元朝であった。頼朝の二番目の息子で鎌倉幕府・第三代将軍の実朝《さねとも》は、海を渡って大陸へ向かうための船を建造したと言われている。当時、大陸交易をしていた港は博多だった。交易特権のある船は数が限られ、幕府の管理と庇《ひ》護《ご》の下にあったに違いない。

これらの船が積み荷として運んだのは交換商品だけでなく、乗客もいて、そのほとんどが僧侶であった。中には、ある仏教寺院を利する交易のためだけに遣わされたような船さえあった。ここでもまた、他に類を見ないヨーロッパ史と日本史の一致点を見るのである。

十字軍の時代にイタリアの諸都市で行なわれたレヴァント貿易では[2]、その利益に与《あずか》っていた人々の中に教会や聖職者も含まれていた。日本の僧侶は、命知らずの商人と一緒に海外へ渡り、深い宗教的知識を蓄えて帰国したが、同時にわが国の一般的文化を振興する上でも目覚ましい働きをしたことは言うまでもない。

しかしもっとも注目すべきは、わが国へ来て定住したシナ人の僧侶がかなりいたことである。彼らの目的は、もちろん、当時の大陸で優勢になっていた禅宗の教理を普及させることであり、彼らは幕府から、後には朝廷からも歓迎され、鎌倉や京都の有名な寺院で住職の地位に就いた。これらの学僧は、宗教的諸活動の他に、日本が当時のシナ文明全般を摂取する上で多大な貢献をし、その度合いは日本人の僧侶に勝るとも劣らなかった。

これらの僧侶が、日本で武士や宮廷人に伝えた種々の知識部門の中でもっとも重要なものの一つは、純粋なシナの古典と世俗文学の教育であった。宋朝や元朝で印刷され、当時日本に輸入された稀覯《きこう》本は、今でもかなりの数が現存している。これは当時の日本に紹介された書籍の

2　レヴァントは十三、四世紀にイタリア（Levanto）やフランス（Levant）などで成立した語で、西ヨーロッパから見て日の上る東方にあたる地中海東岸一帯を指し、シリア、レバノンなどを中心にギリシア、トルコ、エジプトも含まれる。レヴァント貿易とは東西貿易、西ヨーロッパから見た東方貿易を指す。

種類がいかに豊富だったかを物語るものである。蒙古襲来からそれほど年月が経《た》っていない頃、鎌倉近くの金沢《かなざわ》に有名な文庫が北条家の学識者によって設立されたのは、たぶんこれらの僧侶の影響によるものであろう[3]。

もちろん蒙古の大軍の侵略の影響で、こうした相互交流は一時的には中断した。しかし、大陸との交易は蒙古襲来後すぐに復活して足利時代まで継続し、長期にわたる内戦[4]があっても実質的に中断されることはなかった。中止されたり中断されたりするどころか、数年間途絶えていた二国間の公式交流は、この内戦の間にも以前の友好的な状態にまで回復したのである。

シナで元朝が倒れ、王朝が替わったのは、島国の日本全土で内戦が激しく続いていた時代だった。蒙古人たちは自分たちの生まれ故郷の砂漠へと追いやられ、シナでは蒙古に代わって漢人の血を引く将軍の樹立した新しい明《みん》朝が国を統治した[5]。明の創始者は日本に使節を派遣し、新王朝の誕生を知らせ、日本海賊の侵入と略奪から帝国の沿岸を守ろうとした。海賊たちは何世紀も前から朝鮮と大陸の沿岸を荒らしまわっていたが、わが国が前例のない無政府状態にあったため、やりたい放題となり、内戦中は特に狂暴化した。

しかし、明帝国からの大使は、目的地の京都にすぐには到達できなかった。というのも、当時の九州は、足利家と敵対する派閥の皇族の子孫が長官として支配していたからである。この長官は、明の大使を途中で取り押さえ、接見し、送り返した。これが起こったのは一三六九年だった[6]。

その七年後、まさにこの長官が明の政府に使節を派遣した。多分その目的は海外から物質的援助を得ることで、政敵の足利一派を圧倒するくらい自分を強化するためだったのだろう。派遣したのが皇室の血を引く皇子だったので、その派遣使節があたかも実際の日本政府の代表のように見なされたようである。こうして二国間の交流はふたたび公式の形を取り始めた。

日本が渇望した二つの大陸伝来品

足利氏が最終的に勝利して南北朝の内戦が終わると、この九州の皇子が始めた国際関係が節

3　鎌倉中期に北条実時《さねとき》が武蔵国久良岐《くらき》郡六浦庄《むつうらしょう》金沢郷の別荘内に創設した金沢文庫のこと。正しくは「かねさわぶんこ」。現在は横浜市金沢区にある。鎌倉幕府の要職を歴任した実時は、政道と学問に関心が深く、その和漢の書は、『群書治要《ぐんしょちよう》』『春秋経伝集解《しゅんじゅうけいでんしっかい》』『令義解《りょうのぎげ》』『源氏物語』などを始め、政治、法制、農制、軍学、文学など広範囲に及び、現存する典籍文書数は約二万を超える。当初文庫は、金沢北条氏の真言律宗の菩提寺だった称名寺《しょうみょうじ》（一二六七年開山）に管理させたため、称名寺収集の仏書も含まれている。

4　元弘《げんこう》の乱に始まる南北朝の内乱のこと。

5　一三六八年に朱元璋《しゅげんしょう》が建てた漢人王朝。

6　この年、明が倭寇《わこう》討伐を要請したのが九州の宮方の懐良《かねよし》親王であった。懐良親王は後醍醐天皇の皇子（一三二九～八三年）で、征西将軍宮。南朝勢力の拠点を築くため九州征討の任と全権をおびて吉野を出、肥後の菊池武光《きくちたけみつ》に擁されて九州経営を進めた。一三六一年（康安《こうあん》元年）から七一年（応安《おうあん》四年）には大宰府にあって南朝唯一の地方権力として九州を統轄した。明も「日本国王懐良」と認めた。

三代将軍の義満によって再開され、一四〇一年、明の政府に使節が派遣された。この後、明の政府と足利幕府の間で使節団の交換が継続して行なわれた。足利幕府は、大陸沿岸で交易をする日本人が秩序正しい行動をとることを保証し、傭兵《ようへい》たちの海賊行為を抑えることを約束した。明側は返礼として幕府に気前よく贈り物を与えた。

当時、日本がもっとも悩んでいたのは、硬貨の不足だった。わが国の貨幣鋳造は、はるか昔に失われてしまっていたからである。それなのに政権担当者は、必需品を取り扱うための様々な単位の硬貨を、長い間十分に供給してこなかったのである。幕府が明朝の皇帝たちからの銅銭の贈り物を喜んで受け取ったのも不思議ではない。この明の銅銭は、日本の商品を売って獲得した銅銭とともに日本中で広く流通し、その多くは今日まで残っているが、当時、補助貨幣として役立っていた[7]。

それ以外で日本人が喉から手が出るくらい欲していた大陸からの伝来品は書籍だった。この銅銭と書籍という二つの品の他に、この船には明からの使節も乗り込んでいたし、多くの珍品や役に立つ商品が輸入されたに違いなく、わが国民の一般的な生活様式を変える上で、軽視できないものだったのである。

足利時代初期の大陸交易の中心地は、もちろん、以前と同じく九州の博多であった。しかし長門《ながと》の大内《おおうち》家が瀬戸内海の玄関口である下関《しものせき》海峡を押さえ、後には博多それ自体をも同じ一族の支配下に含めたので、交易は長い間この長門国の領主によって支配され、もっと正確に言えば、独占されていた。

大内家の居住地であった山口という内陸都市の発展もまた、同じ状況によるものであるはずだ。さらに瀬戸内海最東端の奥部で堺港が発展したのは、堺という町がかつて同じ大内の統治下にあり、堺と下関の間には深い歴史的関係があることにその起源を求めなければならない。しかし、海外交易の中心が博多から堺へ移ったのは、その他多くの政治的原因が重なった結果であった。西洋諸国との交流が始まったとき、輸出入の主要市場になったのは堺であり、博多ではなかった。

7　明の貨幣は、明朝鋳造の銅銭、いわゆる「明銭」をいうわけであるが、本文中の指摘は、実物の明銭そのものへの言及ではなく、「銭」という貨幣単位の硬貨が、その後も補助貨幣として継続して使用されていることを言っているのであろう。「銭」という名称は、シナで唐代以降に銅銭の単位が「銭」と呼ばれていたことに由来する。この「銭」は、かつて日本の通貨「円」の補助単位として使われており、ちなみに一円は一〇〇銭である。一八七一年（明治四年）の新貨条例によって、円とともに導入され、五・一〇・二〇・五〇銭の四種類の銀貨と、一厘（一〇分の一銭）・半銭・一銭の三種類の銅貨の鋳造が定められた。
その後一九五三年の「小額通貨の整理及び支払金の端数計算に関する法律」によって、一円未満の貨幣（一円黄銅貨を含む）の使用は停止されたが、為替や株価の端数表示での使用は認められ、現在も使われている。

都市と印刷文化の発達

日本の都市の発達は、国家の政治や商業の成熟の度合いによって促され、わが文明全般の進歩と密接に関係する現象である。都会生活にはどうしても多種多様な欠点がつきものだが、都市は、古代から西洋の歴史はもちろん、東洋の歴史でも一般の文化基準を高いレベルまで押しあげる上で、もっとも影響力のある媒介物の一つであった。田園生活は、どのような仰々しい称賛の言葉が奏《かな》でられようとも[8]、それだけでは粗野で飾り気がなく、純朴である以上に生活様式や行動基準のレベルを上げることはできなかっただろう。この点については、足利時代とそれ以前の時代で注目すべき違いが観察できる。それはヨーロッパ史における十一世紀と十二世紀の性質の違いによく似ている。すなわち、日本で印刷される書籍の数や種類が突然に増加したことが、そのことを如実に物語っている。

日本の印刷の歴史は八世紀中頃まで遡るが、当初の印刷物はバラバラに切り離されたチラシのようなものだった。綴《と》じられた本の形で現存する最古の印刷物は、一〇八八年の日付がついている[9]。しかしそれ以降は、長い間、書物がほとんど印刷されなかった。さらにこれらは宗教書だけに限られていた。孔子の有名な教説集である『論語』の注釈書が、同時代の大陸版、つまり宋版に倣って再版されたのは一二四七年だった[10]。

この非宗教的で、仏教とは無関係な作品が鎌倉時代中頃に日本で最初に編集されたということは、シナ古典の読者層に下級武士も加わり拡大していたことの証《あかし》である。しかし、そのような世俗的な大陸の作品の編集は七五年間も中断し、一三二二年まで再開されなかった。長い南北朝の内戦[11]が勃発するほんの一〇年前のことである。同年に印刷された本に孔子の経書があり、それは『尚書《しょうしょ》』のシナ版に倣ったものだった。

この後、それ以外の非宗教的な作品の再版が数多く続いた。驚くべきことは、大陸の原典の

8　西洋の読者のために本書が書かれたことを考えると、おそらく筆者は西洋で理想化されてきた牧歌的伝統のことを言っているのだろう。西洋古典ではギリシア南部のペロポネソス半島に実在する高原地帯を「アルカディア」として理想化し、その伝統を受け継ぐヨーロッパでは中世近代にいたるまで、そのような牧歌的生活を田園牧歌の詩、絵画、音楽などでくり返し讃《たた》えてきた。

9　『成唯識論《じょうゆいしきろん》』のことであろう。この書物は、世親《せしん》の「唯識三十頌《さんじゅうじゅ》」に対するインドの仏僧護法《ごほう》ら十大論師の注釈で一〇〇巻より成るが、六五九年、唐の玄奘《げんじょう》の漢訳の際に一〇巻にまとめられた法相宗《ほっそうしゅう》の根本聖典で、万有は識によって顕現したことを説く。現存のものでは模工僧観増の刊記のある『成唯識論』一〇巻（残巻、正倉院蔵）が一〇八八年（寛治二年）刊である。奈良の藤原氏の氏寺であった興福寺で、講学に必要な『成唯識論』とその注疏《ちゅうしょ》の出版となり、唯識宗の保護神と信じられた春日明神に奉納するので春日版とも称せられた。厚手の用紙に枠なしの和様の文字を両面に印刷した、胡蝶装《こちょうそう》の印刷物が鎌倉時代を中心に広く行なわれた。

10　一二四七年（宝治《ほうじ》元年）、宋の朱熹《しゅき》著による「論語」の注釈書である宋版本の『論語集註《しっちゅう》』一〇巻が復刻されている。

11　前出の南北朝の内乱のこと。

再版の継続は内戦があっても妨げられなかったというだけでなく、この時代以降に再版本の数が全体的に突如として増加したことである。内戦中に出版された書籍の中で『論語』の注釈は前述のものとは異なる文章であり、堺で作られたと言われているが、もっとも注目すべきものであった。これが一三六四年の版であり[12]、数か所で幾度となく再版された。

この場合は、最初に印刷がなされた場所も、私たちの注意を引く。これまでほとんどすべての書籍は京都で出版されていた。ただし仏教文学の大冊は別で、奈良や高野山の僧院で時々編《へん》纂《さん》されてきた。今や由緒ある神聖な場所だけでなく、堺のような近年発展したばかりの生粋の商業都市でも印刷が行なわれ始めたのである。この頃に数種類の漢文学の書籍が博多の町で編纂されたが、そこで仕事を始めたのは帰化したシナ人だったと言われている。別の言い伝えによると、二人のシナ人の木彫版師が来て博多に定住し、自分たちの専門職に従事し、それが再版本の増加に大きく貢献したという。

内戦の少し後の十五世紀初頭、山口や足利のようなはるか遠方の地方でも書籍が印刷された。足利は、足利将軍家の発祥地であった。そしてちょうどこの時、当地に専門学校が創設されたが[13]、東日本でもっとも影響力のある幕府の臣下の一人、上杉憲実《うえすぎのりざね》が再興したと言う者もいる。

こうして十五世紀後半には、大陸の古典の再版が全国的に流行するようになった。今や京都と堺で再版され、数が増え続ける書籍に加え、西部の鹿児島のようなはるか遠方の地でも出版されているのが分かる。東部では、新しい政治の中心地の一つとなった小田原の近郊に少なくとも一人の彫師が住んでいて、本の版彫りに従事していた。

このように本を編集する地方が増加したのは、諸国に小規模な文化の中心地が増えたこと、すなわち、国内で文明がさらに広く普及したことを意味するものである。

12　シナで滅んで日本に伝承された古註に魏の何晏《かあん》（?～二四九年）の『論語集解《しっかい》』があるが、これが一三八四年（正平十九年・貞治三年）に堺浦道祐《かいほどうゆう》居士による和刻本（正平版）で初めて出版された。その後も盛んに出版され、一五九九年（慶長《けいちょう》四年）の勅版に代表される古活字本にも数種があるが、一三六四年の刊本が現存する最古のものである。

13　室町初期に下野《しもつけ》国足利庄に設立された漢学を研修するための学校施設、「足利学校」のこと。創建については諸説がある。

14　本文にもあるように、医書についていえば、大陸から新しく伝来した医書である宋版医書の影響が本格的になるのは鎌倉中期頃からである。宮廷や僧院の医師たちが南北朝までに著わしたものとしては、『本草也葉抄《ほんぞういろはしょう》』（一二八四年）、『医談抄《いだんしょう》』（一二八四年頃）、『医家千字文注《いかせんじもんちゅう》』（一二九三年）、『頓医抄《とんいしょう》』（一三〇四年）、『万安方《まんあんぽう》』（一三一五年）、『福田方《ふくでんほう》』（一三六二年から六八年）などがある。室町時代になると医家の中には明にわたり、金元医学や南宋医学を学ぶ者もいて、この頃から両者を融合した明医学が導入され始めた。当時の和医書には『延寿類要《えんじゅるいよう》』（一四五六年）、『三喜回翁医書《さんきかいおういしょ》』（一四九八年?）、『続添鴻宝秘要抄《ぞくてんこうほうひようしょう》』（一五〇八年）、『能毒《のうどく》』（一五六六年）などがある。

特に注目すべきもう一つの重要な事実は、再販本の種類が多岐にわたるようになったことである。足利時代に印刷された書籍は、そのほとんどが大陸の作品の複製品であり、純粋な和書籍は同時代の終わりまでほとんど出版されなかった。それでもこれらの作品自体が再版され、その種類もますます多様になった。足利時代後期には、仏教や儒教の古典や、純粋に文学的な特徴をもつ作品、特に詩集や作詞に関する本だけでなく、いくつかの医学書も再版、出版された[14]。明との交流により、南北朝の争乱後に薬学が復活していたからだ。争乱が終わるとすぐに明で薬学を学ぶために海を渡った日本人留学生もいた。医学書が再版されたのは、わが国で増加しつづけていた医学生の需要が高まったという証拠であり、科学教育の復活の始まりと考えられた。

日本人著者の作品の印刷については、僧の法然《ほうねん》が漢語で書いた宗教論文集が最初の出版だったようであり[15]、鎌倉時代の最初に印刷され、その後も何度となく再版された。同じ僧による別の作品も日本語で書かれ、同時代末に出版された。南北朝の争乱の間も、日本の禅僧によって漢語の作品が数多く出版された。その中で『元亨釈書《げんこうしやくしよ》』[16]と題された日本の仏教史書がもっとも注目に値するが、幾度となく再版された。日本史年表[17]と貞永式目の二つの版が続いて出版された。子供に漢字を習わせるための教科書が、足利時代末期に初めて印刷された。そのような本の出版の需要があったということは、子供の教育に対し一般の注意が喚起され始めたことの証である。

文明レベルの著しい上昇

前述したことから、足利時代の間にわが国の文明のレベルが著しく上昇し、同時に諸国でも数多くの文化の中心地が次々に誕生したと結論づけてよいだろう。それらの中心地の特徴は、

15　法然が九条兼実《くじょうかねざね》の求めに応じて六十六歳の時に著わした一巻、十六章から成る『選択《せんちゃく》本願念仏集』のことであろう（一一九八年〔建久《けんきゅう》九年〕）。『仏説無量寿経』『仏説観無量寿経』『仏説阿弥陀経』の浄土三部経や、シナの曇鸞《どんらん》、道綽《どうしゃく》、善導《ぜんどう》らの著述などを参考にし、諸行の中から念仏を選択して、念仏門が末代相応の法門であると説く。

16　一三二二年（元亨二年）に成立した虎関師錬《こかんしれん》による日本最初の仏教通史。三〇巻。仏教伝来から鎌倉時代末までの約七〇〇年間にわたる高僧の伝記や史実を漢文体で記す。

17　この時代の年表にあたるものとしては、北条時政《ときまさ》から貞時《さだとき》に至る北条氏九代の記録（一一八三年〔寿永《じゅえい》二年〕～一三三三年〔正慶《しょうきょう》元年〕）である『鎌倉年代記』（『北条九代記《くだいき》』）、高倉天皇（一一八〇年〔治承《じしょう》四年〕）から後土御門《ごつちみかど》天皇（一四九九年〔明応《めいおう》八年〕）までを扱った年表形式の『武家年代記』、一一八〇年（治承四年）から一五八九年（天正《てんしょう》十七年）にわたる年表風の年代記『鎌倉大日記《おおにっき》』がある。現存最古の年代記は、十一世紀末に作られた奈良の春日若宮社社家千鳥家蔵の『皇代記《こうだいき》』の残篇（『応徳元年皇代記』）であるが、幕府に関する記事を中心にしたものでは最初に挙げた三書である。本書で「年代記」ではなく「年表」とあるのは、今日年代記として伝わっている書物の原本でも、年表形式のものが多かったからであろう。

京都を小規模化したものに他ならなかったが、たがいの競争意識のお蔭で、国全体の文明の向上に、少なからず貢献したのである。足利時代は、事実上の無政府状態が続く時代であったが、そのような時代にわが祖先がかくも注目すべき偉業を成し遂げたと主張したら、疑念をいだく向きもあることだろう。しかし、イタリア・ルネサンスの歴史を見れば、政治的無秩序によって文明の進歩が必ずしも妨げられるわけではなく、その反対に刺激されることすらあるという事実に納得がいくことだろう。

大名という足利時代の有力な領臣が所有していた領地は、はっきりとした境界を持つ、まとまった土地では決してなかった。あれやこれやの大名が勢力の盛衰を頻繁に繰り返したため、領地の境界線はいつもあちこちに移動していた。そのような境界線の変更は、取るに足りない小競り合いか、政治的な陰謀の結果次第で頻繁に起こりえた。その結果、当時は政治の安定だけが切に求められていた。

しかし、日本の政治がこのような不安定な状況にあったことは、ある意味でわが国にとっては幸運だった。それによって国内交通機関の邪魔になる障害物がすべて取り除かれ、日本国の究極的な政治的統一への道が開かれたからである。もちろん、当時の旅行がどのような妨害も受けずに安全だったというのではなく、交通の主たる障害は、社会的性格というよりも政治的性格を有していたということである。

言葉を換えれば、たとえ日本が政治的に分裂していなくとも、また野心的な商人たちが尻込みをせずにそのような困難と向き合ったとしても、この種の障害は、文明の段階に差が見られない場合、取り除くことができなかったのである。破壊が目的で西の島々や瀬戸内海の沿岸地域から朝鮮や大陸沿岸へと向かった海賊商人のことはお話しするまでもないだろう。海賊ほど好戦的でない商人は危険を顧みずアイヌと交易をした。アイヌたちは北海道の島に退いた後、足利時代初頭からはその消息を絶った。

境界を越え、日本中を旅する人々

歩いて長旅をする人の中には、専門職の文人、日本の短い詩である連歌を詠む才能に秀でた専門家もいた。彼らは諸国を巡り歩き、封建領主の城を訪問し、余暇を楽しむための文芸を教え、素人に美的教育のイロハを手ほどきした。

宮廷人も相変わらず気弱だったが、遠方まで長旅をして気前の良い庇護者《パトロン》になってくれそうな豪商や大名のもとを訪ね歩いた。宮廷人たちは、前述した和歌を詠む技術の他に、京都の貴族たちのお気に入りであった革製の鞠《まり》を蹴るスポーツや、その他のゆったりとした娯楽を教えては、その見返りに温かい歓迎と差し出される指南料を受け取っていた。

仏教の僧侶たちは、この時代の多忙な旅行者の第三グループであった。この時代には、影響力のある宗派はひとつも設立されなかったが、布教活動はそれほど衰えてもいなかった。この島国の隅々まで巡回布教師の足跡が残っていた。さらに冒険心に富む聖職者の中には、現在北海道と呼ばれている島で生活するアイヌに説教をするため、海を渡って蝦夷地へ赴く者もいた。皇室の祖先が祀《まつ》られている伊勢神宮の巡礼者も、忙しく諸国を旅する人々の中に含まれるかもしれない[18]。

これらすべての放浪者は、都で生まれ育まれた文化を遠く離れた地方の町へ伝えただけでなく、小さな文化的中心地の相互交流を以前よりも密接にするのにも役立ち、その結果、均一な水準と性格の文明が日本国中に広がった。こうして日本は強固な政治的統一の準備段階として、その文明が初めて統一されたのである。

もう一度繰り返すが、足利時代の日本国内には、一国あるいは一大名の領地の人民が、他国や他の大名の領地へ行くのを妨げるような一定の政治的境界線もなければ、その他の人工的な障壁もなかった。そしてこのことが諸国の住民間の交流を促したのである。東日本の足利学校が、不十分な施設だったにもかかわらず、全国各地から、それも薩摩のような遠く離れた国からも生徒が来て賑《にぎ》わったという事実は、悪路や貧弱な輸送手段に妨げられることなく、当時の日本人が一般教養を得ようと遠路はるばる行き来したことを示している。

そのような活動や活発な情報交換があれば、当然のこと帝国のあちこちで大きな商業中心地の形成に役立ったことだろう。わが国の地理的特性ゆえに、国内にそのような多数の大商業都市の形成を見ることができなかったのは不運だった。政治状況について言えば、十二世紀から十三世紀におけるドイツと日本には酷似した点があるが、日本では、中世ドイツでハンザ同盟のような多くの商業都市は形成されなかった。ハンザの自由都市と比較しうるほど繁栄した日本唯一の都市は堺だった。

日本唯一の自由都市・堺

堺の町は、その名の示す通り日本語で「境界」を意味し、隣接する摂津国と和泉国の境界線上にあり、かつての大和川《やまとがわ》の河口に位置していた。しかしその後、川の流れと国境線が変わったため、堺市は現在の和泉国の中にすっぽりとおさまり、町の近くを流れる川もない。そこがかつては国境の町だったという事実は、同市が行政の中心でありえなかったことを示している。また武家政権の全時代を通して見ても、権力ある封建領主の居住地は同市になかった。

さらにその町が、何ら特別に自然の恩恵を受けていたわけでもない。堺湾はとても広く開き、西風を防ぐものが何もない。それに加えて大昔からとても浅い湾だった。造船が未発達の段階にあるとはいえ、港は当時の交易の平底帆船《ジャンク》と同じぐらいの大きさの船を係留するにも適さなかった。その結果、船舶は堺湾の海辺からはるか沖合で停泊しなければならなかった。堺

18　伊勢詣《もうで》、伊勢参りのこと。鎌倉時代後期には尾張や美濃を中心に幅広い層による伊勢詣が見られるに至った。南北朝時代も、動乱期であるにもかかわらず、この動きは増大する一方で、室町時代に入る頃には、参詣者集団の間で伊勢講または神明講を結成することも盛んに行なわれた。

の唯一の地理的な利点は、四国の島への最短海路がここから始まるということであった。最初に堺を発展させたいという衝動に駆られたのは南北朝の争乱時代だったようである。和泉と地続きの大和の国の山間地帯に本拠地を置く一派にとって、同市は海へ出るのに最も近かったからである。争乱の終わりには、前述したように港は大内家の支配下に入り、その後、大内から細川家の手に移った[19]。

細川家も足利幕府の主たる領臣の一人であり、四国の北東部を所有していた。堺が役に立ったのは、細川家の臣下たちが将軍のご機嫌伺いをするためにせよ、細川家の利益のために戦うにせよ、同市がいつも京都へ向かう途次の上陸地だったからである。このことから、堺の港町には、細川の世襲領主より、同市の商人から援助を受ける見返りとして、各種の特権が与えられていた。これと同じような特権は、ヨーロッパの自由都市が享受した市政の自由とほぼ同じ程度のものであった。市政は少数の裕福な商人が握っており、封建領主から邪魔されることがほとんどなかった。

商人の中には、最初、市政を独占したものが一〇人いた。それぞれが一定数の倉庫を所有する大富豪であり、倉庫の賃貸料だけで相当の収入があった。しかし、後の足利時代になると、三六人の堺市参事会員の名前が挙げられるようになる[20]。このように人数が増えたのは、おそらく市民がさらに富裕になった結果であろう。端的に言えば、堺は中世イタリアのベネチアやフィレンツェのように、同市の裕福な商人の少数独裁的な支配下にあったけれども、自治がなされていたということである。わが国の歴史上きわめて例外的なケースであった。

黄金時代の始まり

堺の黄金時代は一四七六年頃から始まる。この時期に日明貿易の船団が、この港から始めて出航した[21]。その時までは日本国と明を定期的に往来する船は博多か、神戸とほぼ同位置にあ

19　足利（室町）時代、細川・山名氏らの強力な守護が堺を領したので、一層その重要性が高まり、特に一カ国の守護を兼ねた山名氏清の根拠地として、泉府《せんぷ》とも称された。しかし一三九一年（元中《げんちゅう》八年・明徳《めいとく》二年）、明徳の乱の後は、氏清討滅に戦功のあった大内義弘が守護となり、堺も大いに繁栄したが、応仁の乱の後は、細川氏の守護地となり、西南諸国の交通の要衝として再び繁栄し、兵庫港の地位を脅かした。

20　最初一〇人の「納屋衆《なやしゅう》」から出発し、後に人数が増えて一四八四年（文明十六年）頃から「会合衆《えごう》」と呼ばれる三六人の豪商が堺の市政を行なった。茶人としても有名な今井宗久《いまいそうきゅう》・宗薫《そうくん》の親子も納屋に始まる。納屋とは海産物を収める倉のことで、油・採種・海産物の問屋であり、運送にもあたっていた裕福な商人を「納屋衆」、「納屋貸衆」とも呼び、堺の自治制の中心をなしていた。会合衆は老衆《としより》の代表者で、月行事二人、一二カ月で三六人となっている。

21　帰朝の遣明船が初めて堺に入港したのは、その七年前の一四六九年であり、その後発着地にもなった。さらに堺商人の活躍で堺は遣明船を独占的に請け負うようになり、貿易の主導権を握るに至った。堺商人は明だけでなく、朝鮮・琉球・ルソン・安南・シャムなどへも往来し、十六世紀にはスペイン・ポルトガルと結んで、南蛮貿易の一大中心地となった。

る兵庫から出航していた。冒険心に富む堺商人たちは、この時代以前からはるか琉球《りゅうきゅう》諸島にまで足を伸ばしては貿易を行ない、しばしば明交易にも参加していたが、その時まで堺から直接明へ向かった船は一隻もなかった。この時に堺が明と取引をする主要貿易港になったというのは、おそらく世襲領主の細川の仲介があったからかもしれないが、日本の商業都市の中で堺がそのような名誉ある地位に就いた決定的な要因は、同市の物流の圧倒的な優位性があったからに違いない。

幕府の高位の臣下たちの多くは、兵士の装備のために堺商人から借金をした。いや、幕府自体でさえ資金が不足しないように、しばしば町の商人に担保として領地を譲渡しなければならなかった[22]。堺は、市民の富を活用して町全体を深い濠《ほり》で取り囲み、自分たちの町の守備をすこぶる強固にし、当時の日本に溢《あふ》れていた多数の武者修行者を兵士として徴募したりすることもできた。

これらのことに加え、幕府や大物の領臣への援助が必要だという意識もあって、市民たちは他の強力な兵力と対抗する力を得たのである。一方、堺商人から金銭援助の借りがある武士たちは、もっぱら商人たちから下にも置かない扱いを受けていたが、それは当時でも珍しいことだった。堺の市民は、しばしば自宅に武士を宿泊させなければならなかったので、戦いの被害から完全に免れるわけにはいかなかった。しかし、血で血を洗う残忍な戦争が国中で激しく続いていたにもかかわらず、市内ではどのような戦闘も許されなかった[23]。

応仁の乱の勃発後、堺が京都よりも安全に暮らせると考えられたのは当然であった。堺は日本文明を完全な破滅から救うため、文明の聖域になったのである。動乱の都で暮らすのに耐えられないと思っていた詩人、画家、音楽家、歌手たちはこぞって堺に避難し、そこで静かに自らの仕事に専念したのであった。いろいろな手工芸、たとえば、漆器、陶器、織物はすべてこの町で始まり、大成功を収めた。

特に織物については、この産業はかつて京都で栄えた後、同地での政治的動乱ゆえに廃れたが、堺で受け継がれただけでなく、シナ人の織工により改善されたと言われている。彼らはこの町に寄り集まり、シナの発明品である種々の高価な織物の作り方を日本人に教えたのであ

22　堺商人たちは幕府に対して河内《かわち》などの諸国を抵当にして財産資金を提供していた。

23　フロイスの『日本史』や『耶蘇《やそ》会士日本通信』には、堺の四周には濠を巡らし、木戸を構えて夜は閉ざされ、濠内では敵味方でも礼儀を尽くして交わっているが、一歩外へ出れば果たし合いをすると記されている。

24　種子島《たねがしま》に来航したポルトガル人によって火縄銃と火薬の製法が伝えられたのは一五四三年とするのが通説で、これは『鉄炮記』による。ポルトガル側の基本資料であるアントニオ＝ガルワンの『世界新旧発見史』では一五四二年とある。著者の一五四一年がどの資料に基づくかは不明である。堺商人については、『鉄炮記』に鉄砲伝来が伝えられるや、泉州堺の商人、橘屋《たちばなや》又三郎《またさぶろう》なるものが種子島にとどまること、一、二年、鉄砲に習熟して帰国したので、人々は彼のことを鉄炮又と呼んだとある。

る。ある点で、今では京都の特産品の一つである西陣織《にしじんおり》は、堺の機織りの延長だと言えるかもしれない。

足利時代後期に堺市で発達した別種の産業が火器の製造だった。一五四一年、ポルトガル人により鉄砲が伝来した直後、堺商人は九州のあちこちで鉄砲の製造技術を学んだ[24]。彼らは堺に戻ると、学んだ商売を同市で営み始めた。こうして堺は中部日本と東日本で新しい武器の使用を広める発祥地となったのである。

フランシスコ・ザビエルの来訪

以上のことから、読者には簡単にお分かりになるだろうが、堺市民の知的レベルは、当時の平均的日本人よりもかなり上であった。そこでは機知と滑稽味を披露する才芸が高く評価され、堺市民からは多芸多才で折衝に巧みな者、話の上手な者、おどけ者が数多く輩出された。彼らの経済状況はとても良好だったので、町の社会生活は洗練され、知的であり、豪奢《ごうしゃ》でさえあった。

日本人のお気に入りの飲み物である米から造られた酒の製造はこの町で非常に発達し、堺《さかい》樽《だる》の名声は国中に轟《とどろ》いていた。幕府は酒の醸造者を保護するために堺の町への酒の持ち込みを禁止する命令を発布した。裕福な商人たちは、当時すでに流行していた社交界の二大娯楽、茶道と華道に熱中していた。この町の住人の中にはこの種の娯楽の名人が数多くいた。彼らは一般に高い技術を身に着けた美術の権威者でもあった。たとえば千利休《せんのりきゅう》はその好例である。国内外の様々な骨董品が、目の飛び出るような高値で売買された。

堺の町が繁栄した状態にあったことにより、多くの仏教徒、特に当時の仏教でもっとも活動的な宗派の浄土真宗の僧が、町で布教を試みるようになった。彼らは数多くの寺院を建造し、幕府の御所では商人たちに力添えをして、幕府から明と交易する特権を手に入れ、堺港の市民たちとも提携した。

初期のキリスト教宣教師たちも、この町を自分たちの活動拠点にしようとしていた。日本が西洋から受け入れたもっとも偉大な宣教師というだけでなく、世界でもっとも偉大な人物の一人のフランシスコ・ザビエルが山口から京都へ行く途中にこの町にたどり着いたのが、一五五〇年の終わりであった。ザビエルは病気のため、日本での短い滞在中に注目すべきことは何もできなかったが、キリスト教の最初の種を日本国の中心地域に蒔いたのである。その一〇年後、最初のキリスト教の讃美歌が堺に建造された教会堂で歌われたのだった。

中産階級文明としての足利文化

堺の文明は、足利時代後期の日本国の全文明を代表するものであり、まばゆいばかりの色彩に彩られていた。その文明の基本的な特徴は貴族的ではなく、中産階級的であった。中産階級よりも下層の国民は、文明とはまだ無縁であった。言うまでもなく、無産者階級の運動の萌芽《ほうが》が、すでにこの時期に認められるのは事実である。京都の街中で無法者たちが頻繁に起こす騒動や、諸国で農夫が起こす暴動は、ヨーロッパ宗教改革時代のドイツ農民戦争[25]を彷彿《ほうふつ》とさせる。彼らと当時の扇動的な宗教運動との関係はいうまでもなく、その要求もゲッツ・フォン・ベルリヒンゲンの運動と酷似していた[26]。しかし彼らは暴動をしても永続する結果は何も手に入れられず、文明の性格も基本的に中産階級的なままであり、これらの騒動から著しい変化は何も生じなかった。

中産階級文明は個人主義的にならざるをえず、貴族文明との主な違いもこの点にある。ヨーロッパでは今までそうであり、わが国でもそれ以外の状況はありえなかっただろう。足利時代に個人主義が優勢になったのは、日本美術史の現象によっても証明できるかもしれない。

前章で述べたように、肖像画はすでに鎌倉時代からある程度発達していた。この絵画の分野が芸術的に発展したことにより、宗教画とは無関係なものになった。しかし、当時の肖像画は、隆信や信実《のぶざね》のような有名な名匠の手による絵画でさえ[27]、様式が型にはまりすぎていることは言うまでもなく、対象も典型的な宮廷人や武士の像だけに限られていた。それらには個人の個性が少しも表現されていなかった。当時のほとんどの芸術家が注目していた絵巻物には多くの人物画が描かれてはいるが、場面を描くことのほうが主目的だったので、本気で苦心して個人を描写したわけではない。肖像画が長い間未発達だった主たる原因は、同時代の文明に個人的な要素が欠如していたために違いない。個人主義的な精神がある程度は発達しない限り、肖像画の真の発展も期待できないのである。

足利時代でも以前と同じように絵巻物が数多く生み出されたが、前時代の作品と比べるとて

25　宗教改革期の一五二四～二五年、ドイツ南西部を中心に起こった大農民一揆《いっき》。ルターによる宗教改革が始まると、その「神の前に平等」の理念は農民の反封建運動を大いに刺激し、大一揆を勃発。農民は貢租軽減・農奴制廃止・教会改革などを主張。中部ドイツの農民軍団は、ミュンツァーを指導者にして反乱を拡大したが、諸侯、領主側は一五二五年四月より攻勢に転じ、夏までに農民軍を制圧した。

26　ドイツ宗教改革期の騎士。若い時から盗賊騎士団を組織し、各地で商人を襲撃したり、封建貴族間の争いに介入したり、身代金目当てに領主を監禁したりした。一五二四年に農民戦争が起こると、オーデンワルト農民団に加わり、その指導者に推されたが、五月末ケーニヒスホーフェンの決戦の前夜、ひそかに逃亡。農民団に加わった罪を問われて一五二八年から三〇年まで、アウクスブルクに禁錮された。釈放後、トルコ軍、フランス軍との戦いに参加し、ホルンベルク城で没した。ゲーテの史劇『ゲッツ・フォン・ベルリヒンゲン』(Götz von Berlichingen mit der eisernen Hand 1773) は、その自由奔放、無頼な人物像を鮮やかに描き出している。

27　藤原隆信は、7章213ページの注11を参照。藤原信実（生没年不詳）は鎌倉前期の歌人であり似絵《にせえ》絵師。藤原定家《ていか》の『明月記《めいげつき》』などによると、順徳《じゅんとく》天皇の中殿御会《ちゅうでんぎょかい》の参列者を描いた「中殿御会図」（一二一八年　模本のみ現存）など、多くの作品を残している。隠岐配流直前の姿を描いた「後鳥羽上皇像」（水無瀬《みなせ》神宮蔵）、「随身庭騎《ずいしんていき》絵巻」（大倉集古館蔵）の一部なども信実筆と推定される。

の大部分が質的に劣っていた。その一方で、この時代の肖像画には大きな改善がなされていることに気づく。ある程度は、当時の上流階級の間に普及した宗派、禅宗の影響によるものかもしれない。というのも、禅の信条は個人主義的傾向が強いと言われているからだ。しかしその大部分は、時代全体の精神の産物に違いない。その精神は、禅宗の影響を受けなかったとは言えないが、宗教的理由よりも社会的、経済的理由によって個人主義的に向かうよう誘導されたのである。

土佐《とさ》派や狩野《かのう》派の画家たちによって、数多くの著名人の肖像画が描かれた。たとえば、将軍、宮廷人、大物の封建領主、僧侶、特に禅僧、文人、芸術家、茶道の師匠などである。彼らの肖像画は一般に死後に近親者、友人、臣下、故人の弟子たちの注文で制作され、崇拝し尊敬する故人を偲《しの》ぶ記念品とするのである。このような絵画はかなりの数が今日まで残っていて、日本史上、有名な人物の特徴をありありと伝えている。

この政治の無政府状態が当時の個人主義的傾向と結びついたので、必然的に人々の道徳は崩壊してしまった。当時の文学も、藤原時代の文学の復活であったが、同じような効果を生ずる一因となった。藤原時代の最盛期を飾る古典作家たちの日本文学が、むさぼるように熱心に熟読され、注釈が施され、解説もなされた。その中でもっとも崇拝されたのは紫式部《むらさきしきぶ》であり、その有名な小説の『源氏物語』は神秘的な作品と見なされ、ほとんど神聖視された。この文学

28　参考のために、原の中世文化観を簡単に確認しておこう。一般には藤原時代、すなわち鎌倉時代以前の平安時代は、文化の栄えた栄華の時代と考えられる傾向がある。しかし、原によれば、藤原時代は、シナ文化を表面的に受容していただけで、その文化の実態は皮相的、不健全、退廃的な文化だったという。そのような藤原時代の文学の特性について、原は「宮廷の奢靡《しゃび》と、露骨なる情事との記述」か、そうでなければ「多くは無意義なる年中行事の説明なるのみ」と述べている。また紫式部の『源氏物語』にしても「景物を描写して凄婉《せいえん》の極致《きょくち》に達せるの点」では、その前後に肩を並べるような作品は少ないけれども、「人生の深義を剔出《てきしゅつ》してこれを明らかならしむる」のは、紫式部が秀でている点ではないという（『日本中世史』講談社学術文庫、47ページ）。要するに藤原時代の文学が「人倫道徳の要義」を明らかにしてないという意味で、道徳的崩壊の様相を呈していると考えたのだろう。

とは言うものの、鎌倉文化は藤原文化を克服することはできず、鎌倉時代の文明は、文学も含めて、藤原時代の継続であり、「多少デカダンに陥《おちい》りていこそすれ、古典的なる品質に於て向上しておるとはいいがたい」とみる。また室町（足利）時代の京都文明も「古典的見地からしていえば鎌倉時代のそれよりもさらにデカダンの趣」を加えているという（『東山時代における一縉紳の生活』中公クラシックス、14～15ページ）。室町文学とて例外ではないのだろう。

しかし、室町の復古は藤原時代の復古には違いがないものの、藤原時代そのままの再現ではなかった。鎌倉・室町時代は、そのような大陸文化の影響で皮相的になった藤原文化の古代的要素を克服し、下層階級の地位向上も伴って、原が近代と考える江戸時代の文教復興の準備をした時代であると位置付けられる。すなわち、この室町時代に『源氏物語』を始めとする物語の需要、和歌の興隆、公家たちと連歌師宗祇《そうぎ》との交流など、学術や文化の革新があったと見、それをまさに西洋でいうイタリアのルネサンスにも似た藤原文化の新たな展開として捉えているのである。

の性質はその大部分が現実的であり、もっと正確に言えば感傷的であり、時々官能的なところもある。しかしその物語は、美しい言葉づかいと選りすぐった言い回しの優美に洗練された衣装を身にまとっていた。それらは無尽蔵に蓄積されてきた漢文学から借用したものか、あるいはそれを変容したものである。

足利時代に復活した文学形式については、昔の形式との違いがとてもはっきりしているので、これを看過することはできないだろう。優雅さの地位を奪った俗悪化、節度なく流行した下品な官能性は、古典文学を修めたことの結果であった。この退廃した時代に輩出された物語や小説の道徳的風潮は、藤原時代の古典文学に表われた自然主義的な傾向に養われたものだが、当時の礼節感覚がいかに衰退したかを紛れもなく反映している[28]。

これらは時代の暗黒面を示すものだが、私の判断が一方的にならないよう、当時の明るい面についてもお話ししたい。足利文化には当初から人文主義的な傾向があり、時代の終わりに近づくにつれ、ますますその傾向が強くなった。日本の絵画史のもう一つの視点が、そのことを十分に証明している。それより以前の風景画や静物画は、宗教画の装飾か絵巻物の背景としてのみ描かれていたが、今や風景や静物それ自体が、それぞれに絵画の独立した主題を形成しはじめたのである。このことは、当時の人々が芸術のための芸術を楽しめる文化的段階へ入っていたことを示すものである。

有名なシナの大家の筆による同種の絵画が数多くわが国に輸入され、何人かの才気ある日本の芸術家はその絵画に倣って絵を描いた。わが国の芸術家の中には、雪舟《せっしゅう》のように明に渡り、同地で画法を学んだものもいた。狩野派とさらに古い土佐派に違いが出たのは、このような発展がもたらしたもう一つの結果であった。この種の絵画の大部分は「掛物」として作成された。掛物と呼ばれるのは、その絵画が居間や書斎の特別の壁龕《へきがん》に掛けられたからである。衝《つい》立《たて》、すなわち絵画が貼られた屏風《びょうぶ》も流行した。一般に家屋の家具の取り付けは、ある種の教養のなせる趣味の問題であり、熟練した大工によっていろいろな仕組みが工夫され考案された。

室内生活の繊細な美的感覚は、貴族や中産階級が催す流行の茶会で細心の礼儀作法を披露することにより一層高められた。植物としての茶それ自体は、嵯峨《さが》天皇の治世、すなわち九世紀初頭に大陸から伝来したと言われている[29]。しかし日常の飲料品としての使用は、ずっと後のことだった。日本の禅宗の開祖である栄西《えいさい》は、鎌倉時代初期にもっとも健康的な飲み物としてお茶を推奨する言葉を記している[30]。しかしながら栄西後もずっと長く、お茶は仏教徒だけが

29　八〇五年（延暦二十四年）、最澄《さいちょう》が唐からもたらし、畿内周辺に薬用として栽培したと言われている。

30　明庵栄西（一一四一～一二一五年〔永治《えいじ》元年～建保《けんぽう》三年〕）。鎌倉初期に臨済宗を伝えた禅密兼修の僧侶。その栄西が喫茶の薬効を説いた書が「茶は末代養生の仙薬、人倫延齢の妙術」（原典は漢文）という序文に始まる『喫茶養生記《きっさようじょうき》』であり、茶の生理学的な薬効が説かれている。一二一一年（建暦《けんりゃく》元年）の初治本《しょちほん》と一二一四年（建保二年）の再治本がある。

強壮剤として使ってきたようだ。

お茶が富裕階級の人々の間で初めて一般的に使われるようになったのは足利時代だった。しかし茶の生産は今ほど大量ではなかったので、現在のように日常的には使われず、特別の場合にのみ賞された。そのような時は、優美で上品な趣のある作法に則《のっと》り、主人も客も、展示したいろいろな美術品を肴《さかな》に即興の批評をしたり、謎めいた禅問答を楽しんだり、機知に富む会話のやり取りを交わしたりしながら、互いに芸術的な技芸を披露し、競い合ったのである。

結局、足利時代後期の文化は、その大部分が人文主義的傾向を備えていた。この時代には、反体制派の思想家ににらみをきかせたり、人民の日常生活に介入したりできるほどの強力な政治的権威がなく、過去の時代の厳格な伝統的道徳もなかった。日本の思想と行動がこの時代ほど自由だったことはない。キリスト教が伝来してからの半世紀間で帝国の端から端まで無数の改宗者が出たというのは、ずっと以前から極端に人道主義的な文化によって、その基盤が準備されていたと考えれば説明できるかもしれない。この点で、近代日本の夜明けはすでに足利時代後期に始まっていたと見るのである。イタリアのルネサンスと何と似通っていることだろう。日本は陣痛に苦しんでいたのである。新生の時が足早に近づいていた。全体的な状況は良好であった。足りないのは、ただ人民の道徳的復興と帝国の政治的再建だけだった。

第10章　中世から近世日本への移行

政治的統一の前段階

無政府状態ではあったが、ともかく平和が訪れた。足利幕府末期になると、将軍に統治力が欠如していたため、小領主たちが台頭した。しかしこの小領主たちも、権力で勝る領主たちによって次々に飲み込まれていった。荘園所有者であった宮廷貴族や神社仏閣が合法的に所有する領地権は、かなり以前から半ば失効状態に陥っていたが、その影響力は残っており、この時代の中頃までは領地侵入を試みる領主たちに十分抵抗できた。領主といっても、所詮、領地管理を任された法律上の管理者にすぎなかったからである。

しかし、この貴族や寺社が持つ領地権も時の経過とともに効力を失い、ついに実力者である武士から無視されるようになった。こうして領地と所有者との繋《つな》がりは事実上切断されたのである。それぞれの領土は、事実上バラバラな領地の集まりだったものが、一人の武家領主が一地区を支配する状態となり、その権利には何の制限も設けられなかった。言葉を換えれば、各々の領土は純然たる領主の領地となったのである。

それをさらにうまく説明できるとしたら、一定数の隣接する教会管理地を集めてヨーロッパの半独立国が樹立されたことを想像すればよいだろう。そのような領土の広さは、いくつかの地域が入るほど広大なものから、村が二つ三つしかない小規模なものまで、多岐にわたっていたのは事実である。境界線も頻繁に移動していた。規模の多様性や境界線が不安定であるにもかかわらず、これらの領地は、主な性格が相互に似通っていたため、複雑な荘園制度はあっても、その制度以上に複雑ではなかった。もしどうしても国家の統一が必要となるか、あるいはその偉業達成の任務に十分に応じられる能力を備えた歴史的な偉人が必要とすれば、日本は今こそ、以前のどの時代よりもずっとたやすく、強固な国民国家となりえただろう。

混沌《こんとん》がもたらす道徳的堕落

政治的統一を促進する以外で一般の秩序安定にもっとも貢献するのは、国民の道徳観を復活させることであった。わが国が比較的純朴な時代に摂取した高度に進歩したシナ文明には、必ずしもすべての点で健全とは言えない影響があった。単純極まりない生活様式下における人々の道徳は、文明生活の贅沢《ぜいたく》をまだ味わっておらず、正直、節度、勇気の点では文明の進歩した諸国民の道徳よりも勝っていた。

しかし、このような古代日本人の特徴は、それ自体は賞賛すべきものだとしても、ゆるぎない自覚に欠けていた。その自覚には心から賞賛すべき水準に達する美徳を伴わなければならないが、古代日本人の特徴には高度な本質的価値が何もなく、この国が後に摂取することになる典雅に発達した異文明の影響力による弱体化を食い止めることはできなかった。

どのような時代でも社会秩序を健全な状態で維持するには倫理的な関係性が不可欠だが、藤原時代の後期、すなわち同時代の過度に洗練された段階になると、その関係性はとりわけ上流階級の間で徐々に衰え始め、ついには完全な崩壊状態に陥ってしまった。

鎌倉幕府の樹立で武士階級が政治力を手にすると、道徳的精神が再び覚醒するのではないかという微《かす》かな希望が芽生えた。というのも忠誠心と感謝の心は鎌倉武士の枢要徳[1]であり、かつて堕落して卑しむべき無気力状態に陥っていた社会を鼓舞し、その活力を取り戻す上で有効な要因であったからだ。だが、このような元気を与える勢力が優勢であったのは一時でしかなかった。こうして失望が生まれたのは、鎌倉の武家政権が短命だったというだけでなく、確実に別の理由があったからである。

武士の賞賛すべき美徳は、当時の戦闘集団内で醸成された特別な私的環境から自然に生まれた産物だったため、その性格は本質的に家族的であった。そのような武士は宮廷貴族の下で職業戦士として仕えていたわけだが、実体は単なる彼らの道具にすぎなかった。そうである限り、従者自身の団結心はいうまでもなく、指導者と従者を結びつける道徳的な絆《きずな》も、政治と接触する機会がほとんどなかった。

端的にいえば、このような武士たちの大多数は、公的生活とはまったく無縁だった。その結果、彼らは国の事実上の支配者として政治問題を扱わなければならなくなると、公人としてどのように振舞ったらよいかが分からず、途方に暮れてしまったのである。非常に誠実な人々でさえ、公共の事柄となると、概して目標到達のために周到な方法を講じようとするよりも、目的達成だけを過度に重視しやすい。もし国民の道徳観の発達が十分でなく、私生活の有害な影響が公共の事柄と混同されるのを防げないのなら、試練を受けていない生得の美徳だけでは、私生活よりも公的生活に浸透しやすい堕落の悪影響に対抗することはできないだろう。

　鎌倉時代の武士の場合もそうであった。藤原貴族の支配下では幾分衰えていた国民の士気も、武士の権勢を通して再び甦《よみがえ》ったのだが、鎌倉幕府末期の武士たちの子孫は、先祖ほど勇敢でもなければ純真でもなかった。また源家が断絶したことにより、源氏の武士たちは将軍の世襲臣下としての義務から解放された。というのも今となっては、源家とは異なる氏族の出である将軍も、事実上の幕府の主君である北条家も、彼ら武士にとっては公的関係の上だけの上司にすぎないからである。

　これまで武士の忠義が集中していた対象が消滅したことにより、忠義そのものが空虚な美徳となった。忠義こそがすべてであり、それ以外の徳はその付属品でしかなかった時代にあっては、少なくともこの忠義心の喪失は国民の道徳的改善にとって大きな障害となったに違いない。

1　比較文化論的視点を大切にする原らしく、西洋的な徳の表現を用いている。元徳、首徳とも言う。原文では"cardinal virtues"で、西洋の読者は正義（justice）・思慮（分別）（prudence）・節制（temperance）・勇気（fortitude）という古代ギリシアの四元徳（four natural virtues）が、この四徳に信仰（faith）・希望（hope）・愛（charity）の三つの神学的徳（theological virtues）を加えたキリスト教の七元徳（seven principal virtues）を思い浮かべるであろう。

2　前章でも取り上げられた南北朝の乱のこと。

こうして鎌倉時代後半から、影響力のある階級の堕落が始まったのである。続いて起こった争乱の間[2]、多くの傑出した武士たちが目まぐるしく寝返り、ほとんど躊躇《ちゅうちょ》することなく個人の利益の命ずるまま、欲望の赴くままの行動に走ったとしても不思議ではない。この参戦者たちの無鉄砲さを考慮に入れれば、この争乱が天下分け目の決戦を戦うことなく、一世紀近くも長引いたわけがよく理解できるだろう。

彼らの無節操な態度、すなわち忠誠を尽くすべき人々に対する忠義心の欠如は、公務上に限らず、家庭生活の奥深くまで蔓延《まんえん》していた。親は自分の子どもでさえ、もはや信用できなかったし、夫も妻を信用できなかった。主君は家来の裏切りをいつも警戒していなければならなかった。争乱のあと、足利政権前半には断続的な和平の時期があったが、それは幕府の揺るぎない統治によるものではなかった。むしろ嵐の後の静けさであり、長期にわたって無政府状態が続いた後に感じる倦怠《けんたい》感がもたらしたものだった。

道徳観の改善をもたらしたもの

このような国家の嘆かわしい堕落状況が頂点に達するのは、次の内乱、すなわち応仁の乱の時期である。スパイ組織や裏切り行為に対する防衛手段として人質を取る慣行が大流行したのもこの時期である。しかしながら、そのような手段を採っても、親友だと思っていた人の予期せぬ背信や、信用していた隣人による背後からの急襲を防ぐには何の役にも立たなかった。脱走は立派な行為として推奨されてはいなかったが、特に敵に対して陣を張る前に行なわれるなら、嫌悪すべき不名誉な行為だとは考えられていなかった。脱走兵や裏切り者たちは、初期においては概して乗り換えた新主君から歓迎され、惜しみない褒賞が与えられた。

だが、そのような酷薄非情な状態が、何の反発もなしに長続きすることがありえるだろうか。自己の利益のためだけに最初の主君を裏切っておきながら、その後で自分は二番目の主君から絶対的な信頼を得られる人物だと言い張ることができようか。繰り返される背信行為の実例は、当時の歴史を紐《ひも》解けば枚挙にいとまがない。脱走者や軽々しく降伏する者に寛大な処置を施す慣習が徐々に廃れ始めたのは、そのような習慣的な裏切り行為により、全体的な不信感が引き起こされたからであった。

その結果、降伏したり捕虜になったりしても、殺害される危険性が生じるようになった。そのため、それがなければ主君の利益などあっさり見捨てていた武士たちが、最後まで主君に忠誠を尽くすようになったのである。これこそ、このような悲惨な堕落状態がかくも長く蔓延した後で、なぜあのような、見事に維持された氏族の団結、その旗の下で死ぬまで戦う家臣の主君に対する無条件の忠誠心といったような美談にしばしば出会うのかの理由の一つである。

しかし、国民の道徳改善の進展は主君と臣下の関係からではなく、家族内からゆっくりと始められるべきである。心から安心して人を信用できない陰鬱な環境の中にいれば、誰でも血の絆で結ばれた構成員の間で信頼できる相互関係をつくることが絶対的に必要だと感じざるをえないだろう。

当時の教養ある人々の間では、親孝行の利点を扱ったシナの道徳書、『孝経《こうきょう》』[3]が広く読まれた。足利時代中頃から同書が複数の版で出版されたということは、家族間の義務の奨励がいかに強く強調されたかを物語るものである。緊密な集団となった家族が出発点となり、社会と国民の道徳の再編成が着手されたのである。

臣下が主君と同じ運命を共有する傾向が増大するのは、このような一種の家族的連帯性の延長とみなすことができる。というのも、そのような傾向が生じたのは、単なる主従関係を考慮したからではなく、ちょうど鎌倉幕府の黎明《れいめい》期のように、両者がそのような良好な関係を世襲的に継承しようと考えたからである。

その際、主君の領土が狭ければ狭いほど、それだけ緊密な関係強化のプロセスが完成しやすくなるのは疑う余地のないことである。その関係強化は、領地の領主と領主の家族内外の家来間の密接な相互の愛着によって必然的に後押しされていた。それだけではない。その領土が狭くて脆弱《ぜいじゃく》であり、強力な隣人に破壊されたり併合されたりする危険に常にさらされていると、同じような関係強化のプロセスが迅速に達成されるのである。

三河《みかわ》国内に徳川家が所有していた領地は、そのような数多くの実例の一つだった。この領土の面積はあまりにも狭かったので、その一国の半分の大きささえ超えることができなかった。

東西は織田《おだ》と今川《いまがわ》という二氏族の所有する領地に囲まれていた。その結果、徳川家の小さな領土は、いつも彼らに侵略され、この二氏族のいずれかの保護領として維持されていた。そのため、この徳川家の領地ほど、領主と臣下との親密な関係が強く要求された場所はなかった。その結果、早い時期に領地の統合が進展しただけでなく、それとともに厳格な道徳観が復活したことが分かる。その道徳観は、特に武家国家の維持発達と矛盾せず、それが必要とする方向で復活したのである。

国民の高い道徳観が再び覚醒したこと、そして自らが樹立した緊密な領地が形成されたことは、足利時代後半の現象であった。その領土は、実質的には独立しているが、諸々の統合力の影響を受けやすかった。国が国家として統制され統一されるのが遅れたのは、道徳的な再覚醒が不十分だったことと、半独立の領土が団結していなかったことが原因であるに違いない。

足利文化が国民の道徳観に与えた影響

当時の一般的な文化は人文主義的な性格を有していたが、この国民的でもあると同時に道徳的でもある統一運動を促進するには、さしあたり無力であった。足利文化は自己中心主義的だ

3　孔子と弟子の曾子《そうし》が交わした問答で、孝を最高道徳、治国の根本とするシナの経書、十三経の一つで、一巻。『古文《こぶん》孝経』と『今文《きんぶん》孝経』の経書の二つのテキストがある。

ったため諸国に普及し、日本に統一感のある文化色を提供した。それはすでに国民統合への道を踏み出す一歩であった。いや、まさにその文化が統合への衝動を与えたと言えるかもしれない。しかし一般にはどのような形の人文主義的文化も、現実的な目標として何らかの特別な状況を作り出せるわけではない。

したがってそのような文化は、特定の国民の道徳的改善には必ずしもつながらないし、ある国の国民統合への欲求を必ずしも刺激するとは限らない。それどころか、この文化はこれらの統一運動をしばしば妨害し、国民を堕落させ、ばらばらになる時期を早めた一因となっているように思える。なぜなら、そのような文化が優勢になると、個人主義と利己主義がしばしば蔓延するからである。十五世紀のルネサンスがイタリア人にもたらした果実は、まさにそのような類のもので、足利時代後期の人文主義的文化が日本にもたらした直接の影響も、それと大差がないのである。

日本全国に広がった文化は、むしろ道徳的な絆を弱める傾向にあり、少なくとも社会をより不安定にしてしまったのである。道徳的にもっとも品性の堕落した輩《やから》、たとえば裏切り者や殺人者などは、えてして高い教養の持ち主であることが少なくない。足利幕府に対し謀反を起こした臣下の大部分は、優れた文学的知識人だったと言われている。彼らの中には、日本古典文学の黄金時代に輩出された『伊勢《いせ》物語』や『源氏物語』のようなきわもの的な小説を夢中になって熟読した者もいれば、当時流行していた短歌を詠んでは驚くべき機知を披露して楽しむ者もいた。その一方で彼らの相当数が、当時の芸術、特に絵画の進歩的な後援者であった。ルネサンス時代の教皇や直系子孫に、何と驚くほど酷似していることだろう。彼らが芸術を庇護《ひご》したことは、その酷《ひど》い悪徳と同じくらい有名であった。

キリスト教が日本にもたらしたもの

仮にわが国固有の文化や大陸から借用した文化では、道徳的危機や政治的危機からこの国を救えなかったとするなら、新しい外来文化、すなわちちょうどこの重大な時期に蒔《ま》かれたキリスト教の種は、どのような果実を結んだのだろうか。もちろん、ここで宗教と道徳の一般的な関係をくどくどと述べるつもりはない。宗教人が必ずしも有徳者ではない、とだけ言えば十分である。宗教的な偏屈者は概して頑迷な性格の持ち主であり、大部分が悪意を抱いている。これは自明の理である。

仏教でも、他の多くの宗教でもそうであった。ならば、一体どうしてキリスト教の場合だけそうではないのか。わが国の一般的文化に関して言えば、キリスト教の伝来はとても重要な歴史的事実であり、その影響は決して看過できないものがある。もちろんキリスト教布教の付属品として日本に伝来した世俗文化は、非常に限られた性質のものであった。

キリスト教の自由な受容も、それが流布された直後に中断された。しかし宣教師がもたらした文明の新要素は、大海の一滴以上のものだった。その後の時代精神の中で西洋文化の痕跡をたどることがいかに難しくとも、結局、キリスト教はわが国の歴史に消すことのできない刻印を残したことは否《いな》めない。それが二、三十年の間に当時の日本の最南端から最北端まで広がったということも、視野に入れておくべきであろう。それ以来、日本の託児所では灯火の時間に『イソップ物語』が語られるようになった[4]。キリスト教が最初に伝来して以来、わずかではあっても、日本はいくぶん違った色で塗られたことがわかる。シナの外にある極西の地域にも多くの国民がおり、科学や芸術の諸分野で私たちに教えを垂れるほど十分に文明が進歩していることを知ったことで、少なくとも島国の国民の目が開かれ、それまで大陸の文物に対して抱いていた見方を変え始めたのである。

以前は権威づけをしたいものがあれば、それが大陸起源であると納得できれば十分だった。端的に言えば、シナは日本人の心の中で眩《まぶ》しすぎる星として長く輝き続けていた。ついでながら朝鮮は「華」の中華帝国とわが国の仲介者の一人としか見なされていなかった。

もちろん、日本国民が我を忘れてキリスト教に熱狂したと結論づけるのは早計であろう。だが、キリスト教は少なくとも国民意識を覚醒する上で強烈な刺激となったのであり、間接的に国家を政治的統一へと導いたのである。この点で新しい宗教の伝来は、わが国の歴史に有益な影響を及ぼしたのである。

キリスト教宣教師たちの罪

しかし、当時の日本人の個人道徳の改善はというと、キリスト教の影響がすべての点で役立ったとは言えない。恐らくキリスト教は短い発展期間中に良い影響と同じくらい悪い影響も及ぼしたことだろう。普遍宗教といえども、どのような信仰であれ、その学説には強い個人主義的なところが含まれている。個人主義を主な構成要素とする信仰は、えてして本来の意図に反し、利己的な目的追求を促しやすい傾向がある。

この点では、キリスト教といえども例外ではない。では、足利政権の末期、西洋の新宗教の教説によらずとも、すでに十分に個人主義的だった日本人に対し、キリスト教は個人主義を一層強烈に増幅させる以外に何を布教できたのだろうか。

フランシスコ・ザビエルとその後継者が伝えたキリスト教の道徳的学説は、まさに十六世紀のイエズス会士の道徳に他ならなかった。彼らは、結果のためには手段を選ばないという不謹慎な教説を主張した。それはヨーロッパのどの国でも、危険きわまりなく不快な学説とみなさ

4　鉄砲の伝来以降、キリスト教禁制の中で「バテレン（伴天連）」と呼ばれた宣教師たちによって伝えられたこの物語は、当時の世相や物理的環境を巧みに反映し、当初はファン語表記をベースとした「口語的日本語」に訳されながら普及していった。一六三九年（寛永《かんえい》十六年）に発布された決定的な鎖国令のわずか二〇年後の一六五九年（万治《まんじ》二年）、挿画入りの仮名草子「伊曾保物語」の名のもと、純粋な日本書物として発行されている。

れていた道徳原理であった。果たしてわが国だけが例外になりえただろうか。

その一方で、もしこれら宣教師の誰もが、真に高貴で高潔な品性の持ち主であったならば、宗教の道徳的教義がどうであれ、日本人と個人的に接触するだけで、わが国民の道徳的水準はたぶん向上できたことだろう。

しかし不運なことに、聖フランシスコ・ザビエルと二、三人の宣教師を除き、彼らの大部分は下劣な品性の持ち主だった。宣教師たちが日本人の「魂」を救済し、西洋で失ったものを東洋で回復したいという情熱を燃やしていたことは疑うまでもない。しかし、どのような動機で敬虔《けいけん》な事業が行なわれようとも、彼らの宗教的情熱や不屈の勇気は不誠実だったという誹《そし》りを免れることはできない。彼らの大多数が大嘘《うそ》つきだったことは、ヨーロッパの修道院長に宛てた報告書からも明らかである。その報告書では、ありもしない功績を大げさに見せるため、この国の改宗者や殉教者の数が改竄《かいざん》され、ばかばかしいほど水増しされていた。正確な知識の欠如をその原因とするには、ありえないくらいの誇張だった。そのような品性の持ち主から、当時の日本人の道徳的再生について何を期待できたであろうか。

しかし、これらの宣教師が聡明《そうめい》ではなかったとしても、当時の日本の実情を少しでも理解できたのなら、国民の道徳教育の分野で彼らが何かをなすことは不可能ではなかったであろう。それなのに、わが国と祖先に対する彼らの理解は的を大きく外れていた。彼らの大部分は、日本に来るまでは、この国がとても知性の低い原住民の暮らすエル・ドラドであると予想していた。彼らはこの荒野で福音を説けば、栄光に満ちた宣教師の役割が果たせると思っていたのである。

　彼らは、当時の日本人の持っている文化が、その大部分が大陸からの借物だったにせよ、ヨーロッパの未開の諸地域の文化より優れているとは夢にも思っていなかった。というのも宣教師たちは、東洋文化の価値を判断する際、文明の形態の違いに惑わされてしまったからである。彼らは、日本の土を踏むとすぐに、大きな間違いを犯していたことに気づいた。そしてそれとは正反対の極端に走り、過大評価という誤謬《ごびゅう》に陥ってしまった。だがやはり、この過大評価に留まることがなかった。このように宣教師側が最初に犯した日本に対する勘違いによって、根深い偏見が彼らの中に残ったのである。

　日本の風物を公平な視点で見ようとすることがほとんどなくなり、意識的あるいは無意識的に日本国民のあら探し役を買って出るようになった。不幸なことに、当時の日本も彼らの低い評価を裏付けるような材料を山ほど提供した。その結果、一方で日本人は実際の価値よりもずっと高く評価されたが、他方では実際の価値よりもはるかに低い汚名を着せられたのであった。

　そのような不埒《ふらち》な人々を西洋文明のパイオニアとして受け入れたのは、日本にとって残念なことであった。その一方で、多数の日本人によって熱烈に信奉されたキリスト教が、これら宣教師たちの愚行のせいで排除されたことも哀れであった。宣教師たちは騒動を煽《あお》り立てたり、無数の陰謀にも巻き込まれたりしたが、それはキリスト教の活動にとって何の役にも立たず、不必要なことだった。そのように無謀で山師のような人たちの個人的影響力で国民の道徳を改善させようと望むとは、本当に愚かなことであったろう。

新時代の創造主

日本は強固な国民国家に変貌すると同時に中世の混沌《こんとん》状態から抜け出し、近代的な地位を得る準備ができていた。しかし変化の機は熟していたものの、変化の機会を作る何か新しい要素を摂取したいと思っていた。実際に新しい要素は入ってきたが、健全な改変をもたらすことはできないと判明した。その結果、そのような機会を作るための唯一可能で前途有望な道は、まず国家の政治的統一という手段に訴えることであった。このように政治的なものから出発して、社会と個人の再生へと至るのである。政治的な統一については、適した人材がずっといなかったわけではない。まず織田信長《おだのぶなが》、そして豊臣秀吉《とよとみひでよし》、最後に徳川家康《とくがわいえやす》がいる。

最初の仕事は、当然、国民を長く束縛してきた数多くの伝統や因習の権威を叩《たた》き潰すことだった。このような仕事に向いているのは信長のような英雄であり、彼は行く手に立ちはだかるどのような困難もものともしないくらい傲慢であり大胆不敵でもあった。

彼は、足利の分家であった斯波《しば》氏の家来であり、尾張の世襲大名の一門に生まれた[5]。尾張《おわり》は宗主の領土の一部を形成していた国であった。斯波家の勢力が衰えると、織田家は尾張国で実質的な独立を主張した。織田家は同国で領主の行政の代理をする守護代であった。英雄が誕生したのは、その独立宣言の後だった。厳密にいうと、自分こそ領主であるという信長の権利宣言は横領行為に等しかった。すなわち、自分こそその国の所有者だという信長の主張は、足利の旧制度とは無関係だったのである。

その結果、信長は旧体制の擁護者ではなく、生まれながらにして新時代の創造者となるよう運命づけられたのである。彼が統治していた国は、日本でもっとも裕福な国だと言われ、京都からさほど遠く離れていなかった。これまでもしばしば述べてきたように、京都は日本の政治的・文化的中心地の中で、他を寄せ付けない、もっとも影響力のある場所であった。信長とその臣下は遠方の諸国に暮らす大部分の領主や臣下よりも、自分の領土を拡張強化するのに役立つ様々な知識を得る機会に恵まれた。

一五六〇年、信長は、東国の強敵で駿河《するが》国と遠江《とおとうみ》国の二国の領主であった今川義元《いまがわよしもと》を破り、殺害した。これが彼の最初の新領地獲得だった。四年後、尾張の北にあった美濃《みの》国が信長

5　信長の父親の織田信秀《のぶひで》（一五一一頃～五一一年）は、尾張下四郡を支配する守護代「織田大和守家」（清洲織田氏）に仕える庶流の血筋で、主家の重臣たる清洲三奉行の一人。

の所有地となった。一五六八年、信長は将軍義輝《よしてる》の死の復讐《ふくしゅう》をするために京都へ兵をすすめ、足利系統の最後の人物だった義輝の弟を新しい将軍に据えた。それ以来、次から次へと領土が信長の支配下に加えられると、それまで将軍は世襲の権力を放棄することは決してなかったが、織田によってその権力と影響力に陰りがさし始めた。この征服者は人生の頂点で、裏切り者の手によって命を絶たれたが、信長の支配は日本海から太平洋岸にまで及んでいた。

歴史的事物を保存できてきたことの功罪

しかし信長が日本の歴史で異彩を放つのは、彼が併合した領土の広さではない。というのも彼の兵力で征服した領土は、本州の三分の一を超えることがなかったからだ。彼の本当の歴史的重要性はそこにあるのではなく、彼が古い日本を破壊し、自ら新しい時代の先駆者となったことにある。ただし近代日本の創造者の栄誉は、むしろ信長の後継者、秀吉のものであるに違いない。文化的な視点から見れば、日本人は、わが国の歴史の黎明期より最初から持っているものを手放すことを常に忌み嫌ってきた。

だが、その一方で、自分たちの好みに合い、有益と思える異国の新要素を摂取することには余念がなかった。言葉を換えれば、日本人は保守的であると同時に進歩的でもあり、どちらの場合でも極端なのである。そのような保守主義と異文化吸収が同時に作用した結果、望ましいか望ましくないかは別にして、わが国は徐々に、おびただしい数の日本と大陸の風物の貯蔵庫と化していったのである。ひとたび異国の物や習慣がこの国に紛れ込めば、あたかも自国で見つかった宝物か自国で作られた宝物であるかのように、そしてわが国の誉れと言わんばかりに、決して気を緩めず手塩にかけて保存してきた。

　このようにして日本起源だけでなく大陸起源の歴史的遺産までも、精神的なものはもちろん、物質的なものまで、数多くのものを破壊と解体から救うことができたのである。今でもわが国に多くの遺物があり、その歴史を紐解けば、本当はシナに起源があったことが分かるものの、シナにおいてはその起源の痕跡はまったく失われて久しいものが沢山ある。

　わが祖先の古代の宗教儀式やその他の伝統が、注意深く私たちに伝えられているのは言うまでもない。このように日本人が努めて物を大切にしていることが一番理解しやすいのは、今日まで非常に古い木造建築が残っていることである。中には建立された時代が二〇〇〇年も前に遡るものまである[6]。このような国民の保守的な性質以外に、わが国の歴史もまた物を保存す

6　飛鳥《あすか》時代の姿を現在に伝える世界最古の木造建築、法隆寺のことを念頭に置いているのであろう。その創建の由来は、「金堂」の東の間に安置されている「薬師如来像」の光背銘や『法隆寺《ほうりゅうじ》伽藍《がらん》縁起《えんぎ》并《ならびに》流記《るき》資財《しざい》帳《ちょう》』（七四七年）の縁起文で知ることができる。それによれば、推古天皇と聖徳太子が用明天皇の病気平癒の遺願を継ぎ、六〇七年（推古十五年）に寺と本尊である「薬師如来」を造ったのが法隆寺（斑鳩寺《いかるがでら》）であるという。ただし世界最古の木造建築である西院《さいいん》伽藍は、聖徳太子在世時のものではなく、七世紀後半から八世紀初頭の建立であるとされている。

る努力が報われる歴史であった。

私たちはシナのように諸王朝の長期にわたる変遷もなければ、フランス国民が経験したような国家の全体構造を揺り動かすような激しい革命の経験もしていない。もちろん、わが国の歴史にも内戦や政治的動乱がつきものである。けれども、その破壊力は比較的弱いものであり、この国では万世一系の皇室が神秘的な神々の時代から君臨しつづけているのである。

日本はこの永遠に続く最高の皇室を拠《よ》り所《どころ》にしているため、他のどの国よりも歴史的な事物を保存するのが容易だった。しかし、このように保存されたすべての事物がそのような管理に値するものとは限らなかった。文明の進歩となると、私たちはいつも足早に進まざるをえなかったので、一度は立ち止まり、保存して良いものとそうでないものとを分別する時間がほとんどなかったのである。わたしたちは反芻《はんすう》過程に専念した時もあったものの、あまり大きな助けにはならなかった。拒絶されるべき物が拒絶されなかっただけでない。ある時期には大いに役立つと思われても、その後に廃れた物が数多く貯蔵されてきたのである。このように膨大な量の鉱滓《こうさい》、すなわち様々な時代、様々な国々の諸文明の残滓《ざんし》が、こぞってわが国の限られた地域に投棄されてきたと考えていただきたい。いかに精力的で進歩的であろうとも、そのような重荷を背負いながら嬉々として前進できる国民はいなかったであろう。

最悪の弊害と認められるのは、宗教的信仰の分野と公式行事の慣習であった。わが国とシナ全王朝の官僚的形式主義が無計画に摂取され、ともに固定化し、宮廷貴族の政権時代にいわゆる「政《まつりごと》」の指針が形成された。これらの因習の威光があまりにも強烈だったため、幕府が設置された後でさえ、この慣例主義で粉飾されなければならなかったのである。

わが国の政治上の長になった最初の武士である平清盛《きよもり》が失敗したのは、この官僚的形式主義に無知だったからである。頼朝が樹立した幕府は、最初にこの影響から距離をおこうとしたが、うまくいったのはほんの短い期間だけだった。二番目の幕府である足利幕府では、ほぼ樹立当初から、鎌倉で新しく始められた定例の仕事が超過密状態にあっただけでなく、公家政治の官僚的形式主義が氾濫していた。この幕府の後半にぼんやりと現われた人文主義的な文化は、元来、慣例主義に支配されていない場所にだけ居場所が見つかるものであるため、すぐに崩壊した。この官僚的形式主義が打破されるまで、日本が近代化する可能性はありえなかった。

日本人の中での宗教的分裂

どのような迷信も、その形式が固定され、時流に乗り、時を経ても権威が衰えずに後世まで広がると、最悪の因襲となる。わが国にはこの類の因襲が山ほどあった。たとえば呪物崇拝やトーテム崇拝などのような原始的形式の崇拝から最高形式の偶像崇拝まで、仏教の伝来にもかかわらず、種々様々な迷信が残存していた。仏教からも、むしろ下等な迷信と呼ばれるべき種々の宗派が生まれていた。一般的な大陸文化とともに道教も伝来した。

いうまでもなく、神道は元来の性格からして宗教ではなく、わが国の歴史と不可分の祭祀《さいし》の制度あるいは集合体というべきものだが、仏教的要素と融合するようになり、混種的特質を備えた宗教として伝えられた。こうしてあらゆる時代の異なった迷信が合流し、国民精神の中に共通の活動領域を持つにいたったのである。

その結果、どの日本人がどの宗教に属しているのかを明言するのは非常に難しくなった。言葉を換えれば、日本人自身の中で内部分裂が起こっていたのである。良く言えば、日本人は非常に多くの異なった宗教集団に分かれていたのである。ヨーロッパでは、宗教は国民の特質の一つだと一般には言われている。もし宗教が国民を結びつける絆としての役割を十分に果たせるなら、少なくとも宗教的信念の違いによって自国民と他国民をはっきりと区別するための線引きができるだろうし、同じ宗教を信仰することは、一国の中で間接的に統一への強力な求心力となる。

一方、日本では、そのように異質な形態の宗教的信仰が共存したため、斑色《まだらいろ》で塗られる部分があまりにも多すぎるのである。それはわが国がずっと以前から緊急に必要としていた国家統一の進展に対し、直接的に反発する状況であった。端的に言えば、私たちの国事に何か役立つことを宗教側に期待するのは難しかったのである。

さらに足利時代後期、国民の宗教熱はその頂点に達した。日本の歴史を通して、仏教伝来の時代と鎌倉初期を除き、この時代ほど救済熱が強かった時期はない。宗教団体もいくつかあるが、その中でもっとも際立っていたのは、日本仏教で影響力のある過激な二派、一向宗こと浄土真宗と、日蓮宗こと法華宗の宗派であった。後者の日蓮宗の信者は、わが国でもっとも好戦的な宗派の門徒だといわれているが、前者の浄土真宗ほど信者数が多くなかったので、信長はこれといった困難もなく支配下においていた。しかし、前者の浄土真宗ははるかに勢力が強く、それ自体が排他的な社会を形成し、特に中部日本の諸国にその信奉者が広がっていた。その地は、信長の軍勢が勝利した地域でもあったため、彼の諸領地で統一的な施政を行なう上で浄土真宗は大きな障害となった。

その他の仏教団体も同じように手ごわかった。その理由は、その宗教信条に賛同する熱狂的な信者が数多くいたからではなく、非常に古い時代にまで遡る、目に見えない歴史的な威光があったからだ。その団体とは、天台宗に属する比叡山の僧侶、真言宗に属する高野山の僧侶などである。この二つの宗派は長く積極的な布教はしていなかったが、皇室が両寺院を敬っていたため、そこに住む聖職者や僧侶の高慢な態度をあえて抑えようとする者が誰もいなかったのである。

彼らは、宮廷や信者から土地の寄進をふんだんに受けていたので、裕福な生活を送ることができ、自ら宗教職を返上する者はほとんどいなかった。彼らの大部分はあたかも職業武士であるかのように振舞い、常に戦う準備ができていた。彼らが自分たちの属する宗教団体の利益を守るためだけでなく、助けが求められれば、隣接する領主の助太刀もした。そのような活動は、藤原政権の末期から行なわれていた。彼らの戦闘的な性格が支配的になればなるほど、その宗教色は後退した。

私が今お話ししている時代では、彼らは宗教団体というよりもむしろ領土を所有する権力者だった。ヨーロッパの歴史で彼らとよく似たものを探すとすれば、普通の司教職や大司教職よりも、プロシアでドイツ騎士団が樹立した共和国のほうが彼らと対応しそうである。彼らもまた国家の統一にとっての障害であり、それまでのような存続が許されなかったのである。

比叡山焼討《やきうち》の歴史的意味

国家を統一し、わが国の近代化を成し遂げるには、すべての官僚的形式主義、昔ながらの迷信、そしてそれ以外の行く手を阻む障害物をすべて除去することが必要だった。しかし、これらの物は神聖で冒すことのできないものと思われていたため、すべてを廃するのはたやすい仕事ではなかった。それらに果敢に立ち向かうことは、当時の世論を敵に回すことに他ならなかった。これらの脆《もろ》いけれども頑強な足枷《あしかせ》をすべて振り払おうと信長が決心するまで、誰もそれをしようとしたものはいなかったのである。

一五七一年、信長は暴れまわる比叡山の坊主たちが前年の戦争で敵方についたことから、この山を攻撃し、延暦寺《えんりやくじ》を焼き尽くしてしまった。こうして七〇〇年以上も続いた日本仏教の栄光の象徴的存在が灰燼《かいじん》に帰したのである。次の一撃は、高野山と同じ宗門に属し、場所も近い根来寺《ねごろじ》で頑強に抵抗する僧たちに放たれた。信長の軍勢は、本願寺《ほんがんじ》を中心とする一向宗の勢力に対しては、他の二つの寺院ほど上手く対峙《たいじ》できていなかった。その結果、ついに休戦協定の締結を余儀なくされたのである。しかし、彼らの圧倒的な権力は大いに縮小することができた。

これらすべての中で、信長の同時代人の度肝を抜いたのは、比叡山の寺院を炎上させたことだった。神聖とされていた寺院は、皇室の威光にさえ肩を並べるほど最高の評価を得ていたのに、このように打ちのめされて灰燼と化し、もとの威風を取り戻そうにも再興できなかったからである。

後世の歴史家が大いに嘆くのは、寺院の大火によって膨大な数の非常に貴重な書類や歴史書や歴史的資産が永遠に消失したことであり、このために彼らは英雄である信長をどちらかといえば辛辣に誹謗《ひぼう》中傷した。もしこれらの史料が今日まで残っていたら、わが国の歴史が今よりもずっと鮮明で分かりやすくなったのは事実である。もし信長が最初からこれらの書類を取っておき、その後で寺院を焼くことができたら、後世の人々からこれほど非難を受けることもなかっただろう。

しかし歴史は歴史家のためにあるのではない。回避する可能性がほとんどなかった場合の損失をあまり嘆く必要はない。過去の遺物を単に保存するよりも、前途有望な未来を与えてくれたことに対し、国民はこの偉大な人物にもっと感謝の気持ちを抱くべきである。近代日本の夜明けを告げる鐘を鳴らしたのは、このように老朽化した制度を破壊した信長その人以外の何者でもなかったのだから。

信長に反抗し大きな災難を被ったのは、これらの尊大な僧侶だけでなかった。繁栄を謳歌《おうか》していた堺の町も同じ運命に遭遇した。京都に隣接する諸国には傭兵《ようへい》が大勢いたが、金銭で買収されれば簡単に裏切るため、堺はこのような傭兵の兵力をいつも軽蔑していた。そのため信長の実力を過小評価し、あえて反抗したのである。信長は、この裕福な町民の傲慢さに苛立《いらだ》ち、厳しく罰することにした。堺の防衛建造物は地面に崩れ落ち、町は信長が任命した市長の支配下に組み込まれた。政治の自治体として発展が約束されていた日本で唯一の都市が、新しい統一勢力に屈したのである。

しかし、信長がこの世に生を享《う》けたのは、ただ単に古い日本を非情にも破壊するためだけではなかった。信長はまた再建の能力にも恵まれていたように思える。それは彼の中で決して枯渇しなかった能力である。信長が通信手段の改善に特別の注意を払っていたことは、彼が戦の勝利と同じくらい組織化と統合化を重視していたことの表われである。

信長がキリスト教宣教師を援助したのは、日本の仏教徒の堕落や強情を嫌悪していた結果だったのかもしれない。しかし、次のようにも想像できないだろうか。信長には、俗事はもちろん宗教の問題でも、まだ試みられていない日本の刷新法を探し求めようとする傾向があったのではないか、と。

彼が長生きをしてその目的が達成されるのを見届けられなかったのは、非常に残念なことであった。信長が亡くなったとき、その破壊の作業は終わっていなかったし、その建設的な作業もやっと始まったばかりだった。日本がほんとうに統一できる国であることを示し、やみくもに保存し崇拝してきたものが必ずしもそうすべきではないことを示したのは、信長であった。新しい日本建設という壮大な事業は、信長が始め、その後継者の秀吉に受け継がれた。

秀吉の功績

信長が京都で亡くなったのは一五八二年だった。その死後に続いた跡目争いでは、秀吉が最終的な後継者として残った。一年後、大坂が住居として選ばれた。秀吉は身分の非常に低い出であったので、主君の信長よりも因襲的な旧体制に基盤がなく未練もなかった。新しい日本の創造者としては、もっとも相応しい人物だった。秀吉は信長が始めた征服の方針を継続し、政治の権力を握ってから八年も経《た》たない内に、歴史に残る日本全土の統一を行なった。

内政でもっとも注目に値する政策は、兵力の向上と並行して行なうよう命じた検地《けんち》であった。日本の広大な地所は、均一の測量を受けなければならなかった。こうして新しい税の基準が作り上げられた。この検地は一五九〇年に始まり、秀吉が亡くなるまで続いた。当時はまだ課税対象地に課する税金の割合は地域ごとに様々だったに違いない。しかし今や、課税方式は大幅に単純化されたのである。旧来の諸制度は、それぞれが個々の土地に特有の制度だったが、この時以来、その大部分が廃止され、古い日本の荘園制度は完全に一掃されたのである。

秀吉の下で国家統一された日本、すなわち脚光を浴びた専制君主という一人の人間が支配する日本は、実際のところ、長い間に徐々に進行していった統一過程の結末だったかもしれない。しかしそれはまた、以前よりも強い国民意識を生んだ諸原因の一つだとも考えられるかもしれない。

外国人宣教師の排除とキリスト教布教の禁止は、厳密な意味で宗教的迫害を構成するものではなかった。秀吉が熱心な仏教徒ではなかったことは、その反証として受け入れられるべきである。きっと秀吉はキリスト教に対して何の嫌悪感も抱いていなかっただろう。しかし、宣教師たちがわが国の政治におせっかいをやいたので、秀吉が激怒したのである。そのような国政への侵害は、秀吉に体現された揺るぎない国家統一への要求と対立するものだった。多くの山師的宣教師たちが殉教の栄誉に浴した迫害は、これら宣教師の側に思慮分別が不足していたためだと考えられるはずである。

秀吉が行なった朝鮮侵出の動機については、いろいろな歴史家が様々な解釈をしてきた。それは秀吉が単に冒険や名声を好んだからだと説明する者もいる。国家の平和を保つため、不満を持つ武士たちを海外で戦わせておく必要があったからだという者もいる。この遠征の進行中に秀吉本人が亡くなり、説明もなされなければ、本心が仄《ほの》めかされることもなかったので、私たちがその心中を測り知ることは非常に難しい。しかし、秀吉が統一の野望を国外に数歩でも進めたいと思った結果と考えるならば、それもまた間違った考え方であろう。

秀吉の輝かしい生涯を最初から考えると、彼の成し遂げた仕事量は、一人の一般人から期待できるものをはるかに凌《しの》いでいる。彼は新しい日本建設のために、自分が果たす役割を立派に成し遂げたのである。秀吉が大まかに考え合わせたことを組織化するのは、用心深い知性の持ち主である家康に託された。

第11章　徳川幕府とその国家体制

徳川時代の近代的本質

信長は、来るべき時代精神を声高らかに予告した。国家の進歩を長期にわたり執拗《しつよう》に阻んできた障害物の大部分は、信長の鶴の一声で取り除かれた。彼が切り開いた石切り場からは、新しい石像を作るための石材が、後継者の秀吉によって切り出された。しかしその石塊は秀吉においては荒削りの段階にとどまり、聡明《そうめい》で慎重な家康による最後の仕上げが残っていた。

家康が武蔵《むさし》国の江戸、すなわち現在の東京に樹立した幕府は、二五〇年以上も存続した。わが国の幕府の中で最長の幕府というだけでなく、その存続年数もヨーロッパの大部分の王朝を凌《しの》いでおり、オルレアン家支流と王政復古時代を含めたフランスのブルボン家の支配よりも少し長い[1]。日本はこの徳川家の単一政権の間に、今日の全世界が目にする段階へ到達するため、ゆっくりと準備を整えることができたのである。

徳川幕府時代の日本の歴史を紐解《ひもと》くと、中世の衣装をまだ完全に脱ぎ捨ててはいなかったけれども、だからと言って徳川時代が本質的に近代ではないというのは不合理だということが分かる。私たちは長い間、常に過去の文明の残留物を引きずりながら、前へ前へと前進してきたのである。

もし誰かが、このように私たちに重くのしかかる過去の文明の巨大な遺物の山を見て、日本人は二五〇年間もずっと立ち止まっていたと言うなら、その人は間違っている。多くの外国人が明治時代の日本を過大評価し、かなりの日本人もその見方を支持する傾向があるが、その誤りの発端は徳川政権下のわが国に対する誤解にある。

　これら外国人観察者が最初に日本の国土と国民のことを考えた時、彼らの注意は次のようなものに奪われていた。それは自分たちのものとはまるで違っていたため奇妙に思えたものか、あるいはかつては母国にもあったが遠い昔になくなり、いまや時代錯誤と思えたものであった。その一方で、自国で慣れ親しんだものについては、日本でそれらに遭遇してもほとんど注意を払わず、わが国にそのようなものがあることを当然と考えていた。

　彼らの大部分は、初めから日本がユニークな国だと期待して来日したのである。日本国の実物を見た後も、無意識のうちに日本を非常に風変わりなものとして描くようになった。今までに経験した物とはまったく別物であらねばならなかったのである。それは、エンゲルベルト・ケンペル[2]のような、もっとも研究熱心で鋭い日本観察者でさえ、避けられなかった誤謬《ごびゅう》である。ケンペル以外の者については推して知るべしで、特に日本人を出汁《だし》にして自らの功績を自画自賛したいと思っていた宣教師たちについては言うまでもない。

1　アンリ四世が王位についてフランスのブルボン朝の初代となったのが一五八九年、その後フランス革命により一時中絶した後、一八一四年に王政復古があったが、一八三〇年の七月革命で倒れた。二四一年の存続期間であった。

私たちは今でもヨーロッパ人に誤解されている。その誤解は、これら初期の観察者が日本を誤って伝えたことを受け継いだものである。しかし、だからと言って日本のもっとも輝かしい側面だけをお見せするつもりはさらさらない。外国人読者の方々に忘れないで欲しいのは、当時のヨーロッパ人が、当時の日本に封建的な障害を多々見出したとしても、そのことをもって、表面的に判断すべきではないということである。徳川幕府時代は本質的に、近代的な時代だったのである。

本章ではまず徳川時代にどのような中世の文物が残っていたかを明らかにし、次にほとんど近代的と言うべき同時代の本質的特徴についてお話ししよう。

前章では、足利時代後期と十五世紀のイタリア・ルネサンスの間に、いくつかの類似点があることをお話しした。その後に続く段階でも、それ以外の東洋と西洋の類似点が見つけられるかもしれない。しかし歴史というものは、すべての国々で相互にぴったりと一致するように流れ続けるものではない。宗教改革の時代に匹敵するものとしては、織田や豊臣の時代よりも鎌倉幕府の時代のほうがふさわしい。秀吉とその後に流行し、最近の美術史家たちによって「桃山様式」と呼ばれている日本美術の一様式は、ヨーロッパのロココ様式に続く帝政様式[3]と驚くほど似通っている。いくつかの点でわが国の足利時代後期は、十八世紀のヨーロッパに例えられるかもしれないし、それは著しく不適切であるともいえない。

しかし徳川時代の日本が、一般的に見て十九世紀初頭のヨーロッパで普及していた段階とほぼ同じ段階の文化に到達していたと思うのはあまりに愚かであろう。芸術は、重要な文化的要素ではあるが、国家や国民の文明の唯一の基準とすることはできない。徳川幕府支配下の日本に自慢できないことが数多くあったことにも議論の余地はない。

戦争がこの世の避けられない惨禍である限り、どの国であろうとも、人間の人間に対する残虐行為が完全に消滅するのを期待するのは愚かなことである。しかし概して以前にもそうだったように、戦争の残虐性の度合いが文明の進歩の度合と反比例すると考えられるなら、徳川時代を偉大な啓蒙の時代だと褒め称えるべきではないことは明らかである。武士が戦場で殺した敵の首を切り落とす習慣は、この徳川家の将軍職が終わるまで[4]残っていた。

2　原書ではEngelhardt Kaempferと綴られているが、Engelbert Kaempferのことであろう。旅行家・医師・日本探検家（一六五一～一七一六年）。ケンペルが日本を訪れたのは一六九〇年（元禄《げんろく》三年）で、到着地は長崎であった。教養のある日本人青年を助手とし、商館長について九一年と九二年の二度の江戸参府旅行に加わり、各地で見聞を広めた。著書には『廻国奇観』（Amoen itatum exoticarum 1712）や本格的な日本研究の書『日本誌』（The History of Japan 1727）などがある。

3　帝政様式（Style Empire）とは、建築、家具その他の装飾芸術や視覚芸術の分野で十九世紀前半に起こったデザイン運動である。

もちろん、わが国の歴史には中世ヨーロッパの傭兵が行なったような腐敗した戦争はなかった。ヨーロッパで敗残兵を捕虜にしたのは、身代金をできるだけたくさん搾り取るためだった。

言葉を換えれば、日本の戦争の性格は一般に西洋よりもはるかに真剣だった。だが、そうであるがために参戦する戦士にとっては、はるかに危険だった。どの戦闘でも、敵の首を最初に取った武士に、壁を越え一番乗りで要塞を攻撃した者と同じく、褒美をたっぷり与えるのが習慣だった。さらに戦場での勝利を祝う儀式では、敵の首がすべて集められ、勝者の総大将が実検するために並べられた。そのような習慣は、武士の士気を高める上でどれほど効果的だったとしても、文明が進歩した国では、たとえ戦争が国民の最高の任務と考えられている国でさえ、賞賛に値するとはみなせないのである。

「切腹」についての海外の誤解

「腹切り」あるいは「切腹」と呼ばれる日本の自害の作法は、世界的に有名な風習でもあるので、ここで触れておいてもよいだろう。もし外国の人々が舞台上演を見るように「切腹」が非常に頻繁に行なわれたなどと考えるならば、日本人の真の国民性を理解する上で大きな過ちを犯すことになる。「切腹」は、今日、鉄道事故のニュースを耳にするよりもはるかに少なかったのである。

さらにここで「礼儀正しい」という言葉を使ってよいならば、切腹が行なわれるときは礼儀正しい作法に則《のっと》っていたのである。日本の舞台で上演されるように、腹を十字に切り裂いて内臓を飛び出させ、せせら笑いを浮かべるようなグロテスクな様相ではない。日本の武士が「切腹」という自害の手段に訴える理由は、残酷な手段を講じて自殺することではなく、自らの手で男らしく名誉の死を遂げるためだった。服毒するとか、入水《じゅすい》するとか、首を吊《つ》るとか、その他同種の自殺方法はすこぶる不名誉なこと、とりわけ武士にはふさわしくないことと考えられた。自ら喉を掻《か》き切って死ぬことでさえ、どちらかと言えば男らしくない行為と思われていた。死の苦悶《くもん》が長引くのを怖がるのは、臆病のしるしと見なされたのである。

限りなく冷静に威儀を正して自害できると同時に、有事の際に他者のこともすべて考慮することが、勇敢な武士に要求される資質と考えられた。端的に言えば、名誉の自害となるには、狂気の沙汰ではないという証《あかし》がなくてはならなかった。残酷な精神ではなく、武士の名誉を守ることが「切腹」の動機であることが分かるだろう。切腹をするからといって、日本人を残酷な国民だと非難するのは不公平というものである。

もちろん、この切腹の習慣を全ての点で弁明しようなどとはさらさら思わない。徳川政権の

4　この部分、原文にある「徳川家」が、家康一代をさすのか、養子をもらう第四代の家綱までのことか、それとも幕末までか、原文自体があいまいで、判然としない。

全時代を通して、この自害の方法が、名誉を保つため、刑に値する罪を犯した「侍」への処罰として続けられたという事実は、当時の人文主義的文化に改善すべきことが多々あったことを示している。

江戸時代の階級制度

階級制度も、当時の文化の持つもう一つの暗黒面であった。武士階級以外のすべての階級は三種類の集団に分類された。すなわち、農民、職工、商人である。階級はもっぱら支配のために作られたものなので、完全な服従関係にあった。当時の武士には平民を好き勝手に殺す特権があり、そのことで罪に問われる危険は全くなかったと、しばしば言い伝えられている。しかし、それは間違いであり、歴史的史実としても何の根拠もない。殺人を犯した武士たちは、しかるべき官憲の前で身の証をたてるため、分け隔てなく呼び出された。挑発され、危害を加えられたのは自分の側だと証明できなければ、間違いなく厳しい処罰が科せられた。

とはいうものの、全体として徳川時代の一般庶民は、武士よりも論理的思考と理解力で劣っている者たちであり、政治はいうまでもなく、社会的な行事にも参加する資格がないと見下されていた。一般庶民に知的な弱点があったのは、教育がなおざりにされていることに原因があることは、問題にされなかった。

武士階級の下におかれた三つの階級のなかでは、主要な食材を供給することから、農業がもっとも敬うべき職種と考えられた。その結果、武士は、特に下層階級の武士は、安堵《あんど》された領地の耕作や、新たな耕作地の開墾を蔑《さげす》むことがなかった。しかし農民自身は、あまり尊重されているとはいえなかった。

次の手工業者も、それ自体で特別な尊敬を集めていたわけではなかった。しかしこの職業は生産的で、なくてはならない業種と認識され、決して蔑まれてはいなかった。さらに数多くの天才的な芸術家たちは、種々の職業に従事する無数の手工業者から輩出されており、わが国では非常に尊重されてきた。日本国民は世界でもっとも芸術的な国民であると評判だが、それは、これらの類《たぐい》希《まれ》な才人の従事する工芸品の評価が、知らず知らずのうちに上がっていった結果である。

職業としてもっとも軽蔑されていたのは、商いに関するすべての職種で、昔から売買で利益をあげることはほとんど詐欺に近い行為であり、国民道徳や武士道からは決して奨励できないものと考えられていた。行商人や小売店の店主は、もっぱら蔑みだけを受けていた。ただし豪商は、あまり尊敬されてはいなかったけれども、その蓄財された富のお蔭《かげ》で考慮の行き届いた扱いを受けていた。種々の大名はもちろん将軍も、裕福な豪商から金銭を得るため、屈辱を忍んで彼らのご機嫌伺いをしなければならないことが多かったからである。

課税方法は非常に恣意的であった。また当時は個人の人権や所有権もあまり高く尊重されてしいなかった。幕府の支配下の一般庶民は、しばしば冷酷で残忍な扱いを受け、身体的に虐待されたり、痛めつけられたり、あれこれと些細《ささい》な口実にかこつけては資財も没収されたりした。嘆願への道が完全に閉ざされていたわけではないが、庶民が訴えを起こし、いろいろな不満を聞いてもらうのは非常に厄介で危険なことでもあった。それどころか、庶民は必ず意見を聴くべき存在とは認識されていなかったし、公務を運営する上で世論に注意が払われることもなかった。

庶民教育は幕府にとっての不可欠な義務とは見なされておらず、一般国民を知的に向上させるとか、生活水準を上げるとかの努力が本気でなされたこともなかった。

藩と大名

徳川政権時代の国家の政治組織は、暗黒面だけを強調する史料から結論を引き出せば、中世的と呼ぶべき状況でもあった。国家は全部で大小三〇〇よりやや少ない区域に分割され、それぞれに半独立的な独裁的支配者の領主あるいは「大名」がいた。異なった大名が所有する隣接地上の境界線は、双方とも大変用心深く防衛していたので、境界線を越えて出入りする際には事細かい検問が行なわれた。その目的のため、境界線沿いや境界線内に数多くの関所が設けられた。そのような境界に接し、幕府より世襲所有地として安堵された領地は、本質的に自治の国であり、その中で普及している政治制度は幕府自体の制度を踏襲したものであった[5]。

同時に、大名の領地は経済的に自給自足の地域であった。少なくともそのようなやり方で独立することが、領地を所有する大名や大名の支配下にある小地主の理想だった。言葉を換えれば、大名の領地は政治的にも経済的にも独立体だったのである。

それぞれの領地では、領地内から国境を越えて特定の種類の農産物を持ち出すことは規則で厳禁されていた。領地の住人が使用するための産物に時々不足が起こるかもしれないし、同種の産物を他の領地でも真似されると、彼ら自身の産物の価値が下がるのではないかと恐れたからである。わが国ではけっして珍しい現象ではなかった飢饉《ききん》の場合、ある領内の米作が被害を受けても、隣接する領地から他国へ穀物を持ち出すことは、禁止されていた。それは「豊作」の場合でも同じだった。

そのような国内の禁制を見れば、日本が外国人に対して閉ざされていただけでなく、国内でも各々の領地が自国の繁栄だけに関心を抱き、他地域からは完全に隔離されているかのような営利主義の原理に固執していたことがわかる。当時の日本には、統一国家に必要な結合力をほとんど見出すことができない。

5　近世、幕府や藩が家臣に俸禄として土地を支給したこと、また、その土地を「知行《ちぎょう》」という。
6　江戸時代に大名が支配した領域や機構を総称して「藩」という。

外様大名、譜代大名と旗本

以上が、徳川時代の初期や中期にわが国を訪れた外国人訪問者の目に映った日本の姿、あるいは彼らが簡単に気づいた徳川幕府下の日本の状況だった。いや、わが国土と国民について書き記した外国人の多くも、ほぼ同じ見方をしていたように思える。だが、彼らはこの時代の日本史の多くの重要な構成要素を省いてしまっていた。その結果、乏しい資料から作り上げた日本のイメージは、不完全きわまりないものにすぎなかった。

というわけなので、十七世紀初頭から明治維新までのわが国の政治・経済状況を全般的に概観し、当時の文明について簡潔に述べることにしよう。

徳川家の樹立した幕府は、まったく新しく考案されたものではなかった。それは、領主に関する限り、家康が秀吉から受け継いだ旧体制を部分的に再認したものだった。この領主たちは、家康が権力の座に昇る前からその地位についていたし、認知もされていた。

旧封建領主の大多数は、中でも最後まで豊臣家に忠誠を尽くした者たちは殺害されたり、関ヶ原の決戦後に領地を没収されたりしたが、生き残った者も少なくなかった。その中で最強の大名の一人に数えられる前田《まえだ》家は、加賀《かが》と日本海側の二国を支配していた[7]。前田家とほかのいくつかの大名は、以前には秀吉のもとで徳川家と同格だった大名であり、天皇が最高君主である日本国で、新幕府が、これらの領主に対し忠誠を誓わせるのは難しいことだった。幕府とこのような関係にある「大名」は「外様《とざま》」と呼ばれた。

残りの「大名」は、将軍の従者、いわゆる江戸で暮らす「八万騎」[8]とともに「譜代《ふだい》」[9]という世襲家臣を形成していた。政府の全官職、すなわち幕府の首相そのものであった老中のような高官から、書記や不寝番のような小役人まで、種々の階級はすべて身内の家臣や「譜代」で固められていた。「外様」が将軍の中央政府にかかわることは一切なかった。このような幕府の家来、あるいは直属の臣下に関する限り、徳川の武家政権は、鎌倉の武家政権が復活した形であると考えることができよう。

しかし、徳川幕府の将軍の家来のうち、上位と下位の間の権力と富の格差は、鎌倉幕府の家来である「地頭」よりもはるかに大きかった。「御家人」という言葉は、鎌倉の時代には尊敬に値すると考えられていたが、徳川時代になると、将軍直属のもっとも地位の低い家来を指し

7　加賀藩主、前田家の祖、前田利家（一五三八〜九九年）は豊臣秀頼を補佐した人物だが、二代藩主の前田利長（一五六二〜一六一四年）は、関ケ原の戦いで東軍に属し、戦後、徳川家康から加賀二郡と能登を与えられ、加賀、能登、越中の三国を領有した。

8　徳川将軍家の旗本の数を称したもの。旗本は、実際には五〇〇〇を少し上回る程度であったが、御家人と陪臣を含めれば約八万騎であった。

9　江戸時代における大名類別の一つ。「譜代」とは系図が正しく、その家を継承してきた者の意。転じて世襲的に主人に奉公する者を指すようになった。関ケ原の戦い以前から徳川家に仕えていた大名家を言うが、関ケ原の戦後に取り立てられた者も多くいた。また本書では、ご三家を除く「親藩《しんぱん》」も「譜代」に含めているようである。

ようになった。「譜代」という徳川幕府の奉公人の上流階級に属する一定数の人々は「大名」になり、歴史的な家柄を誇る家臣や旧徳川家に匹敵する人々と同じ地位に就き、ともに国家で最高の武家特権階級を形成した。

大名の地位に昇格しなかった残りの家来は、「旗本《はたもと》」の名のもとに集められた。すなわち将軍の従者である。この集団の中には、数多くの等級があった。最下位のものは、江戸のうらぶれた場末の一角で、惨めな耐乏生活を送らなければならなかった。その一方で最高位の者は小大名と変わらないくらい収入があり、しばしば影響力でも上回っていた。

しかし旗本階級は、多種多様だったにもかかわらず、その政治的地位はすべて同じで、誰もが平等に幕府直属の家臣だった。軍事的な階層制度では、旗本は特権階級の最下位に属していた。この点では普通の大名の家臣である一般の侍と基本的に異なるところは何もなかった。しかし彼らは将軍直属の家臣だったし、大名に対しては忠誠の義務がなかった。大名は、将軍の名目上の臣下ではないとしても、少なくとも実際は将軍よりも地位が劣っていた。

そのようなことから、旗本は神聖ローマ帝国直属の騎士か、近年のドイツ帝国に併合された連邦諸国の王子のような地位にあったのである[10]。端的にいえば、一般の侍の地位よりも一般の大名のほうが上位にあったということである。厳密にいうと、これら二集団の間には、別の侍の集団が入りこんでいた。それは並外れた格式を誇る三大名の家臣であった。尾張《おわり》国の名古屋、紀伊《きい》国の和歌山、常陸《ひたち》国の水戸の大名である[11]。この御三家は徳川の傍系であり、特別な尊敬を受け、他の全大名の頂点にあったので、その家来は自分たちが準旗本であり、「一般の」あるいは「お庭番」の侍よりも上位にあると考えていた。

安堵された領地で事実上の主権者として行動し、領地内に法廷や役所も構えていた「大名」は、江戸の将軍の財政や行政を手本に仰いでいた。「大名」の大半は、当時のヨーロッパの要塞の建築様式に従って建造した威風堂々たる城郭に住んでいた。おそらく、その建築技術はキリスト教と一緒に伝来したのだろう。彼らは、足利時代の「守護」よりも規則的ではあったものの、はるかに安楽で華麗な生活を送っていた。ところで「外様」と「譜代」という二種類の大名の領地が非常に巧みに配置されたこと、そして譜代が、幕府に対する外様の態度に目を光らせることができたのは、家康が類《たぐい》まれな聡明な政治家であったことを示すものである。

10　ドイツ帝国（Deutsches Kaiserreich）は、プロイセン国王をドイツ皇帝に戴《いただ》き、一八七一年一月十八日から一九一八年十一月九日まで存続した連邦国家。ドイツ帝国の政治体制は、一八七一年四月に発布されたビスマルク憲法に規定されており、君主制のもと、二二邦国と三自由市によって構成される連邦国家と位置づけられた。

11　将軍徳川氏との親疎関係による区分として、本論では徳川家康の子である義直《よしなお》・頼宣《よりのぶ》・頼房《よりふさ》を祖とする「三家」、「譜代」、「外様」に分けられているが、三家と譜代の間に、将軍の子弟の創立した家や三家の分家である「家門《かもん》」、八代将軍吉宗《よしむね》の子の宗武《むねたけ》・宗尹《むねただ》、九代家重《いえしげ》の子の重好《しげよし》を祖とする田安《たやす》・一橋《ひとつばし》・清水《しみず》の三家を指す「三卿《さんきょう》」が入る。

大名の序列と石高《こくだか》

「大名」は各々の領地での米の公式推計生産量に応じて序列がなされていた。鎌倉時代、「地頭」の報酬は、管理を任された荘園の水田の広さで計算されていた。やがて「地頭」の土地は、数多くの子孫の間で分割されるようになった。だが割り当てられた分割地の中には、あまりにも小さいものもあり、もう「地頭」の収入の評価水準にならなくなった。そうして「地頭」職は、もはや設立当初に義務づけられていた責任を負わなくなっていた。

そのような経緯の結果として、徐々に生産米の量や価格が領主の収入の評価水準として採用されるようになったのである。

さらに「守護」の収入の一部はまれに米の量によって起算される一方で、同じ「守護」の収入の別の部分は耕作米の売価で査定された。しかし、このような乱雑な評価方法が原因で、混乱が生じることとなった。というのも生産米の実際の量と生産登録された量が不一致だったのに加え、価格それ自体も、穀物生産の不安定な状況によって絶えず変動しており、どの都市やどの地域にも適応しうる正規標準米価のようなものがなかったからである。

しかも当時は、一定不変の通貨制度が確立されておらず、どの貨幣も額面通りに受け取れなかった時代だった。換言すれば、当時使用されていたどの貨幣でも、米価を示すことが難しかったのである。そのような時代に、実際の米の量ではなく、絶えず揺れ動く米価で価格標準を作成すれば、大きな不便と混乱を生じたに違いない。これらのことから、価格よりも米の生産量の方がはるかに確実な取引手段だったことが簡単にわかるだろう。

　そこで秀吉は、領主の収入を貨幣価値で示すやり方をやめ、今後は「石《こく》」を単位として米の年間推定生産高を領地収益の表示法として採用すべく法令を発布したのである。「石」はおおよそ英国の測量単位の五ブッシェルに相当する[12]。秀吉が全国で大規模に行なった検地の主な目的は、新たに定めた単位に従い、大名の領地で水田として分類された土地の面積を測定し、申告された米の推定生産量と、できるかぎり実現可能な平均収穫量とを同じにすることだった。さらに地域で異なる推定標準の不平等も、この秀吉の査定で修正されたのである。

　このような大名の収入推定法は、徳川幕府初期から一般に使用されるようになった。わが国には男爵や伯爵などの称号を使って大名に等級をつける制度がないので、「石」による米の年間推定生産量が、徳川大名として名を連ねる諸領主の地位を決定する唯一の方法として使われたのである。ごく少数の例外として、特に高貴な家系か国史上に占める家の独特の地位によりて比較的高い地位に就くこともあった。もっとも後者の階級に属する大名の大部分は、後述する中間集団に分類された。

12　おもに果実や穀物の計量に用いるヤード・ポンド法の体積の単位で、穀物の種類によって異なるが、小麦の場合六〇ポンド（二七キログラム）である。

大名に割り当てられる最少の「石」高は一万石であった[13]。最大については法定制限がなかった。とはいうものの、上述した加賀領主の前田家など、最高位にあった者の領地は一〇〇万石以上あったと査定されている。約三〇〇の大名は、三つの階級に分類された。主要大名は二〇万石以上の者たちで形成され、小大名の集団は一〇万石以下の者たちで構成されていた。その残り、すなわち一〇万石と二〇万石の間にある者たちは中間集団を形成していた。

江戸城における将軍への拝謁では、大名の属する階級に応じて、それぞれ特別の詰所での着座の場所が決められていた。将軍に謁見するときの控室の名称を見れば、大名の階級が簡単に言い当てられた[14]。

参勤交代と江戸屋敷

すべての大名は、ほとんど例外なしに、一定の時間的間隔を置いて自分の城や陣営のある領地と江戸の間を往復しなければならなかった[15]。江戸には大名屋敷があった。もっと正確に言えば、将軍から屋敷を与えられたわけだが、その住居は一般に二カ所以上あった。「大名」が領地にとどまることを許される時間の間隔は、その領地と江戸との距離によってまちまちであり、距離が近いほど間隔は短く江戸との往復は頻繁であった。大名は、将軍への忠誠を示すため、江戸屋敷の一軒に妻や子供を人質として残さなければならなかった。

大名の臣下である侍には二種類あった。大名に属する侍の大部分は、主君の領地に居を構えていて、その住まいは城の周辺が一般的だった。これらの侍は主君の支持母体であり、江戸へ出向くときには順番に同行し、また帰郷しなければならなかった。残りの侍は少数派を形成する一団で、江戸に定住した。それぞれの家族は、居留地のように、主君の屋敷の周辺の付属建物の一区画で暮らしていた。これらの侍たちは概して「大名」に奉仕するために徴募された人々であり、その目的は大名の戦力を強化するというよりも、江戸で大名の公務や社会的職務を華やかに飾り立てるためだった。

当然のこと、武家政権の都で洗練された生活に慣れた男たちのほうが、戦闘やその他のきつい仕事だけに向いている田舎侍よりも、そのような機能を果たすには適任だと考えられた。領地に大名が不在の間、この都会派の侍は、主君の江戸屋敷と住人の世話を任され、幕府からの

13　一六三五年（寛永十二年）の『武家諸法度』では、国主《こくしゅ》・城主《じょうしゅ》・一万石以上と言い、一般に一万石以上という言葉が大名全体を指すようになった。

14　溜間《たまりのま》は家門の一部・譜代大名の特別の家、大広間は御三家の庶流・外様（大大名と四位以上）、帝鑑間《ていかんのま》は家門の一部・譜代大名、柳間《やなぎのま》は外様大名（一〇万石未満）、雁間《かりのま》は譜代大名（五万石～一五万石）、菊間《きくのま》は三万石未満の大名。

15　江戸幕府が諸大名を定期的に江戸に参勤させた「参勤交代」のこと。一六三五年（寛永十二年）の武家諸法度改定により制度化された。往復や江戸屋敷の経費は大名たちの財政を圧迫したが、その一方で交通の発達や文化の全国的な交流をうながすなどの効果もあった。

命令を受けたり、江戸で暮らす他の「大名」の代表たちと諸藩間の業務をこなしたりする義務があった。これらの「大名」の代表が集う会合は、江戸で流行りの会合の一つだと言われていた。そのような職務に就く長老たちが他の者たちにある種の睨《にら》みをきかせていたことは、ヨーロッパにおける外交団でもそのような慣習があったのと酷似していた。

しかし主君の領地に居を構えている「侍」は、「大名」の実力を象徴するものであり、武家政権全体の魂と肉体であった。領地の「侍」の数は、「大名」の地位と財力に応じて異なっていた。勢力のある大名の中には、常勤の侍を一万人以上従えていた者もいれば、必要な家臣が二〇〇人しか抱えられない小大名もいた。後者の場合、ほとんどすべての「侍」は、主君の城郭か陣営の周りに居を固めていた。もし城下町の外に住む侍がいたら、彼らの暮らしは、武士というよりも農業生活であった。そのような領地の臣従関係は単純だった。階級が一つしかない侍の下では、彼らに仕える「二本差し」、すなわち徴募された侍は一人もいなかったからである。

一方、大物大名の領地では、中でも九州や本州北部の大名の領地では、中日本の平均的な国が二つか三つ集まったくらいの広さがあった。臣従関係も非常に複雑であり、第二階層の封建制度を形成することも時々あった。すなわち、それらの大名の下でもっとも影響力のある侍は、ちょうど大名が幕府から領地を安堵されたり認可されたりしたように、主君から与えられた自分の小領地を所有し、そこでは数百人の「二本差し」が奉公していた。

これらの有力者の中に、多くの独立した小大名よりも収入で勝っており、より多くの人々の運命をその手に握っている者がいても珍しいことではない。彼らの俸禄はしばしば二万か三万石に達していた。しかし武家政権内での彼らの地位は、将軍に間接的にしか従属していないという理由で、もっとも小粒な大名よりも間違いなく低かった。

武士の俸禄と階級

全国のどこの領地でも侍の俸禄は土地か、大名の穀物倉からの配給米か、現金支払いの形で支給された[16]。時々、一人の侍にこのような支払形態を二つか三つ組合わせて支払われることもあった。この支払以外に、一区画の土地が各々の侍に農地としてあてがわれ、その一部は家族で消費する野菜作りのためによく耕作されたものだった。侍がどのような形で俸禄を受け取ろうとも、公的には石高で示され、名目上の収入として登録された。とびぬけて卓越した家系でないかぎり、この石高こそが、大名の家臣名簿の中で自分の地位を決める根拠だった。

侍に与えられる石高の最高値と最低値については、すべての領地に当てはまる均一の標準は

16　主君から家臣に支給した土地は「知行」、給与した米または金銭の俸禄を「扶持《ふち》」という。江戸時代には、一人一日玄米五合を標準とし、この一年分を米または金で給与した。

なかった。加賀の前田、薩摩の島津《しまづ》、陸奥の伊達《だて》のような強力な大名には、小大名に匹敵するくらい勢力のある家臣が数多く仕えていた。その一方で小大名の領地では、その小さな領地内でかなり地位の高い侍でも、受け取る俸禄の石高は少なく、雀の涙ほどだった。しかし一般的に言って平均的な基準は一〇〇石とされ、立派な公の階級と徴募された地位の低い階級とを区別するため、この基準がどの大名の支配下にある侍にも適用された。

この基準より上位にある侍だけが、本人と同じように太刀《たち》と脇差しを二本差す奉公人を持つことができた。戦《いくさ》のときは、すべての武官だけでなく、大名の藩の民間役人も、すべてこの伝統的な侍の集団から徴募された。このレベルより下位の侍は、短刀を一本身に着けるだけの奉公人を雇えた。彼らは、例えば書記、会計係、使用人頭のような下級役人として主君に仕えなければならなかった。

武家政権で最下層の階級は「足軽《あしがる》」という歩兵集団だった。彼らは「二本差し」ではあったが、侍の兵団には数えられていなかった。法的には大名の家臣であったけれども、直接に仕える機会は非常にまれであり、位の高い侍の召使いであった。

足軽と正規の侍の間には「徒士《かち》」と呼ばれる二本差しの中間集団があった。徒歩で戦う武士という意味である。封建時代のすべての武士は、侍の位がなくとも、騎士と思われていた。もっとも実際は、彼らの大部分が馬小屋さえ持たず、下級武士には乗馬の技術が厳しく要求されていなかった。徒士という名称は、侍の次の位にある人々につけられたもので、この侍もどきの中間集団は、馬の背にまたがることが許されていなかった。しかし、この集団は足軽集団よりも侍にずっと近いものだった。

ここまで大名の領地である藩の武家政権階級を概観してきた。ここで注目すべきは、前述した階級以外にも、侍には多くの下位小集団があったということであり、大名の領地が違えば、集団も多種多様だったということである。言うまでもないことだが、将軍に直接に仕える侍である「旗本」という階級や種類も、大名に仕える侍の階級や種類より、はるかに多様で複雑だった。しかし、全武家政権の枢軸が将軍本人であったことに疑問の余地はない。その一方で武家政権の基盤には、おそらく全部で五〇万家を数える種々様々な侍がいたのである。

幕府の直轄領

幕府は日本全国の領地を大名だけに割り当てていたわけではない。それどころか、日本国の諸地域の四〇〇万石にのぼる広大な領地は、将軍本人のためにとっておいたのである。長崎、堺、新潟のような重要な港、石見《いわみ》国や佐渡《さど》島の豊かな鉱山[17]、信濃《しなの》国の広大な木曾《きそ》森林などは、政治的な理由はもちろん経済的理由からも、幕府の支配下にあった。幕府は、このようなすべての農業資源や産業資源からの収入で、とても贅沢《ぜいたく》な生活を維持していた。将軍自身の膨大な年間歳出費はもちろん、政府の費用や国防費の全額をまかなっていた。領地の安堵のない下層階級の旗本の俸禄も、将軍の領地で育てた米か、将軍の資金で購入した江戸の備蓄米で支払われた。大名の領地での財務制度や直轄の領地については、どこでも将軍を模倣するのが一般的で、ただ規模が小さいだけであったことは言うまでもない。

幕府と天皇との関係

幕府と京都の天皇との関係は、概して秀吉の時代の状況を同じように踏襲していたにすぎなかった。藤原時代から、国務は天皇自身が直接は執《と》り行なわないようになっていた。摂政《せっしょう》は、最初のうちは天皇が未成年の時か病気の時に任命されたもので、その後も引き続きそうあるべきだった。ところが、摂政は最高の大臣と同じ地位になり、その臨時的性格を失ってしまった。

歴代の有能な天皇の中には、このような事態に満足できず、再び大権を手中に取り戻そうと試みる者もいたし、藤原家との関係に限って言えば、一時期、政治的権力の回復に成功した者がいたことも事実である。しかし彼らが回復できたのは、かつて先人たちの手からすべり落ちる以前あった輝く栄光ではまったくなかった。藤原の朝廷貴族が怠慢だったため、かつて自分のものだと勝手に決めつけていた権力が、新興武士階級の手に移っていたからである。天皇が回復できたのは、藤原家の手中に残っていたものの一部にすぎなかった。

後醍醐《ごだいご》天皇は、かつて鎌倉幕府からもぎ取られた天皇の大権を取り戻そうと必死に努力し、その試みに成功した。しかし彼は足利新幕府が権力の座にのぼるのを阻止できなかった。その時から秀吉の時代まで続く、日本史の中でもっとも激しい動乱の時代を通し、皇室は二、三の領地から得る微々たる収入だけで、細々とした暮らしを維持するのがやっとだった。

しかし天皇は、その権力と財力がいかに欠乏していても、依然として栄誉の根源であり源泉であり続けた。天皇は神聖だと思われていたため、将軍よりも明らかに地位が高く、もし天皇が命令すれば、将軍は従わざるを得ないことは誰にもはっきりと分かっていた。残念だったのは、命令を出せるくらい強力な天皇が一人もいなかったことである。

わが国では「君主は君臨すれども統治せず」という諺《ことわざ》は、憲法の原則として決して受け入れられなかった。戦争の動乱の最中でさえ、皇室の威光が完全に失われることが一度もなかったのは、天皇がしばしばいろいろな大名間の争いの仲裁をしていたという事実から証明できるかもしれない。大名たちは互いに激しい戦争を繰り返し疲れ果てていた。

しかし天皇の政治的地位は、長い間不安定であった。というのも、その地位を即座に明確にしなければならないほどの必要には迫られない状況が長く続いていたからでもある。もし即座

17 石見銀山と佐渡金山のこと。前者は、島根県大田《おおだ》市大森《おおもり》にあった、戦国時代からの代表的銀山で、江戸時代には幕府の直轄領となった。後者は、現在の新潟県佐渡市相川《あいかわ》を中心とした金銀山で、江戸時代には直山《じきやま》と呼ばれる幕府直轄の日本最大の金山として繁栄。

に解決しなければならなかったのなら、疑いなく天皇に有利な解決がなされたに違いない。特に応仁の乱以後は、足利将軍家が名目上の権力を回復していたとしても、当時の天皇の実権には、何の実質的な変化もなかっただろう。というのも当時の幕府は、危険なほど大胆で厚顔な武士に捕らえられた生贄《いけにえ》のヤギにすぎなかったからだ。天皇と将軍の威光を合わせても、何か重大なことをなすには不十分だった。当時の日本にもっとも必要だったのは、若々しくて、強くて、精力的な武士の独裁者だった。

信長、秀吉が将軍に任じられなかった理由

足利幕府の末期に登場した信長は、権力の絶頂期に、宮廷貴族の政権に属する文官の称号を賦与された[18]。だが、ついに命を落とすまで、信長は天皇から将軍職に任じられなかった。信長は、もともとは幕府の家臣の一人に従属していた武家の出身だったので、彼より長生きした将軍の補佐をやめた後でさえ、たぶん簒奪《さんだつ》者として見られることを嫌がったのだろう。さらに信長は、全生涯を通して、日本全土の事実上の支配者にはなれなかった。

動乱が長く続いた日本を武力で最後に統一するのに成功したのは、信長の家臣で後継者の秀吉だった。しかし、秀吉もまた将軍職に任じられなかった。実際は将軍になりたいと思っていたが、源氏にも平氏にも属していない血筋のことが思い出されて、思いとどまったと言われている。源平の両家は、総大将たる将軍を出す資格を備えた唯一の名家だと歴史的に考えられて

いたからである。

秀吉が亡くなり、一六〇〇年の天下分け目の関ケ原の戦いで豊臣家の支持者たちが敗北すると、一六〇三年、源義家の子孫だと公言する徳川家康が将軍となり、権力の座を継承した。実際のところ天皇は、既成事実を認可することを除き、このような政治上の変化とはほとんど無関係であった。家康が江戸を新幕府の所在地に選んだことにより、頼朝が鎌倉を選んだ時のような状況が生まれた。家康自身は新しい武家政権を作る上で、鎌倉幕府の制度を手本にしたとさえ言われている。

徳川時代の皇族と公家

徳川幕府が樹立されても、国家の最高君主たる天皇の地位には何の変化も起こらなかった。その一方で幕府は、島国国家の全管理を任された摂政として国事に従事した。その結果、江戸幕府は、京都の朝廷に問い合わせて天皇の承認を得る必要がなかった。この点で江戸幕府は、鎌倉幕府よりも明らかに朝廷から独立していた。

しかし京都は、以前と同じようにすべての栄誉の源泉であり続けた。「大名」のすべての栄

18　一五七五年（天正三年、四二歳）に権大《ごん》納言、一五七六年（天正四年、四三歳）に内大臣、一五七七年（天正五年、四四歳）に右大臣（翌年に辞す）に任じられている。

誉と称号は、幕府の仲介を通してではあるが、在位中の天皇の御名で賦与されたからである。このような栄誉の称号は、宮廷貴族に与えられる称号と同じものだった。大名の実際の影響力を考慮し、貴族の場合よりは比較的低いというだけであった。

徳川時代の宮廷貴族の俸禄は一般に非常に少なかった。最高位の貴族でも、実質的には、旗本の中流階級か有力な大名の上流階級の家臣に匹敵しうる程度だった。足利時代中期まで宮廷貴族が所有していたすべての荘園は、それ以降、各々の地域で最高の権威を持っていた武士たちが占領した。足利時代末期の無政府状態の混乱期になると、武士たちは何度も主君を乗り換えた。その結果、元の状態への復旧がまったくできなくなってしまった。江戸幕府が宮廷貴族に支払わなければならない一年間の報酬の総額は、約八万石だった。

皇室は当初一〇万石を数える年間皇室費があり、足利時代の三倍にのぼった。その後しばらくしてさらに三〇万石に増え、この総額の数字は半世紀以上にもわたり据え置かれた。これに三万から四万両の現金による年間助成金が加算された。皇后には別途の支給がなされなければならなかった。先帝や皇太子がいる場合、江戸から別途に手当を受け取れる権利があった。仮に宮廷貴族に支払われる俸禄をも含めた全額を石高で概算すれば、幕府は京都に年間四〇万石から五〇万石を支払わなければならなかった。皇居の改築にかかるような巨額の費用も、幕府の負担の一部だった。それでも全体として、京都の朝廷の財務状況は、最有力の大名よりもやや困窮していた。

天皇は前述した収入で朝廷を維持し、それぞれに日時が定められた歴史的に重要な諸行事を行なっていた。国事は事実上幕府に委任されていたので、天皇がそのような事柄に煩わされる必要はなかった。もっと正確に言えば、将軍が天皇の唯一の代理人のように振舞っていたのである。どの大名も、天皇と直接に対話をすることは禁じられていた。将軍の方は地域の事をすべて大名に任せていた。裁判については、幕府の裁判が全大名の手本とされていた。

それでも法律制定や施行法では、それぞれの特定の領地ごとに数多くの特色があり、幅をきかせていた。その結果、当時の日本は、旧体制《アンシャン・レジーム》のフランスのように、法律行為に関しては種々雑多な様相を呈していたのである。税を課したり、上納金を募ったりする大名の権力を禁止する明確な法律は何もなく、むしろやりたい放題であった。大名は、財政的に逼迫《ひっぱく》すれば、財政困難の原因が何であれ、裕福な臣下に対して自由に上納金を要請でき、それも命令に近いものであった。さらに自国の領地内に流通が限られる貨幣も鋳造できた。言うまでもないことだが、勘定奉行は法定貨幣の代用品として紙幣[19]を領地内で発行し、流通させていた。

19　江戸時代に諸藩が財政貧窮を救うために発行した紙幣、藩札のこと。最初の藩札は一六六一年（寛文元年）越前国福井藩で発行した銀札であった。

徳川時代の武士のたしなみ

平和な時代では、大名家臣の侍は、文官として主君に仕えた。しかし、彼らは生まれついての武士なので、いろいろな武器で常に武芸の訓練を積まなくてはならなかった。武器の中では、実戦的であるとして刀と槍《やり》がもっとも好まれた。弓術は完全に廃止されず、弓と矢は依然として武士という高貴な天職の象徴と考えられていたが、この種の武器は徳川時代初期から戦場でまったく使われなくなった。その結果、弓術は概して儀式用になった。足利時代末期に導入された火器の使用は、国中で急速に普及していた。戦闘を開始する際、射撃手が以前の弓射手のように用いられ、歩兵が攻撃できるように道を開いた。徳川時代では、射撃のほうが弓術よりも実戦的と考えられた。しかし射撃術を実践しても、個人の勇気を示す余地がほとんどなかったので、侍の間ではあまり高く奨励されてはいなかった。

馬に跨《またが》っての戦闘は、足利中期以来の戦場では一般に行なわれていなかったが、少なくとも武将たちは馬に乗り続けた。その結果、馬術は徳川時代の侍、特に位の高い者たちには必須の技術であった。

ここで注目すべきは、日本人が考案し開発した武術として現在世界中で高く賞賛されている柔術が、正統の徳川武士の注目をあまり引かなかったということである。柔術は犯罪者の逮捕に役立つ技術であり、一般に全領地で警察の任務に就いていた地位の低い侍か、それ以下の身分の者に好まれていた。

当時の侍は、武芸のたしなみを身につけ、戦時になると指導者や兵士として領主に仕えることになっていた。当時はすべての武士が、中世のヨーロッパのように、軍勢を導き指揮する能力と並行して、個人の勇気も見せるよう期待されていた時代だった。

しかし一六三八年、九州の島原《しまばら》で半宗教的な反乱[20]が鎮圧されてから二世紀以上もの間、対外戦争もなければ内戦も起こらなかった。したがって戦争の準備はしていたものの、それは想像上の可能性としてだけであり、起こりうる非常事態としてではなかった。全領地の侍は常に戦時体制にあると言われていたが、しかるべく訓練を受けていなかった。実際のところ、平和な時代でも彼らは戦闘集団に分割され、各集団の指導者が任命されていたことが分かっている。しかし、実戦を模した機動演習や訓練はまったく行なわれていなかった。実戦に近いただ一つの軍事演習は、野生の動物狩りか、犬を獲物に見立てた模擬狩猟であったが、このようなスポーツでさえ頻繁には行なわれていなかった。

今日、外国の人々が欧米の多くの博物館で目にする日本の鎧具足《よろいぐそく》は、この国では昔からむしろ不便な着用物と思われてきたものである。それでも鎧具足はどの侍の家庭にもなくてはなら

20　島原の乱、あるいは島原天草一揆《あまくさいっき》ともいう。江戸初期の一六三七年（寛永十四年）から三八年（同十五年）にかけて、九州のキリシタン信徒を主とする肥後天草の農民が、幕府の禁教政策と領主の苛政に対して起こした百姓一揆。天草四郎時貞《ときさだ》（益田《ますだ》時貞）を頭《かしら》とする約四万の農民・浪人が原《はら》城にこもって頑強に抵抗したが、幕府軍によって四カ月後に落城。

ない調度品であり続け、精巧な細工品で装飾されてきた。このことははるか遠い昔から、戦争というものがいかに頭の中で考えるものと見なされていたかを物語るものである。

江戸時代の侍が戦士というよりも民間の役人だったことは、前述したことからも容易に推測できよう。しかし実際の地位は武士であり、市民ではなかったので、侍は常に軍律に従っていた。彼らはいつも全力で主君に仕えなければならず、まるで戦場で敵と面と向かうかのように、自分の生命は自分で責任を取るのだ。侍が自分に託された政務に関する不心得や不始末が原因で自害した数多くの実例を挙げることができる。要するに、武装した平和が全国に行き渡っていたのである。

第12章　徳川の幕府、文化、社会

武家政権下での平和

前章では、このような小ぶりの本としては十分すぎるほど、徳川幕府時代の武家政治の組織について取り上げた。では、この組織と政権が支え守った文明とは、どのようなものだったのだろうか。それが次に語られるべきことである。

幕府が練りに練って造り上げた武家政権は、戦争の可能性が現実にはありえないこと、すなわち戦争は仮想の危険にすぎないという仮説に基づいていたと言うことができる。同時に幕府は、大名や侍が将軍と肩を並べられると思い込むくらいの自信を持たないように、そしてすこぶる挑戦的にならないように、油断なく目を光らせてきた。そのため、国民の士気を完全な形で維持すること、すなわち、武家政権を樹立当初の状態で継続することが主な課題であった。

もちろん、日本国内でも地域によって、士気の強弱にもいくつかの段階があった。わが国の両極にある地域、どちらかと言えば文明の後進地であった九州南部と本州北部では、士気はあまり弱まっていなかった。そのような二つの領地に隣接する境界線の両側では、方言の違いがはっきりと認められ、相互に鋭い敵対感情がはびこっていた。人々は藩の異なる人間と結婚することが許されていなかった。この規則は、武士階級で厳しく適用された。

しかし、その二つの極地の間にある日本国の大部分の地域、すなわち人々がもっと啓蒙《けいもう》された地域では、隣接する大名の支配下の住人の間に、そのような敵意は見られなかったはずである。領主の異なる臣下の間でも、自由に婚姻が結ばれていた。それは、たがいの領主間では、十中八九戦争が起こらないと考えるからこそ生まれうる関係であった。そのような婚姻で関係が拗《こじ》れる恐れはまったくなかっただろう。そのような親密な関係を維持する隣接領地の状態は、二つの半独立国が肩を張り合って危険な競争をし、さながら交戦態勢にあるような状態ではなく、うまく統制された同一国内で二つの政府機関が軒を並べている状態と考えるべきである。

これらデータを総合すると、啓蒙された人々や、大多数の日本国民は、すこぶる平和を愛していたので、平和が永遠に続くものと想定して、すべての生活様式を組織化していたのだろう。絶対的な武士政権に支配されていたと言われる国で、実際に絶対的な平和が二世紀以上も続いたというのは、いかに日本国民が戦争を嫌っていたかを示してあまりあるものである。外国の人々は、日本人を世界でもっとも危険で好戦的な国民だと非難する前に、日本の歴史にお ける、この反駁《はんばく》を許さない事実にじっくりと想いを馳《は》せるべきである。それは、欧米諸国の歴史上でさえ、数多く見つけられない事実である。

疑いなく徳川幕府の日本は武家政権に支配された国であり、形の上では封建的であったけれども、現実には平和が国土を静かに覆っていた。それは、軍事政権というものから期待できる最大級の平和であった。太平の世が非常に長く続いたので、その間に私たちの文明はすばらしい進歩を遂げることができた。もし、文明のやむにやまれぬ刺激的な構成要素として戦争を賛美できるとしたら、そしていくぶんでも理にもかなっているとしたら、平和も同じ文明の発展を促す上で、もっとも有効な構成要素であると、同様の確信を持ちながら賛美できよう。

家康による学問の奨励と出版文化の隆盛

これまでの章では、無政府状態であったにもかかわらず、文化が日本全土へ伝播《でんぱ》したこと、そしてその文化の大部分がまさに人文主義的だったことについてお話しした。この人文主義的な文化は、形も質もさらに高度な文明に受け継がれた。足利時代末期に戦争が次から次へと勃発したため、文明の進歩がしばらく遅れたのは明らかだったが、それも一時的な現象にすぎなかった。いかにゆっくりと川が流れていようと、水面に浮かぶ二、三本の麦わらだけで、先に進もうとする強力な底流の流れをどうやって止めることができただろう。

たしかに、武器のぶつかる音やこすれる音は入り混じっていたが、以前より進歩しつづけるわが国の文明の奏《かな》でる絶妙な音楽が聞こえていた。その文明の音楽は、最初のうちは非常にかすかに聞こえていたけれども、だんだんと音が大きくなり、騒々しい戦場での武士の雄叫びが静まってからは、全国土を振動させるほどに響き渡るようになった。端的にいえば、日本は着実に進歩していたのである。そして文明という松明《たいまつ》を前へ前へと運んだのは、まさにこの武士たちであった。

多くの歴史家は、十七世紀初頭から学問が復興したのは、ひとえに家康の個人的な努力によるものだと指摘している。しかし家康の下でともに戦った侍たちの中に、学芸面で注目すべき人材がいなかったことからすると、家康が側近たちに学問や文化を奨励することに深い興味があったとは考えにくい。家康自身にしても、同時代の平均的な武将より高い教育を受けていたことを示す痕跡は何も残していない。

その一方で、疑うことのできない事実として、家康が熱心に学問を奨励し、多くの書籍の出版を命じていたことがある。そして家康の奨励が非常に功を奏したことも明らかである。その主な理由は、家康ただ一人が日本の軍事と政治を支配する地位にあったため、その奨励者の役をも演じることができたからである。

ただし、家康一人だけが学問、文化を奨励していたわけではなかったことは、軍事的独裁者としての家康の権威が押しも押されもしない状態で確立される以前から、種々の書物がほとん

1　第一〇七代天皇（一五七一～一六一七年、在位一五八六～一六一一年）。正親町《おおぎまち》天皇の皇子陽光院《ようこういん》の第一皇子。学問を好み、舟橋秀賢《ふなばしひでかた》に漢学を、細川幽斎《ほそかわゆうさい》に和学を学び、『伊勢物語』『源氏物語』等の古典を講じた。本文にあるように、天皇が木製活字を造らせて刊行した『古文孝経』『日本書紀神代記』、南北朝時代に北畠親房《きたばたけちかふさ》が著わした『職原抄《しょくげんしょう》』などは「慶長勅版」として文化史上高く評価されている。

2　第一〇八代天皇（一五九六～一六八〇年、在位一六一一～一六二九年）。後陽成天皇の第三皇子。「禁中並《きんちゅうならびに》公家諸法度《くげしょはっと》」などで皇室に圧力を加える幕府に抵抗。明正《めいしょう》天皇に譲位後、四代五一年間にわたって院政を行なう。学問・芸術を好み、修学院《しゅがくいん》離宮を造営。歌集『鷗巣《おうそう》集』がある。

ど中断されることなく再版され続けていたこと、そして後陽成《ごようぜい》天皇[1]と後水尾《ごみずのお》天皇[2]の二人の天皇や、僻地《へきち》の越後国で育った武士の直江兼続《なおえかねつぐ》がもっとも熱心な学問の奨励者であり、標準的な作品の再版を奨励したことからも立証できる。結局、公平な言い方をすれば、徳川初代将軍は自分のなすべきことをしただけであり、国民が家康のような地位の人に期待してしかるべきことを行なったに過ぎないということだろう。

一五九三年、すなわち秀吉の亡くなる五年前、後陽成天皇は、いわゆる『古文孝経《こぶんこうきょう》』と呼ばれる古書を木製活字で再版するように命じた。確信をもって言えるのは、これがわが国で最初に活字印刷された書物だったということである。この学術的な事業で天皇が頼りにした活字について言えば、その活字は、前年に朝鮮へ派遣された秀吉の遠征軍が現地での戦利品として入手し、わが国にもたらしたものと思われる。

当時の日本人は、文化面では朝鮮のほうが日本よりも進んでいると見なしていた。足利幕府が朝鮮王朝に対し、朝鮮国で再版された大蔵経《だいぞうきょう》全巻だけでなく、再版に使用された版木そのものを寄贈してほしいと繰り返し嘆願書を提出したことは、歴史書にも記されている。これらの嘆願のうち、後者の版木については、朝鮮半島の王朝はにべもなくこれをはねつけた。しかし前者の経典については、できるかぎりその望みをかなえてくれたので、今日、十七世紀以前に朝鮮王朝から贈呈された仏典が、あちこちに残っているわけである。

活字印刷法は大陸経由で朝鮮に伝来し、同地では粘土版だけでなく木製活字も長く使われていた。わが国の武士が自国に持ち帰ったのは、この木製活字だった。これらの武士が活字のような学問媒体を戦利品と考えていたというのは、彼らが学識の養成にまったく無関心でなかったことを物語るものである。

一五九七年、前述した『古文孝経』が再版されてから四年後、同じ後陽成天皇は、それ以外の書物も数多く再版するよう再び勅命を出した。そのような再版本の中には、儒教の古典文学数冊やシナの医学書はもちろん、『日本紀』の初版や、北畠《きたばたけ》親房《ちかふさ》の書いた日本の政治制度に関する書物のような和籍もあった。北畠は後醍醐天皇時代の宮廷貴族で、天皇に対する揺るぎない忠誠と教育で知られ、『神皇正統記《じんのうしょうとうき》』[3]と呼ばれる有名な史書の著者であった。これらの書物の多くは、秀吉が亡くなる前年に再版されたようである。

この時に使用された活字は、朝鮮活字を手本にしてわが国で作られたものであった。きっと朝鮮で戦利品として入手した活字は、書物に深い興味を抱いた天皇の高まる要求を十分に満足させるほど、長期の使用に耐えなかったのだろう。

3　北畠親房（一二九三～一三五四年）が、神代から後村上《ごむらかみ》天皇即位までの歴史を、簡潔で力強いかなまじり文で叙述した歴史書。三巻。

木版印刷と金属活字の使用

日本の印刷技術の発達段階は、ヨーロッパと同じような経緯をたどった。すなわち木版に続く金属活字の使用である。この方法の最初の試みは、当時米沢《よねざわ》藩の領主だった上杉《うえすぎ》家の家老、前述した直江兼続によってなされた。直江が再版を命じた書籍は、『文選《もんぜん》』と呼ばれるシナ文学の抜粋集であった。この復刻は、家康の幕府樹立から四年目にあたる一六〇六年に伏見《ふしみ》で行なわれた。その際、活字の作製に使われた金属は銅だった。

直江が先駆者となり、数人の学問の擁護者がその後を継いだ。その中でもっとも注目されたのは家康本人と後水尾天皇だった。この天皇は、後陽成天皇の息子であり、木版ではなく直江のように銅版で復刻本を出すことを奨励した。一六二一年に天皇の肝《きも》いりで出版された書籍は、宋朝で出版された木版印刷に倣ったシナの事典一五巻であった[4]。

一方、この天皇の事業に先立ち、家康は前将軍として、自らが居を構える駿河国の駿府《すんぷ》の町で銅版印刷による復刻書を出すよう命じていた。駿府は、現在、静岡と呼ばれている。一六一五年と一六年に同地で再版された書籍は、仏教経典の一覧集と種々のシナ古典引用章句集であった[5]。

これ以外に学問の擁護者の栄誉として言及すべきは、家康が様々な実用書の復刻のため、一万個以上の木製活字を製造するよう命じたことである。一五九九年、すなわち天下分け目の関ケ原の決戦の前年から、家康の将軍職が終わりを迎えるまで、伏見の家康の代理人が休むことなく木版印刷で書籍を刷りつづけていた。そこで復刻された書籍の中には、鎌倉幕府初期の記録である『吾妻鏡《あずまかがみ》』、唐朝初期に書かれた政治論集、そして兵法書が数冊あった[6]。

4　おそらく『皇朝類苑《こうちょうるいえん》』（江少虞《こうしょうぐ》撰）のことであろう。『皇宋事宝《こうそうじほう》類苑』ともいう。宋の時代の史実や逸話など一〇〇〇を超える項目を種々の文献から集めて種類別に編集したもの。後水尾天皇の勅命で『紹興《しょうこう》二十三年福建《ふっけん》麻沙鎮』刊本に基づき一六二一年（元和七年）に刊行したため、「元和勅版《げんなちょくはん》」ともいわれている。ちなみにシナではすでに散逸しており、完全な本文を伝えるのはこの元和勅版のみ。

5　『大蔵一覧集《だいぞういちらんしゅう》』。大蔵経から抜粋した文章を分類し、検索しやすいように編集した書で、一六一五年（元和《げんな》元年）に家康が臨済宗の僧の以心崇伝《いしんすうでん》（一五六九〜一六三三年）と儒学者の林羅山《はやしらざん》（一五八三〜一六五七年）に命じて出版（部数一二五）。わが国最初の銅活字を用いた出版物で、約一〇万個の銅活字が用意された。翌一六一六年（元和二年）、家康が前記の二人に命じて刊行させたのが『群書治要《ぐんしょちよう》』。これは群書の中から治世に関するものを抜粋、編集したもので、唐代に成立し政治の要道を記した帝王学の書として尊重された。シナでは宋代に散逸。この二つを駿河版ともいう。

6　家康が山城伏見の伏見学校の一角に建立した円光寺《えんこうじ》で開版された木活字版のことを「伏見版」あるいは「円光寺版」ともいう。家康は伏見学校を創建するために、足利学校第九世の三要元佶《さんようげんきつ》を招請したが、元佶は、一五九九年、『孔子家語《こうしけご》』や、シナの代表的な兵法書で武経七書でもある『六韜《りくとう》』と『三略《さんりゃく》』を出版。政治論集としては、一六〇〇年、西笑承兌《せいしょうじょうたい》が、唐の太宗の言行録で政治の要諦を述べた『貞観政要《じょうがんせいよう》』を出版。一六〇五年には、やはり西笑承兌により、『吾妻鏡』と『周易《しゅうえき》』が出版、翌一六〇六年には、元佶により武経七書が開版された。

上述した天皇や将軍や地位の高い武士のような著名な名士だけでなく、侍、僧侶、文人、商人のような平凡で庶民的な階層の人々もまた、木版印刷か活版印刷の方法により、漢籍はいうまでもなく新旧の和籍を互いに競い合って出版した。

裕福な商人の中で、当時、芸術と学問の庇護《ひご》者、日本のマエケナス[7]としてもっとも有名だった人物は角倉与一《すみのくらよいち》[8]だった。彼は京都の郊外に住む富豪の家に生まれ、彼自身も進取の気性に富んだ商人だった。さらにそのシナ古典と和歌の業績は、当時の平均的な文人よりはるかに勝っており、書道の腕も天下無比と言われていた。大陸諸国との貿易では、はるかトンキンやコーチ・シナ（交趾支那）[9]まで出かけて巨万の富を蓄積し、それを元手にして書籍出版に巨費を投じた。その大部分は有名な日本文学の作品だったが、彼一人で二〇種類以上の書籍を出版し、発行部数は合計で数百部を数えたと言われている[10]。

しかし彼の事業で私たちの注意をもっとも引くのは、これらすべての書籍が、当時流行《はや》っていた金属の活字ではなく、古い木版で印刷されたという事実である。新しい活版印刷の方法は数年前から伝来し、さかんに奨励されていたが、その利点を十分に示すことができずにいた。誰が版元だろうと、各版の出版部数は一般に二〇〇部を超えることがなかったからである。そのように部数が僅少だったのは、当時の読者層の幅が狭かったことを物語っている。つまり当時の日本には、活版印刷で急いで書物を増産する差し迫った必要性がなかったというわけであ

家康が出版させた『群書治要《ぐんしよちよう》』

唐の太宗《たいそう》の命で編纂された帝王学の書を、駿河に退隠していた家康が1616年、林羅山《はやしらさん》と金地院崇伝《こんちいんすうでん》に命じて作らせた。銅活字を使い、全47巻に及ぶ大部な書で、100部印刷された。ほかにも家康の活版印刷事業にかけた意気込みには、目覚ましいものがあった

（凸版印刷株式会社 印刷博物館蔵）

る。

さらに西洋では起こりえないが、文字の多くを、もっぱら漢字に頼ってきた日本のような国では、活版印刷を採用すると、数多くの不便を生じることが明らかになった。つまり私たちは多種多様な活字を必要とするため、アルファベットを使う場合より、数でも種類でもはるかに多い字体を各種取り寄せることが必要だったのである。言うまでもないが、同じ活字もまた多数必要だったので、活字の総数も大幅に増やさなければならなかった。

さらに日本人学習者が学びやすくなるように、漢語の本文にそって種々様々な記号や挿絵といった付属物を印刷するのは、活版印刷を採用する上で克服することが不可能と思われた。何人かの編集者は挿絵を挿入したいと望んだが、本文を活版印刷するとなると、その要望もそう簡単には叶《かな》えられなかった。活版印刷の揺籃《ようらん》期にあった時代では、活版と木版を一緒にするのは非常に面倒な仕事と考えられていたからである。活版と木版を一緒に使うよりも、むしろ木版だけを単独で使うほうが好まれていたのである。

最後に、角倉が好んで印刷した日本人著者の文学作品について言うと、すなわち、それは美しい筆跡で書かれた元の原稿を、そっくりそのままファクシミリ版で復刻することが編集者の主たる関心である場合、活版印刷はこの目的にまったくそぐわなかった。このような不都合な点がことごとく重なり合い、活版印刷の発展が阻害されたのだった。

その結果、この新しい印刷法は、伝来して間もなく脇に置かれてしまい、その状態が徳川幕府の終わりまで続いたのである。しかしそれでも、非常に限られた範囲ではあるが、活版印刷の伝来は日本での文明の全般的進歩に貢献し、書籍を増加させ、一般民衆の知識欲を刺激したことは確かである。

7　ガイウス・キルニウス・マエケナス（Gaius Cilnius Maecenas 紀元前七〇頃～前八年）。共和政ローマ期からユリウス・クラウディウス朝にかけて活躍した政治家で、ローマ帝国初代皇帝アウグストゥスの友人であり、政治顧問でもあった。また、アウグストゥス時代の新世代の詩人の重要な庇護者でもあり、皇帝アウグストゥスの治世の間、文化大臣のような役割を演じた。ここから「マエケナス」という名前は、裕福で、気前がよく、教養のある芸術の保護者を意味する代名詞となった。角倉与一は日本のマエケナスだと言っているのである。

8　角倉素庵《そあん》（一五七一～一六三二年）のこと。安土桃山時代から江戸初期にかけて活躍した京都人の豪商。与一は通称。父親の角倉了以《りょうい》の事業を継ぎ、海外貿易や土木事業を推進した。また同じ京都人で能書家・工芸家であった本阿弥光悦《ほんあみこうえつ》に書を学び、角倉流（嵯峨流）を創始。

9　ベトナム（安南）の都市で、十七世紀に江戸幕府と通行があり、中部のコーチン（交趾）と北部のトンキン（東京）は、朱印船の渡航先であり、中部のフェイフォ（会安）やトゥーラン（沱瀼）などの貿易港には日本人町ができた。

10　角倉素庵が本阿弥光悦や俵屋《たわらや》宗達《そうたつ》らの協力で出版した古活字本は「嵯峨本《さがぼん》」ともいわれている。雲母《きら》刷りの用紙を使い、装幀《そうてい》にも意匠を凝らした豪華本で、『伊勢物語』『徒然草』『方丈記』などの古典文学の他、謡曲の本も残されている。

武士の間にひろまった功利主義的学問

日本の書籍の出版数で十六世紀末よりも十七世紀初頭の方がはるかに多いことについては、何の疑いもない。書籍の売買、編集、出版を取りしきっていた書店が京都と江戸に登場するようになり、独立した職業として維持できるほど繁盛するようになった。ここで当然疑問が湧くに違いない。このように増加した書籍は、どのように配給されたのだろうか。

僧侶、中でも禅宗に属する僧侶以外に、学問を主たる職業にする、かなりの数の職業文人がいた。将軍や諸国の大名の事務方の書記は、概してこの階級から募集された。しかしその人数となると、徳川幕府初期は比較的少数のままの期間が長く続いていた。彼らはどちらかと言えば専門的な集団に分類され、その中には医者や僧侶が含まれていた。彼らは読み書きを行なう下僕扱いであり、助言役として尊敬されていなければ、時代精神の指導者として崇《あが》められてもいなかった。従事する職業がいかに高貴でも、彼らは単なる職業人であり、奉公人には良いけれども、人の指導者にはふさわしくないと考えられていた。

それでも、そのような文士の数が増加したのは、日本国の文化的水準が向上したことが原因であり、結果でもあった。日本が以前よりも学問を高く評価し、これらの学者を必要としはじめたことをはっきりと示しているからである。しかしそのような増加も、学者の教える学問を全国の国民が吸収し、学問自体が国民生活に必要な構成要素とならない限り、つまり一般庶民が学問でそれまで以上に啓蒙されない限り、短期間で止まったに違いない。

日本はそのように継続的に進歩する準備を整えていた。わが国は半世紀も経たない間に、果てしない戦争に明け暮れる無政府状態の国家から、平和な国家へと変貌を遂げたのである。わが国は、もっとも苦心して造り上げた武家政権の支配下にあったけれども、あくまでも非軍国主義的な国家だった。わが国の外交が「閉ざされて」いたのは、その主たる目的が一般に西洋文明の浸透を防ぐためではなく、策動的な外国人宣教師たちの介入によって平和的な国家の進歩を阻害されないようにするためだったからにすぎない。

将軍は、京都の天皇と対峙《たいじ》してその存在理由を失う危険性をはらんでいたとしても、軍事的独裁者であり続けるべきだった。しかし将軍は、軍事問題にもっとも無頓着な君主へと変貌してしまった。日本の「もっとも賢い愚者」は、徳川五代将軍の綱吉《つなよし》であった。綱吉は、現在、教育博物館[11]が建つ江戸の湯島《ゆしま》に孔子の学校と霊廟《れいびょう》を作っただけでなく、学者を演じるのを好んだため、自身の講義の聴講を大名に義務づけ、彼らの前で孔子の原文に注釈をつけながら講義をしていた。幕府の長に綱吉のような将軍がいれば、当時の学問の大きな部分を形成してい

11　東京師範学校附属東京教育博物館のこと。明治四年（一八七一年）九月、政府は湯島の文部省内に博物局を置き、翌五年三月に博物局観覧場を公開。その後博物局では、大学講堂を書籍館と称して八月一日に開館。六年四月に博物局観覧場を東京博物館、十年一月に教育博物館と改称、二十二年になって高等師範学校の管理下に移され、湯島聖堂構内に建物が新築された。

た漢文学の修養が、武家政権に属する全ての人々、すなわち様々な種類や階級の侍の間で流行しはじめたとしても、何の不思議もない。

さらに当時の侍自身はと言うと、自らの本分が永遠に武士であることを公言し、武芸の訓練も実際に著しく緩められたことは一度もなかった。しかし太平の世が長く続いたために、昔のような職業戦士にはならなかったのである。武士が庶民から称《たた》えられ尊敬された主な理由は、自らの命を危険にさらしても、主君の大名を通して国家に奉仕することにあったにもかかわらず、彼らは徐々に武勲だけに頼るのではなく、人格を形成して能力を向上させていかざるをえなくなっていた。

それは、有能な役人、行政官、いや自分の藩では政治家でありながらも私生活では育ちの良い君子たるにふさわしい人間になり、彼ら個人が手本を示して一般庶民の鑑《かがみ》となるためだった。彼らは主としてこの目的達成のために漢籍を読んでいたので、当然のこと、読まれていた書籍の種類は限られていた。もっとも好まれたのは道徳と政治に関係するもの、すなわち儒教の経典と種々のシナ王朝の歴史であり、すべてがまったく実践的であった。したがってその文芸の文化は、すこぶるまじめな動機からだったが、厳格で、偏狭で、功利的になる傾向があった。

足利時代には本質的に人文主義的だった学問が、その直後の時代にそのような功利主義的傾向となるのは、一見したところ、非常に矛盾する事柄のように見えるに違いない。しかし、イタリア・ルネサンスがアルプスを越えて北方に移動すると、ドイツ宗教改革にその姿を変えたことを考えれば、表面上は突発的なわが国の変化を理解しようとする時も、それほど当惑する必要はないだろう。

人文主義的学問を信奉する人々

一方、功利主義的な学問ばかりが徳川時代の文化全体を形成していたわけではなかったことも注目すべきである。徳川幕府の黎明《れいめい》期から没落期まで、前代から手渡された人文主義的学問が、国土から完全に一掃されたことは一度もなかった。前述した功利主義的な学問をほぼ独占的に修めていたのは、将軍か有力な大名の直接的支配下にある侍だけだった。彼らの藩は半独立国なみに管理されるほど広大で、その行政機関を上手く運営するには、高度な行政手腕を必要とした。言葉を換えれば、功利的書物の研究に没頭する人々は、一般に書物から学んだことを実践する機会に恵まれた人々だったのである。

もしこれらの大規模な藩が、ドイツ連邦のプロイセンやその他の王国や公国と対比されるとすれば、ドイツ連邦の小規模な公国は、日本の小大名の諸藩と好対称をなすだろう。小大名に仕える侍はというと、彼らにシナの政治物に興味をもたせて熟読させることは難しかった。藩の諸事が、深い政治原理から流れ出た高度で繊細な政策に則って行なうことを要求されるほど、その行動領域が広くなかったからである。この点で、彼らは幕府直属の領地に居住する同じ身分の侍と非常に共通するものがあった。

それぞれの領地の藩主と家老は各地方の出身者ではなく、江戸から同地に派遣された人々だった。したがって地方の侍は、地元の藩に奉公する下級役人として雇われたにすぎなかった。その結果、彼らは地方政治にさえ、ほとんど、あるいはまったく関与しなかった。これらの侍の中には、地所持ちもいた。裕福であった上に、注意を要求される重要な仕事もほとんどなかったので、書物に埋没する財産と時間はたっぷりあった。彼らが読書をする最初の動機はもっぱら気晴らしにすぎず、決して自己を束縛する類のものではありえなかった。

土地を持つ郷紳《ジェントリー》も領地に数多くいて、階級では侍より下位であるが裕福であり、一般に村の諸事を担当して農民を管理していた。彼らもまた領地の侍と同じ範疇《はんちゅう》に分類されるべき人々であった。強力な大名の所有する広大な領地の中小都市やその周囲に集まった侍や郷紳も、同じ集団に含まれるかもしれない。しかし、軽めの文学に属する本だけを歓迎するのは、武家政権の支配が及ばない地方で暮らす人々だろうと思うのは早計であろう。

たとえば地方でも、漢文学に多く見られる倫理論などのまじめな作品が読まれた。しかし、その目的は、その中で教えられる行動原理に従って自分自身の行動を律するためというよりも、道徳的問題について形而上学《けいじじょうがく》的な思索にふけることだった。端的に言えば、彼らの知的渇望は純粋にそれによって知的喜びを得るためであり、すこぶる人文主義的だったのである。

足利時代後期の文化の真の後継者が見つけられるのはここであり、正規の侍の影響力が勝っている場所ではなかった。言うまでもなく、人文主義的文化の中心は京都であったが、政治の首都としての重要性はすでに失われていた。一方、江戸は全盛期の侍文化を代表する都だった。人文主義的芸術の愛好家が好んだ漢籍は、修辞学や詩歌に関するものだった。彼らはこれらの習練にわれを忘れて熱中した。芸術のための芸術志向にふさわしい庇護者は、将軍や有力な大名が居並ぶ幕府内よりも、そのような人々の間にこそ見出せた。

幕府内では、芸術というと、むしろ実用的な意味合いがあり、例えば、屏風《びょうぶ》や障壁画のほかに「鍔《つば》」や「根付《ねつけ》」といったミニチュア工芸の装飾品を指すことが多かった。放浪詩人、美文家、書道家、種々の工芸美術家たちを常に保護したのは、政治と規律がきわめて重要な江戸や有力大名の城下町よりも、人文主義的文化が普及した地方のほうだった。

この二つの文化のもっとも重要な違いが表われたのは、芸術の特別分野、すなわち絵画であった。武家社会では、狩野《かのう》派の絵画が好まれたが、どちらかと言えば様式に厳格で、禅宗の僧侶が高く評価するような風流心を表わす色合いが幾分あった。武家社会以外で流行したのは、いわゆる「文人画」と呼ばれるもので、「文人画家」と呼ばれる一派の絵画であった。徳川時代初期に大陸から伝来した文人画の特徴は、柔らかな色合いが絵画に行き渡っていることと、玄人味が欠如していることだった。

大坂と江戸の商人による新しい文化の波

これらの二つの際立った文化界の他に、三つ目の集団が台頭した。十七世紀後半、この教養を競う闘技場に入場した人々である。私が言っているのは、いくつかの大都市の商工業階級のことである。信長による強力な一撃が堺の商人の政治力の基盤を揺るがし、秀吉が堺の近郊に築いた大坂が、大商業都市として堺の競争相手に育ったことが原因で、歴史ある堺の貿易が衰退すると、堺市民が大切に育み、洗練されてきた人文主義的な文化も、ともに消滅した。

その後、日本で商工業階級の文化的影響力が復活するのを目撃するには、かなりの時間を要した。しかし徳川幕府がわが国に静寂な平和状態をもたらしたことにより、そのような復活が起こったのである。ただしその場所は堺ではなく、日本国最大級の商業中心地である二つの都市であった。一つは東の江戸であり、もう一つは西の大坂だった。この二都市のうちでは、大坂のほうが地理的に有利な点もあって、裕福さでは江戸よりも幾分勝っていた。大坂は、人文主義的文化の永遠の中心地である京都に近いだけでなく、江戸から遠く離れていたため、大坂商人は江戸商人よりも、武家政権の影響から自由だったのである。したがって大坂で発展した文化は、江戸の文化よりも、非武家社会の文化に近かった。

日本が初めて生み出したもっとも偉大な劇作家の近松門左衛門《ちかまつもんざえもん》が十七世紀末に比類のない才能を発揮したのも、この大坂だった。そしてここはまた近代日本演劇の揺りかごでもあった。しかし江戸も、この京都と大坂で始まった新鮮な文化的潮流にずっとそっぽを向いているわけにはいかなかった。新しく発足した政治の首都は、何百もの大名と数多くの家来が常に行き来することでますます繁栄するようになると、生き生きとした都会的な社会生活という面では、先行していた大坂とたちまち肩を並べるようになり、いくつかの点では京都を追い越していた。

大坂の金持ちもまた武家政権と非常に密接な関係にあった。しかしこの関係は、いろいろな大名に多額の金銭を貸し出すことで成り立っていた。大名の多くは大坂に蔵を持ち、その中に自分の領地の産物を預けていた。それらの産物はこれら商人から金銭の前払いを受けるための抵当であった。そのため慣例の金融業務が行なえるように、両替商がその下働きと共に同地に常駐していた[12]。

一方、江戸の商人は概して調達屋や請負人として、幕府や大名に必要な商品を供給することで利益を得ていた。したがって中には大坂商人のように金銭の前払いをする商人もいたが、彼

12　米の例でいえば、大名は年貢米の一部を食料として消費したが、大半は財政を維持するために、大坂に送り売却していた。そこで各藩は中之島《なかのしま》界隈や天満《てんま》辺りに蔵屋敷を設置し、仲買人に米切手の形で米を売り、仲買人はこの米切手を堂島《どうじま》米会所（最初は淀屋《よどや》米市）で売買した。堂島では、この米切手取引の他に帳合米という先物取引も行なわれていた。大坂にはまた多くの問屋とともに両替商も出始めた。両替は、今日の銀行のような貸付と預かり、為替取引、諸手形の発行なども行なっていた。有力な両替商は、幕府代官や諸藩の掛屋・蔵元となり、領主金融に活躍する一方、問屋商人に対して商業金融を行なった。

らは大坂よりももっと密接に武家政権に依存していた。江戸でもっとも裕福な商工業者は、十九世紀初頭に巨額の金銭を貯め込み、おびただしい数の貧乏な旗本に目の玉の飛び出るような高額な利子を取って金銭の前払いをしていたと言われている。旗本は、長期に及ぶ貧窮状態や困難な事態が起きても家計を安全にやりくりするため、幕府からもらった俸禄米を、決められた期間をおいて、これらの商人のために差し出さねばならなかった。

しかし全体的に見れば、江戸商人が武家階級と支援集団の関係にあったのに対し、大坂商人は大部分が貸し主であり、武士は借り方だったことには大きな違いがある。しかし一般的な特質で大坂商人といかに違っていようと、江戸の豪商は、裕福でのんびりと贅沢《ぜいたく》三昧の生活をしていたので、徐々に商工業者の芸術と文学の擁護者となるのも当然のなりゆきだった。両者の違いは、江戸は、大坂よりも少しばかり武家の要素が混じっていたと言うだけにすぎなかった。

江戸時代の結婚制度

このようにわが国の近代文明の歴史には、三つの文化的潮流が並行して流れていたのである。江戸を中心とする正統の侍文化、発生地の京都の流れをくむ宮廷貴族と地方の郷紳の文化、そして最後に大坂を拠点とする商人階級の文化である。もしこれらの潮流が最後まで互いに無関係のままであったなら、言葉を換えれば、もしこの三つの文化的風潮が、はっきりと区別されたまま、それぞれが三集団の一つに属したままであったなら、明治の歴史的な革命は起こらなかっただろうし、現在も半中世・半近代の状態だったかもしれない。だが幸運にも、わが国の当時の階級制度は、異なった階級の融合を完全に妨げるほど厳格なものではなかった。種々様々な諸文化もすべてが同様の過程を経て必然的に融合するに至ったのである。そのような融合を早めた原因の一つとして、異なる階級間の結婚を挙げておかなくてはならない。

日本の国土に大陸の法制度が初めて植えつけられたとき、大宝律令には階級間の結婚に対する厳密な制約がまだ残っていた。身分の違う結婚は明文法で禁止されてはいなかったものの、そのような自由人と隷属民との結婚で生まれた子どもは、身分が低い親の階級に従うことになっていた。したがってそのような縁組が世間に顔向けできないものとされ、きびしく抑制されたのは明らかである。

自由人同士の異なる階級間での結婚に関しては、そのような制限はまったくなく、子どもの地位に関しても同じ扱いだった。しかし皇妃選びは皇族からのみで行ない、全臣下の家族を除外するという習慣が徐々に承認されるようになり、この慣習は八世紀初頭まで存続した。このことはわが国の古代で、いかにそのような身分違いの結婚をやめさせようとしたかを物語っている。藤原家の娘を聖武天皇の配偶者にしたことは、長く守ってきた伝統的な皇族間結婚の慣例を最初に破った出来事だった[13]。それ以来、結婚は皇族間だけでなく、宮廷人の間でも非常に変則的になった。子どもの社会的地位を決めるのは、父親の社会的地位だけで十分と考えられた。母親がどのような女性かについては、どのような法的な監視も必要ないと思われた。もちろん、母親の実家の地位が高ければ高いほど、生まれた子供が尊重されるのは自明の理である。武家政権が樹立されても、徳川幕府の黎明期までは、この社会的慣習の領域では、非常にわずかな変化しかもたらされなかった。日本の大部分の系図で、男性の祖先の名前はかなり正確に記され、確実に十世紀以上も遡ることができるにもかかわらず、夫人、母親、娘の名前が一般に省略されているのは、このように家系を考える際に母方の系統を無視したからに違いない。

徳川幕府が樹立されても、概して女性の社会的地位にあまり大きな影響がもたらされることはなかった。武断主義が全盛の時代では、この領域で根本的な変化を期待することはできなかったのである。しかし、大名間の結婚の慣習では、特別に注目すべきことが一つあった。もちろん、領地相続権については、法的結婚の子孫の方を優先したのは事実である。秩序をそのまま維持するために長男子相続権が制定された社会では、それ以外の選択肢がありえなかったからである。しかし身分の違う結婚の防止を目指していたと言われる徳川幕府の全時代を通して見ても、厳密な規則は存在しなかったのである。大名の庶出の息子が、母親の卑しい生まれを理由に相続権を剝奪されたことなど一度もなかった。

しかし幕府は大名の結婚には口を出すし、すべての大名は同じ地位の大名家から配偶者を迎えなくてはならなかった。すなわち、大名の本妻は別の大名、つまり自分と同等の大名の娘か姉妹でなくてはならなかった。それよりも地位の高い大名、中でも徳川の血を引く大名の中には、宮廷貴族の娘と結婚する者もいたが、その目的は幕府と宮廷貴族との密接な関係を維持するためだった。当時の上流武士の名簿では、どの有力大名の妻も、夫と並んで法定相続人とともに高い地位を占めていた。ただし、この場合でさえ、後継者の名前はあっても、妻の名前はよく省略されたものだった。藩の異なる人々の間での結婚がしばしば藩の法律で禁止されていたという事実があったにもかかわらず、これらの法律の実施を望んでいた大名自身が、領地外で正妻を見つけなくてはならなかったのである。言葉を換えれば、異なる藩の間での結婚を行なうということである。

もちろん、そのような大名の世界での結婚は、関係する大名の藩政治とほとんど無関係であった。というのも花嫁に選ばれる女性の大部分は、父親の江戸屋敷で育てられた者たちだったからである。結婚後も、幕府の人質として同じ江戸の都に滞在しなければならず、江戸屋敷を去って藩に戻ることは許されなかった。さらに大名の結婚は幕府からも注意深く監視されていたので、ヨーロッパの異なる王家間の結婚にありがちな政治的意味は、ほとんど存在しえなか

13　185ページ注9参照のこと。

った。

しかし文化的にいえば、そのような結婚は種々の大名の生活様式を一様にし、互いを似た者同士にする効果があった。通常、花嫁が夫の家に輿入《こしい》れする際は女中も一緒であった。その女中たちは、花嫁の父親の家臣の娘たちだった。しばしば二、三人の侍が護衛につくこともあった。女中は言うまでもなく、これらの侍も花嫁の夫である大名に仕え、彼らが個人的に仕えるべき女性が亡くなった後も、この主君の従者として留《とど》まった。このようにして主君を替えた侍の数は、当然のこと多くはないが、それでも諸藩の様々な社会生活の違いを減少させるのに貢献したのである。

藩主と侍との関係

しかしそのような侍でも、概して他の大名に奉公するために自分の主君のもとを去るのは非常に難しかった。侍は、公的な役人や兵士としてだけでなく、私的な奉公人としても主君に束縛されていたので、主君の領地から自由に移住することは許されなかったのである。しかし、侍と大名の法的地位は、決して奴隷と主人の関係ではなかった。どの大名も侍個人に対して絶対的な支配権はなかった。言葉を換えれば、大名の支配は完全な所有権と呼ばれるべきものとはかけ離れていたのである。

侍には、大名側の不正に対して幕府に訴える権利があったが、訴えれば主君への侮辱として重い処罰を受ける危険があった。また十分な理由を奏上すれば、主君への奉公から遠ざかることもできた。そうする理由がなければ、姿をくらますこともできたが、そのような逃亡者の送還が厳しく強要されたことはほとんどなかった。そして、もしそのような放浪する侍、あるいは浪人が有能な武士だとか、あるいは別の筋の才能の持ち主だとわかれば、あらたな藩の大名の下で簡単に仕官できたのである。徳川時代の侍は、そのようにして同じように、私たちが想像するよりもずっと自由に藩と藩との間の移動ができたのである。

居住地の変更について侍の自由領域が限られたことから結論を導き出し、農民や商人や職人たちの藩間の移動が侍よりも制限されていたと考えるならば、それはとんでもない思い違いとなろう。

侍は、事実上、主君である大名とほとんど不可分に結びついていた。侍は、ヨーロッパ諸国で慣習となっているように、口頭で公式に忠誠を誓うのではなく、侍の家族と主君の家族との世襲的関係により、両者の結びつきを揺るぎなく強固なものにしていた。特にそうなったのは、徳川時代中期の日本で全くの平和が定着してからのことであった。

だから、たとえ大名が臣下の侍に脱藩する最大限の自由を与えていたとしても、その自由を行使する者はほとんどいなかったであろう。そのようなことをすれば、今まで心の中でずっと大切に育んできた数多くのものと決別しなければならなかっただろう。概して侍が従属していたのは大名であり、定住地ではなかった。

その結果、自分たちの主君が幕府の命令でどこか新しい領地へ移動させられるとなれば、大方の侍も主君に従い、新天地で奉公したものだった。この時代に日本で急速に消滅した方言の特色は、これら侍の移動の痕跡を示すものである。もし外国人がある地方の町やその郊外で方言にかなりの違いがあることに気付いたとしたら、その領地の最後の領主だった大名の一族が、お付きの侍の一行とともに、それほど昔でない時代に幕府の命令で移住してきたことを示している。

藩主と領民との関係

侍の慣習とは反対に、侍より地位の低い人々と、彼らの居住する領地の大名との関係は、純粋に社会的な性格のものだった。彼らは侍より社会的に下位の人間として扱われ、彼ら自身もそのような扱いに満足していた。しかし階級としては、彼らは、自分たちの耕作地の使用権を大名が割り当てた侍を通さない限り、大名と何ら個人的な関係になかった。言葉を換えれば、彼らの藩主に対する義務は、支配者に対して被支配民が負う義務に他ならなかったのである。

支配者はたまたまその領地を世襲的に統治したが、幕府は好きな時にいつでも誰か他の者と入れ替えることができた。領民の側からの大名への忠誠は、個人的な責務でもなければ、相互契約の結果でもなかった。たとえそのような美徳の実例が示されなくとも、長い歴史が生んだ所産にすぎなかったのである。彼らは大名がどこに移動しようと、侍のように大名に従う必要はまったくなかった。それどころか、誰もが概して昔から家業を営んできた旧領地にとどまり、新任の大名を歓迎したのである。この点では、侍よりもはるかに領地に定着していたと言えるかもしれない。

同時に、彼らと大名との関係はあまり親密ではなかったので、彼らの動きは侍ほど注意深く監視されていなかった。徳川時代になると、諸藩の内外で下層階級の出入りが頻繁になり、町の数も増えていった。ただし、これといった特徴がほとんどなかったので、どうも気づかれなかったようである。すべての大名は例外なく国境で一定の関所を設け、旅人の出入りを厳しく検査する権利を行使したけれども、大名の領地の境界線は地理的な範囲内の人口を規制する上で実際的な価値は、まったくなかった。

とはいっても、全階級の人々による国内移住の観点からすると、日本で独立した諸藩が融合するには程遠かった。だが、三つの源泉のどれかから発生した当時の文化は、特定の地域の範囲内に孤立させておくことができず、徐々に広がって全国に浸透し、一つになったとしても不思議ではない。

諸藩の間だけでなく、それぞれの藩内でも、ある階級の独占物として長く維持できた文化は一つもなかった。わが国の歴史では、明治の革命の後でも、階級制度を長期にわたって存続させたのは事実であり、つい最近まですべての人々が法の前で平等とはいえなかった。いや、今日でもまだ貴族階級にとって有利な一定の規則があり、その制度の無害な遺物が残っている。

しかし全体としてみれば、日本の階級制度は他国のカースト制度のようなものには決してならなかった。もしわが国にその類のものがあったとしたら、純血な日本人と言えるかもしれない一般人と血が穢れているとみなされた人々との区別であった。前者の人々は、後者の人々の集団との結婚を用心深く避けてきた。このような少数派に対して大多数の国民が抱く反感は、ヨーロッパの反ユダヤ的感情に似た性質があった。日本ではなめし革業者や死刑執行人などは、特定の血筋の人々だけが独占的に就業する職業だと考えられ、ちょうどヨーロッパでも同じ職業が中世のユダヤ人に割り当てられたというところまで両者は一致していた。わが国の本州北部のような、新しく探検された地域では、そうした血筋の人々の居留地は非常に少なく、彼らに対する反感もわが国の中心地域や歴史的地域ほど強くないという事実からすると、そのような感情の原因は、何らかの人種的な相違にあり、それは太古の昔まで遡るものだと結論づけられるかもしれない。

日本が混血人種であることに疑いがないというのなら、ある集団の人々に対しそのような反感が今日まで根強く残っているのは非常に奇妙なことである。その一方で、次のようなことを信じる十分な根拠もある。すなわち、わが国の歴史の流れの中で、かなり多数の純血な人々が、何らかの犯罪行為をなしたためにその階級に振り分けられたか、あるいは純血な人々が、自らの自由意思でその血筋の人々と交わったかのいずれかである。

そうした汚名を着せられなかった人々については、その血縁関係によってはっきりと分類の境界線を引くことは非常に難しい。足利時代後期から徳川幕府に至るまで、わが国が歴史上無政府状態であった時代に、社会階級の激しい大変動が起こった。多くの才能ある平民は大名に奉公する侍となる幸運に恵まれたが、その一方で有名な武家の子孫の中には、殺人をする天職に嫌気がさし、あるいは武士としての野望を失って平民に身を落とした者も数多くいた。

それ以降の時代、すなわち社会秩序が再び確立した時代になると、ご想像のように、そのような変化はすこぶる起こりにくくなった。ただし、まったく実現不可能だったというわけではない。類《たぐい》まれな取柄を持つ平民、中でも特定の美術や学問分野の技能に秀でた人々は、さしたる困難もなく出世の道を見つけることができた。

「そば近くに仕える武士」を意味する「侍」という言葉は、平民より上の社会的地位を指すようになり、その結果、武断的とは程遠い職業に就く人々も含めるようになった。たとえば、文人、医者、画家、能楽師、そして大名の従者といった類の人々である。領地を所有する数多くの商工業者も、名誉ある武士として大名に奉公できるように、主君の勘定方に多額の献金をしたり、赤貧の状態に落ちぶれた武士の血縁を持つ哀れな後継者から地位を買ったりして侍になった者がいた。

幕府と大名との関係

徳川の独裁政治の下で平和と社会秩序が再建されてからは、封地をもらえるまで昇進した侍の実例は多くない。そのような突然の昇進の正当性を十分に示すことが、誰にとっても非常に難しくなっていたからである。徳川幕府の黎明期には、まだ数多くの大名不在の領地があった。当初、幕府は養子による世襲を認めなかったため、男系の途絶えた多くの武家が世襲領地を失ったが、その制約はのちに廃棄された。

さらに一般に大名は、将軍への不心得によって自分たちの領地を失うことがないよう、以前よりも賢明になり、従順にもなっていた。そのような変化の結果として、後の将軍は、新大名を任命できるような領主不在の領土をなかなか自由に持てなくなった。もし領主不在の領地がないにもかかわらず、将軍がある者を昇進させたいと望むのなら、自分自身の領地の一部を譲り渡さなければならなかった。しかしこのように将軍家からの土地の譲渡は、幕府の物的資源に対する損害となるので、あまり頻繁に繰り返すことはできなかった。

しかしながら、そうした実例、すなわち侍だけでなく平民さえも大名の地位に推挙された例も時々あった。彼らの中には、しかるべき取柄があるとか、将軍の配偶者や生みの母親と血縁関係があるとかで推挙された者もいれば、主君の恩寵《おんちょう》を得ようと甘言を弄《ろう》した者もいた。端的にいえば、低い階級の人々が上を目指し大名階級へ侵入するのは、絶対に不可能なことではなかったのである。

逆に、低い社会的階級へ下落するのは、どのような階級であるにせよ、高い地位に昇るよりもずっと簡単だった。いや、いろいろな理由で、多くの人々は社会の高い地位から低い地位への転落を余儀なくされたのである。

大名や侍に対し長男子相続法の施行が厳格に施行されるようになったことで、この階級に属する長男子の大部分は、本家の断絶が起きないかぎり、生来彼らが与えられた特権を、子供の頃から十分に享受することができた。だが、その他の大名の子孫は、一般に侍階級に引きずり落とされる傾向があり、侍の子孫は、一人前の侍として奉公のお召しがかかる人物に値しない限り、平民に身を落とさなければならなかった。そのような相続法があったため、階級間の滑落が必要とされたのである。

そのような上下の階級移動があるとしたなら、はたして階級の違いに応じて社会的境界線を引くことができたであろうか。もしそれができないとしたら、最後まである階級に独占された文化などありうるはずがない。その文化の発生源がどのような社会階層であったとしても、遅かれ早かれ、他の階層にも必ず浸透し、最後には領地の全人民が同じような均一的文化を吸収したであろう。領地にどのような関所を設けようと、どのような社会的分裂があろうと、文化的活動の相互浸透を妨げるほど十分な効果はなかったのである。

文化融合の触媒としての西洋文明

起源の異なる諸文化の融合を促進したのは、西洋文明の伝来だった。十七世紀後半、幕府の命令で日本人とヨーロッパ人との自由な交流は中断されたが、わが国は外国人に対して完全に閉ざされていたわけではなかった。どのような目的にせよ日本人の海外渡航は許されていなかったが、長崎の出島では、限られた形ではあったが、非常に限られた形ではあったが、シナ人だけでなくオランダ人商人とも貿易が継続されていた。日本人は、昔からあった雑多な要素から新しい国民文化を形作ろうと努力した。その一方で、西洋文明も受容してきたが、ひとまとめにしてではなく、少しずつであった。その結果、私たちは、かつてシナ文明に対して行なったような、異国文明を消化するための反芻《はんすう》過程を必要としなかったのである。

すべてのキリスト教文献を厳しく排除しようとすれば、それが私たちの宗教的教義とどのような関係にあろうと、権力者たちが一番安全な方法に頼りたくなるのは当然の成り行きだった。すなわち、輸入すべき書物の種類を最小限に制限し、冊数も最小値にしたのである。それによって徳川幕府の前半には、役立つ書物がわが国にほとんど輸入されなくなった。国民は、書物を通してヨーロッパの風物に関する知識を得る機会が非常に少なかったのである。それでも物々交換が目的か、江戸の将軍への献上のためか、オランダ人が持参した商品に接するようになり、日本人はヨーロッパの生活様式について知るようにはなった。

さらに十八世紀前半に治世をしいた将軍吉宗が、ヨーロッパの風物を研究するよう熱心に奨励したので、長崎という狭い扉から西洋文化の浸透作用が急激に加速された。その奨励は、国民が物質的にそれを必要としたから誘発されたのであり、当時のヨーロッパの風物に関する研究は、当然、国民の日常生活に不可欠な非精神的な学問に限られていた。すなわち天文学、医学、植物学のような学問である。

しかし、同じ文化のうち、精神面は忌避しつつ、物質面だけを貪欲に取りいれるなどということが可能だろうか。事実、歓迎はされなかったものの、西洋の知識分野、例えば軍事学はいうまでもなく、歴史学や政治学などは、断片的でその速度も遅々としてはいたものの、徐々に日本人の知るところとなった。

私たちの意志に反し、力ずくで門戸を開放させた外国の列強を相手に、幕府の外交官たちが条約を締結できたのは、対処を余儀なくされた相手方の事情に対してまったく無知でなかったことを物語るものである。その条約は明らかに国家の名誉を汚すものであったけれども、当時としては締結しうる最大限の譲歩案だった。

十八世紀前半にわが国に流入した西洋文明に宗教的要素がなかったことについては、いささか疑問をいだく西洋人読者もいるだろう。しかし、日本の幕府がもっとも厳しい禁制を厳密に行使したこと以外にも、日本とヨーロッパ諸国の双方で宗教的な感情が変化したことを考慮するのももっともなことである。家康の息子で後継者であった将軍秀忠の治世の一四年目に欧州で始まった三十年戦争は、ヨーロッパで真剣に戦われた最後の宗教戦争だと一般に言われている。しかしその長期にわたる戦争の後半では、宗教的要素よりも政治的要素が支配的だったことは否めず、そのもっとも荒廃した戦争の後に続く時代を特徴づけたのは、宗教的寛容性であった。ちょうど足利時代末期に、ポルトガル人やスペイン人やイタリア人がカトリック教に関して行なったと言われているように、私たちと貿易をする特権を持ったオランダ人が、商業による物質的利益よりも、改革派教会のキリスト教布教を最初の目的に掲げられたであろうか。

江戸時代の宗教事情

日本の宗教的変化もまた同じ方向にあった。足利時代の終わりには宗教的と呼べる多くの戦争を目撃したが、仏教伝来の時代以降はそのような実例は非常にまれだった。真宗すなわち一向宗と、日蓮宗の宗派は、しばしば互いに争いを繰り広げていた。彼らの中には勇猛にも有力な封建領主に戦いを挑んで苦しめた者もいた。このように日本は、中世のヨーロッパのように、精神的権力と世俗的権力の間で今にも争いが起こりそうな状態だったのである。だからこそ信長は、新しい異国の宗教を取り込むことで仏教の諸宗派の傲慢さを抑制するという視点から、キリスト教宣教師を援助したのである。

しかし秀吉は、仏教の諸派が政治権力に対して及ぼす危険性が少なくなったと判断したため、キリスト教のほうを禁制にしたのだった。結局、日本でのキリスト教徒の迫害は、ヨーロッパのような宗教的性格を持たず、本質的に政治的であった。だからこそヨーロッパ諸国では一般に迫害に失敗したにもかかわらず、日本ではあれほど希望に満ちて蒔《ま》いたキリスト教の種を、迫害によって根絶させることができたのである。

しかしキリスト教布教の失敗は、同時に日本での仏教諸派の没落を示すシグナルでもあった。自分の藩で一向宗信者の一揆《いっき》の勃発という苦い経験をした家康は、キリスト教はいうまでもなく、仏教に対しても同様の宗教政策を講じるしかなかった。

家康は、僧侶の個人的道徳を厳しく監督するように命じ、独身主義の戒律を犯す者にはもっとも厳しい罰を科した。結婚生活を常としていた一向宗すなわち真宗の世俗的な説教者たちが、他の仏教宗派の本職の聖職者ほど高く尊敬されなかったのは当然だった。そのため、彼らは主に社会の下層階級の人々から信者を獲得しなければならなかった。

真宗以外の宗派について言えば、家康が特定の一宗派をひいきすることはなかった。家康はしばしば自らを釈迦宗の仏徒と呼んでいた。そのような宗派は日本に現存しないので、自分は宗派心の強い人間ではないという意味である。しかしそのような宗教問題での幅広い寛容性は、無関心と隣りあわせであり、その後の時代になると、少なくとも大部分の国民の宗教的精神が減退してゆく道をたどったのである。

寛容の精神を強めた要因、私に言わせれば、人々の宗教心を蝕《むしば》んだもう一つの要因が、宋朝の有名な碩学《せきがく》、朱子《しゅし》の広めた儒教哲学だった。幕府の廷臣哲学者が唯一正当な学説として受け入れたこの学説は、極端に合理主義的であった。そして、長く慣れ親しんだ数多くの迷信に強烈な一撃を与え、何世紀も前から仏教が人心に及ぼしてきた影響を著しく破壊してしまった。ちょうど、十八世紀のヨーロッパで、合理論が教会の権威と迷信を破壊したようなものである。

それでも当時の教養人の世界、すなわち侍階級の間では、仏神の崇拝が以前と同じように続いており、表面的には何の際立った変化もなかった。両親が仏神を崇拝し、子供たちにも同じようにするよう教育していたからである。彼らが厳密に仏教徒と呼べないのは、彼らの大部分が、仏教寺院で見せるのとほとんど同じような信心を抱きながら神社にも参拝するという事実からも明らかである。仏教的要素が彼らの人間観でもっとも重要なことは否定できない。しかし、わが文明が仏教に染まり始めるようになったのははるか昔からであったので、徳川時代の日本人は国民文化のどの部分が特にインド宗教の恩恵なのかを意識していなかったのである。端的にいえば、徳川時代の宗教は何を崇拝するのかではなく、何を畏敬するかを教えたのである。

徳川時代の後半に向かって、異なった宗教性をより多く持つことの必要性は、より少なくなっていった。そのような状態であったわが国に、狂信者の所業でもないかぎり、どのようにしてキリスト教が割り込めるというのだろうか。十八世紀のオランダ商人たちは、宗教的狂信者ではまったくなかった。そのような媒介者を通して、ヨーロッパ文明の世俗的要素の数滴が、すでに大部分の西洋諸国よりもずっと以前から世俗化されていた日本の文化的土壌に蒔かれたのである。

異教的要素が侵入しても、わが国の文化の世界では、何の精神的な驚愕《きょうがく》も起こらなかった。異教的な要素は、決して欲望を十分に満足させることなく、物質生活を高度に改善したいという国民の願望を増大させる傾向にあっただけである。日本のような孤立した国家では文明が停滞しがちであるが、それが沈滞の危険を回避したのは、まさにこの刺激であった。日本が持っていた要素と太古の昔から付け加えて蓄積してきた要素から、たえず新しい国民文化を造り上げては造り直す過程が、武装された平和の陰に長く隠れて静かに進行していたのである。

そして、ついに明治の革命がもたらされたのだ。

第13章　明治維新

明治維新は改革というより、まさに革命

一八六七年から六八年にかけて起こった政治の一大改変は、一般に「王政復古」（維新）と呼ばれている。この出来事で天皇の権力が回復されたという意味である。しかし現実には、それまでも天皇の大権が公式に奪取されたことは一度もなかった。自分が天皇に代わって権力を握るなどとは、誰一人恐れ多くて主張できなかったのである。実質上の支配者はすべてが、将軍はいうまでもなく宮廷貴族までも、それぞれの全盛期に全国を勢力下においていたけれども、慎《つつ》ましく自らを天皇の名代と称するのが習慣であった。

その一方で、今回の改変は単なる王政復古以上のものだった。天皇の煌《きら》びやかな威光が現在のような高みに達したことは、わが国の歴史上一度もなかったからである。この点で明治維新は、ヨーロッパ史で有名な二つの王政復古、すなわち一六六〇年のスチュアート王家と一八一四年のブルボン家の王政復古と同じ意味で理解することはできない[1]。ここでわが国の歴史上画期的だったこの出来事を指し示す言葉としては、王政復古よりも革新のほうがふさわしいだろう。私たちは、古い材料で新しい日本を再建したのである。材料の中には、太古の昔にその起源が失われたものもある。

しかし、徳川幕府の倒壊による重大な改変の範囲の広さと強烈さを考えるならば、それは革新というよりもむしろ革命である。ちょうどフランスの旧体制からフランス革命への変遷期に

認められる分断と同種のものが、過渡期の日本の歴史にもあることに気づくだろう。それは現在の状況と明治以前の政権とを分かつものである。

その違いは、フランスで完結するのに一世紀近く要したものを、規模は小さいけれども、私たちは五年で成し遂げたということである。その要因は、フランス革命を実際に歴史上の大事件にするのに働いた多くの状況が、わが国には存在しなかったことで説明がつく。しかし、わが国の歴史にそのような状況がなかったのは、決してわが国民の落ち度ではない。ビスマルクが新しいドイツ帝国を樹立するという偉業を成す上で、自力では完全には克服できない艱難《かんなん》辛苦に遭遇したことを考えれば、偏見のない外国人の歴史家の中で、ほとんど流血らしい流血もなく歴史的な国民生活の徹底的変革を成し遂げた日本人に対し、賞賛の言葉を出し渋るものは誰もいないだろう。

1　一六四二年、イギリスで清教徒革命が勃発し、一六四九年、革命の指導者オリヴァー　クロムウェルがチャールズ一世を処刑して、王政は廃止に追い込まれた。しかしその後、議会はチャールズ一世の子チャールズ二世に王権を返還し、一六六〇年にスチュアート朝が復活。フランスでは、一七九二年、フランス革命政府は国王ルイ十六世を逮捕して王権を停止し、翌九三年、国民公会がルイ十六世を処刑した。それ以降フランスは第一共和政、さらに第一帝政へと移行したが、一八一四年、ナポレオン戦争に敗れた皇帝ナポレオン一世が退位すると、ルイ十六世の弟ルイ十八世が即位してブルボン朝が復活した。

偉業はなぜ、成し遂げられたか

では、日本人はこの重大な改変を、どのようにして成し遂げることができたのだろうか。それは当時の多くの日本人にさえ驚異と映ったようである。だから日本の歴史にあまり精通していない多くの外国人が、いかに聡明であり、またいかに知識が豊富であろうとも、ほとんど例外なく次のように信じていることに、私たちは少なくとも驚きを覚えるのである。すなわち、この島国の国民は内在的な能力として何か奇跡的なものを持っているのに、それを発揮する機会がなかったため、ずっと眠ったままだったのだ、と。

しかし、わが国の歴史的発展に対して十分な知識があり、じっくりと物を考える人にとっては、十九世紀後半の日本人の国家的業績に不思議なものは何もなかったのである。もっとも、この転機にヨーロッパ文明と密接な関係にあったことから、幾世紀に及ぶ日本の歴史の中で、日本国民が育んできた能力を試す絶好の機会が訪れ、それまでの私たちの歩みよりもはるかに速い歩調で国家の進歩の足取りが進められたことは否めない。

言葉を換えれば、この五〇年間のわが国の進歩は、急ぎ足とか駆け足などと言おうが言うまいが、静かな悠久の徳川の統治期間にゆっくりと準備されたものだったのである。明治革命以前の一般文化の進歩については、前章ですでに触れておいた。ここでは国民間の国家主義的精神の発達だけを要約するにとどめたい。それにより、わが国の政治と文化の領域で、あの重要な変化が果実を結んだのである。

江戸時代の武士教育

　秀吉と家康の強力な独裁政治により国家の平穏が回復し、漢籍はもちろん、和書も版木と活字版で復刻され、書籍数が増加したことにより、国民の読者層は著しく拡大した。幕府は武士の一般教養の涵養《かんよう》を熱心に奨励したが、主たる目的は大胆な荒武者から聡明で法律を遵守する君子を養成するためだった。

　大多数の大名も幕府を手本とし、家来の侍を教育するため、自藩に一校以上の学校を創設した。これらの学校では武芸の訓練以外に道徳と政治の授業があった。いろいろな時代のシナの哲学者が説いた無尽蔵の教訓を守ると同時に、藩政で責任ある地位についた暁には、孔子の政治論に従って人々を的確に統治できるようにという純粋に実践的な目的で、侍は大陸の古典を読み理解することを教わった。

　この教育課程で使われた教科書は、もちろん、政治文集と呼びうるような類のシナの文献、すなわち道徳、政治、歴史に関する作品だった。この三分野は、シナの哲学者にとって同一の原理を三つの異なった形式で表わしたものに過ぎなかった。彼らにとって政治とは、まさにその原理を拡大して適用したものだったし、それを個人的な事柄に適用すれば、個人の道徳となった。またヨーロッパの多くの歴史家が今でも信じているように、歴史とは過去の政治の別名にすぎなかった。しかしそれを学ぶ日本人は、三分野の中から自分の好む一つを取り上げ、自分の趣向に応じてそれを国民的伝統と織り交ぜたのである。シナの哲学が高度な学問の発達段階に到達した宋朝の道徳哲学の形而上学的《けいじじょうがく》要素は、こうして神道と習合したのである。

その時代に入るまでに、私たちは神道を仏教と融合させていた。仏教からインド的要素を排除し、その代わりにシナの哲学を導入した。摂取した哲学は、熱烈な厳格主義者の朱子が解釈したものだったので、この学問との融合から生まれた神道は、教育を受けた人々を鼓舞するほど熱烈なものだったけれども、どちらかと言えば偏狭で男性支配的であった。

この種の新しい国家的信仰のもっとも注目すべき創立者の一人は、一六一八年に生まれた山崎闇斎《やまざきあんさい》[2]だった。山崎の教説は過度に細部にこだわり、自説から少しでも逸脱した学説は容認しなかったため、弟子たちはいつも互いに激論を交わし、誰もが自分こそ師匠のただ一人の後継者だと主張したので、意見の衝突につぐ衝突が続いた。彼らの多くは強情で、将軍や大名のいかなる公的な職掌にも奉公しないことを旨とし、国民の知識階級に自分たちの主張を広げようと奮闘努力していた。

万葉集の復活

わが国の古代文学の弛《たゆ》まぬ研究によって国民精神はすでに燃えあがっていたが、さらにその炎に油が注がれることになった。足利時代に学ばれ模倣されていた古代の日本文学は、天平《てんぴょう》時代以降のものだった。『源氏物語』のような、宮廷人政権の全盛期に輩出された小説を除けば、足利時代の宮廷人や教養のある武士たちが高く評価した古代日本の文学作品は、いろいろな歌人による短歌集に限られていた。

その中でも『古今集』と呼ばれる歌集[3]は、天皇の肝いりで紀元九〇五年に編纂《へんさん》されたと言われている。もう一つの歌集である『万葉集』は、『古今集』に収載された和歌よりも古く、その種のものとして日本で最古の歌集だったことは第6章で述べた。『万葉集』は、完全に見捨てられたわけではなかったけれども、人気では『古今集』の足元にも及ばず、あまりにも時代遅れと思われていた。『古今集』の詩歌で歌われた、あるいは賛美された、取るに足らない二、三の主題の注釈や解釈は、日本の和歌技法では非常に重大な問題となっていて、大衆に軽々しく漏らすべきでない文学的秘儀として一人の師匠から愛弟子へと伝授されていた[4]。

2　江戸前期の儒者で神道家（一六一八〜八二年（元和《げんな》四年〜天和《てんな》二年））。字は敬義、名は嘉、通称は嘉右衛門で、闇斎は号。京都に生まれ、一六三二年（寛永九年）に妙心寺に入って僧となる。一六三六年、土佐の吸江寺《きゅうこうじ》に移ったとき、当時土佐で流行していた谷時中《たにじちゅう》、野中兼山《のなかけんざん》、小倉三省《おぐらさんせい》らの海南朱子学の影響を受け、儒者となる。のち、神道に傾倒し、神道と儒学の総合として唯一神道を提唱。それをもとに歴史の考察を試み、後世の復古運動に影響を与えた。

3　『古今和歌集』とも。九〇五年（延喜《えんぎ》五年）、醍醐天皇の命により、紀貫之《きのつらゆき》、紀友則《きのとものり》、凡河内躬恒《おおしこうちのみつね》、壬生忠岑《みぶのただみね》が撰し、同一三年頃に成立した最初の勅撰和歌集（二〇巻）。六歌仙・撰者らの歌約一〇〇首を収め、仮名序《かなじょ》・真名序《まなじょ》が添えられている。

しかし徳川時代初期に蘇《よみがえ》った国民精神により、当時の文学界の人々はもはや、その種の取るに足らないものでは満足できなくなっていた。そのような刺激を受け、さらに古代へと文学探求を押し戻すようになったのである。すなわち『万葉集』に収載された、より古風な和歌を解釈するという難事業に取り組み始めたのである。

そのような文献学者の中で第一流の学者は、大坂の近隣地で一六四〇年に生まれた契沖《けいちゅう》[5]という名の僧侶だった。彼の有名な作品である『万葉集』の注釈[6]は、日本人が古代日本の文献学的研究で立ち上げた最初の学問的標準と言われている。その研究の開始時期は、徳川幕府が持続的な平和を構築したのとほぼ時代的に対応している。一連の碩学《せきがく》たちが契沖の後を継いだが、その中でもっとも注目されたのは、賀茂真淵《かものまぶち》とその弟子の本居宣長《もとおりのりなが》であった。とりわけ徳川時代に日本の古代研究を最高レベルに押し上げたのは、宣長であった。

本居宣長の歴史的功績

本居宣長の生涯は、十八世紀後半の時代全般に及んでいる。本居は伊勢国で一七三〇年に生まれ、一八〇一年に亡くなった。彼以前の古代日本研究の範囲は、わが国の古代の詩人や小説家の文学作品だけに限られていた。『日本紀』は、足利時代の学者がそれについて語り、徳川家台頭以前にも復刻版が出たが、もっとも広く読まれ注釈された部分は第一巻であり、神々の時代とわが国の神話的な淵源《えんげん》を扱っていた。言葉を換えれば、『日本紀』は重要な歴史的作品としてではなく、神道の聖典として大切にされていたのである。

古代日本を神道的な視点だけではなく、文献学的、歴史学的にも初めて研究したのが本居その人だった。彼の粘り強い研究の対象となった古典文学は、神話の書籍だけに限らず、「祝詞《のりと》」という儀典、いくつかの和歌集や史的作品も含まれた。しかし、まず彼が最初に集中的に努力して研究したのは、古代の年代記『古事記』だった。史料としては『古事記』のほうが『日本

4　『古今集』注釈上での秘伝とされ難解な語句の解釈などを師から弟子に伝授したこと。これを「古今伝授《こきんでんじゅ》」という。有名な秘事としては、三木（異伝があるが、小賀玉《おがたま》の木・蓍《めど》に削り花・川菜草をいう）・三鳥（異説があるが、喚子鳥《よぶこどり》・百千鳥《ももちどり》・稲負鳥《いなおおせどり》、または喚小鳥・都鳥《みやこどり》・稲負鳥をいう）・三草（異伝があるが、川菰草・下がり苔《ごけ》・蓍に削り花をいう）などはその例。秘伝として東常縁《とうのつねより》から宗祇《そうぎ》に伝えられたのが始まりで、以後、堺・奈良・二条の各伝授に分かれた。

5　江戸時代の国学者（一六四〇～一七〇一年〔寛永一七～元禄一四年〕）。大坂の近隣地とは摂津《せっつ》の尼崎《あまがさき》のこと。字は空心《くうしん》、号は円珠庵《えんじゅあん》。契沖は法号。高野山で修行。幼時から記憶力に優れ、五歳のとき母の教えた百人一首を暗記したという。十三歳で高野山東宝院《とうほういん》の快賢《かいけん》について仏道修行し、阿闍梨位《あじゃりい》を得て大坂生玉《いくたま》の曼《まん》陀羅院《だらいん》の住持となった。和漢の学、梵字《ぼんじ》に関する学問である悉曇学《しったんがく》に精通し、復古の信念に基づくすぐれた古典の注釈研究、古代の歴史的仮名遣いを明らかにするなど、その文献学的方法は近世国学の基盤をつくった。著書に『万葉代匠記《だいしょうき》』、『古今余材抄《よざいしょう》』、『勢語臆断《せいごおくだん》』、『和字正濫鈔《わじしょうらんしょう》』、『円珠庵雑記《えんじゅあんざつき》』などがある。

6　徳川光圀《みつくに》の命により、万葉集の注釈をして完成した『万葉代匠記』のこと。秘事口伝を排し、自由で実証的研究法を確立して国学勃興の先駆をなす注釈書である。

紀』よりも信頼性があるというのが彼の意見だった。彼によれば、それは『古事記』の語法と構文法から簡単に判断でき、後者の『日本紀』とは対照的であるという。『日本紀』の歴史的真実性は、シナの修辞法を採用したことで、損なわれたに違いないとみなしたのである。

彼は『古事記』の文章の一言一句をゆるがせにせず、もっとも綿密な批評的研究を行なった。有名な「古事記の注解書」である『古事記伝』は、その生涯を通して最高級の研究業績である。同書では、歴史、宗教、習慣、端的に言えば古代日本文明に関する全ての項目が、この年代記自体の文章から詳しく解説され、それを他の信頼すべき史料に記されているものに照らして検証されている。彼が常に視野に入れ、強調したのは、日本は最初から日本独自と呼ぶべきものを持っていたことで、それは紛れもなく完全に日本的であり、後に外国から摂取した文化とはまったく別ものだったということである。

彼は、この太古の日本独特の純朴な段階にある風物全体に対し、神道という言葉をあてた。したがって彼によれば、自然性、純粋性、真実性が神道で教えるべき枢要な徳であり、その徳からインド的要素だけでなくシナ的要素も排除するべきだと考えた。このように神道は、長い歴史の中でまとうようになった宗教的衣裳《いしょう》を脱ぎ捨てたのである。彼の努力により、原始的な儀式を伴う単純な道徳的信仰という元来の状態に再び近づいたのだった。

しかしそれと同時に神道は、計り知れない力強さも獲得したのである。古代日本人の日常生活に深く根を下ろした民族意識の中に大黒柱を見出したからである。彼によって日本人は国家の淵源を思い出したのである。

水戸藩による『大日本史』編纂事業

この古代日本の文献学的研究は、初期段階では十七世紀の修史の発達に刺激されたことが非常に大きかった。もちろん、このように国史を研究し、それを書き留めようと努力するようになったのは、当時の政治がそれを必要とした結果である。幕府は、早くも一六四〇年代から、わが国の歴史を最古の時代から編纂するよう廷臣の文人たちに命じたと言われている。しかし、その後しばらくして中断された。

この少し後に、家康の孫で水戸藩主だった徳川光圀《みつくに》が注目すべき歴史編纂所を発足させた[7]。わが国で初めて史料の収集が大規模に行なわれたのである。史料収集で豊かな収穫が期待できそうな諸藩へ収集家が派遣された。京都とその近隣は特別の注意を払ってくまなく捜索された。こうして古代の宮廷人や宮廷の女官の備忘録、神社や寺院に保管された年代記、荘園の取引に関する無数の書類のような信憑《しんぴょう》性のあるものから、代々流行した物語、伝説、作り話、その他の種々の書き物のような信頼性が劣るものまで、様々な史料が探し出されて収集され、

7　一六五七年（明暦《めいれき》三年）、水戸光圀は江戸神田の別邸（のち駒込）に史局を設けて修史事業を開始し、一六七二年（寛文《かんぶん》十二年）にこれを小石川の本邸に移し、彰考館《しょうこうかん》と命名。

かなり良心的に系統立てた本文批評が行なわれた。

水戸学派の歴史家たちが協力し、光圀とその後継者の支援を得た研究成果の「偉大な日本の歴史」である『大日本史』は二三一巻から成り、完成に二五〇年を要し、最終巻が出版されたのは一九〇六年であった[8]。この歴史書は、漢朝の司馬遷《しばせん》による『史記』の形式を倣《なら》ったものである。全体の構造は、天皇列伝、名高く社会的地位の高い人々の伝記、そして雑録の三部門に分割され、種々の年表もついている。それは対立する両朝が統一され、長期にわたった南北朝の争乱が終わる一三九二年までしか遡らないので、完全な日本史では決してない。さらに原稿はもっと早く完成していたのに、最初の二部門が印刷されたのは十九世紀も中頃になってからに過ぎなかった。

水戸学派の史書が日本人の国家主義的精神の興隆に多大な影響を及ぼしたのは、史書が出版されたからではなく、諸々の歴史の調査研究そのものと、その副産物があったからである。これらの歴史家たちの長きにわたる根気強い労苦は、次のような学説を説明することでその極に到達した。すなわち、日本国民は、注意深く保護し育成する価値のある日本文明の中に何か独自のものを持っていること、さらに国民を精神的に統一できる唯一の絆《きずな》は、共通の中心存在である天皇への忠誠であり、その皇室は太古の昔からわが国を統治しつづけてきたことである。

その史学はあまりにも実用主義的であり、偏狭であり、主観的なので、科学的ではないとしばしば批判されることがある。しかし、歴史研究が高度な科学調査の段階に達していると自慢する西洋諸国でさえ、大部分の歴史家は、明らかに実用主義的であるので、完全に客観的と言えるものはほとんどない。それを考えれば、水戸学派の歴史家や史学をあまり非難すべきではないだろう。

　水戸学派がどのような類の迷信からも完全に自由だったこともまた、その主な長所の一つだと言わなければならない。これは朱子学の合理主義の影響があったからかもしれない。歴史が正統な漢語で書かれたということは、いかにこれらの史料編纂者たちにシナ大陸の思想が吹きこまれていたかを示すものである。しかし、彼らの名誉のために言っておかなくてはならないことがある。それは、わが国の文語が漢語からまだ完全に独立していない時代に、その事業に初めて取りかかったこと、そしてこの言語の借用にもかかわらず、調査研究の成果を文字化する際、彼らがシナ礼賛から生じる自己欺瞞《ぎまん》に一度も陥らなかったことである。

　この永遠に忘れられない歴史編纂事業が始まってからというもの、水戸の街は国家主義と愛国主義の炉床となり続けた。このような思想を信奉する思想家が嬉々として日本全国から純粋

8　『大日本史』は、天皇一代ごとの事蹟を記した「本紀」、后妃、皇子、皇女、臣下などの行動や業績を記録した「列伝」、古代からの文化史ともいうべき「志」、そして今でいう歴代役職者表にあたる「表」から成る。『大日本史』の編纂事業が完了したのは、明治三十九年（一九〇六年）であり、最終的には、「本紀」「列伝」「志」「表」が全巻で三九七巻、それに目録五巻が加わり、文字通りの大著となった。原が一二三一巻とした根拠は不明である。

な日本文化の中心地へ巡礼に訪れ、この有名な史局の歴史家たちと対話をした。十七世紀後半、国家主義的精神を初めて搔《か》き立てたのは、まさにこのような初期の歴史家集団だった。明治革命の直前に国家運動を加速し、もっとも強力に勢いをつけたのは、その後継者たちだった。国民精神に影響を与え、それを指導する上で、水戸派ほど強力で実効のあった学派はこれまで日本にはいなかった。

しかし、至福の光を放って全国を照らしていた松明《たいまつ》が、ついにそれを掲げる人間自身を紅蓮《ぐれん》の炎で包むようになってしまったのである。言うまでもなく、この事業によって藩主の財源はみじめなほど枯渇していき、藩の全税収の約三分の一が使い尽くされたと言われている。収入の少ない藩主にはあまりにも荷が重すぎた。さらに厳格主義から必然的に偏狭な頑迷さが生まれ、この原理で教育された藩の侍には執念深い党派根性が育まれる傾向にあった。こうして侍全体だけでなく、すべての階級の人民を巻き込んだ内部抗争が起こったのである。端的にいえば、藩が内輪もめを起こしたのだった。双方の党派はついに武力に訴え、ともに疲れ果てて共倒れになるまで刃を交えた[9]。

こうして水戸の歴史家と侍が高度に進歩させた文化によって、彼ら自身の繁栄は阻害されることになったが、その文化が国家全体に対してなした善は、自分が理想と考えるものに対して自己を犠牲にした人々にとっては、栄光として残ったのである。

天皇と将軍との関係

今になってみると、国家の最終的な統一と統合が成し遂げられるに際しては、いくつかの要因が重なって働き合っていたことが分かる。しかし、幾世紀にもわたる事業の最後の仕上げをする上で、天皇と将軍の謎めいた関係は、どうしても明らかにされなければならなかった。幕府は、あたかも天皇の唯一の摂政であるかのように振る舞い、国事を執り続けていたが、幕府の法的地位が天皇の勅令で定められたことなど一度もなかった。どの天皇もその政治的特権を将軍に公式に委ねたことはなかった。将軍の管轄権の基盤は、天皇が黙認し、消極的に受容した既成事実以外の何物でもなかった。したがって、かつて衰退した天皇の威光を復活すべきだということになれば、将軍の地位を維持できないことは確実だった。

水戸派の歴史家たちは、天皇を国民統合の核にしようと最善を尽くした。彼らの政治論は宋王朝の歴史家が抱いていた正統主義の強い影響を受けていた。この正統の原理を日本の歴史にあてはめると、わが国唯一の正統な元首は、天皇自身以外にはありえないという結論になった

9　一八六四（元治《げんじ》元年）、その内輪もめの頂点として、天狗《てんぐ》党の乱という事件が起こった。水戸藩主徳川斉《なり》昭《あき》の下で改革政治に登場した攘夷《じょうい》派を中心とした一派を天狗党と呼ぶが、天狗党は、一八六三年（文久《ぶんきゅう》三年）の政変によって水戸藩の実権を握った保守派の諸生《しょせい》党と激しく対立した。藤田小四郎《ふじたこしろう》らは朝廷の攘夷延期の決定に不満を掲げ、田丸稲之衛門《たまるいなのえもん》を総帥として挙兵し、一橋慶喜《ひとつばしよしのぶ》をたよって上洛を試みたが、幕府の追討を受けて果たせず、途中で加賀金沢藩に降伏した。

に違いない。だが、いうまでもなく、そのような議論は幕府の政治的利益を害するものであった。

　であるなら、家康の直系の子孫である水戸藩主の保護下にあった歴史家がその理論を支持し、声高に表明したことは、非常に奇妙に思える。もちろん、水戸の歴代藩主と歴史家に、幕府という構造物をその土台から壊そうとする意図はなかった。しかし、彼らの議論があまりにも鋭く熱烈だったので、それによって幕府の利益が危うくなる前に、自制がきかなくなったのである。論理的な結末として、彼らは知らず知らずのうちに、自らの存在理由を見出せた武家政権の全組織を、恐ろしい破局へ至らしめたのである。

　こうして元首の天皇と全能の幕府の共存は究極的には不可能だろうという考え方が、国民精神を段々と支配していった。そのような考え方は、武断主義の影響力がもっとも少ない日本の地域では大いに歓迎された。しかしその時点では、それはいまだ政治的理想をより論理的に追求した考え方にすぎなかった。もしこの理想主義者たちに自説を実行に移す機会が到来しなければ、その説はその後もずっと空想的で無責任な大言壮語のままで留め置かれたことだろう。それが理論倒れに終わることなく、日本がついに皇室の威光の復活を支持し、力強い行動に出たのは、外国から来た衝撃と刺激があったからに違いない。すなわち、非常に長期にわたり世界から隔離されていたわが国を開国させようとする西洋諸国側からの威圧である。

外圧の到来、鎖国の運命

いわゆる「鎖国」以来、日本人は平和的な国民生活を享受し、一世紀半以上も平穏であった。そしてこの長い太平の時代、日本は、まさに遭遇せんとする国難に対し、国民文化を再び拡充し、必要なだけ西洋文明を摂取できるように文化を変容させ、それによって日本自体の国家としての存在を危険にさらすような心配をすることなく、準備を整えることができたのである。

しかし十八世紀末、西洋人がドアを執拗《しつよう》にノックする音が聞こえ始めた。最初は、この島国国家の裏戸であった。一歩前へ飛躍する準備ができていたのは、すでにシベリアの広大な地域を併合していたロシア人だけであり、当時「蝦夷《えぞ》」と呼ばれていた島の北海道北部沿岸を徘徊《はいかい》していた。これは新たな国難の始まりだった。しかしそれは、徳川幕府初期にうまく排除できたのと同種の揉《も》め事《ごと》ではなかった。外国人宣教師の宗教的陰謀から損害を被る恐れは全くなかったからである。もし危険があるとすれば、純粋に政治的な性格のものであった。

いうまでもなく、国民は「鎖国をする」という幕府の政策決定に対して何ら発言権もなかった。その政策自体の良《よ》し悪《あ》しもよく理解していなかった。ずっと隔離された国であることに慣

鎖国というと、一般にオランダ人を長崎出島に移住させた一六四一年（寛永十八年）に確立し、一八五四年（安政元年）、ペリー艦隊来航のもとで日米和親条約が調印されるまで続いた二〇〇余年を言うが、ここでは後述されているように、ロシア使節ラクスマンが根室に来航した一七九二年までを考えているのだろう。

れ、国家主義的な精神の発達により自負心を少なからず脹《ふく》らませていたので、自分の置かれている状態こそが国家の唯一正常な状態であると、彼らは知らず知らずのうちに信じこんでいたのである。大陸の過度な影響からは解放されていたが、当時の欧米の状況に関する一般の人々の知識は、すこぶる貧弱だった。

ヨーロッパ諸国の東方への拡張とアメリカ大陸での新しい権力、すなわち太平洋岸への通路を獲得したアメリカの興隆によって生じた世界環境の変化に直面し、そのような国民生活を永久に続けるのはまったく不可能であるにもかかわらず、一般庶民は、いかに善意からであろうと外国人が自分たちの静かな住居に侵入し、混乱を招くのはまっぴらごめんだと思っていた。その当時、政権を握っていた人々、すなわち幕府の政治を司《つかさど》る人々も、一般国民とほとんど同じ意見を共有していた。国民の幸福のためだけでなく、幕府そのものの利益のために、現状をできるだけ長く維持することが最善だと考えたのである。

不幸にも、私たちの家のドアをノックした外国人は、二世紀前に来日した者たちのように無防備でもなければ、出島のオランダ人がそうだったように謙虚でも従順でもなかった。それとは反対のしつこい要求が彼らからあったにもかかわらず、私たちは彼らを近づけないため、非常事態の準備をしなければならなかった。

そこで幕府は、必要に応じて国家を守り、武力で侵入者を駆逐するため、軍備を整える試みに出たのである。しかし幕府が外国人に対して国家を防衛しようとすればするほど、それだけ計画する課題が難しく思えた。国民は、長い間平和を謳歌《おうか》した結果、安楽さと贅沢に慣れきり、国民的特質として何よりも誇りにしてきた武勇の精神がはなはだしく失われていたからである。さらに国家が三〇〇近くの藩に分割されていたため、幕府の命令一下で全国の武士を動員することが非常に難しかった。

その一方で、西洋諸国がわれらの鎖国時代に成し遂げた軍事的進歩は、実に驚異的だった。私たちが彼らに対処するのは、十六世紀末よりもはるかに困難になっていた。幕府は、このような圧倒的な困難があったにもかかわらず、国家の防衛力を強化するために専心努力した。国民の武勇の精神は徐々に復活したが、雑多な集団に分割されていたため、国民動員で新たな困難が生まれていた。逆に幕府が武勇の精神を喚起したことで、幕府自体に弓矢が引かれることになり、幕府はついに危機を切り抜けられないことが分かったのである。

武家政権七〇〇年の崩壊

当初、国内における知識階級の意見は対立していたが、将軍の政権が倒されるのを見たいと思う者は少数だった。その後、要求されている任務が幕府には全うできないことが明らかになるにつれ、幕府を非難することで、人々の意見が徐々に一致していくようになった。それでも数多くの人々は、伝統的な鎖国政策を貫徹できるよう、幕府を支持した。中には幕府と朝廷がもっと密接に結合すべきだと主張する者もいた。今や朝廷は江戸の権力と対立し、影響力のある政治的中心に再びなり始めていたため、二つの権力が衝突することを恐れたのかもしれない。

しかし一八五八年に合衆国と条約を締結し、その後も他の列強諸国と条約を締結したことで、幕府の誠実な支持者たちはひどく落胆し、幕府の敵対者たちが勇気づけられることになった。従来、幕府に真っ向から反対した人々は、政治的に責任のある地位に就いたことのない人々だった。言葉を換えれば、彼らは純粋な理論家であって行動の人ではなかった。彼らが国事について大言壮語するだけで満足している限り、幕府にとっての深刻な危険要因にはなりえなかった。しかし幕府が支持者に与えた失望が、急進的な敵対者への同情へと変えてしまったのである。こうして、問題は対外関係から、深刻な国内問題へと移行していった。

天皇の威光の復活や、現政権の倒壊を望む者たちは、革命がどのような形を取ろうとも、幕府を攻撃する有効な武器として、次のような非難を公然と振りかざした。すなわち、神々の聖地は罰当たりにも毛唐によって踏みにじられた、と。彼らのスローガンは非常に説得力があったため、京都の朝廷は勅令を出し、すでに締結した条約を破棄し、昔ながらの鎖国政策に戻るよう促したほどだった。しかしそれはまったく不可能な任務だった。幕府は、京都からこのような命令を受けても、すこぶる卑屈な態度でしか反応することができず、これらの保守的な愛国主義者が発する声高の怒号にいくぶん威圧されていた。あるいは武家政権は、宮廷貴族と諸藩で政治を司る人々の合同勢力に屈したと言えるかもしれない。

一八六一年、第十四代将軍と孝明《こうめい》天皇の妹との結婚は、朝廷と幕府の友好関係樹立のために行なわれたものだが、徳川政権という、いまや吹けば倒れそうな大建造物を救済するには、無益だった。ここにいたって、幕府の権力と力量では義務を遂行するに不十分だと悟った最後の十五代将軍・徳川慶喜《よしのぶ》は、自分の持つ全権を、軍事はいうまでもなく、政治においても、父親である孝明天皇の跡を継いだばかりの明治天皇の手に譲渡した。一八六七年十月のことだった。この少し前に、現在の神戸にあたる兵庫の港を外国貿易に開放するという幕府の提案に、天皇が同意していた。いかに時代遅れの鎖国政策を維持することが難しいかを証明する事実である。徳川幕府が樹立から二六四年の月日を経て没落したのは、政治を司る者の側に先見の明がなかったからではなく、単に威信を失《な》くしたからだったことが分かる。

この二百数十年の間、国家を取り巻く状況の変化が着々と進行していたにもかかわらず、維持していた制度が時代遅れになっていたばかりに、幕府の威信が失われたのである。言葉を換えれば、徳川幕府は、わが国の史学において成し遂げる運命にあった栄誉ある歴史編纂事業を勇敢にも行なったために、長期にわたり、自らを弱体化させてきたのである。そしてまさにその使命を成し遂げた時、幕府は崩壊したのだった。

したがって幕府の没落は、非常に時宜にかなっていたと言えるに違いない。しかし倒幕は、単なる徳川家の没落を意味するものではなかった。それは実際に七〇〇年近くも日本を支配してきた武家政権の最終的な崩壊であった。幕府のような壮大で精緻な歴史的建造物を取り壊しておいて、何の大惨事も起こらないとは考えられなかった。その大惨事は内戦という形で勃発し、一年以上もわが国で荒れ狂った。

戊辰《ぼしん》戦争

最後の将軍が退位した後、京都ですぐに新政府が樹立された。その長には先帝の皇子が就任し、天皇の名においてすべての国事を管理しなければならなかった。彼の支配下にある顧問官は、宮廷貴族だけでなく、幕府に敵対する一派に属していた有能な侍からも選ばれた。このことは最後の幕府の同志たちを憤慨させた。前将軍は日本の事実上の支配者としての世襲権を放棄したが、退位後も大名にとどまった。全大名の中で彼はもっとも強力な大名だった。他のどの大名よりも、はるかに多くの侍を支配下に置いていたからだ。その上、大名の中にも多くの共鳴者がいた。これら前将軍の臣下や支持者は物事の顚末《てんまつ》に不満であり、せめて将軍の影響力がこれ以上弱まることのないようにしたいと思っていた。

ついに前将軍は、これらの支持者たちから運試《だめ》しをするように説得され、朝見《ちょうけん》を申し出たが、拒否された。そこで彼は、臣下の守備隊と自分を支持する諸大名の兵を引き連れ、京都入りを強行し、皇軍と接触した。皇軍は薩摩、長門、土佐、肥前の藩主や、大部分が日本の西国に領土を構える諸大名の軍隊から構成されていた。一八六八年一月末、両軍は、京都南郊にある村、伏見《ふしみ》と鳥羽《とば》で衝突するにいたった。そして前将軍の軍勢は敗れた。慶喜は幕僚とともに急いで大坂に戻り、海路で江戸に向かった。皇軍も将軍を追って陸路で江戸へ向かった。

江戸の徳川の臣下の中には、主君と自分自身に降りかかる避けがたい運命に服従する決意ができない者もいて、江戸の都を守り、進軍してくる勤王の志士たちを相手に最後の抵抗を見せるよう主張する者もいた。しかし四月の末、もっとも賢明な協議が功を奏し、江戸城は勤王派に無血で明け渡された。少数の自暴自棄になった侍は、現在の上野公園のある寺院の境内に立てこもったが、勤王派に簡単に制圧された。その後、前将軍は水戸に拘禁されていたが、すぐに解放された。天皇の恩寵《おんちょう》により、徳川傍系の一人が大名として前将軍の跡を継ぐように命じられ、駿河国の世襲藩主となった[11]。こうして革命の第一段階は終わりを告げた。

しかし、かつてざわめいていた国が、そう簡単に平定されることなどありえなかった。次に厳しく罰せられるべきは、最後まで幕府に忠義を尽くし、伏見と鳥羽の戦いでは必死の戦いをし、敗北した後は北日本の領地に退いた会津藩主であった。隣接する諸藩の大名の中には支持者もいたが、その間にも勤王軍は増強されていた。中日本の諸大名は、それまで中立だったが、今や南部の諸大名の仲間入りをした。

六月中旬、本州北部で戦争が新たに勃発した。北部の諸大名の連合軍は、ものすごい多勢と戦わなくてはならず、次々と敗退していった。十一月初旬、会津城は蟻のはい出る隙もないは

11　田安亀之助（家達《いえさと》）が徳川宗家の家督を継ぎ、駿府（静岡）七〇万石を与えられた。

ど包囲され、降伏した。会津藩主の支持者も、勤王派に次々と降伏した。新たに幕開けする時代の呼称として「明治」という名称の採用が京都で公布されたのは、その直前だった。

幕府のために最後の武勲をあげたのは、前幕府に属する艦隊であった。革命以前、幕府は八隻の戦艦より成る艦隊を保持していた。指揮官は、オランダで海軍教育を受けた榎本《えのもと》副総裁だった[12]。この艦隊は、当時の日本で唯一海軍という名にふさわしい艦隊だった。江戸の降伏後、帝国政府は、艦隊に所属する軍艦の半分を政府に譲渡するように命じ、残りの半分を徳川の手で保有することを許した。しかし副総裁は、自分の船と決別することができなかった。その結果、榎本は会津が降伏する少し前、江戸の港から全艦隊とともに出港し、蝦夷の島の南端の港である箱館《はこだて》を占領した。しかし榎本が上陸させることのできた軍隊は、勝ち誇る勤王派の相手にはならなかった。箱館港は封鎖され、五稜郭《ごりょうかく》は包囲され、占領された。翌年の六月、蝦夷の全島が鎮圧され、北海道という新しい名前がつけられた。

近代日本の誕生

箱館の降伏とともに、明治革命の戦いの歴史はその幕を閉じることになったが、政治の改変はまだ完成していなかった。すでに成し遂げられたのは、国家の政治制度から将軍を排除したことと、大名に対する天皇の直接統治を確立したことだけだった。天皇の命に反対して領土の全部、あるいは一部を没収された少数の大名を除けば、大名の数は減らず、領地の広さも減少せず、諸大名は徳川時代のように領土と領民の世襲的な支配権を保持しつづけていた。端的にいえば、国家の問題は部分的にしか解決していなかったのであり、完全な帝国全体の再構築という最終目的に到達するには、なすべきことがまだ山積していたのである。そのために必要な種々の重要な改変が、次の四年間で実施された。

一八六八年、江戸の町はその名を東京と変えた。それは東の首都という意味であり、それ以来、京都に代わる天皇の居住地となった。これは新時代の始まりだった。一八六九年七月、大名の側から自主的に特権を放棄した後、藩と人民に対する大名の封建的な諸権利は廃止された。そして大名は各自各々の藩の収入に応じて給料が支払われる世襲の統治者となったのである。

もし革命がここで急に立ち止まったら、藩主の威信はほとんど現状のままの状態で残ったであろう。彼らはそのまま大名として所有していた同じ領地に居住し、旧来の侍から成る常備兵

12　榎本武揚《えのもとたけあき》（一八三六～一九〇八年〔天保《てんぽう》七～明治四十一年〕）。幕末・維新期の海軍副総裁、維新後は海軍中将、明治政府下で駐ロシア公使として樺太《からふと》千島《ちしま》交換条約を締結、北海道開発に尽くすなど、各省大臣を歴任した明治顕臣の一人。一八六二年（文久二年）オランダに留学し、ハーグにおいて航海術、砲術、造船術、機関学、国際法などを学び、六六年（慶応《けいおう》二年）幕府注文の開陽丸とともに帰国。戊辰戦争で幕府艦隊を率いて北上し、明治元年、箱館に蝦夷島政府樹立を宣言したが、五稜郭《ごりょうかく》の戦いで新政府軍に降伏。

力を支配下に置いていたからである。私有財産として所有していたものを公的な管轄権の対象へと変更するのは、あまりにも扱いが困難な質的な変化だったため、幕府時代とは一八〇度異なる政治観を、大多数の人民に明示することはできなかった。このような封建時代の足かせを一掃するため、さらに三年の月日を要した。

一八七一年の八月、藩による国家の分割は、県による分割へと置き換えられた。それは大名の藩よりも、はるかに数が少なかった。世襲の統治者の管轄権は停止され、それぞれの県に新しい統治者が任命された。依然として世襲的だった侍の俸禄も停止され、その埋め合わせとしては、以前の収入に応じて等級がつけられ、公債の形で支給された。新しい十進法の貨幣制度が採用された。グレゴリオ暦も採用された。侍階級だけの天職だった兵役が、すべての階級の人民に拡大された。西洋諸国の例にならい、徴兵制度が導入されたのである。この改革により、侍は当然の特権を喪失するに至った。

今やすべての人民は法の前に平等となった。ついに日本は、まったく近代的な衣装を身にまとったのである。

第14章　結び——世界の中の日本

国家の再建にともなう課題

明治維新から現在にいたる過去五〇年間[1]の日本は、移行期間にあったと言えるかもしれない。一般に移行期間というものは、どの国でも一番波乱に富む時期である。だから私たちの過去の半世紀は、日本国が今まで経験した中でももっとも慌《あわ》ただしい時代だったのである。だが、それだけではない。まさに世界そのものがもっとも慌ただしい時代を迎え始めた時に、私たちも広大な世界へと導き入れられたのだ。いわば深い眠りに落ちていた人が、ある日突然、日中の眩《まばゆ》い日差しの中で目覚めるようなものと言えるかもしれない。

さらにそれとは別に、日本は、取りかかるべき重要きわまりない課題を抱えていた。ことによると、その課題は将来もずっと解決をみることがないかもしれないが、日本は自ら余計なものを削《そ》ぎ落とし、国家の再建を完成させなければならなかった。このような状況に置かれれば、当然の結果として、誰でも奮励崛《くっ》起《き》するに違いない。実際、日本はこれまでも働きすぎてきたのに、それでもまだ一所懸命に働いている。日本がすでに成し遂げたことは少なくないが、今でも努力してさらに多くのことを成し遂げようとしている。

もし、この五〇年間の日本の歴史を記述しようとすれば、きっとそれ以前の二〇〇〇年間の歴史よりもずっと多くを語ることになるはずである。しかし、この小さな本の紙面では、それもできない。それにもう一つ、この時代の歴史について詳述する必要がない理由は、実際に正しく理解されているかどうかはともかく、古い時代の歴史に比べて、外国人にも比較的によく知られているからである。

明治時代の日本に対する誤解は、過去の日本の歴史に対する誤解に深く根ざしている。過去の日本を正しく理解できる人は、現在の日本を理解する際にも大きな間違いを犯さないだろう。したがって、明治維新から今日に至るまでの歴史に関しては、簡単に述べるにとどめるつもりである。

超保守勢力の一時的な復権

明治の重大な改変をもたらしたのは、封建制時代の大黒柱であった侍に他ならない。明治維新で主役を演じたのは下層階級の侍たちだった。学者は、いかに国民の国家主義的精神をあおる上で役立ったとしても、結局のところ行動の人ではなかった。この精神が浸透した時、侍だけがあのように壮大な政治的変化を起こすことができたのである。侍がその任務を実行したのは、国家の繁栄のためだったことに疑う点はないだろう。間違っても、鎌倉幕府の樹立以前にあったような、すでに堕落していた政権を回復するためではなかった。

ところが、過去の栄光の復活だけを夢見ていた宮廷貴族も、超保守的な傾向を持つ理想主義者も、この明白な真実を知らなかった。この理想主義者らは、約一二〇〇年に及ぶ歴史をあっ

1　一八六七年から本書執筆時までの五〇年間をさす。

さりと不問に付し、奈良の黄金時代をもう一度再生できると心底信じていたのである。彼らは、天皇が個人的に統治すること、そしてわが国の神々の崇拝に古代の栄光を取り戻すことを強く主張した。その一方で宮廷貴族は、自分たちの手に政権を取り戻そうと奮闘したのである。少なからざる必須の修正はあったものの、大宝律令の時代の政治制度が形の上で復活した[2]のは、妥協の産物だった。

だが、一一七〇年も前の法制度が再現されることを考えてもらいたい。そのような硬直した法制度の支配する国家が、十九世紀になって世界諸国の集合する場へ入っていくことを考えていただきたい。そのような退行過程が一世代も許されたのなら、何と滑稽だったろう。最初に失望することになるのは宮廷貴族だった。超保守派の期待も満たされなかった。わが国は、新しい事態に適応できる新しい法制度を緊急に必要としていたからである。

この復活させた法律では、新時代のこの目的にまったくそぐわないことがすぐに判明した。仏教を迫害する偏狭な神道主義者がドンキホーテ的な運動を起こし、芸術的価値の高い仏像や建造物を嘆かわしくも破壊したが、その運動は開始されるや否やすぐに鎮静化することができた。今や完全な宗教的寛容の時代を迎えていたのであり、その恩恵はその後しばらくして、キリスト教にさえ及んだのである。

西南戦争と西郷の死

超保守派のもっとも無茶な期待はこうして挫折したが、国家の保守精神は決して払拭されず、士族階級にその信奉者を見出した。明治維新の立役者は彼らだったが、彼らの特権や物質的利益は失われ、辛い思いに苛《さいな》まれたわけである。上下の階級の役人や兵士として新政府に奉職し、明治時代以前よりもずっと快適な生活を送れたのは、ごく一部の侍だけだった。それに対し侍の大部分は、これまで軽蔑し見下していた職業に就かなければならなかった。もし働かなければ、政府から受け取る補償金だけでは、とうてい生活を長く支えるには不十分だったからである。

侍の中には、農夫になる道を選ぶ者もいた。その線で生き残ろうとした者は、概してうまく暮らしていた。だが、商人になった者のほとんどが事業に失敗した。単純な武家生活や規則に慣れ、複雑な商習慣や手練手管《てれんてくだ》の商人生活にはまったく不慣れだったからである。補償の公債を売って得た少額の資金も、すぐに底をついてしまった。彼らが良き過去の日々に想いを馳《は》せ、後悔の念から不平を漏らしたとしても何の不思議があろうか。彼らの間では、不満が蔓延《まんえん》

2　維新政府の制度は、大化の改新の時に制定された大宝律令を模したものが多い。一例を挙げれば、明治二年に復活した神祇官は、当初は律令に倣って百官の上に置かれていたが、仏教の影響も無視できず、明治五年には教部省に改編されている（鈴木鶴子『江藤新平と明治維新』朝日新聞社　一九八九年、178ページ参照）。

するようになった。しかし、朝鮮との外交的緊張により、不満は一時的に棚上げされた[3]。

一八七〇年代後半の朝鮮とわが国の複雑な紛争の歴史については、長々と述べるだけの紙面はない。政府内外の軍国主義派は朝鮮との戦争を支持したが、反対派は、国家の繁栄のために全資源を国内の再建に捧《ささ》げることが急務であるときに、戦争をするのは国家の健全な進歩に有害だと考え、これに反対したと言えば十分だろう。

西郷隆盛を指導者と仰ぐ主戦派は、政府から分離した。明治維新以来、西郷は薩摩の侍を代表する偉大な人物であり、非常に多くの信奉者がいた。彼が下野した後でさえ、その薩摩藩への影響力は絶大であった。

政府への反感に歯止めがかからなくなった信奉者たちは、ついに西郷を担《かつ》ぎ出し、武装蜂起に打って出た[4]。政府は、彼らにとってあまりにも柔弱で急進的に思えたのである。薩摩の好戦的で保守的な侍だけでなく、その他の九州諸国の侍もこぞって西郷に同情し、蜂起して仲間に加わった。鎮台《ちんだい》の兵舎があった熊本城が彼らによって包囲された。

ここまでは彼らも善戦したが、弾薬と食料の不足により、これ以上戦闘を継続することはできなくなった。さらに近年に組織された帝国軍は、大部分が徴兵制により一般人を集めた軍隊であったが、当初、低い身分の出であるとして反徒たちから軽蔑されていた新兵たちが、スナイドル・ライフル銃を使用するなど、すこぶる有能であることが判明した。ついに熊本城の包囲が解かれた。敗れた西郷軍の残党たちは鹿児島市の近くにある丘陵へ退却した[5]。西郷は包囲され、西南戦争は、それが勃発した七カ月後の一八七七年九月に政府軍の勝利で幕を閉じたのだった。

この内戦は、封建制最後の強力な残党勢力、すなわち侍兵士の影響力に致命的な一撃を与えたという意味で、明治史における画期的な出来事だった。西郷側で戦った侍兵士の数は、政府軍全体の数と比べると非常に少なく、かなりの数の侍兵士が政府軍側で戦ったけれども、反徒たちが政府軍よりも侍階級の利益を代表していたことははっきりしていた。この反徒の敗北により侍階級の威厳は低下した。それはちょうど、中世後期のヨーロッパで火器の使用と常備軍

3　江華島《こうかとう》事件のことを言っているのだろう。一八七五年九月二十日、日本の軍艦雲揚《うんよう》号（約二五〇トン）が朝鮮の江華水域に入ったとき、江華島の草芝鎮から砲撃を受け、江華島砲台と交戦が生じた。この武力衝突事件の結果、翌七六年、釜山《ぷさん》ほか二港の開港などを内容とする江華条約が締結された。

4　一八七七年（明治十年）に起こった西郷隆盛を中心とする鹿児島県士族の反政府暴動を西南戦争という。明治初年の士族反乱の最大で最後のものであった。征韓論をめぐる明治六年の政変により下野した西郷は帰郷して私学校《しがっこう》を興したが、その生徒が西郷を擁して挙兵した。以後の反政府運動の中心は自由民権運動に移る。

5　城山《しろやま》のこと。

の組織化により、騎士の伝統的な影響力が著しく低下したのとまったく同様の効果をもたらした。

この内戦の後、国家の民主化がきわだって進捗し、明治維新後に弱体化していた排他的な藩政中心主義が急速に消滅したのも、こうした理由からである。様々な政党が結成され、モンテスキューやルソーの作品が日本語に翻訳され、広く、むさぼるように読まれた。議会政治を求める声が国民的要求となると、躊躇《ちゆうちょ》する政府に対し、あちこちで反乱が起こった。

明治二十年代の歴史をまとめると、十九世紀前半のフランス史と酷似していることが分かる。近代日本で新たに誕生した商工業階級の影響力が強まったのは、この時代からだと言えよう。風俗習慣の西欧化は、年々ますます顕著になっていった。

天皇の威光

わが国の近代史でユニークな点は、国家の民主的傾向が発展したのと並行して、天皇の威光も著しく増したことである。だが、私たちが現在抱いている天皇への忠誠観がどのように発達したかを考えれば、この表面上相反する現象も簡単に説明できるだろう。藤原貴族が権力を我がものにしたことで、天皇の政治的威光は薄れたが、天皇の神的権威は、その個人的政権が終わった後も、何ら大きな変化は受けていなかった。幕府の樹立後でさえ、将軍やその他の独裁者の類と同じ地位、あるいはそれ以下の地位に天皇を置くことができるとは、実際上いかに権力があろうとも、日本では誰も考えなかった。ありとあらゆる政治の栄枯盛衰を通して、天皇は常に日本でもっとも高貴な要人であり続けてきた。この意味において天皇は、全国民の心をひきつけられる焦点であった。

　このように天皇の影が薄れていた時代では、天皇と国民全体との関係は間接的であった。その両者の間に介在したのが、事実上の直接の支配者である将軍と大名だった。その結果、天皇への忠誠は学問の上だけで語られ、具体的な意味での忠誠の対象は、もっぱら直属の主君の方であった。主君は彼らを直接に庇護《ひご》することでその忠誠に報いた。一方に忠誠、他方に庇護というのが相互の条件であった。この結束は当然のこと、武家政権の本質的な絆《きずな》であり、世代から世代へと継承されることでより一層強化された。

　端的にいえば、日本人の忠誠心は武家政権の産物だと言ってよく、それが発達したのは臣従の世襲的な関係によるものなのである。武士階級の間で育まれた理想や美徳は、もし自分たちの社会で実践できるものならば、平民もすべて模倣する価値があると考えられていた。平民も武家社会と同じ意味で忠誠心を理解していた。すなわち、目上の人への従順は武士の美徳でもあると同様、平民の美徳でもあると理解されていたわけである。したがって忠誠心は武家政権以前の時代よりもさらに成長し、規律的、自己犠牲的、献身的となった。もちろん国民の道徳も、時折弛緩《しかん》する時はあったが、このような状況は徳川幕府の終焉《しゅうえん》まで続いたのである。

しかし政治組織から幕府と大名が排除された今、人民の忠誠心が向けられる焦点が消失してしまった。忠誠心は、そのまま目指すあてもなく、国民が大切にしてきた美徳として残ったのである。そこで新しい焦点を求め、将軍よりもう一段上に目をやり、天皇を熱烈な傾倒の対象とすることで満足したわけである。それはすぐに情熱へと発展した。国民は、中心のしっかりした国家統合の必要性をますます意識するようになっていたのである。天皇よりふさわしい中心はどこにも見出せなかった。このようにして天皇の威光は、国民の民主的精神の発達と足並みをそろえながら、その輝きを増すことができたのである。したがってそれは単なる伝統的な優越性ではなく、近代文明に基盤を持つ権威なのである。

しかしその歴史ゆえに、私たちの皇室が特別の威厳をまとっていることも否めない。そのような威光は、新しく政権を握った外国の王家には見出せないものだろう。もし日本に保守主義の確固とした地盤があるとしたら、それはこの国民と天皇との歴史的関係から生まれた保守主義に違いない。保守主義的精神が突如として高揚したことも、これで説明がつく。それと同時にその精神は、明治二十年代になって、国家観をも変貌させたのである。それが起こったのは、まさにヨーロッパ化の流れが最高潮に達した時であり、進歩論者の希望が実現し、憲法の公布と代表議会の発足が間近に迫った時でもあった。

憲法と議会

一八八九年二月、長く切望されていた憲法がついに認可され、その翌年、憲法に則《のっと》って第一回帝国議会が開会された。このような日本における議会政治制の採用は、非ヨーロッパ国が素晴らしい発展を遂げた稀《まれ》に見る実例として、よく引き合いに出されたものである。その後に私たちが国家的業績を上げたのも、このような憲法の革新的な改変があったからだと外国人は言う。しかしこの国ではすでに、この制度に備わっているという長所と弊害がすべて十分に明らかになっているのである。それ以来、私たちは絶えず努力して自らを鍛え、新しい政権に適応してきたのである。しかし近代の政党政治の経験はまだ非常に乏しいので、すべての階級の国民が国家の政治にしかるべき興味を抱くには、まだ長い時間がかかるだろう。それは立憲政治の利点を最大限に生かすのに必要な条件である。現在は、その制度の導入を後悔する理由はまったくない。それどころか、喜ぶべき理由が山ほどある。

憲法の後に、数多くの基本法、民法や刑法などが続いた。このような近代国家の存続に必要な装置が完成したことにより、注意深い外国人の目には、わが国の地位が少なからず改善されたように映った。しかし、外国人が日本の国土で特権を謳歌《おうか》し、愛国者の激しい不平と焦慮の対象になっていた治外法権の廃棄にとりわけ貢献したのは、わが軍が清国との戦争で勝利を収めてからであった。

日清・日露の戦争に勝利した意義

日清戦争が勃発する以前、西洋諸国だけでなく日本人自身も、文明全般や富の優越性は言わずもがな、国力においても清国のほうがわが国よりはるかに勝《まさ》っているとみなしていた。秀吉の派遣した遠征軍が、侵攻された朝鮮人救援のために明《みん》の皇帝の派遣した援軍に勝利したことで、わが国の軍勢が九〇〇年前に朝鮮半島で蒙った軍事的な屈辱を十二分に払拭できたし、シナ人に対する国民の自信を高める上でも大いに役立った[6]。

しかし徳川幕府の時代になり、シナ文明を新たに模倣したことで、日本の知識人の目から見ても、再び大陸寄りに形勢が一変し、この広大な大陸の隣人から常に影響力の威圧を受けるようになった。明治時代の最初の一〇年間で、新政府が清国の反対主張に対抗し、琉球諸島を公式に併合したのは大きな外交的勝利だと考えられた。フランスの清国遠征の失敗も清国の底知れない勢力の評判を上げることになった[7]。日清戦争に先立ってわが国の港を訪れた清国の大艦隊は、私たちが太刀打ちできる相手ではないと思われ、少々不安に苛《さいな》まれることになった[8]。しかし私たちの予想に反し、一八九四年から九五年の戦争では、戦闘につぐ戦闘は、私たちの勝利に終わった。そして朝鮮は下関条約で清国の覇権から解放された[9]。

下関条約の重要条項の中には、西洋列強の干渉で無効になったものもあるが[10]、全体としてその戦争は、わが国にとって非常に有益だったことが判明した。国家意識が高まったことによ

6　六六三年（天智二年）、百済軍と百済救済のために派遣した日本の援軍は、錦江の河口付近で新羅と連合した唐の軍に大敗した。それから約九〇〇年後に文禄の役（一五九二〜九三年）と慶長の役（一五九七〜九八年）が起こった。たとえば文禄の役では、明により祖承訓《そしょうくん》率いる五〇〇〇人の援軍が朝鮮へ派遣されるが、平壌の小西行長《こにしゆきなが》がこれを壊滅させている。李如松《りじょしょう》が率いて南下した二万人の明軍も、宇喜多秀家《うきたひでいえ》を総大将とする日本軍に大敗を喫した。

7　一八八四年（明治十七年）から八五年のベトナムの支配権をめぐる清仏戦争のことであろう。最終的に清軍は敗北し、天津条約によって清国はその宗主権を放棄し、フランスの保護国化を承認したため、この戦争はフランス軍の勝利のように考えるのが一般的である。しかしフランス軍は戦争中、たとえばバクレで清軍に大敗するなど、重要な戦いで何度か敗北を喫し、かなりの損害も出している。

8　一八八六年（明治十九年）八月一日、清国海軍の北洋艦隊のうち定遠、鎮遠、済遠、威遠の四隻の軍艦が長崎港に艦艇修理のためと称して入港した。八月十三日、五〇〇人からなる清国水兵が勝手に上陸を開始し、遊廓で登楼の順番をめぐる行き違いから、備品の破壊、暴行、商店からの金品強奪など、乱暴狼藉《ろうぜき》の限りを尽くす長崎事件が発生した。その横暴な振舞いを許したのが軍事力の差であった。当時、四〇〇〇トン級戦艦しか持っていなかった日本に対し、鋼鉄製戦艦の定遠、鎮遠は七〇〇〇トン級で、軍事力では圧倒的に清が優位にあった。一八九一年（明治二十四年）にも、定遠、鎮遠、経遠、来遠、致遠、靖遠の六隻が、今度は日本側の招請によって再び来航し、長崎、馬関、神戸、横浜の港を訪れている。

9　一八九五年（明治二十八年）四月、下関で日本全権の伊藤博文《いとうひろぶみ》および陸奥宗光《むつむねみつ》と、清国全権の李鴻章《りこうしょう》が調印した日清戦争の講和条約。遼東《りょうとう》半島、台湾、澎湖《ほうこ》諸島の割譲、賠償金二億両テールの支払い、沙市《さし》、重慶《じゅうけい》、蘇州《そしゅう》、杭州《こうしゅう》の開市や開港などを認めた。清国が朝鮮の独立を確認して朝鮮が独立国となったのは、この下関条約のお蔭であった。

り、国民があらゆる方面で活動を発展させようと鼓舞されたからである。新しい産業もいくつか繁栄しはじめた。政府が金《きん》による単本位貨幣を採用できるほど、国家の富は著しく増加した。種々の新しい学校を増設し、教員を強化して基礎教育と高等教育がともに奨励された。その後の一〇年間、私たちは非常に一所懸命に働いた。そして日露戦争が勃発した。

わが国家の命運をかけた戦争で最終的に勝利できたことは、実に幸運だった。対ロシア戦争だけでなく、その一〇年前の清国との戦争でも、戦争に突入した時は、決して勝利を確信していたわけではなかった。苦戦をした後、予測したよりもましな形で終戦を迎えてから、勝者側にとって有益だったと広く分かるような戦争である。一八九四年からの日清戦争もそうだったし、その一〇年後の日露戦争も同様だった。言うまでもなく、これらの軍事的成功により、すでに立派に復活していた天皇の大権の輝きがさらに増した。それと同時に、保守主義の発展も許したのだった。

しかしこれらの戦争で国民の一般的活動が刺激されたことにより、国民は西洋文明の研究と模倣に専念しなければならなくなった。そして直接的にせよアメリカ経由にせよ、このヨーロッパ化により、国民はますます進歩的な傾向になった。近年の日本の保守主義は、自由主義、いや革新主義とさえ手に手をとり、互いにしのぎを削りながらも邁進《まいしん》してきたわけである。だからこそ現在の日本は、特に外国人の観察者の目には、安定性に欠けているように映るのである。

日本に対する過大評価と警戒感

栄光に満ちた明治時代は、日露戦争直後の時代に絶頂期へと達し、わが国の歴史の転換点を迎えることになった。この時点までは、諸外国は親切を惜しまず、新米の日本国民の教育に協力的だった。ちょうど日本人は、世界のコンサートに受け身の聴衆として仲間入りしたばかりで、外国人にはまだ十代の若者に思えたのである。このように養育し指導した日本がどのように成長するか、彼らは知らなかった。

軍事面では、イギリス人が私たちの最初の師匠であり、つぎにフランス人、そしてドイツ人が来日した。海軍では、オランダ人、続いてイギリス人が私たちの教官だった。法制定の分野では、最初の助言者はフランス人であり、そしてドイツ人がその後に続いた。ドイツ人はまた私たちに医学を教え、日本で医学を学ぶためにドイツ語が最初の必須言語となった。これまで挙げたもの以外に、産業、芸術、科学の全分野の知識が、華々しい世紀を迎え、高度に発達した段階でわが国に導入された。

10　下関条約が調印された直後、ロシア、フランス、ドイツの三国が日本に干渉し、遼東半島を清国に返還させた三国干渉のことを言う。

しかし、一九〇四年一月という開戦前の時点で、ロシア人を相手に日本人が勝利するとは、誰が夢想しただろうか。戦争では、どの傍観者も無意識のうちに弱者の味方につきたがるので、非常に多くの外国人が日本に共感したのは本当である。旅順《りょじゅん》陥落と日本海でのロシア海軍の壊滅は、まったく予想だにしなかったことだった。外国人たちは、ちょうどロシア人がそうなったように、自分たちもまた、日本人から不意打ちを食らうかもしれないと思い始めている。彼らは、自分たちが日本人について学ぶことを怠っていたことを忘れているのである。むしろ彼らが後悔したのは、実際の日本人を不当に過小評価していたことであった。

ところが今度は、その反動で過大評価の誤謬《ごびゅう》に陥っている。どのような場合にせよ、戦場での絶対的勝利は、勝利者の文明の進歩を測る物差しにはなりえないと私たちは考えている。さらに、もし私たちがヨーロッパの国に勝てるとしたら、戦場以外のどの分野で相手を打ち破れただろうか。私たちの文化の構成要素は、ほとんどすべてが諸外国から借用したものであり、後になって摂取したものである。その結果、いかに器用に真似たとしても、私たちが模倣しただけでは、本家の諸外国で到達したような高度な段階までそうやすやすとは到達できなかったのである。

しかし、武術だけは、私たちが太古の昔から鍛錬を積んできたものであり、歴代幕府の時代でも、私たちがもっとも礼賛し、他の技芸を犠牲にしても従事してきた天職であった。端的にいえば、それは古き日本が得意としたものだった。だから私たちが軍事で成功したからといって、日本文明のそれ以外の分野が急に飛躍したことにはならないのである。

しかし、遠くからのみ私たちを判断することが習慣となっている外国人は、私たちが利用した近代戦争の科学的、機械的な側面だけを眺め、日本人がこの分野で見事に試練に耐えることができたとするならば、すべての点で彼らの期待以上のことを私たちが成し遂げうるのではないかと推測したのである。彼らはこの推測をあまり快く思っておらず、日本人は偽装したり、成りすましたりしていたのではないかとすら言う始末である。そのような誤解が生まれたのは、自らの日本の風物に対する無知によるものではなく、日本国民の側に理由があると決めつけたのである。

それはとんでもないことで、私たちは自分たちが成し遂げたことの価値を評価する上で、外国人を欺こうとするつもりなど微塵《みじん》もない。現代の国民にそのような傾向があると思うことさえ、愚にもつかない、ばかばかしいことではなかろうか。

日露戦争で勝利した後、私たちはこのように過大評価されると同時に、諸外国の近視眼的な観察者たちから幾分嫌われ始めた。昨日は全世界のお気に入りだった国民が、今日になると突如としてもっとも怪しい危険な国民に変貌したのである。

わが国を個人的に経験した数多くの宣教師がいた。数年間ここで滞在した経験をもとに、全力を尽くして私たちの主張を弁護してきたと彼らは公言した。だが、彼らの弁護は、あいにく、あまり役には立たなかった。というのも、彼らの大部分は私たちを発展途上の国民だと表現するのが常だったからである。彼らはそれを自分たちの努力が実を結んだ結果だと言いたいのである。発展途上だと繰り返し言うのは、この国での彼らの存在理由が永遠に無くならないようにするため、彼らの働ける広い分野がまだ日本には残っていると示さざるを得なかったからである。実際、私たちは、近世の宣教師の指導を必要としないほど、国民として十分に進歩しているのである。

日本国民の理想

典型的な自慢屋が、わが国にも一定の数だけいるのは残念に思う。あいにく自慢屋はどの国にも山ほどいて、恥知らずな空威張りをしては諸外国の偏見のない観察者をしばしば驚かせてきた。しかしながら、私たちは国民として世界のどの国民より良すぎることもなければ悪すぎることもない。よく保存されたあらゆる時代の遺物に囲まれ、石のように硬直した状態に留まることなど、わが国民には耐えられないことである。

観光客を生み出す国民は、観光客を喜ばそうと風変わりで面白い見世物を提供する国民よりも、比較にならないほど幸福であり、称賛に値することを私たちは良く知っている。他人のための見世物の本場になりたいと思う国民が他国にいれば、そうさせておけばよい。私たちの知ったことではない。

私たちが国民の理想として心から熱望するのは、世界文明の進歩と繁栄に貢献する上で、わが国を先輩の西洋諸国と肩を並べられるような国にすることである。何年間も、あるいは将来の幾世代にもわたり、私たちに対する外国の意見は揺れ動くかも知れないが、私たちはこの目標に向かって前進するであろう。

訳者によるあとがき

原勝郎という歴史家

本書は、原勝郎が一九二〇年に上梓《じょうし》した*An Introduction to the History of Japan* (Yamato Society Production, G.P. Putnam's Sons, New York and London, The Knickerbocker Press)の全訳である。英文の原本はインターネット上でも公開されているので、原勝郎の達意の英文を参照するのはたやすいが、いざ原本を入手しようとすると、そう簡単ではない。

訳者は、原書の翻訳を依頼されると、どうしても現物を自分の書棚に並べておきたくなる習性がある。そこでインターネットで欧米の書籍通信販売の目録をあれこれ検索してみたが、なかなか見つからなかった。それでも偶然に、ドイツの本屋でたまたま原書を見つけ、早速これを入手した次第である。

実際、原書を手にしてみると、本書を監修された渡部昇一先生が、インターネットの文字情報と現物の書物とでは、ビタミンCのサプリメントを飲むのと、実際のグレープフルーツをほおばるくらいの大差があるとおっしゃったことを思いだし、改めて『書経《しょきょう》』にある「玩物喪《がんぶつそう》志《し》（器を愛して志を喪《うしな》う）」ならぬ「玩物養志《ようし》（器を愛して志を養う）」、すなわち本という器を愛することの意味を実感している。

さて著者の原勝郎であるが、一八七一年（明治四年）、旧南部藩士の原勝多を父として岩手県の盛岡に生まれた。盛岡藩といえば、戊辰《ぼしん》戦争で奥羽列藩同盟という反薩長同盟に加わり、敗北を喫した藩である。この佐幕《さばく》系の出自が、原の歴史観にどのような陰翳を与えているかは定かではないが、「士族の出身であるという自覚が強烈にあったらしい」という今谷明《いまたにあきら》氏の指摘もある（『東山時代における一縉紳《しんしん》の生活』中公クラシックス所収「『一縉紳』をどう読むか」3ページ）。

実際、原自身も軍での実体験を持つ異色な歴史家である。一八九六年に志願兵として近衛《このえ》歩兵連隊第四連隊に入営し、一八九九年、陸軍歩兵少尉に任官され、一九〇四年には日露戦争で召集に応じ、歩兵中尉に昇進している。

もちろん、だからと言って、原がいわゆる軍国主義的な歴史家だと早合点してはならない。それは、「大和会創設の辞」で、「世界の未来の限りない可能性を享受するには、物事を国家的な視点からだけではなく、世界的な視点から眺め、現在の極東の排他性を捨て、軍事的功績ではなく平和的方法により、諸国の仲間内での私たちの地位を改善しなくてはならない」と明確に提言されていることからも推察できる。この主張は、士族の家に生まれ、軍での実体験もある原の著書の巻頭に置かれた言葉だけに、単に平和主義を標榜《ひょうぼう》するだけの歴史家の書物では感じられない言葉の存在感がある。その趣旨に賛同して本書を世に問うた原は、「平和主義者が暴力を『放棄』できるのは、他の人々が彼らに代わって暴力を行使しているからである」（『ナショナリズム覚書』一九四五年）というジョージ・オーウェルの言葉を持ち出すまでもなく、ただ観念的に平和を唱えていれば平和が実現すると短絡的に考えがちな薄っぺらい学者ではないということである。

学歴も立派なもので、新渡戸稲造《にとべいなぞう》、金田一京助《きんだいちきょうすけ》、石川啄木《いしかわたくぼく》、宮沢賢治《みやざわけんじ》などの著名人を輩出した盛岡中学校を卒業したのち、第一高等学校をへて、一八九三年、東京帝国大学文科大学史学科に入学した。当時の東大史学科では、近代歴史学（史料批判による歴史叙述を重視する学風）の創始者ランケの弟子、ルートヴィッヒ・リースや、坪井九馬三《つぼいくめぞう》などがドイツ実証史学を導入していた。後に原を京大に誘い、京都文化史学の伝統をともに築きあげた内田銀蔵《うちだぎんぞう》などの研究者は、同史学科の出身である。大学卒業後、原は「足利時代における堺《さかい》港」や「吾妻鏡《あずまかがみ》の性質及其史料としての価値」と題する論文を発表し、歴史学者の道を歩み始める。

海外留学の経験も豊富で、一九〇六年から三年間、イギリス、フランス、アメリカに滞在しただけでなく、一九一九年にもヨーロッパ諸国へ短期出張している。日本の歴史を外国から眺めるという視点を持つようになったのは、このような海外留学での体験の影響もあるに違いない。帰国と同時に京都帝国大学の教授となり、中世から現代までのヨーロッパ史を講義し、一九二二年からは文学部長を務めた。以来、在職中の一九二四年（大正十三年）に五三歳で他界するまで、西洋史家でありながら、特に日本中世についての研究と著述を続けた近代日本を代表する歴史家である。

『日本史概説』が書かれた時代背景

本書の「大和会の目的」に、「他国民が、私たちの卓越した軍事力以外に称賛すべきものを数多く見出しているかどうかとなると、すこぶる疑わしい」（15ページ）という一節があるが、これは当時の憂国の文化人に共通する感慨ではなかっただろうか。端的に言えば、諸外国が日本に無知なことに対する憂慮と懸念である。

たとえば本書の出版に先立つこと二〇年、一九〇〇年に『武士道』（*Bushido: The Soul of Japan*）を世界に発信した新渡戸稲造も、海外の日本に対する「無知は恕《じょ》すべき点が大である」といいつつも、「極東に関する悲しむべき知識の欠乏は、ジョージ・ミラー博士のごとき博学の学者が、騎士道《シヴァリー》もしくはそれに類似の制度は古代諸国民もしくは現代東洋人の間には嘗《かつ》て存在しなかったと、躊躇《ちゅうちょ》なく断言していることでも解る」と述べている（新渡戸稲造著、矢内原忠雄訳『武士道』岩波文庫、25〜26ページ）。そこで新渡戸は『武士道』を英語で書き、「武士道」が国粋主義的なナショナリズムではなく、グローバルに通じる倫理体系であることを世界に示そうとしたわけである。この学問的スタンスも、原の史学と一脈通じるところがある。

一九〇六年、岡倉天心も『茶の本』（*The Book of Tea*）で「西洋人は、日本が平和な文芸にふけっていた間は、野蛮国と見なしていたものである。しかるに満州の戦場に大々的殺戮《さつりく》を行ない始めてから文明国と呼んでいる。……いつになったら西洋が東洋を了解するであろう、否、了解しようと努めるであろう。……西洋の諸君、われわれを種にどんなことでも言ってお楽しみなさい。アジアは返礼いたします」と述べている（岡倉覚三著、村岡博訳『茶の本』岩波文庫、23～24ページ）。岡倉も、東洋の人生哲学や日本の美意識を包含する茶道が、西洋に勝るとも劣らない我が国固有の文化であることを世界に訴えたのである。

原が本書を著わしたのは、日露戦争（一九〇四～〇五年）と第一次世界大戦（一九一四～一八年）を経た後であり、大国ロシアを破り、極東で勢力を伸ばす日本に世界の注目がより一層集まっていた時代である。文明国としての肯定的評価とともに、当時の日本の膨張に対し、欧米に黄禍論《こうか》が沸き起こったことも思い出すべきだろう。これを抑えるには、日本支持の世論を国際的に形成する必要があったに違いない。このような歴史的スパンで見れば、日露戦争中にイギリスに駐在し、精力的に戦時外交を展開した末松謙澄《すえまつけんちょう》、アメリカでルーズベルトに『武士道』紹介の仲介役を演じた金子堅太郎《かねこけんたろう》、そして『日本の禍機《かき》』を書いたアメリカのエール大学教授、朝河貫一《あさかわかんいち》らの活動も同一線上にあったと言えるかもしれない。

では、二十一世紀を迎えた日本は、どうであろうか。このグローバル化された現代でさえ、日本の歴史が、曲解、誤解、捏造《ねつぞう》などの被害を蒙《こうむ》らずに海外から正しく理解されているかといと、すこぶる心もとない側面がある。諸外国の中には、意図的に歴史認識を外交カードにして政治利用し、わが国に対し理不尽な批判を執拗《しつよう》に繰り返す隣国がある。非常に遺憾なことである。

しかし、そのような相手の認識不足や誤解を嘆いたり、批判ばかりしていても、建設的な前進は期待できないというのが原と「大和会」のスタンスである。このような場合でも、「そのような残念なかぎりの認識不足は、誰のせいでもなく、責められるべきは私たち自身である。というのも、他国民によって私たちの文明を評価してもらえるような努力を、私たちはほとんどしてこなかったからである。もし日本が……海外の諸国民に日本独自の文明を知らしめる必要性を無視しつづけるなら、世界の誤った日本認識は永遠になくならないだろう」と「大和会創設の辞」は断言する。これは、現代の私たちこそ真剣に傾聴すべき助言であろうし、実際に達意の英語で本書のような偉業をなしとげた日本の歴史家としての矜持《きょうじ》に、今さらながら敬意を表せざるをえない。

大和会について

本書の冒頭に出てくる大和会も、こうした趣旨で設立された組織である。当時の情報としては、読売新聞の朝刊（一九一七年十月十日付、五面）に、次のような「大和会の設立」と題された記事が掲載されている。

大和会は従来我国において自国の文化を世界に知らしむるの途を講ずる事の充分ならず、又外国の文学美術を採択する上に於ても方法の宜しきを得ざるものあるを概して起こりしものにて其事業として本邦の歴史、文学、美術に関する外国文の著述をなす事及び外国の文学美術の優良なるものを国内に紹介する事を始めとして音楽及び演劇の改善其他国民の一般の趣味向上に関して必要なる手段の実施等あり。

現代風にいえば、日本文化の海外発信と諸外国の文化の紹介を同時に行う「対外文化協会」のような組織といえよう。ちなみに、英文で書かれた本書は有名であったらしく、前出の今谷氏によると「この書は一九二〇年出版で、六年後にフランス語訳が出され、ソ連をはじめ当時の西欧文献にはよく引用された」（前掲書4ページ）という。

新聞報道によると、大和会の会員は、当初、徳川《とくがわ》頼倫《よりみち》を筆頭に各界の名士一五人が名を連ねて発足した。本書ではそれが二一人に増えているのだが、一人だけ名前が見当たらない人物がいる。大正時代の外交官、政治家で子爵の本《もと》野《の》一郎《いちろう》である。本野は、内閣の外務大臣へと出世したが、胃癌を発病して辞職し、五十七歳（一九一八年）で亡くなっているからであろう。

大和会のもう一つの目的、日本文化の発信としては、日本の文学作品の英訳がある。近松門《ちかまつもん》左《ざ》衛門《えもん》没後二〇〇年記念のため、同会が、慶応義塾大学・東洋大学教授で英文学者の宮森麻太《みやもりあさた》郎《ろう》（一八六九～一九五二年）に英訳を依頼し、完成した英文の『日本のシェイクスピア近松傑作集』（*Masterpieces of Chikamatsu, the Japanese Shakespeare* ／ Translated by Asataro Miyamori, revised by Robert Nichols, [Letter from Shōyo Tsubo-Uchi], Tokyo: the Yamato society; London: E. Paul, Trench, Trubner and Co., 1926）がそれである。この中には、『恋八卦《こいのはっけ》柱暦《はしらごよみ》』、『娥哥《かおうた》かるた』、『冥途《めいど》の飛脚《ひきゃく》』、『心中天《しんじゅうてん》の網島《あみじま》』、『博多小女郎浪枕《はかたこじょろうなみまくら》』、『関八洲繋馬《かんはっしゅうつなぎうま》』などの近松の作品が収載されている。

原史学の特徴

では、原はどのような歴史観を持っていたのだろうか。それに対し、この「あとがき」のような小論で回答するには、あまりにも紙面が限られている。そこで訳者が特に興味を覚える原史学の特徴を、二、三ご紹介するにとどめたいと思う。

まず第一は、原は日本の歴史学で最初に「中世」という歴史概念を日本史に導入した歴史学者であると言っても過言ではないことである。中世とは、奈良・平安時代と江戸時代以降の近世に挟まれた数百年の期間であり、原の代表作『日本中世史』（一九〇六年第一巻刊行。現在は講談社学術文庫）によれば「鎌倉時代より足利《あしかが》時代を経《へ》て徳川時代の初期における文教復興に至るまでの歴史」ということになる（同書4ページ）。

当時の明治時代の一般的な理解によると、鎌倉や室町の武家政権はまさに乱世の時代であった。つまり、その否定的側面が強調されていたわけである。しかし、原はそのような消極的な捉え方をせず、中世の肯定的な側面を評価する。同書の「序」で鎌倉時代を「……この時代が本邦文明の発達をしてその健全なる発起点に帰着せしめたる点において、皮相的文明を打破してこれをして摯実《しじつ》なる径路によらしめたる点において、日本人が独立の国民たるを自覚せる点において、本邦史上の一大進歩を現わしたる時代」であることは疑いのない事実だというのである（同書4～5ページ）。

『東山時代における一縉紳の生活』でも同様の視点に立ち、鎌倉幕府の開設は「日本の文明が従来の径路と違った方向をとりかけたという点に於て、歴史上重大な意義」を備えていると評価する（前掲書、中公クラシックス 5ページ）。行き詰まっていた藤原時代の王朝政治を地方に割拠する向武的な武家政権に、平安仏教を新興仏教にそれぞれ対比させ、中世社会の出現は日本国家にとって意義があったと見るわけである。

ただし、『日本中世史』の刊行部分は平安朝末期までで、原の遺稿も鎌倉創府時代をもって終わっているし、『東山時代における一縉紳の生活』も室町時代までである。その意味で本書は、初めて邦語で読める原の日本通史であると言えよう。

第二は、封建制の評価である。現代の読者にとって封建制と言えば、領主が生産者の農民を身分的に支配する社会経済制度と理解され、どうしても否定的なイメージがつきまとう。また封建制は、個人の自由や権利よりも上下の主従関係を重視する硬直した社会制度、あるいは上の者が下の者に強いる強圧的な人間関係を連想させる。しかし原によると、鎌倉から室町時代にいたる封建制は、民族の堕落を示すものではなく、むしろ日本の社会が成長するための通過点としている。そしてさらに、日本の中世も、西欧の諸民族が共通に通過すべき一時代と見なすことができると主張したのである。すなわち、封建制は『諸民族が其発達の経路に於いて度は経由せざるべからざる一の社会状態」であり、西洋中世の特殊な制度ではなく、日本の制度もそれに肩を並べるべきものだと言うのである（『西洋中世史概説・宗教改革史』同文館 一九三一年、82〜84ページ）。

第三は、第二とも関連するが、比較史学の手法を駆使し、グローバルな視点から日本史を見ようとした点である。原は、三年に及ぶ海外留学での研究や、その後のヨーロッパ諸国への短期出張などの経験から、海外の学者との交流のみならず、学術的な文献や参考図書に接する機会も少なくなかったことだろう。そのような欧米世界への尽きない関心は、一九一二年と一二年に上梓した『昨年の欧米』や、晩年の一九二〇年にヨーロッパの最新事情を解説した『世界大戦史』などの著書にも表われている。

たとえば、日本と西洋を宗教的な視点から比較した論文としては、「東西の宗教改革」や「法然上人と聖フランシス」が注目に値するだろう。もう少し具体的に言えば、前者では、西洋の宗教改革におけるプロテスタンティズムが、鎌倉時代の仏教、とりわけ浄土真宗にあてはめられている。プロテスタントと浄土真宗の思想的、時代的な類似性、すなわち信仰と念仏、予定説と宿業《しゅくごう》観、双方に共通する妻帯の容認などに注目しながら、日本でも宗教上の変革が起こったことに触れ、「特に鎌倉時代に於て仏教の新しい宗派が相踵《あいつ》いで起った時の其現象を斥《せき》して、之を欧羅巴の一六世紀に擬《なぞ》らへ、我国の『宗教改革』と名付けても、大いなる誤りは無からうと信ずる」と述べている（「東西の宗教改革」『日本中世史之研究』同文館 一九二九年、316ページ参照）。

また文芸の世界でも、『東山時代における一縉紳の生活』で、足利時代の東山文化が「西欧の十四、五世紀に於けるルネッサンスに比する」ことができると述べている（前掲書、23ページ）。そのような比較史学の視点が、ある意味で原による日本史の集大成ともいえる本書で、キラ星のごとく散りばめられているのである。

たとえば、前述の浄土真宗とルターのプロテスタント教義の類似性は言うまでもなく（第7章「武家政権の誕生と鎌倉幕府」）、古代日本人と古代ゲルマン人、日本の古代宗教と古代ローマの宗教、奈良時代とペルシャ侵略時代のギリシア、藤原貴族とローマの元老院、十五世紀イタリア・ルネサンスと室町時代等など、枚挙に遑《いとま》がなく、それぞれにおいて西洋史と日本史の比較史学的な考察が縦横無尽に展開されている。

歴史と文明論

読者の方々もお気づきになったと思うのだが、原の日本通史で特に注意を惹《ひ》くのが「文明」という概念である。このような文明史論は、明治時代前期、明治十年ごろから隆盛を極めていた学問的風潮の延長線上に位置づけてよいのかもしれない。この時代の史論は、従来のように歴史を変遷とみなしたり、単なる尊王史的な立場に立ったりするのではなく、西洋史の視点も取り入れ、文明の発展や進歩の観点から日本史を実証的、合理的な方法で捉えようとする傾向が見られた。

その動きに特に大きな影響を及ぼした西洋の歴史書をあげるとすれば、フランスの歴史家・政治家のF・P・G・ギゾー（一七八七〜一八七四年）の『ヨーロッパ文明史』（*Histoire générale de la civilisation en Europe*）や英国の歴史家H・T・バックル（一八二一〜一八六二年）の『イングランド文明史』（*History of Civilization in England*）などであり、それぞれの邦訳書も出版されていた。

福沢諭吉の壮年期の労作である『文明論之概略』も、その構成は主として、この両書をもとにしている。福沢以外では、田口卯吉《たぐちうきち》の『日本開化小史』、北川藤太《きたがわとうた》の『日本文明史』、渡辺《わたなべ》修次郎《しゅうじろう》の『明治開化史』、藤田茂吉《ふじたもきち》の『文明東漸史《とうぜんし》』、室田充美《むろたあつみ》の『大日本文明史』、物集高見《もずめたかみ》の『日本文明史略』などがあげられよう。

日本で最初に文明を論じた書物といえば『文明論之概略』と言えるので、ここでは特に福沢を取り上げてみよう。福沢によると、文明の発達とは、人間の精神、智徳の進歩のことであり、それも個人の営為ではなく、国民全体の知徳の向上がなくてはならないという。福沢も原と同様に西洋史の「封建」を意識し、これを「封建制度」と訳して、日本に紹介した。そして西洋史の中に、国王と人民が封建貴族を倒し、新たな王政を築くという流れ、すなわち封建制から絶対主義・絶対王政への図式を見たのである。福沢の言う封建は、中央集権（郡権）に対する封建ではなく、西洋中世的な封建身分関係であり、その対極に国民意識を持った個人の支える近代国家があるとした。文明史学の歴史家たちは、ギゾー論を基礎に、江戸までをヨーロッパの中世的な封建的色彩の強い社会、明治維新を絶対王政的な体制の中で議会制が樹立されうる文明開化の時代としたようである。

しかし、福沢らの文明史観は、西洋文明に高い評価を与え、西洋の思想や学問を取り入れようとしたものの、原の文明史観とはかなり性格を異にする点もあるように思える。特に両者の違いが鮮明になるのは、明治維新をどう考えるか、そして日本とアジアとの文化的な影響関係をどう見るか、であろう。

まず原は、明治維新は外圧がもたらした西欧化であるとは捉えていない。明治維新は、日本文化の担い手が貴族から庶民へと移行した歴史の産物であり、宋の学問の革新性を受け入れ、それを消化する中で達成されたと見る。原にとっての封建制度は、日本文明の進歩のために通るべき経路であった。

それに対し福沢は、『福翁自伝』(岩波文庫)の「幼少の時」で封建制度の「門閥制度は親の敵で御座る」と断言したように、明治以前の統治者と被統治者の二元素による身分社会が、個人と国家の独立を阻んできたと見る。そして、その思想的背景にあった儒教を糾弾した。福沢にとって文明とは、近代西洋の科学技術を発展させて、自由主義経済を発達させると同時に、反封建である自由主義や個人主義を基礎とする近代ヨーロッパ社会の状態を指すものに他ならなかった。

田口も、原が評価した鎌倉と足利時代を否定的にとらえ、封建の世は「奪掠《だつりゃく》の世界」であると評した。文明人がもっとも嫌忌するのが儒教であり、黒船という外圧が、徳川の封建制度を一変する契機となったと見る。明治以前の治者と民衆との隔絶や、儒教の否定的側面を強調した点では、福沢も田口も同一線上にあると言えよう。

要するに、福沢や田口らは、日本史を停滞ととらえたわけである。福沢は西洋を目標としながら、近代的な自我を確立し、脱亜というアジアの伝統文化から脱却することによって、半開から文明へ進むと主張した。田口も、封建社会からの脱却と、明治まで封建制が阻害してきた人民の地位向上という視点から明治維新をとらえた。ともに日本が江戸封建時代という前近代的な社会から脱皮し、欧米列強に対抗できる近代国家を建設する必要性を説いたわけである。

それに対し、原は、日本が庶民的で先進的な宋学を受け入れ、日本文化がいわば自己発展した帰結が明治維新だと考えた。つまり江戸時代を、むしろ日本の近代が準備される前段階として位置づけようとしたわけである。明治と江戸の関係について見れば、当時の断絶史観に対し、日本の歴史が自生的に近代社会を作りだしたとする連続史観を提示したともいえよう。

ひるがえって現代は、西欧中心的な世界が音を立てて崩れさりつつある時代である。かつては東洋文明の伝統が、西洋中心的な歴史観によって世界史の枠組みから疎外されていた時代もあった。しかし、現在ではそのパラダイム自体が転換しつつある。かつては西洋が「世界」であったが、今や一つの「地方」になりつつある。このようなグローバルな時代にあっては、西洋が永遠の文化の中心ではなかったという事実認識こそ必要である。というのも、「いつの時代にも地球のさまざまな領域には、それぞれ独自の価値と権利をもった文化が並存しており、さらにはこうした文化をもつ文明圏の交渉というものがきわめて重要な意味をもつという認識」が要求される時代を迎えているからである（伊藤俊太郎著作集第七巻『比較文明論Ｉ』麗澤大学出版会二〇〇八年、35ページ）。

それに対し、明治・大正時代の歴史家や思想家は、時代の子として、日本史を世界史の枠組みやロジックの中に位置づけようとする共通の意図が見受けられる。ドイツの実証主義を学んだ原も例外ではなく、西洋中心の歴史は当然の前提であり、日本史を西洋史の枠組みにあてはめて解釈することこそ、正統な歴史学であるという立場を取っているようだ。

もちろん、原の原著は今から約一〇〇年も前に著わされた史書であり、その後の歴史学の進歩や現在の学問的な水準からみれば、様々な問題点を含んでいることは否めないだろう。では、原の真骨頂である中世史論は、その後、どう評価されてきたのであろうか。言うまでもなく、これについては専門的見地から種々の意見が出されている。

たとえば、永原慶二《ながはらけいじ》は「今日から見れば、原の中世社会・文化論は、進歩の担い手として武士を発見することはできたが、民衆を発見することはできなかった、といわねばならない。この室町文化論にしても、『京都』の文化が地方に拡延することによって文化的統一が全国化するという視角が強く、民衆自身の階級的・文化的成長に論は向けられていない。この点は『市民』的歴史学の創建者としての原の決定的限界である」と指摘する(「原勝郎」『日本の歴史家』日本評論社 一九七六年、92ページ)。

さらに永原は原の比較史的視点に立つ中世理解についても、「鎌倉時代の新仏教興隆に『宗教改革』を見出し、江戸初期に『文芸復興』期を類推するものであり(中略)こうしたアナロジーも、今日から見れば歴史学の方法としてどこまで有効であるのか、改めて吟味されねばなるまい」と慎重な態度を見せている(同書、92ページ)。

訳者自身も門外漢ではあるが、前述した鎌倉新興仏教とプロテスタンティズムの類似性について論じるならば、マックス・ウェーバーが『プロテスタンティズムの倫理と資本主義の精神』(Die protestantische Ethik und der Geist des Kapitalismus)で展開した比較宗教・社会学的研究に当然触れてしかるべきとの印象を拭いきれなかった。というのも、同書は、近代資本主義生誕の背後に、実は経済倫理の大きな影響力があったとする「歴史の逆説」を究明した画期的な古典的論考であるからだ。ウェーバーの著作が上梓されたのは、一九〇四年~五年であるが、原が「東西の宗教改革」という論文を書いた時点（一九一一年）あるいは英文による日本史概説を著わした時点（一九二〇年）で、同書を参考にした形跡はなさそうである。ということは、原には、鎌倉新興仏教とプロテスタントの比較論を「資本主義の精神」と関連づけ、「エートス」という概念の地平で把握するという発想が欠如していたと考えて良いのだろうか。

いずれにせよ、この問題に関しては、訳者には、樺山紘一《かばやまこういち》氏の次の評価が、もっとも説得力があるように思える。「じっさいには、原の中世論はじゅうぶんの成熟をみるいとまがなかった。ようやく、その出発点にたったにすぎない。封建制度をはじめとする、中世世界の構成原理を精査するのは、のちの研究者に託される。いや、それからほぼ一世紀を経過した現在でも、作業は未完のままのこされている」（「原勝郎」『20世紀の歴史家たち（1）』刀水歴史全書45（1）一九九七年、50ページ）。

しかしながら原の歴史書には、そのような問題点を孕《はら》みながらも、独特の生命力の躍動感にも似たものを覚えるのはなぜだろうか。端的にいえば、歴史学の形成史の範疇には収まりきれない、原個人の持つ人間力の躍動感が感じられるのである。それは現代、シェイクスピアの戯曲の様々な現代語訳が出ているにもかかわらず、坪内逍遥《つぼうちしょうよう》の達意の翻訳文が未だにその輝きを失わないのと似ている。

樺山氏は、「原のすぐれた歴史感覚によって、わが国の歴史学は確実な方向指示をあたえられた」と喝破した（同書50ページ）。事実、当時の史学と比べても、原の史学は、明治政府の基盤固めに要した国学者たちの国粋主義的歴史観ではないし、西洋に対する日本の遅滞をアジアの伝統に帰する文明史観でもない。原は、東洋的な「地方主義《パロキアリズム》」に陥ることなく、さりとて西洋化の熱に過度に浮かされることもなく、非西欧諸国である日本にも、独自の価値と権利を持った歴史と文明が存在することを示そうと試みているように思える。ここにグローバルな文明史観への形而上学的な萌芽を感じるのは、訳者だけではないだろう。

原が最後に読んだ書物

最後に原個人の人となりについて、訳者の個人的感想を述べて、このあとがきを終えたいと思う。著者が特に興味を覚えたのは、『芸文』という京大文学部機関紙に一九二四年に収載された原への追悼文である。追悼文というと、故人の人柄や功績を偲び、死を惜しむ特別の言語空間である。したがって、その中で浮かびあがる原の人物像も、すこぶる限られたものであるに違いない。しかし、それでも、いやそれゆえに、原を偲ぶ者たちの共通の想いが、より単純化されて表出する場合もあるわけである。

彼らに共有する印象は、原が歯に衣《きぬ》を着せない論戦を得意とする批評家だということである。「弁を好まれた人で、所謂《いわゆる》議論家であり、大小何事でも、苟《いやし》くもその耳目視聴の圏内に入り来《きた》つたものに批判を下さずに已まず」（谷本梨庵《たにもとりあん》『芸文』一五巻七）、「時によく赫怒《かくど》」する

「雷部長」であったという（坂口昴《さかぐちたかし》『芸文』一五巻三）。しかし尾を引く怒りではなく「霹靂《へきれき》一声、雷雨一過すれば、その跡は満天の、些《いささか》の陰翳だも残さなかった」らしい（坂口）。

そのような原にまつわる人間関係の中で、筆者が特に興味を抱いたのは、外国人研究者との交流である。その中の一人で、原がもっともよく親炙《しんしゃ》していたのは、ベルリンのデルブリュック博士であり、原が一九〇六年からの最初の外遊中、博士の史学演習を傍聴したという。そしてその後、再びベルリンを訪れた時にも、再会している。

それからもう一人、オックスフォード・クウィンズ・カレッジのフェロー、A・H・セイス博士を挙げておこう。原の「鋭利なる舌鋒によって、大抵の知友も完膚無きまでに攻撃せられた」が、その中に二、三人の例外があり、セイスがその一人であった。このエピソードを取りあげた濱田青陵《はまだせいりょう》は、セイスに対する原の「毒舌」を一度も聞いたことがないという（『芸文』一五巻三）。

実は原書の一部に目を通し、英文原稿のチェックを引き受けたのもセイスだった。セイスは一九一二年に日本を訪れているが、原も一九二〇年の海外渡航の時、バースにいたセイスのもとを訪ね、しばらく滞在したようだ。セイスは一九二三年に自伝というべき『回想録』（Rev. A. H. Sayce, *Reminiscences* [Macmillan and Co., Limited, St. Martin's Street, London, 1923]）を出版し、この時のことを書き残している。参考までに原のことに触れた一節を訳出してみよう。

「京都の原教授は、私がバースにいた時、二、三日、私と一緒に過ごすことになりました。教授は、政府の仕事や、英語で書いた日本の歴史のことなども兼ねて、イングランドを訪れていたのです。……私は彼を連れてヴィクトリア・パークへ散歩に出かけました。二月というのに、戸外でアザレアの花が満開に咲いているのを見て、彼はびっくり仰天したのです。おそらく、冬の英国の気候、もっと正確にいえば、バースの気候を誤解されてしまったのではないでしょうか。」(462ページ)

このエピソードの舞台は、ローマ時代から温泉保養地として有名なイングランド中部ユイボン州のバースという町である。原がセイスとロイヤル・ヴィクトリア・パークを散策した時、珍しく季節外れのアザレアというツツジ科の花が咲いていて、それを見た原が驚いたという内容である。この一節だけ見ていると、旅先での何気ない出来事の一コマのように思えるが、文章の背後には、原にとって忘れられない思い出が詰まっていたのだろう。事実、原は不治の病と闘いながらも、この本を病床に持って行き、亡くなる前日まで手元において、それを読破したと言われているからである。この『回想録』は、恐らく、病中最後に読んだ書物だと思われる。それだけ原のイギリスでの経験への想いがこもっていたに違いない。

実は、訳者も、このあとがきをスコットランドのエディンバラ城を見晴るかすカレドニアンホテルの一室で認《したた》めている。イギリスを訪問したのは、オックスフォード大学のオリエル・カレッジで開催された国際会議に招待されたためだったが、この機会を利用してスコットランドにまで足を延ばし、訳者がエディンバラ大学に留学していた時代にお世話になった二人のスコットランド人恩師と再会することにした。一月十二日、その恩師の一人、イギリス留学時代の私のチューター（指導教授）で世界的に著名な文学者、A・ファウラー先生がランチに招待してくださったからである。私がエディンバラ大学でファウラー先生の個人指導を受け、ミルトン研究に没頭したのは、ちょうどフォークランド戦争が勃発した一九八二年の秋であり、今から三二年も前のことになる。

再会の場所はホテル・デュ・ヴァンという風格のある小奇麗なレストランで、エディンバラ大学からは目と鼻の先のブリスト・プレイスという通りにあった。先生と個室のテーブルにつくや否や、堰《せき》を切ったように会話が弾み、留学時代の思い出から、専門の文学論だけでなく、政治、経済、芸術など、話題は縦横無尽、広範囲に及び、会話は途切れることなく、飛ぶように時間が過ぎて行った。一九三〇年生まれの先生は、お体の調子がすぐれない時もあるようだが、博覧強記な先生の、無駄のない明晰《めいせき》で論理的なお話しぶりは、三二年まえにご指導を受けた時と少しも変わらない。教職を離れた後も著述活動をして知的生活を楽しんでおられる点では、ちょうど本書の監修をしていただいた渡部昇一先生を彷彿《ほうふつ》とさせるところがある。帰りは先生自らが私をホテルまで送って下さり、文通を続けることを約束して、別れを惜しんだ。

三〇年前と比べると、私にとっては、エディンバラの町も随分と様変わりをしたように思えた。学生の頃、古書探しを楽しんだジェイムズ・シンという書店はなくなり、同じ場所にオックスフォードに本店のあるブラックウェルズ・ブックショップが店を構えていたが、残念ながら、古書のセクションはなかった。プリンセス・ストリートには市電用のレールが敷かれ、大学自体も建物が新しくなり、かつて学んだデイヴィッド・ヒューム・タワーも現在は使用されていないと聞いた。春秋に富んでいた青春時代の面影を求め、自分にとって思い出深い場所を散策してみたが、すでに記憶の中でおぼろげにしか再現できないことの多さに改めて気づかされたのだった。そのような中で、ファウラー先生ら、心から尊敬する恩師との再会は、ほんとうにありがたく、かつての自分の記憶に巡り合えた「時熟的な」至福の時間だった。きっと原も病床でセイスの『回想録』を読んだとき、氏との対話や公園で咲き誇っていたアザレアの花が鮮やかに脳裏に甦《よみがえ》ったことだろう。

さて本書で用いた訳語について一言お断りしておきたい。それはChinaの訳である。現在ではこの訳語として「中国」しか使ってはいけないような風潮が支配的であるが、戦前には、大陸の主要な地域を意味する領域名であり、一種の文化圏を総称するものであった。言うまでもなく、原自身も他の著書では「支那」という呼称を用いている。これは至極当然なことで、「支那」とは外国人がかの国を呼んだ称であり、「秦《しん》」の転であって、シナで仏典を漢訳する際、インドでの呼称を音訳したものと言われている。

日本では江戸中期以後、第二次世界大戦末までこの呼称を用いたが、一九三〇年（昭和五年）の外務省の要請による支那国号の呼称に関する閣議決定、一九四六年（昭和二十一年）「中華民国」の国名として「支那」の使用を避けよという岡崎勝男外務省総務局長の公文書、そして文部省の通知（「官文」五七号）を機に、「支那」という言葉が公的な言語空間から姿を消すことになる。

一方、「中国」は『孟子』や『史記』に出てくる古い言葉で、「世界の中心」を意味し、いかにもエスノセントリズムを象徴するような言葉である。したがって、一般に考えられているように、中華民国や中華人民共和国の略語ではない。これは訳者の想像であるが、常にグローバルな視点で歴史を眺めようとする原なら、その後の「支那国号」めぐる経緯があるとしても、朝鮮やベトナムのようなシナの朝貢国ではない日本が、「中華思想」的な思想体系・秩序の中に組み入れられることを示唆するような訳語は認めないであろう。そこで監修者の渡部昇一先のご意見も伺い、Chinaの訳語として音韻的にも近く、歴史的・言語的背景をも想起させる「シナ」を用いることにした。

注をつけるにあたっては、その中で出典に言及した参考文献以外に、種々の辞典や事典を参考にした。いちいち書名を挙げなかったけれども、もっとも多用したのは国史大辞典編集委員会編集『国史大辞典』（吉川弘文堂 一九九七年完結）全十五巻である。

このあとがきを終えるにあたり、本書を訳出する機会を与えてくださった渡部昇一先生と祥伝社の角田勉氏に心より感謝の意を捧げたい。

二〇一四年一月　エディンバラにて

中山 理

登場人物名索引
(ページ数の正字は本文、斜体字は訳注の記述)

〈あ行〉
アウグストゥス　383
足利尊氏(あしかが・たかうじ)　258、259、267
足利義材(あしかが・よしき)　*273*
足利義尹(あしかが・よしただ)→足利義材
足利義稙(あしかが・よしたね)→足利義材
足利義輝(あしかが・よしてる)　326
足利義尚(あしかが・よしひさ)　269、*269*、270、*271*、272、*273*
足利義政(あしかが・よしまさ)　267、269、*269*
足利義視(あしかが・よしみ)　*271*
足利義満(あしかが・よしみつ)　284
安宿媛(あすかべひめ)→光明皇后
安倍貞任(あべのさだとう)　*203*
阿倍仲麻呂(あべのなかまろ)　*181*
安倍宗任(あべのむねとう)　*203*
安倍頼時(あべのよりとき)　*203*
阿知使主(あちのおみ)　*115*
天草四郎時貞(あまくさ・しろう・ときさだ)　*369*
阿莘工(百済)　(アレンワン)　*133*
安東季長(あんどう・すえなが)　*257*
安東季久(あんどう・すえひさ)　*257*
安東宗季(あんどう・むねすえ)　*257*
安徳天皇(あんとく・てんのう)　*209*
アンリ四世　*341*
以心崇伝(いしん・すうでん)　*379*
一山一寧(いちざん・いちねい)　*39*
一条兼良(いちじょう・かねよし)　*39*、269
一条天皇(いちじょう・てんのう)　197
一条能保(いちじょう・よしやす)　*205*
伊藤博文(いとう・ひろぶみ)　*449*

今井宗久(いまい・そうきゅう)　*297*
今井宗薫(いまい・そうくん)　*297*
今川義元(いまがわ・よしもと)　325
磐之媛命(いわのひめのみこと)　*87*
允恭天皇(いんぎょう・てんのう)　*119*
上杉憲実(うえすぎ・のりざね)　288
ヴォルテール　*187*
宇喜多秀家(うきた・ひでいえ)　*449*
宇多天皇(うだ・てんのう)　*203*
宇都宮高貞(うつのみや・たかさだ)　*257*
運慶(うんけい)　211、*213*
栄西(えいさい)　*39*、240、241、307、*307*
慧慈(えじ)　*149*
恵心(えしん)→源信
江藤新平(えとう・しんぺい)　*441*
榎本武揚(えのもと・たけあき)　434、*435*
王維(おうい)　*181*
王圓籙(おう・えんろく)　*173*
応神天皇(おうじん・てんのう)　*91*、*115*
大内義弘(おおうち・よしひろ)　*297*
大江匡房(おおえのまさふさ)　*229*
正親町天皇(おおぎまち・てんのう)　*375*
凡河内躬恒(おおしこうちのみつね)　*417*
大友村主高聡(おおとものすぐりこうそう)　*147*
太安万侶(おおの・やすまろ)　82、83
小倉三省(おぐら・さんせい)　*417*
刑部親王(おさかべしんのう)　*157*
忍坂大中姫命(おしさかのおおなかつひめのみこと)　*119*
小田高知(おだ・たかとも)　*257*
織田信長(おだ・のぶなが)　324、325、*325*、326、331、332、333、334、335、340、342、364、390、406
織田信秀(おだ・のぶひで)　*325*
オーディン　*189*

小野妹子(おののいもこ)　144、150、*151*

〈か行〉
何晏(かあん)　*289*
快慶(かいけい)　*213*
快賢(かいけん)　*419*
堺浦道祐(かいほ・どうゆう)　*289*
カエサル　*89*、*111*
赫居世居西干(新羅)(カクコセ・コセカン)　*89*
覚猷(かくゆう)→鳥羽僧正
何承天(か・しょうてん)　*145*
懐良親王(かねよし・しんのう)　*283*
賀茂真淵(かものまぶち)　418
軽皇子(かるのみこ)→孝徳天皇
ガルワン(アントニオ)　*299*
鑑真(がんじん)　*181*
観増(かんぞう)　*287*
桓武天皇(かんむ・てんのう)　190、191、*203*
観勒(かんろく)　*147*
菊池武光(きくち・たけみつ)　*283*
キッド(トマス)　*219*
吉備真備(きびのまきび)　*181*
紀貫之(きのつらゆき)　*417*
紀友則(きのとものり)　*417*
北畠親房(きたばたけ・ちかふさ)　*375*、377、*377*
鏡堂覚円(きょうどう・かくえん)　*39*
清原家衡(きよはらのいえひら)　*203*
清原武衡(きよはらのたけひら)　*203*
金田一京助(きんだいち・きょうすけ)　*173*
欽明天皇(きんめい・てんのう)　129、*133*、134、136、*145*
九条兼実(くじょう・かねざね)　*213*、*291*
クセルクセス一世　149
工藤祐貞(くどう・すけさだ)　*257*

クラウディウス　*89*、*383*
鞍部村主(くらのつくりのすぐり)　*135*
クロムウェル(オリヴァー)　*413*
継体天皇(けいたい・てんのう)　*135*
顕宗天皇(けんそう・てんのう)　*177*
契沖(けいちゅう)　418、*419*
玄奘(げんじょう)　*287*
源信(げんしん)　222、*223*
ケンペル(エンゲルベルト)　341、*343*
元明天皇(げんめい・てんのう)　83、173、*185*
建礼門院(けんれいもんいん)　*209*
皇極天皇(こうぎょく・てんのう)　*151*、152、*153*
光孝天皇(こうこう・てんのう)　*203*
孔子(こうし)　*151*、286、287、*317*、*379*、385、415
好太王(高句麗)　(こうたいおう)　*133*
孝徳天皇(こうとく・てんのう)　153、*155*、*157*
光明皇后(こうみょう・こうごう)　183、*185*
孝明天皇(こうめい・てんのう)　431
顧炎武(こ・えんぶ)　*45*
虎関師錬(こかん・しれん)　*185*、*291*
後三条天皇(ごさんじょう・てんのう)　228
後醍醐天皇(ごだいご・てんのう)　258、*283*、362、377
固徳王保孫(ことくおうほうそん)　*145*
後鳥羽上皇(ごとば・じょうこう)　*235*、*303*
小西行長(こにし・ゆきなが)　*449*
後水尾天皇(ごみずのお・てんのう)　376、378、*379*
後陽成天皇(ごようぜい・てんのう)　*375*、376、377、378

〈さ行〉

西郷隆盛(さいごう・たかもり)　441、442、443、*443*
嵯峨天皇(さが・てんのう)　*203*、307
坂上田村麻呂(さかのうえのたむらまろ)　191
佐々木高頼(ささき・たかより)　270、*273*

佐々木久頼(ささき・ひさより)　*273*
ザビエル(フランシスコ)　300、301、321、322
三要元佶(さんよう・げんきつ)　*379*
シェイクスピア　*219*
慈円(じえん)　*207*
シーザー　199
シドニア公(メディナ)　*251*
篠田謙一(しのだ・けんいち)　*69*
司馬遷(しばせん)　422
司馬達等(しば・たっと)　134、*135*
朱熹(しゅき)　*287*
朱元璋(しゅ・げんしょう)　*283*
順道(じゅんどう)　*133*
順徳上皇(じゅんとく・じょうこう)　*235*、*303*
成尋(じょうじん)　*39*
聖徳太子(しょうとくたいし)　84、85、*85*、136、148、*149*、*327*
聖武天皇(しょうむ・てんのう)　174、183、*185*、211、393
小ピピン　*127*
舒明天皇(じょめい・てんのう)　*151*、152
白河天皇(しらかわ・てんのう)　228
神功皇后(じんぐう・こうごう)　90、91、92、98、126、128、132
神武天皇(じんむ・てんのう)　*137*、154
親鸞(しんらん)　239
推古天皇(すいこ・てんのう)　84、85、*85*、86、*115*、144、*145*、146、*147*、148、*149*、*151*、*327*
菅原道真(すがわら・みちざね)　194
スキピオ　*143*、199
崇神天皇(すじん・てんのう)　*137*
スタイン(オーレル)　*173*
崇徳上皇(すとく・じょうこう)　*207*
角倉素庵(すみのくら・そあん)　380、382、*383*
角倉与一(すみのくら・よいち)→角倉素庵
角倉了以(すみのくら・りょうい)　383

西笑承兌（せいしょう・じょうたい） *379*
清少納言（せいしょうなごん） 196
成宗（元）（せいそう） *39*
世親（せしん） *287*
雪舟（せっしゅう） 307
セネカ *219*
善導（ぜんどう） *223*
千利休（せんのりきゅう） 301
宗英（そうえい） *39*
宗祇（そうぎ） *305*、*419*
曾子（そうし） *317*
蘇我稲目（そがのいなめ） 136
蘇我入鹿（そがのいるか） 151、*151*
蘇我馬子（そがのうまこ） 84、*85*、*135*、136、148、151、*175*
蘇我蝦夷（そがのえみし） 84、*85*、151、152
祖承訓（そ・しょうくん） *449*
小獣林王（高句麗）（ソスルワン） *133*

〈た行〉

大カトー *143*
醍醐天皇（だいご・てんのう） *203*、*417*
太宗（唐）（たいそう） *379*
平清盛（たいらのきよもり） *203*、204、205、*205*、206、*207*、208、210、231、329
平重盛（たいらのしげもり） *213*
平忠正（たいらのただまさ） *207*
平時子（たいらのときこ） *209*
平知盛（たいらのとももり） *209*
平宗盛（たいらのむねもり） *209*
高倉天皇（たかくら・てんのう） 204、*205*、*291*
高向玄理（たかむこのくろまろ） *151*
高棟王（たかむねおう） *203*
高望王（たかもちおう） *203*

タキトゥス　*111*
武内宿禰(たけうちのすくね)　126
竹崎季長(たけざき・すえなが)　*249*
橘屋又三郎(たちばなや・またさぶろう)　*299*
田中館愛橘(たなかだて・あいきつ)　*217*
谷時中(たに・じちゅう)　*417*
玉陳(たまふる)　*147*
田丸稲之衛門(たまる・いなのえもん)　*425*
田安亀之助(たやす・かめのすけ)→徳川家達
ダレイオス一世　*149*
俵屋宗達(たわらや・そうたつ)　*383*
湛慶(たんけい)　211、*213*
近松門左衛門(ちかまつ・もんざえもん)　390
チャールズ一世　*413*
チャールズ二世　*413*
仲哀天皇(ちゅうあい・てんのう)　*91*
奝然(ちょうねん)　*39*
陳寿(ちんじゅ)　90、*97*
土御門上皇(つちみかど・じょうこう)　*235*、*291*
坪井正五郎(つぼい・しょうごろう)　*63*
天智天皇(てんじ・てんのう)　150、151、*151*、152、153、*153*、156、*157*、158、159、*161*、172、176、*183*、*189*、*449*
天武天皇(てんむ・てんのう)　82、83
道鏡(どうきょう)　*181*
道元(どうげん)　*39*
東常縁(とうのつねより)　*419*
常磐光長(ときわのみつなが)　*213*
徳川家達(とくがわ・いえさと)　*433*
徳川家重(とくがわ・いえしげ)　*353*
徳川家康(とくがわ・いえやす)　324、337、340、*345*、350、*351*、353、*353*、365、374、375、376、378、*379*、*381*、405、407、415、421、426
徳川重好(とくがわ・しげよし)　*333*

徳川綱吉(とくがわ・つなよし)　385
徳川斉昭(とくがわ・なりあき)　*425*
徳川秀忠(とくがわ・ひでただ)　405
徳川光圀(とくがわ・みつくに)　*85*、*419*、421、*421*、422
徳川宗武(とくがわ・むねたけ)　*353*
徳川宗尹(とくがわ・むねただ)　*353*
徳川義直(とくがわ・よしなお)　*353*
徳川慶喜(とくがわ・よしのぶ)　*425*、431、432
徳川吉宗(とくがわ・よしむね)　*353*、404
徳川頼宣(とくがわ・よりのぶ)　*353*
徳川頼房(とくがわ・よりふさ)　*353*
徳詮(とくせん)　*39*
舎人親王(とねり・しんのう)　82、83、*83*
鳥羽上皇(とば・じょうこう)→鳥羽天皇
鳥羽僧正(とばそうじょう)　212、*213*
鳥羽天皇(とば・てんのう)　*207*、*213*
外山正一(とやま・まさかず)　*217*
豊臣秀吉(とよとみ・ひでよし)　324、326、335、336、337、340、342、350、355、362、363、364、365、376、377、390、406、415、448
豊臣秀頼(とよとみ・ひでより)　*351*、405

〈な行〉
直江兼続(なおえ・かねつぐ)　376、378
中臣鎌子(なかとみのかまこ)→中臣鎌足
中臣鎌足(なかとみのかまたり)　151、*151*、152、*157*、183、*183*
中大兄皇子(なかのおおえのおうじ)→天智天皇
長浜浩明(ながはま・ひろあき)　*69*
ナポレオン一世　*413*
南部義籌(なんぶ・よしかず)　*217*
二位尼(にいのあま)→平時子
日蓮(にちれん)　239、240
仁徳天皇(にんとく・てんのう)　*87*、154

仁明天皇(にんみょう・てんのう)　*203*
野中兼山(のなか・けんざん)　*417*

〈は行〉
ハインリッヒ六世　*273*
間人皇女(はしひとのひめみこ)　*153*
バトゥ　*251*
林羅山(はやし・らざん)　*379*
バルドル　*189*
ハンニバル　*143*
稗田阿礼(ひえだのあれ)　82、83、*83*
ビスマルク　413
一橋慶喜(ひとつばし・よしのぶ)→徳川慶喜
日野富子(ひの・とみこ)　*269*
フェリペ二世　*251*
苻堅(前秦)　(ふけん)　130、*133*
藤田小四郎(ふじた・こしろう)　*425*
藤原鎌足(ふじわらのかまたり)→中臣鎌足
藤原清衡(ふじわらのきよひら)　*203*
藤原隆家(ふじわらのたかいえ)　*249*
藤原隆信(ふじわらのたかのぶ)　212、*213*、302、*303*
藤原定家(ふじわらのていか)　*303*
藤原信実(ふじわらののぶざね)　302、*303*
藤原秀衡(ふじわらのひでひら)　207、*207*、242
藤原不比等(ふじわらのふひと)　*157*、*185*
藤原理忠(ふじわらのまさただ)　*249*
藤原光能(ふじわらのみつよし)　*213*
藤原頼長(ふじわらのよりなが)　*207*
武帝(漢)　(ぶてい)　88、*89*、*153*
舟橋秀賢(ふなばし・ひでかた)　*375*
フビライ　250、252
フリードリッヒ一世　*273*
フリードリッヒ二世　*273*

フロイス　*299*
平群臣鮪(へぐりのおみしび)　*177*
ベルリヒンゲン(ゲッツ・フォン)　302、*303*
ヘンリク二世　*251*
ペリオ(ポール)　*173*
ヘロドトス　149
北条実時(ほうじょう・さねとき)　*283*
北条時宗(ほうじょう・ときむね)　*39*、250
北条泰時(ほうじょう・やすとき)　235、236
法然(ほうねん)　221、222、*223*、238、239、240、290、*291*、465
細川幽斎(ほそかわ・ゆうさい)　*375*
本阿弥光悦(ほんあみ・こうえつ)　*383*
梵光一鏡(ぼんこう・いっきょう)　*39*

〈ま行〉

マエケナス(ガイウス・キルニウス)　380、*383*
前田利家(まえだ・としいえ)　*351*
前田利長(まえだ・としなが)　*351*
前島密(まえじま・ひそか)　*217*
マクスミリアン一世　265
南淵請安(みなぶちのしょうあん)　*151*
源隆国(みなもとのたかくに)　*213*
源為朝(みなもとのためとも)　*207*
源為義(みなもとのためよし)　*207*
源師房(みなもとのもろふさ)　*229*
源義経(みなもとのよしつね)　208、*209*、242
源義朝(みなもとのよしとも)　*207*
源頼義(みなもとのよりよし)　202、*203*
源義家(みなもとのよりいえ)　202、*203*、226、365
源頼朝(みなもとのよりとも)　202、*205*、207、*207*、*213*、225、226、*227*、229、231、232、233、234、236、237、242、253、254、255、264、267、280、329、365
壬生忠岑(みぶのただみね)　*417*

ミュンツァー　*303*
無学祖元(むがく・そげん)　*39*
陸奥宗光(むつ・むねみつ)　*449*
村上天皇(むらかみ・てんのう)　*203*
紫式部(むらさきしきぶ)　*83*、196、304、*305*
明正天皇(めいしょう・てんのう)　*375*
本居宣長(もとおり・のりなが)　418
物部守屋(もののべのもりや)　136
モンテスキュー　444
文徳天皇(もんとく・てんのう)　*203*
文武天皇(もんむ・てんのう)　*145*、172、174

〈や行〉
陽胡史(やごのふみびと)　*147*
矢田部良吉(やたべ・りょうきち)　*217*
山崎闇斎(やまざき・あんさい)　416
山背臣日立(やましろのおみひたて)　*147*
山名氏清(やまな・うじきよ)　*297*
山上憶良(やまのうえのおくら)　*91*
雄略天皇(ゆうりゃく・てんのう)　126、176
陽光院(ようこういん)　*375*
煬帝(隋)　(ようだい)　149
用明天皇(ようめい・てんのう)　*327*

〈ら行〉
李鴻章(り・こうしょう)　*449*
李淳風(り・じゅんぷう)　*145*
李如松(り・じょしょう)　*449*
履中天皇(りちゅう・てんのう)　87、*87*
李白(りはく)　*181*
良源(りょうげん)　*223*
ルイ十四世　*187*
ルイ十六世　*419*

ルイ十八世　*413*
ルソー　444
ルター　239、*239*、*303*
六角高頼(ろっかく・たかより)→佐々木高頼
六角久頼(ろっかく・ひさより)→佐々木久頼

〈わ行〉
王仁(わに)　*87*、*115*、126

★読者のみなさまにお願い

この本をお読みになって、どんな感想をお持ちでしょうか。祥伝社のホームページから書評をお送りいただけたら、ありがたく存じます。お手紙、電子メールでも結構です。

〒101—8701（お手紙は郵便番号だけで届きます）
祥伝社　書籍出版部　編集長　岡部康彦
電話03（3265）1084
祥伝社ブックレビュー　http://www.shodensha.co.jp/bookreview/

原勝郎博士《はらかつろうはくし》の「日本通史《にほんつうし》」

平成26年4月5日　初版第1刷発行

著者――原《はら》　勝郎《かつろう》
訳者――中山《なかやま》　理《おさむ》
監修者――渡部昇一《わたなべしよういち》
発行者――竹内和芳
発行所――祥伝社《しようでんしや》
〒101-8701　東京都千代田区神田神保町3-3
☎03(3265)2081(販売部)
☎03(3265)1084(編集部)
☎03(3265)3622(業務部)
印刷――堀内印刷
製本――ナショナル製本

ISBN978-4-396-65051-3　C0021　Printed in Japan
祥伝社のホームページ・http://www.shodensha.co.jp/

本書の関連年表②

年代	時代区分	出来事	朝鮮半島の王朝	中国大陸の王朝
1571		織田信長、比叡山を焼き討ち	1392	1368
1582	安土桃山時代	織田信長暗殺。豊臣秀吉が後を継ぐ		
1582		太閤検地始まる		
1590		小田原征伐により、豊臣秀吉が全国を統一		
1593		天草本イソップ物語開板		
1593		後陽成天皇、『古文孝経』を木版印刷で再版		
1600		関ケ原の戦いで、徳川家康が勝利		明
1603		江戸幕府開く		
1606		直江兼続、銅版印刷で『文選』を刊行		
1615		武家諸法度発布		
1621		後水尾天皇、銅版印刷で『皇朝類苑』を刊行		
1635		参勤交代制の確立		
1638		島原の乱終結。以降200年以上の平和		
1657		徳川光圀、『大日本史』の編纂着手（1906年完成）		1644
1690	江戸時代	徳川綱吉、湯島に昌平坂学問所を開設		
1716		徳川吉宗、享保の改革	李氏朝鮮	
1778		本居宣長『古事記伝』刊行開始		
1787		老中・松平定信、寛政の改革		
1792		ロシア人ラクスマン、根室に来航		
1841		老中・水野忠邦、天保の改革		
1853		アメリカ人ペリー、浦賀に来航		
1854		日米和親条約		
1858		日米修好通商条約		
1867		徳川慶喜、大政奉還		清
1868		戊辰戦争		
1871		廃藩置県		
1873		明治６年の政変により、西郷隆盛が下野		
1877		西南戦争、西郷隆盛自刃		
1889	明治	大日本帝国憲法発布		
1890		帝国議会開会		
1894		日清戦争		
1904		日露戦争		
1910		韓国併合	1910	
1914		第一次世界大戦に参戦		1912
1920	大正	国際連盟に加入、常任理事国となる		中華民国